Brigitte Hargasser

Unbegleitete minderjährige Flüchtlinge

Wie lässt sich die schwierige psychosoziale Lebenssituation von unbegleiteten minderjährigen Flüchtlingen verbessern? Anhand von Interviews mit ehemaligen Betroffenen und BetreuerInnen verschiedener Jugendhilfeeinrichtungen untersucht Brigitte Hargasser die bislang kaum beachtete eigene Perspektive der Jugendlichen auf ihre Erfahrungen mit der stationären Jugendhilfe. Sie schlüsselt negative und unterstützende Erfahrungen auf und formuliert klare Kritikpunkte, die sich auch an Politik und Gesellschaft richten.

Vorbereitet wird dies durch ausführliche Informationen über allgemeine und rechtliche Hintergründe, die konkrete Lebenssituation von unbegleiteten minderjährigen Flüchtlingen und aktuelle Traumatheorien. Denn häufig wird übersehen, dass es sich bei Traumata um Prozesse handelt, die noch im Aufnahmeland anhalten und in die unter den aktuellen gesellschaftlichen und politischen Bedingungen auch die MitarbeiterInnen der stationären Jugendhilfe involviert sind. Die Studie gibt Anhaltspunkte, was notwendig ist, damit die stationäre Jugendhilfe traumaverstärkende Faktoren beseitigen und ein hilfreiches Milieu bieten kann.

Die Autorin:

Brigitte Hargasser, Diplom-Theologin, Schreinerin, Master of Mental Health, lebt in München; Weiterbildung zur systemischen Beraterin und Traumapädagogin. Seit vielen Jahren bei der AWO München-Stadt als Betreuerin und im gruppenübergreifenden Fachdienst tätig. Sie verfügt über Erfahrungen im Aufbau neuer Jugendhilfeeinrichtungen für unbegleitete minderjährige Flüchtlinge und ist Mitglied des Bundesfachverbandes *Unbegleitete Minderjährige Flüchtlinge e.V.*

Brigitte Hargasser

Unbegleitete minderjährige Flüchtlinge

Sequentielle Traumatisierungsprozesse
und die Aufgaben der Jugendhilfe

Brandes & Apsel

Auf Wunsch informieren wir Sie regelmäßig über Neuerscheinungen
in dem Bereich Psychoanalyse/Psychotherapie – Globalisierung/
Politisches Sachbuch/Afrika – Interkulturelles Sachbuch –
Sachbücher/Wissenschaft – Literatur.

Bitte senden Sie uns dafür eine E-Mail an info@brandes-apsel.de
mit Ihrem entsprechenden Interessenschwerpunkt.

Gerne können Sie uns auch Ihre Postadresse übermitteln,
wenn Sie die Zusendung unserer Prospekte wünschen.

Außerdem finden Sie unser Gesamtverzeichnis mit aktuellen
Informationen im Internet unter: www.brandes-apsel.de

wissen & praxis 174

1. Auflage 2014
© Brandes & Apsel Verlag GmbH, Frankfurt am Main
Alle Rechte vorbehalten, insbesondere das Recht der Vervielfältigung und
Verbreitung sowie der Übersetzung, Mikroverfilmung, Einspeicherung und
Verarbeitung in elektronischen oder optischen Systemen, der öffentlichen
Wiedergabe durch Hörfunk-, Fernsehsendungen und Multimedia sowie der
Bereithaltung in einer Online-Datenbank oder im Internet zur Nutzung
durch Dritte.
Lektorat: Agnes Jäger, Frankfurt am Main
DTP: Felicitas Müller, Brandes & Apsel Verlag, Frankfurt am Main
Umschlag: Felicitas Müller, Brandes & Apsel Verlag, Frankfurt am Main unter
Verwendung eines Fotos von Yuri Kozyrev/Noor/laif
Druck: STEGA TISAK d.o.o., Printed in Croatia
Gedruckt auf einem nach den Richtlinien des Forest Stewardship
Council (FSC) zertifizierten, säurefreien, alterungsbeständigen und
chlorfrei gebleichten Papier.

Die Deutsche Nationalbibliothek verzeichnet diese Publikation in der
Deutschen Nationalbibliographie; detaillierte bibliographische
Daten sind im Internet über www.dnb.de abrufbar.

ISBN 978-3-95558-072-8

Inhalt

1. Einleitung

> In all actions concerning children [...]
> the best interests of the child shall be a primary consideration.
>
> (*KRK*, 1989, Art. 3 Abs. 1)

Bei allen Flüchtlingsbewegungen gibt es immer auch unbegleitete Kinder. Dies sind Kinder, die während der Flucht von ihren Eltern unfreiwillig getrennt werden, die von ihren Eltern allein oder mit Verwandten »in Sicherheit« geschickt werden oder deren Eltern bereits verstorben sind.

Beispiele aus deutscher Vergangenheit sind jüdische Kinder, die wegen der Verfolgung unter den Nationalsozialisten ins Ausland geschickt wurden. In den Aufnahmeländern Kontinentaleuropas wurden viele von ihnen von den deutschen Besatzern eingeholt, verschleppt und getötet. Nur wenige konnten in den Niederlanden, Belgien oder Frankreich in einem Versteck überleben. Die bekanntesten Kindertransporte zur Rettung der Kinder, meist organisiert von jüdischen Hilfsorganisationen, gingen 1938/1939 nach Großbritannien, das insgesamt 9354 vorwiegend jüdische Kinder aus Deutschland, dem annektierten Österreich und der Tschechoslowakei aufnahm. Die Aufnahme war zunächst vorübergehend gedacht. Nachdem jedoch klar wurde, dass viele der Kinder ihre Familien durch die Vernichtungspolitik der Nazis verloren hatten, wurden jene unter ihnen, die 1947 noch unter 21 Jahre alt waren, aus humanen Gründen eingebürgert, der Schulbesuch ihnen selbstverständlich gewährt (vgl. Able, 2012; Curio, 2008).

Diese auf vergleichsweise unbürokratische Weise ermöglichte Rettung der Kinder als Reaktion auf die Novemberpogrome 1938 ist bis heute wegweisend und steht in scharfem Kontrast zu den Aufnahmebedingungen unbegleiteter minderjähriger Flüchtlinge im heutigen Deutschland. Es wäre interessant, zu untersuchen, welchen Einfluss Schuld- und Schamgefühle in Bezug auf die Verbrechen des Nationalsozialismus auf den Umgang mit Flüchtlingen in Deutschland, insbesondere den Kindern unter ihnen, haben. Anhaltspunkte dafür, dass die nationalsozialistische Vergangenheit sowohl für »Deutsche« als auch für MigrantInnen[1] in der gegenseitigen Wahrnehmung nach wie vor

---

[1] Zur Kennzeichnung der weiblichen *und* männlichen Form von Bezeichnungen, die sich auf Personen beziehen, wird in dieser Arbeit das Binnen-I verwendet.

mitschwingt, finden sich auch in den Aussagen der von mir interviewten unbegleiteten Flüchtlinge. So berichtet z. B. Tarik von Erfahrungen in einer Jugendhilfewohngruppe, in der er als Folge für sein abendliches Zuspätkommen kein Essen mehr erhielt und diese Maßnahme, Hitlers Sprachstil nachahmend, folgendermaßen interpretiert: »[D]as ist ne Strafe [gesprochen: Straffe, militärisch]. Das ist wie im, tut mir leid, zu Hitler-Zeiten. Das gehört sich nicht.« Der Einfluss der nationalsozialistischen Vergangenheit auf die Wahrnehmung und Behandlung von Flüchtlingen in der heutigen Bundesrepublik ist zwar nicht Gegenstand dieser Ausführungen, bildet jedoch einen historischen Aspekt im Gesamtkontext dieses Themas, der mit zu bedenken ist.

Die erste Gruppe unbegleiteter Minderjähriger kam 1979 in die Bundesrepublik. Dies waren einige tausend Flüchtlingskinder aus Vietnam und ungefähr 150 aus Kambodscha (vgl. Jockenhövel-Schieke, 2002, 33). In den nachfolgenden Jahren kamen Kinder aus Eritrea, Westafrika, Afghanistan, Bosnien, dem Irak und weiteren Ländern hinzu. Ihnen allen wurde es schwer gemacht, einen sicheren Aufenthalt zu bekommen und ihre universell geltenden Kinderrechte wurden systematisch verletzt.

Zwangsmigration ist fast immer von folgenden Aspekten in unterschiedlicher Ausprägung gekennzeichnet: Ein unfreiwilliges Verlassen des Herkunftslandes, z. B. aufgrund von kriegerischen Auseinandersetzungen, Verfolgung, Armut oder großer Perspektivlosigkeit, einer fast immer gefährlichen und illegalisierten Migration, die mit extremer Abhängigkeit von Fluchthelfern, Grenzsoldaten etc. einhergeht, und einem ungesicherten Aufenthalt im Aufnahmeland über eine kürzere oder längere Zeit mit damit einhergehender Beschneidung von grundlegenden Rechten und Versorgungsleistungen. Diese meist lange andauernden, aufeinanderfolgenden Belastungssequenzen und sozialen Extremerfahrungen haben gravierende Auswirkungen auf die psychische Verfassung der Betroffenen und werden häufig mit der Kategorie *Trauma* umschrieben (vgl. Zimmermann, 2012, 14). Flüchtlingskinder sind mit diesen Erfahrungen in einer Lebensphase konfrontiert, in der sie sich biologisch und psychisch in der Entwicklung befinden und noch nicht über eine ausgereifte Persönlichkeit verfügen. Unbegleitete minderjährige Kinder müssen diese Erlebnisse ohne den Schutz ihrer Eltern oder anderer naher erwachsener Bezugspersonen allein durchstehen, sind in besonders hohem Maße der Gefahr von Ausbeutung ausgesetzt und daher besonders vulnerabel. Die Aufnahmephase gilt, in Anlehnung an Hans Keilson, als entscheidend für die weitere psychosoziale Entwicklung dieser Kinder und Jugendlichen, wie er in seiner Langzeitstudie über jüdische Waisenkinder nach dem Zweiten Weltkrieg nachgewiesen hat (vgl. Keilson, 2005).

Durch die zunehmende Beachtung von unbegleiteten minderjährigen Flüchtlingen (UMF) in internationalen Konventionen, insbesondere der *Genfer Flüchtlingskonvention* und der *UN-Kinderrechtskonvention*, und der engagierten Arbeit von Menschenrechtsorganisationen wie den UNHCR, Pro Asyl und UNICEF, um nur einige zu nennen, geriet die Behandlung dieser migrierenden Kinder in Deutschland zunehmend in die Diskussion.

Im Laufe der Zeit wurde, zunächst vereinzelt, inzwischen zunehmend, ein Teil dieser Kinder und Jugendlichen in den bestehenden stationären Kinder- und Jugendhilfeeinrichtungen aufgenommen. Seit dem Inkrafttreten des *Kinder- und Jugendhilfeweiterentwicklungsgesetzes* (*KICK*) 2005 (vgl. Urban, 2005) besteht nun eine Verpflichtung des Jugendamtes, unbegleitete minderjährige Flüchtlinge in Obhut zu nehmen und in einer geeigneten Einrichtung oder in einer sonstigen Wohnform unterzubringen (§ 42 Abs. 1 S. 2 *SGB VIII*). So befanden sich Ende Mai 2013 z. B. in München 1148 unbegleitete minderjährige Flüchtlinge und unbegleitete Flüchtlinge unter 21 Jahren in der Zuständigkeit des Jugendamtes, entweder durch stationäre oder ambulante Hilfeleistungen oder durch Inobhutnahme (vgl. Sozialreferat. Stadtjugendamt S-II-E/E, 2013).

Die Kinder- und Jugendhilfe ist neben der Ausländerbehörde und den Grenzschutzbehörden das institutionelle System, das mit diesen Kindern und Jugendlichen befasst ist und dessen Aufgabe es ist,»Kinder und Jugendliche vor Gefahren für ihr Wohl zu schützen« (§ 1 *SGB VIII*). Der psychosozialen Versorgung und pädagogischen Betreuung dieser Kinder und Jugendlichen in den stationären Jugendhilfeeinrichtungen kommt daher eine große Bedeutung zu. Dabei befinden sich sowohl die unbegleiteten minderjährigen Flüchtlinge als auch die SozialpädagogInnen in den Jugendhilfeeinrichtungen im Spannungsfeld widersprüchlicher gesellschaftspolitischer Interessen, die sich in den entgegengesetzten Intentionen des *SGB VIII* auf der einen Seite und der asyl- und ausländerrechtlichen Gesetzgebung auf der anderen Seite manifestieren. Der Auftrag der Jugendhilfe und das Recht auf Erziehung sind nicht mit den derzeitigen asylrechtlichen Bestimmungen und den damit einhergehenden Kinderrechtsverletzungen vereinbar. Die pädagogische Aufgabe, Kinderflüchtlingen in den Jugendhilfewohngruppen bei der Verarbeitung ihrer belastenden Erfahrungen zu helfen, sie bei der Bewältigung der neuen Herausforderungen im Aufnahmeland zu unterstützen und eine neue Lebensperspektive zu vermitteln, wird durch die restriktive Handhabung des Aufenthaltsrechts, durch die Diskriminierung der geflüchteten Kinder bezüglich Versorgung, Schule, Ausbildung und gesellschaftlicher Teilhabemöglichkeiten erschwert und behindert.

In der Praxis führt dies zu grundlegenden Diskrepanzen in der pädagogischen Arbeit in den Wohngruppen, insbesondere wenn lebensweltorientierte pädagogische Ansätze durch administrative Rahmenbedingungen konterkariert werden. Somit können MitarbeiterInnen in den Wohngruppen mit den Kindern und Jugendlichen an Aufträgen und Zielen wie Stabilisierung, Selbstständigkeitsförderung, Integrationsförderung, Vermittlung von Schulplätzen und geeigneten TherapeutInnen etc. oft nur scheitern. Sie sind immer wieder vor die Frage gestellt, wie sie sich im politischen Kontext ihrer Arbeit positionieren.

Das Missverhältnis der Rechte und Bedürfnisse der Kinder und Jugendlichen und der gesetzlich festgeschriebenen Restriktionen bringt UMF zum Teil dazu, eine Doppelidentität anzunehmen und über vieles in ihrem Leben zu schweigen. Dadurch wird der Aufbau einer vertrauensvollen Beziehung zu ihren BetreuerInnen oft sehr erschwert. Hinzu kommen die in vieler Hinsicht unterschiedlichen Sozialisierungserfahrungen und kulturellen Erfahrungen von BetreuerInnen und Betreuten. Lösungen bleiben in diesem Feld tendenziell immer konfliktreich.

An der Fachbasis und in den Facharbeitskreisen, intensiviert auch durch die Gründung und die Arbeit des Bundesfachverbandes Unbegleitete Minderjährige Flüchtlinge e. V. (B-UMF), begann ein Diskussionsprozess über eine adäquate Betreuung der ihnen anvertrauten Kinder und Jugendlichen. Dazu finden sich bislang v. a. Überlegungen in Form von Praxis- und Erfahrungsbeschreibungen, eine empirische Fundierung steht noch am Anfang.

Ziel der Arbeit

Ziel dieser Pilotstudie ist es daher, zu untersuchen, welche Ansatzpunkte es zur Anpassung und Verbesserung des Angebotes der stationären Jugendhilfe gibt, um den Bedarfen und Wünschen von unbegleiteten minderjährigen Flüchtlingen möglichst gerecht zu werden und ihre psychosoziale Lebenssituation zu verbessern. Dabei soll versucht werden, Hans Keilsons Konzept der sequenziellen Traumatisierung, weiterentwickelt von David Becker und Barbara Weyermann, auf den Kontext der stationären Jugendhilfe anzuwenden, da es als besonders geeignet gilt, um die Lebenssituation und die belastenden Erfahrungen von Menschen mit Fluchterfahrungen zu erfassen. Aufgrund der dünnen Forschungslage stehen die Perspektive der AdressatInnen des Hilfeangebots und ihre Erfahrungen in der stationären Jugendhilfe, die bislang kaum

Beachtung gefunden haben, im Zentrum der Exploration. Dafür wurden mit sechs ehemaligen UMF mit Jugendhilfeerfahrungen Interviews geführt. Aber auch die Sichtweise von drei ExpertInnen dieses Arbeitsfelds wurde berücksichtigt, da nur die Zusammenschau beider Gruppen die größtmögliche Offenheit für eine Optimierung bringt. Aus dem betrachteten kleinen Ausschnitt der Wirkungsweise der stationären Jugendhilfe auf das Leben von UMF werden Überlegungen zur Verbesserung der Adäquatheit und Qualität der angebotenen Hilfeleistungen der angestellt.

Struktur des Buches

Das Buch gliedert sich in zwei große Abschnitte. Der erste widmet sich einer umfassenden Analyse des Kontextes der psychosozialen Arbeit mit UMF. Ziel ist dabei, die vielfältigen Dimensionen und die Komplexität der Lebenswirklichkeit dieser Gruppe sowie die Herausforderung, die es bedeutet, in diesem Rahmen eine qualifizierte psychosoziale und pädagogische Betreuung zu leisten, sichtbar zu machen. Im zweiten Abschnitt folgen die Beschreibung der empirischen Untersuchung und deren Ergebnisse.

Die vorliegende Arbeit stellt die Fragestellung nach einer Verbesserung des Angebots der stationären Jugendhilfe für UMF in den größeren Zusammenhang von Flucht, Migration und Trauma, da nur so ein möglichst ganzheitlicher Blick auf die Lebenssituation von UMF geworfen werden kann. Dazu wird in Kapitel 2 das Verhältnis von Flucht und Migration bestimmt und das Fluchtphasenmodell von John W. Berry erläutert, das wesentliche Erfahrungen und Gefahren dieses Prozesses charakterisiert. Dem folgt eine Annäherung an den Begriff »Trauma«, der in Zusammenhang mit dem Thema Zwangsmigration und den damit einhergehenden Auseinandersetzungen in der psychologischen Forschung im Mittelpunkt steht. Aufbauend darauf wird das Konzept der sequentiellen Traumatisierung von Hans Keilson und dessen Erweiterung durch D. Becker und B. Weyermann dargestellt und diskutiert, das den theoretischen Bezugsrahmen für das Verständnis der Belastungen und des Erlebens von UMF bildet.

Das Kapitel 3 beinhaltet soziodemographische Informationen zu Flüchtlingszahlen und Fluchtbewegungen im Allgemeinen und von minderjährigen Flüchtlingskindern im Besonderen. Dabei wird auf die Verteilung hinsichtlich der Herkunftsländer und auf die Anerkennungsquoten der Asylentscheidungen in Deutschland eingegangen. Da sich die Interviews auf ehemalige UMF aus

Afghanistan beschränken, wie in Kapitel 6.2.3. noch erläutert werden wird, wird auch in knapper Form die Situation in diesem Land beleuchtet.

In Kapitel 4 wird der Terminus »unbegleitete minderjährige Flüchtlinge« und der ebenfalls gebräuchliche Begriff »separated children« genauer bestimmt. Auch die Darstellung des juristischen Kontextes und der rechtlichen Bedingungen von UMF ist unerlässlich, da sie im Leben dieser Gruppe eine determinierende, existentielle Rolle hinsichtlich ihrer Teilhabechancen und Gestaltungsmöglichkeiten einnehmen und Einfluss auf ihre physische und psychische Gesundheit haben. Dabei werden die wichtigsten internationalen Konventionen zum Schutz von UMF vorgestellt, die Entwicklung der europäischen Asylpolitik, die für sie den Zugang zu einem Asylverfahren entscheidend bestimmt, umrissen und die gesetzlichen Rahmenbedingungen in Deutschland beschrieben. Dem folgt eine Darstellung der Aufgaben und Verantwortungsbereiche, die sich aus den gesetzlichen Regelungen des 8. *Sozialgesetzbuchs* (*SGB VIII*) für die Kinder- und Jugendhilfe ergeben.

Kapitel 5 dient der Darstellung häufiger traumarelevanter Erfahrungen von UMF entlang der von H. Keilson unternommenen Phasenunterteilung und dem Überblick über die Forschungsbefunde bezüglich der psychosozialen und emotionalen Belastungen, die daraus entspringen.

In Kapitel 6 wird das Forschungsdesign der qualitativen Erhebung vorgestellt und auf Besonderheiten bei Interviews mit jungen Flüchtlingen eingegangen.

Die Ergebnisse der Untersuchung werden in Kapitel 7 zunächst nach den beiden Interviewgruppen getrennt dargestellt und anschließend in Kapitel 8 in einer Zusammenschau auf dem Hintergrund des Modells der sequentiellen Traumatisierung diskutiert.

Teil I:

Kontextanalyse
der psychosozialen Arbeit mit UMF

2. Flucht, Migration und Trauma

2.1 Allgemeines zu Flucht und Migration

Seit Tausenden von Jahren migrieren Menschen auf der Suche nach einem besseren Leben.

> Migration ist ein Konstituens der Conditio humana wie Geburt, Vermehrung, Krankheit und Tod. Die Geschichte der Wanderungen ist so alt wie die Menschheitsgeschichte; denn der Homo sapiens hat sich als Homo migrans über die Welt ausgebreitet. (Bade, 2004, 27)

Diese Feststellung des bekannten Historikers und Migrationsforschers Klaus Bade ist allgemein anerkannt. Migration ist über die Geschichte hinweg ein sehr vielgestaltiges Phänomen. Sie geht immer mit einer Ortsverlagerung, dem Verlassen der Ursprungskultur und dem allmählichen Hineinwachsen in die Aufnahmekultur einher. Die migrierenden Menschen werden mit unterschiedlichen Namen bedacht: Z. B. Zuwanderer, Auswanderer, Arbeitsmigranten, Gastarbeiter, (Spät-)Aussiedler, Vertriebene, Exilanten, Flüchtlinge, Kriegsflüchtlinge, Kontingentflüchtlinge, Wirtschaftsflüchtlinge usw. Neben der geographischen Veränderung durch Migration spielen soziale Prozesse eine wesentliche Rolle. Häufig werden diese Prozesse in ihrem phasenhaften Ablauf beschrieben und auf Aspekte der Akkulturation und der psychischen Auswirkungen untersucht.

Im Folgenden soll nach einer kurzen Begriffsklärung der Zusammenhang von Migration, Zwangsmigration und Flucht erläutert werden. Desweiteren werden das Phasenmodell von Berry und das Konzept der sequentiellen Traumatisierung dargestellt, zwei Theoriekonzepte, die in der psychosozialen Arbeit mit Flüchtlingen häufig zum Tragen kommen.

Migration wird laut Ludger Pries als »Prozess der dauerhaften Wohnsitzveränderung von Menschen« (Pries, 2010, 475) definiert. Dabei kann dies auf zwei unterschiedliche Weisen verstanden werden: zum einen als das einmalige, dauerhafte Ändern des Wohnsitzes, bei dem das Resultat des Wohnortwechsels im Fokus steht, und im zweiten Fall der Prozess des Wohnortwechsels als dauerndes Ändern von Wohnsitzen, was zu Beginn des 21. Jahrhunderts zu grundlegendenden Perspektivwechseln in der internationalen Migrationsforschung geführt hat (vgl. ebd.).

Die Vereinten Nationen (UN) unterscheiden in ihren *UN Recommendations on Statistics of International Migration, Revision 1* von 1998 zwischen sogenannten »short-term migrants«, die ihr reguläres Aufenthaltsland für mindestens drei Monate, aber weniger als ein Jahr verlassen und sogenannten »long-term migrants«, die dieses für einen Zeitraum von mindestens einem Jahr verlassen (vgl. United Nations, 1998, 18).

Die verbreitete Uneinheitlichkeit, was die Definition von Migration, aber auch die Daten von Migrationsstatistiken betrifft, macht verlässliche statistische Aussagen in diesem Bereich schwierig. Manche Staaten betrachten nur jene als MigrantInnen, die eine andere Staatsbürgerschaft besitzen, andere wählen den Geburtsort (ob im Inland oder außerhalb dessen geboren) unabhängig von der Staatsbürgerschaft als Referenzpunkt, die Entfernung oder die Dauer der Verlagerung des Wohnsitzes (vgl. Düvell, 2006, 6f; Borchers, 2008).

Laut Angaben der Vereinten Nationen lebten im Jahre 2010 geschätzte 214 Millionen Menschen in einem anderen Land, als in dem, in dem sie zur Welt gekommen sind. Dies sind 31 % der Weltbevölkerung. Davon waren ca. 8 % bzw. 16,3 Millionen Flüchtlinge (United Nations, 2011, xviii). Laut Pries (2010) sprechen folgende Faktoren für einen Anstieg internationaler Wanderbewegungen: eine steigende Auflösung herkömmlicher ländlicher Lebens- und Arbeitsmöglichkeiten, Naturkatastrophen und ökologische Aspekte (Bodenerosion, Wasserknappheit etc.), die Zunahme gewaltsamer Konflikte, die durch die neuen Kommunikationsmedien verbreiteten Visionen der Lebensbedingungen und -stile der wohlhabenden Länder, immer weiter verbreitete, billigere und schnelle Massentransportmittel und Kommunikationstechnologien und die scheinbare Unmöglichkeit, Migrationsbewegungen streng zu kontrollieren und zu steuern (vgl. Pries, 2010, 476).

Internationale Migration kann in unterschiedliche Kategorien unterteilt werden. Häufig wird nach Nah- und Fernwanderung, saisonaler und dauerhafter, legaler und illegaler, individueller und Gruppenmigration differenziert (vgl. ebd., 479). Geläufig ist auch die Klassifizierung nach dem Motiv (religiös, ökonomisch, politisch) und nach der Art der Entscheidung. Flucht wird üblicherweise als erzwungene Migration aus politischen Gründen im engeren Sinn definiert und von der freiwilligen Migration aus wirtschaftlichen oder anderen Motiven unterschieden (vgl. Hieronymi, 2009, 11).

Grundlage dieser Unterscheidung ist die Einschätzung, inwieweit Menschen eine Alternative haben und über ihre Zukunft selbst entscheiden können. Bei Flucht handelt es sich oft um eine spontane, unfreiwillige und nicht geplante Entscheidung, erzwungen durch äußere Umstände wie Krieg, Verfolgung oder/und Lebensgefahr.

Das internationale Recht (Konventionen und Gesetze) und die internationale Politik folgen meist dieser idealtypischen Unterscheidung, die verschiedene rechtliche Konsequenzen für die Betroffenen und deren Ansprüche im Aufnahmeland hat. Damit ist häufig eine hierarchische Bewertung verbunden. Dies äußert sich im öffentlichen Sprachgebrauch in Begriffen wie »hochqualifizierte Einwanderungsförderung«, »wirklich Schutzbedürftige«, »Bekämpfung illegaler Migration«, »Asylmissbrauch« etc.

Modern migratory patterns can sometimes make it difficult to distinguish between the various types of people on the move. Population flows are rarely homogenous. More often they are of a mixed character. Refugees increasingly leave as part of a movement which may include both forced and voluntary departures. While the immediate causes of forced displacement are frequently serious human rights violations or armed conflict, these causes may well overlap with, or be aggravated by, others such as economic marginalization, poverty, environmental degradation, population pressures and poor governance. Refugees, like others who are not refugees, may have to resort to migrant smugglers to leave their countries. At the same time, people who do not qualify for international protection may turn to asylum channels, particularly in the absence of legal migration options, in the hope of gaining either temporary or permanent stay abroad. In such situations, the line between »migrant« and »refugee« progressively blurs. (Feller, 2006, 515)

Oftmals ist diese Kategorisierung im Einzelfall nicht möglich bzw. problematisch, häufig wird eine Entscheidung zur Migration aus mehreren Ursachen gespeist, so dass es sich um eine Mischform handelt (vgl. Nuscheler, 2004, 40). Oft sind die Übergänge fließend.

In reality, it has become increasingly difficult to make a sharp distinction between refugees and other international migrants. For in many cases, people move from one country and continent to another in response to a complex set of threats, hardships and opportunities. Fear of persecution and the threat of violence may coexist with a desire to gain access to the opportunities, services and resources that are available in the industrialized states. (Crisp, 2003, 7)

Bezüglich afghanischer Migrationsbewegungen weist Alessandro Monsutti, Professor am Graduate Institute of International and Development Studies in Genf, darauf hin, dass sich in der afghanischen Gesellschaft eine Kultur der Migration als bestimmendes Merkmal herausgebildet habe (vgl. Monsutti, 2006, 1). Bei afghanischen MigrantInnen verwische die Grenze zwischen freiwilliger und Zwangsmigration, da sich die sozialen Strategien derjenigen, die als Flüchtlinge, und derjenigen, die als Wirtschaftsflüchtlinge bezeichnet werden, manchmal sehr ähnelten (ebd., 38). Er gibt zu bedenken:

> Neither the definition of »refugee« in offical international texts nor the various typologies of migration offer a satisfactory analytical framework to explain and understand the migratory strategies developed by the population of Afghanistan. While many Afghan refugees fled the direct effects of war, their movements have occured within the context of a longstanding tradition of migration and the pre-existence of transnational connections. (Ebd., 4)

Hauptursachen für eine Zwangsmigration sind nach Nuscheler nach wie vor zwischenstaatliche oder innerstaatliche Kriege, Menschenrechtsverletzungen, Repression in Diktaturen und totalitären Staaten, Verfolgung von Minderheiten, Umwelt- und Naturkatastrophen, sozioökonomische Ungleichheit, Massenarmut und Perspektivlosigkeit (vgl. Nuscheler, 2004, 39ff).

Wie Erwachsene migrieren auch Kinder aus unterschiedlichen, oben genannten Gründen und unter verschiedenen Umständen und werden aufgrund ihrer Migration mit rechtlichen Konsequenzen konfrontiert, je nachdem, ob sie als Flüchtlinge oder als Migranten etikettiert werden.

So kann zum Beispiel ein afghanischer Jugendlicher zunächst vor Bedrohungen durch Talibankämpfer, die bereits seinen Vater ermordet haben, und denen er aufgrund von Sippenhaft ebenfalls ausgesetzt ist, aus Afghanistan in den Iran fliehen, um der Verfolgung zu entgehen. Dort schlägt er sich mit Jobs im Bergbau o. ä. durch. Weil er im Iran zwar geduldet, jedoch ohne legalen Aufenthalt ist und somit allgegenwärtiger Erpressung und Diskriminierung ausgesetzt ist, flieht er, um der Perspektivlosigkeit seines Daseins zu entkommen, nach einiger Zeit weiter Richtung Europa, mit dem Ziel, sich ein besseres Leben aufzubauen und den Rest seiner Familie in Afghanistan finanziell unterstützen zu können. Um wieder einen legalen Status zu erhalten, überquert er illegal verschiedene europäische Grenzen und stellt in Deutschland einen Antrag auf Asyl.

> Motivations and causes overlap. People may leave Afghanistan for protection-related reasons, but seek work in Iran or Pakistan. While abroad, they have the chance to improve their income and access comparatively better medical facilities, and in this time they reassess their priorities. The motivation to support the household is often combined with more personal reasons such as, for young men, the urge to seek new experiences or earn money to show that they can fulfil their marital responsibilities. (Monsutti, 2008, 64)

An dem geschilderten Beispiel wird deutlich, dass Flucht nicht ein Sonderfall, sondern häufig ein Bestandteil von Migration ist und dass die Fluchtmigration nicht nur die Kriterien der Unfreiwilligkeit und der individuellen politischen Verfolgung beinhalten kann, sondern von einer Mischung von Motiven, Zielen und deren Veränderung im Laufe des Migrationsprozesses geprägt ist. Eine strikte Trennung von Flucht und Migration, wie es in internationalen und nationalen Gesetzen versucht wird, wird dem komplexen Phänomen nicht gerecht. Stattdessen bringt es diejenigen, die mit unbegleiteten minderjährigen Flüchtlingen arbeiten und v. a. diese selbst in arge Bedrängnis.

2.2 Fluchtphasen nach Berry

Eine übliche Vorgehensweise, die Erfahrungen von Flüchtlingen zu klassifizieren, ist die Unterteilung in unterschiedliche Phasen innerhalb ihres Fluchtprozesses. John Berry, ein kanadischer Psychologe und Migrationswissenschaftler, der v. a. durch sein Akkulturationsmodell bekannt wurde (vgl. Berry et al., 1987; Berry, 1997; Berry et al., 2006), das hier nicht näher behandelt wird, bietet ein Schema, das einige Vorstufen und Folgen von Zwangsmigration und Flucht skizziert und dabei nicht nur Schlüsselphasen berücksichtigt, sondern auch Ereignisse und Erfahrungen, die Flüchtlinge und Asylsuchende durchleben.

Berry beschreibt sechs charakteristische Phasen für Flüchtlinge (vgl. Berry, 1991, 30):

1. die Phase vor dem Aufbruch (pre-departure phase)
2. die Flucht (flight phase)
3. die erste Asylphase (first asylum phase)
4. die Phase der Antragsstellung (claimant phase)
5. die Niederlassungsphase (settlement phase
6. die Adaptionsphase (adaption phase)

Der Flucht geht in der Regel eine kürzere oder längere Phase des Krieges, der Zerstörung, wirtschaftlicher Not, körperlicher Gewalt und politischer Unterdrückung voraus. In diesem Zeitraum, der Pre-Departure-Phase, sind Flüchtlinge, insbesondere Kinder und Jugendliche, häufig traumatischen Ereignissen ausgesetzt, wie in Kapitel 5.1.1. noch detaillierter beschrieben wird. Die Art und Schwere der Zeit vor der Flucht hat zusätzliche Auswirkungen auf die Akkulturation in der Zukunft: Individuen entwickeln Einstellungen zur Kultur des Aufnahmelandes bereits vor ihrem Aufbruch, vor einem direkten kulturellen Kontakt. Die Prämigrationserfahrungen können sowohl die Entscheidung, wohin sie die Flucht ergreifen als auch den späteren Akkulturationsprozess beeinflussen (vgl. Sam & Berry, 2006, 207).

Die Flucht selbst stellt häufig eine Fortsetzung traumatischer Erfahrungen dar, da sie aufgrund der ständigen Bedrohung durch Gefangenschaft, Ausbeutung, physische und sexuelle Angriffe, Verbrechen, Verletzungen oder Tod meist extrem gefährlich ist. Sie beinhaltet die Erfahrung der Trennung von der Familie und dem Zuhause sowie den Verlust der vertrauten Umgebung (vgl. ebd.).

Darauf folgt die erste Asylphase, welche oft mit einer Unterbringung in einem Flüchtlingslager einhergeht. Hier kann ein normales Leben nicht aufgebaut werden. Gerade in Flüchtlingscamps in Grenzregionen befinden sich die Flüchtenden weiterhin in Gefahr oder sind von Inhaftierung bedroht (vgl. ebd., 208).

Obwohl die Bedrohungen des Herkunftslandes vorbei sind, werden in der Zeit der Asylantragsstellung in einem potentiellen Aufnahmeland die Lebensbedingungen in den Unterkünften, das Kämpfen um Unterstützung und das Warten auf rechtliche Anerkennung als sehr stressvoll erfahren. Bei vielen Asylsuchenden dauert diese Phase oft jahrelang an. Sie ist geprägt von einer großen Ungewissheit über ihre Zukunft, drohender Abschiebung, Armut, Isolation und Marginalisierung (vgl. ebd.).

Wurde über das Asylgesuch entschieden, folgt die Phase der Niederlassung bzw. Neuansiedlung oder Rückführung. Sie bringt neue Herausforderungen, wie z. B. Probleme bei der Arbeitssuche, Rassismus- und Diskriminierungserfahrungen und kulturelle Konflikte, mit sich (vgl. ebd.).

Die Wiederherstellung des psychischen Gleichgewichts kann als Anpassungsphase bezeichnet werden. Berry betont, dass nicht alle Flüchtlinge alle Phasen durchlaufen. Manche erreichen nie die Adaptionsphase, viele werden abgelehnt und zurückgeschickt, bereits während der Flucht gefangen genommen oder können nie einen Asylantrag stellen (vgl. ebd., 209).

In Abb. 1 wird versucht, die Phasen und die damit einhergehenden Erfahrungen, Gefahren und Herausforderungen übersichtlich darzustellen.

Berrys Ausführungen sind ein Versuch, den Migrationsprozess von Flüchtlingen aus einer facettenreichen Perspektive zu beleuchten. Er beschreibt sowohl die zeitliche Dimension als auch wesentliche soziale und psychische Aspekte, die in diesem Prozess eine Rolle spielen. Er zeigt, dass manche Belastungen, wie etwa der Verlust von Bürgerrechten oder der Familie, von der

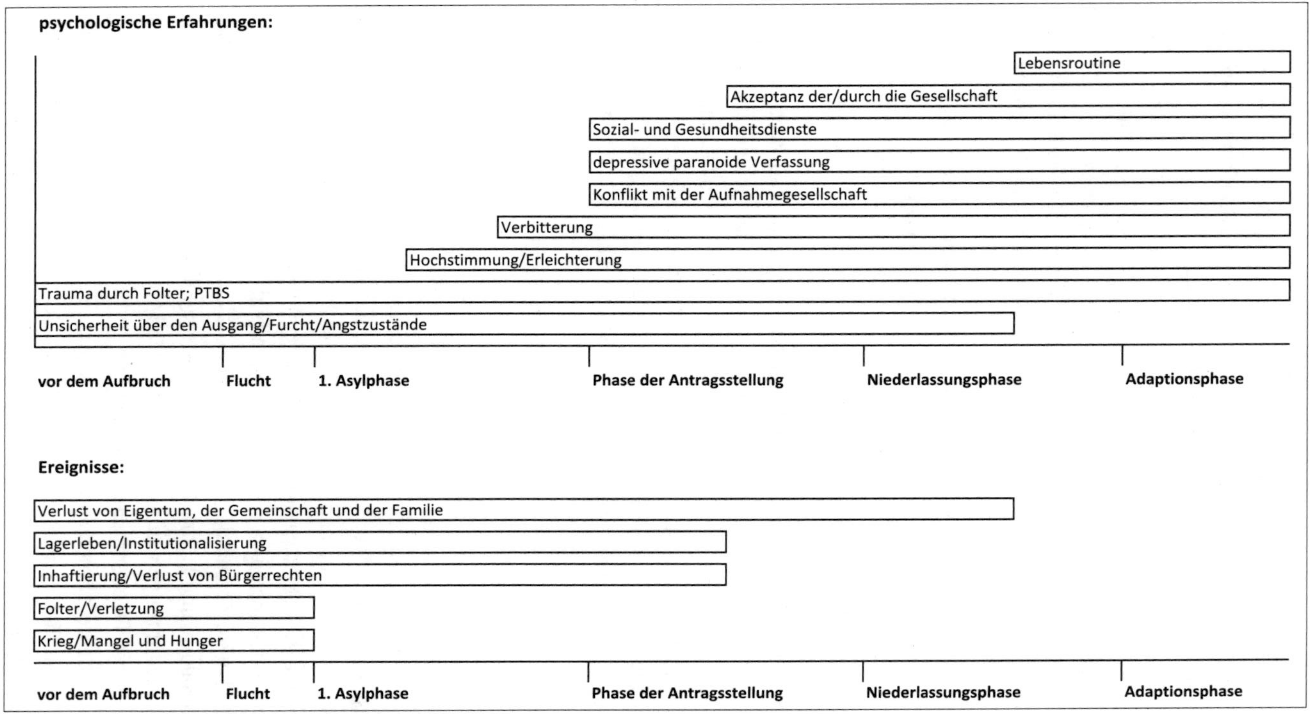

psychologische Erfahrungen:

Lebensroutine

Akzeptanz der/durch die Gesellschaft

Sozial- und Gesundheitsdienste

depressive paranoide Verfassung

Konflikt mit der Aufnahmegesellschaft

Verbitterung

Hochstimmung/Erleichterung

Trauma durch Folter; PTBS

Unsicherheit über den Ausgang/Furcht/Angstzustände

| vor dem Aufbruch | Flucht | 1. Asylphase | Phase der Antragsstellung | Niederlassungsphase | Adaptionsphase |

Ereignisse:

Verlust von Eigentum, der Gemeinschaft und der Familie

Lagerleben/Institutionalisierung

Inhaftierung/Verlust von Bürgerrechten

Folter/Verletzung

Krieg/Mangel und Hunger

| vor dem Aufbruch | Flucht | 1. Asylphase | Phase der Antragsstellung | Niederlassungsphase | Adaptionsphase |

Abb. 1: Phasen, Ereignisse und Erfahrungen im Laufe
einer Flüchtlingskarriere im Sinne J. Berrys (vgl. Bronstein et al., 2012, 30)

ersten Phase bis hinein in die Niederlassungsphase andauern. Deutlich wird dabei auch, dass soziale Dienste, bei UMF etwa die Kinder- und Jugendhilfe, relativ spät innerhalb dieses Prozesses eingreifen und Unterstützung und Schutz anbieten.

2.3 Zwangsmigration und Trauma

Ein mit Flucht und Zwangsmigration häufig in Zusammenhang gebrachter Begriff ist »Trauma«, ob als alltagssprachliche pauschale Benennung von erfahrenem Leiden oder als Kategorie der klinischen Psychologie. Er wird in der Psychiatrie sowohl zur Beschreibung des auslösenden Ereignisses als auch zur Schilderung der psychischen Folgen benutzt, was eine Begriffsbestimmung schwierig macht. Der Traumabegriff hat in den vergangenen Jahren aufgrund seiner Bedeutungsvielfalt und unterschiedlichen Verwendung zu intensiven wissenschaftlichen Diskursen geführt.[2] So definiert das am medizinischen Ansatz ausgerichtete Diagnosemanual *International Statistical Classification of Diseases and Related Health Problems ICD-10* ein Trauma als »ein belastendes Ereignis oder eine Situation außergewöhnlicher Bedrohung oder katastrophenartigen Ausmaßes (kurz oder langanhaltend), die bei fast jedem eine tiefe Verzweiflung hervorrufen würde.« (Dilling et al., 2011, 207)

Potentiell traumatisierende Erfahrungen umfassen unter anderem folgende Ereignisse: Kriege, Terroranschläge, gewalttätige Angriffe auf die eigene Person, Vergewaltigungen, Raubüberfälle, Entführungen, Geiselnahmen, Folter, Kriegsgefangenschaft, Gefangenschaft in einem Konzentrationslager, Naturkatastrophen, schwere Unfälle, durch Menschen verursachte Katastrophen, Diagnosen einer lebensbedrohlichen Erkrankung, massive medizinische Eingriffe, Miterleben von Gewalttaten an anderen Menschen, Mangelerfahrungen in der Kindheit (vgl. Krüsmann, 2011).

Die in deren Folge häufig diagnostizierte Störung wird als »posttraumatische Belastungsstörung« (PTBS) bezeichnet und ist durch die Symptome Wiedererleben (z. B. Alpträume, Flashbacks), Vermeidungsverhalten, Numbing und Hyperarousal (z. B. Konzentrations- und Schlafstörungen) gekennzeichnet (vgl. ebd.).

---

[2] Zur geschichtlichen Entwicklung der Psychotraumatologie und unterschiedlicher Trauma-Modelle sei auf die ausführlichen Darstellungen von Van der Kolk (2000) und Lennertz (2011) verwiesen.

Einen mehr auf innerpsychische Prozesse gerichteten Fokus legen Fischer und Riedesser mit ihrer Definition von Trauma als ein

> vitales Diskrepanzerlebnis zwischen bedrohlichen Situationsfaktoren und den individuellen Bewältigungsmöglichkeiten, das mit Gefühlen von Hilflosigkeit und schutzloser Preisgabe einhergeht und so eine dauerhafte Erschütterung von Selbst- und Weltverständnis bewirkt. (Fischer & Riedesser, 2009, 84).

Nach Gottfried Fischer und Peter Riedesser zeichnen sich traumatische Situationen dadurch aus, dass sie dringend eine z. T. überlebensnotwendige Handlung erfordern, eine subjektiv angemessene Reaktion jedoch nicht zulassen (vgl. Fischer & Riedesser, 2009, 65). Während der Terminus *post*traumatische Belastungsstörung nahelegt, Trauma sei ein Ereignis, dass bei Ausbildung der Störungssymptome bereits vergangen ist, verweisen Fischer und Riedesser auf die Relation von Ereignis und Erlebnis der betroffenen Person. Sie betonen den Prozesscharakter und den Umweltbezug in ihrem ökologisch-dialektischen Traumamodell und unterscheiden drei Phasen, die in einem dynamischen Verhältnis zueinander stehen: die traumatische Situation, die traumatische Reaktion und den traumatischen Prozess (vgl. Fischer & Riedesser, 2009, 63ff).

Laut dem Soziologen José Brunner lassen sich vier unterschiedliche Paradigmenunterscheiden, innerhalb derer sich ForscherInnen sowie medizinische und psychologische Fachleute zu traumatischen Störungen äußern (vgl. Brunner, 2004, 10):

— Im behavioristischen Paradigma werden Symptome als Folge einer traumatischen Erstarrung zwischen Angriffs- und Fluchtreaktion betrachtet, verursacht durch eine Situation, in der weder Angriff noch Flucht möglich ist.

— Im kognitiven Paradigma wird postuliert, dass das jeweilige menschliche Verhalten Ergebnis grundlegender Annahmen über die Welt ist. Macht man eine Erfahrung, die mit diesen Annahmen nicht vereinbar ist, kommt es zur Spaltung oder zum Zusammenbruch der Informationsverarbeitung, was eine seelische Störung hervorruft.

— Aus der dynamischen/psychoanalytischen Sicht sind psychische Störungen v. a. emotional bedingt, als Folge einer Erfahrung, welche zur Überflutung mit Gefühlen führt, die nicht bewältigt werden können. Traumasymptome sind demnach wiederholte, vergebliche Versuche, rückwirkend Kontrolle über das auslösende Ereignis und die damit einhergehenden Gefühle zu bekommen.

– Biologische Ansätze fokussieren im Hinblick auf Traumatisierung auf die neurobiologischen Prozesse wie die Funktionen von Mandelkern und Hippocampus, auf Veränderungen im vegetativen Nervensystem oder auf Schwankungen der Cortisol-Ausschüttung.

Ein grundlegender Perspektivwechsel auf den Traumabegriff ist der Holocaust-Forschung zu verdanken, die eine Einbeziehung gesamtgesellschaftlicher und über das Individuum hinausgehender Prozesse erforderte und deren Erkenntnisse in die psychiatrischen und psychologischen Disziplinen nur langsam integriert wurden (vgl. Lennertz, 2011, 61ff). Es entwickelte sich ein Verständnis von Trauma, das auf dem psychosozialen Paradigma der gegenseitigen Durchdringung innerpsychischer/individueller und umweltbezogener/gesellschaftspolitischer Traumatisierungsprozesse in einer sequentiellen Abfolge beruht.

Dieses erhielt in den letzten Jahren in Zusammenhang mit Menschenrechtsverletzungen immer mehr Beachtung und ist von spezifischer Bedeutung für ein Traumaverständnis im Kontext von Flucht und Migration (vgl. Becker, 2004, 3).

So entbrannte v. a. im Kontext der Menschenrechts- und der Flüchtlingsarbeit eine Diskussion um den Traumabegriff und dessen Verwendung und zunehmend wurde Kritik an dem Konzept der posttraumatischen Belastungsstörung des *ICD-10* bzw. der post-traumatic stress disorder des amerikanischen *Diagnostic and Statistical Manual of Mental Disorders DSM-IV* geäußert. Beide Klassifikationssysteme psychischer Störungen (*ICD-10* und *DSM IV*) erkennen zwar mit diesem Störungsbild erstmalig die psychischen Auswirkungen von traumatischen Ereignissen und somit den Zusammenhang von Gewalt und menschlichem Leiden an, allerdings in einer Sprache, die die Einzelnen wieder isoliert und entkontextualisiert. Die sozialen und politischen Kontexte, die die Symptome hervorgerufen haben, bleiben unsichtbar, soziale und gesellschaftliche Probleme werden zu klinischen. Alle möglichen traumatisierenden Erfahrungen werden nebeneinander gestellt ohne zu unterscheiden, ob es sich z. B. um Naturkatastrophen oder um von Menschen verursachte Katastrophen (»man-made Disasters«) wie Folter handelt. Auch decken die beschriebenen Symptome nicht alle psychischen Folgen und möglichen Störungsbilder von Traumatisierungen ab. Langfristige Traumafolgen wie z. B. die in der Holocaust-Forschung erkannte transgenerationale Traumatisierung bleiben außen vor (vgl. Becker, 2006, 62; Lennertz, 2011, 73f).

Die Ambivalenz des psychiatrischen Traumamodells und der Verwendung der PTBS-Diagnose wird im Flüchtlingsbereich besonders sichtbar: Als Folge der Einschränkungen des Asylrechts Anfang der 90er Jahre (vgl. Kap. 4.4.1), gewann die Möglichkeit einer Schutzgewährung aus gesundheitlichen Gründen zunehmend an Bedeutung für die Erlangung eines Bleiberechts. Zur Sicherung des Aufenthalts wurden Kriterien aus der klinischen Psychologie unter Berufung auf das Recht auf Leben und körperliche Unversehrtheit (Art. 2 Abs. 2 *GG*) und zielstaatenbezogener individueller Abschiebehindernisse nach § 53 Abs. 6 S. 1 *AuslG* (heute § 60 Abs. 7 S. 1 *AufenthG*) herangezogen. Es war naheliegend, auf die Traumatisierung vieler Flüchtlinge hinzuweisen und es entstand ein ExpertInnenkreis von psychologischen Fachkräften auf diesem Gebiet, der die Behörden und PolitikerInnen mit dem Begriff »Trauma« und »Traumatisierung« konfrontierte (vgl. Groninger, 2006, 2).

Die Verknüpfung von Traumatisierung und Bleiberechtwurde jedoch in den vergangenen Jahren immer kritischer betrachtet. Die Heranziehung der Traumasymptomatik, um politische Fluchtgründe und Asylansprüche zu beurteilen, beeinflusst die Aufgaben der PsychologInnen und TherapeutInnen in den Behandlungszentren für Folteropfer und Flüchtlinge durch Verwaltungsakte der Asylrechtsbehörden. Sie sollen in ihren Gutachten zur Glaubwürdigkeit der Aussagen der Flüchtlinge Stellung nehmen, so dass therapeutische Grundsätze nicht mehr eingehalten werden können (vgl. ebd., 3f; vgl. Rafailovic, 2005, 85ff). Für die AsylbewerberInnen kann die unter dem Druck des Asylverfahrens stehende Exploration der vergangenen Erlebnisse retraumatisierenden Charakter bekommen:

> Die Betroffenen fühlen sich in der Begutachtungssituation zu Erinnerungen gedrängt, die sie auch in einem geschützten Therapieprozess nur langsam und oft unvollständig offenbaren und verarbeiten können und die für sie im zugespitzten, meist kurzzeitigen Setting der Exploration eine Bedrohung darstellen können, die sie zu überfluten droht. (Rafailovic et al., 2006, 266)

Für manche Flüchtlinge kann die Anerkennung der Asylberechtigung aufgrund einer Traumatisierung auch bedeuten, dass sie eigentlich krank bleiben müssten, damit sie ihren Aufenthalt nicht gefährden. David Becker verweist daher auf das Verhältnis von Innen und Außen als Schlüsselproblem jeder Traumatheorie, wenn es um sozialpolitische Traumatisierungsprozesse, wie es bei Flüchtlingen der Fall ist, geht, die immer Teil des politischen Prozesses bleiben (vgl. Becker, 2006, 10). Er kritisiert, dass mit dem medizinischen Traumabegriff nur der individuelle Aspekt bezeichnet werde und rückt die Verknüpfung zwischen extremem individuellem Leid und gesellschaftlichen Prozessen in den Fokus der Traumadiskussion (vgl. ebd., 184ff). Dem Traumabegriff sei eine Spannung zwischen intrapsychischen Vorgängen und gesamtgesellschaftlichen Prozessen immanent, dessen Widerspruch sich nicht auflösen lasse (vgl. ebd., 177f). Was auf der sozialen Ebene Bedrohung, Zerstörung und Verlust sei, entspreche auf der psychischen Ebene Angst, Trauma und Trauer (vgl. ebd., 182f).

> Behandelt man Trauma als rein intrapsychischen Prozess, verleugnet man die gesellschaftlichen Dimensionen. Spricht man ausschließlich von den politischen und kollektiven Aspekten, verleugnet man die reale individuelle Wunde. (Ebd., 178)

Becker folgert daraus, dass Trauma nicht global definiert werden kann, sondern immer nur in Bezug auf bestimmte Kontexte wie die materielle Lebensrealität, der soziokulturelle Kontext, das Beziehungsnetz, Gemeinwesen und Staat, um ein ganzheitliches Verständnis des Traumaprozesses zu entwickeln (vgl ebd., 178f).

2.4 Sequentielle Traumatisierung nach Keilson und Becker/Weyermann

Ein in Zusammenhang mit Flucht, Zwangsmigration und unbegleiteten Minderjährigen als zentral betrachtetes Traumaverständnis hat der Mediziner, Psychoanalytiker, Schriftsteller und Pädagoge Hans Keilson vorgelegt. Er konzipierte Trauma nicht mehr nur als singuläres Ereignis oder Erlebnis, sondern als Aufeinanderfolge unterschiedlicher traumatischer Sequenzen unter Einbeziehung des sozialen und politischen Kontextes.

Selbst ein Überlebender der Shoa, führte Keilson von 1967 bis 1978 im Rahmen seiner psychiatrischen und therapeutischen Tätigkeit eine Längsschnittstudie zum Schicksal jüdischer Kriegswaisen, die ihre Eltern aufgrund der NS-Verfolgung verloren hatten,in den Niederlanden durch (vgl. Keilson, 2005). Im Vergleich zu einem Verständnis von Trauma als medizinisches Konzept mit festgelegtem Symptomkatalog oder als hoch komplizierter innerpsychischer Prozess, der neurobiologische und Gedächtnisveränderungen hervorruft, rückt Keilson in seinem bedeutenden Grundlagenwerkden sozialen und politischen Charakter und die zeitliche Dimension des Traumatisierungsprozesses in den Mittelpunkt. Sein Ziel war es, das kumulative Traumatisierungsgeschehen und dessen Auswirkungen 25 Jahre nach Kriegsende systematisch zu untersuchen (vgl. Keilson, 2002, 45ff). Dies erfolgte anhand von 204 repräsentativen Fällen aus einer Gruppe von 2041 jüdischen Kriegswaisen, die zwischen 1925 und

1944 geboren und in den Niederlanden untergebracht worden waren. Seine Studie stellt den Versuch dar,

> das Verfolgungsgeschehen in seinen Sequenzen und Konsequenzen, in den individuell- und sozial-psychologischen Faktoren zu erfassen, zu gliedern und die Effekte der kumulativ-massiven Traumatisierung und der Bemühungen um eine soziale Rehabilitation zu beschreiben. (Keilson, 2005, 3)

Grund dafür war folgende Beobachtung nach dem zweiten Weltkrieg:

> Sehr bald erwies es sich, daß viele der bisher in der Arbeit mit Kindern und Jugendlichen gewonnenen Einsichten und viele der bisher gültigen Maßstäbe nicht mehr ausreichten, um das breite Spektrum der sich hier manifestierenden Verhaltens- und Entwicklungsstörungen in seinem kumulativ-traumatischen Zusammenhang zu erfassen. (Ebd., 1)

Ausgehend von der in der Forschung allmählich erfolgten Veränderung des Traumabegriffs von einem einmaligen und plötzlich auftretenden, erschütternden Ereignis hin zur *traumatischen Situation* mit lange anhaltenden extremen Belastungsaspekten (vgl. ebd., 51), lenkt Keilsons in Phasen gegliederter Traumabegriff den Fokus auf »die traumatische Gesamtsituation und umfaßt sowohl das ›davor‹ als auch das ›danach‹.« (Ebd., 2) Der Blick wird von dem einzelnen Traumaereignis und dessen Verarbeitung durch die Einzelperson hin zu einer Abfolge von Ereignissen und deren Zusammenwirken im jeweiligen Kontext erweitert.

> Keilson's concept implies a radical change in the understanding of trauma. Instead of an event that has consequences, we are now looking at a process in which the description of the changing traumatic situation is the framework that organizes our understanding of trauma. (Becker, 2004, 5)

Damit wird zwar die Einschätzung des traumatisierenden Effekts der einzelnen traumatischen Phase erschwert (vgl. Keilson 2005, 61), zugleich aber ist es

> eine Erleichterung, wenn man sich einmal entschlossen hat, seine Aufmerksamkeit auf das Zusammenspiel der verschiedenen traumatischen Abläufe zu lenken und versucht, den Konnex herzustellen zwischen den verschiedenen traumatischen Sequenzen. (Ebd.)

Dabei stellt er fest: »[D]ie sich aus der Verfolgung ergebenden Folgen für den Entwicklungs- und Reifungsprozeß von Kindern und Jugendlichen bilden einen integralen Bestandteil des gesamten Verfolgungsgeschehens.« (Ebd., 55) In seiner Studie erforschte er, unter Einbeziehung von John Bowlbys »basic needs«-Ansatz, insbesondere die altersspezifischen Traumatisierungseffekte bei diesen Kindern und Jugendlichen und die Bedeutung der einzelnen traumatischen Sequenzen auf ihre Entwicklung (vgl. ebd., 50ff).

Im Folgenden wird Keilsons Konzept der traumatischen Sequenzen dargestellt, das aufgrund seiner Kontextbezogenheit als grundlegendes Modell für die psychosoziale Arbeit mit Flüchtlingen und insbesondere mit UMF angesehen wird: »Keilson's concept of sequential traumatisation is considered to be the most useful conceptual framework we have to date.« (Becker, 2004, 2)

Um die Dauerfolgen der extremen Belastungen bei den untersuchten Kindern und Jugendlichen beurteilen zu können, erachtete Keilson es als unbedingt notwendig, neben den individuellen psychologischen Faktoren, die sich aus biologischen, sozialen und altersspezifischen Aspekten zusammensetzen, die verschiedenen Phasen der Verfolgung und die Zeit in den Niederlanden miteinzubeziehen, diese verschiedenen Variablen aufeinander zu beziehen und in ihrer Gesamtheit zu betrachten (vgl. Keilson, 2005, 55). Er unterschied drei Phasen der Belastung:

1) Die Beginnphase mit den präludierenden Momenten der Verfolgung
2) Aufenthalt im Konzentrationslager oder im Versteck
3) Nachkriegszeit mit allen Schwierigkeiten der Wiedereingliederung etc.
   (Ebd., 56)

Daraus leitet er drei traumatische Sequenzen unterschiedlichen Charakters und unterschiedlicher Bedeutung ab:

Die erste Sequenz
Sie umfasst die Anfangsphase der Verfolgung, der feindlichen Besetzung der Niederlande durch das deutsche Militär und die beginnende Terrorisierung des jüdischen Teils der Bevölkerung (vgl. ebd.).

> Sie enthält alle Ängste der mit dem Abbröckeln des Rechtsschutzes und mit dem Tragen des gelben Sternes beginnenden und sich immer schärfer anlassenden Verfolgung (kumulierend in den Razzien und den Deportationen); den Angriff auf die Würde und Integrität der Familie, die Vernichtung der wirtschaftlichen Existenz, die Ghettoisierung, die ängstliche Erwartungsspannung der kommenden Untaten, das plötzliche Verschwinden von Angehörigen, Bekannten, Freunden, Spiel- und Schulkameraden […]. (Ebd., 56f)

Zusammengefasst kann man von einer »panischen Auflösung der eigenen Umgebung« (ebd., 57) sprechen.

Die zweite Sequenz

Die zweite traumatische Sequenz schließt den Zeitraum der direkten Verfolgung, des Versteckens und Untertauchens in improvisierten Pflegemilieus, der Deportation und der Trennung von den Eltern ein. Traumatogene Elemente sind

> neben der direkten Lebensbedrohung, der Rechtlosigkeit ihrer Situation, dem Ausgeliefertsein an eine feindliche Umgebung, die im streßorischen Sinn zu verstehenden Dauerbelastungen wie Entbehrung, Hunger, Krankheit; ferner eindeutig die psychologischen Erlebnisqualitäten der »generellen Bedrohlichkeit«, wie Zermürbung, Infragestellung und Vernichtung mitmenschlicher Verhaltensweisen […] durch die Konfrontation mit der brutalen Macht, dem Grauen und dem Tod. (Ebd.)

Für die Kinder kommt der für ihre Entwicklung besonders belastende Abbruch von Spielmöglichkeiten, Lern- und Bildungschancen hinzu, bei den untergetauchten Kindern die Notwendigkeit, Namen und Identität zu verheimlichen, und der notwendige Adaptionszwang in den Pflegefamilien bei der sogenannten improvisierten Kriegspflegekindschaft zur Sicherung ihres Überlebens (vgl. ebd., 57f). Im Unterschied zu Erwachsenen, die die Verfolgung als gereifte Persönlichkeit erleben, ist die extreme Belastungssituation bei Kindern und Jugendlichen als integraler Bestandteil ihrer Entwicklung zu betrachten (vgl. Keilson, 2002, 49).

Die dritte Sequenz

Den Anfang der dritten traumatischen Sequenz kennzeichnet die Rückkehr der Kinder aus den Konzentrationslagern bzw. ihre Anmeldung für die Bestellung einer Vormundschaft in der Nachkriegsperiode und sie endet (in der Konzeption dieser Studie) mit dem Erreichen der Volljährigkeit (vgl. ebd., 59). Die Rückkehr in rechtlich gesicherte und bürokratisch geregelte Verhältnisse und die Vormundschaftszuweisung stellten einen erneuten Eingriff in das Leben der Kinder dar und konfrontierten sie unmittelbar mit der Art und Weise, wie ihre Eltern zu Tode gekommen waren (vgl. ebd., 58).

> Das »Auftauchen« oder »Zurückkehren« geschah in eine andere Welt, als die, die man verlassen hatte. Das Ende der Lebensbedrohung, der Beginn der Rehabilitationsmaßnahmen, der Versuch der Aufarbeitung der entstandenen Schäden und Lücken führte nur zu oft zu einer Verstärkung der Konfrontation mit den erlittenen Traumata, und dadurch zu neuen Schädigungen. (Ebd.)

Keilson schreibt dieser Sequenz einen massiv-kumulativen Charakter zu (vgl. ebd., 60). Zentrales Ergebnis dieser Studie ist, dass für diese durch man-made

Disaster zu Waisen gemachte Kinder nicht nur die direkte Verfolgung, sondern auch die darauffolgende Phase von entscheidender Bedeutung war. Die von Keilson befragten Erwachsenen bezeichneten die Nachkriegsphase, also die Wiedereingliederungsphase, als die schwierigste Zeit der extremen Belastungssituation (vgl. ebd., 73). Er kommt zu dem folgenreichen Befund:

Bei Kindern mit einer ungünstig verlaufenden dritten traumatischen Sequenz bei einer gleichzeitig günstigeren Verfolgungsphase ist eine schlechtere Entwicklung festzustellen als bei jenen mit einer schwereren Verfolgungsphase, aber einer günstigeren dritten traumatischen Sequenz (vgl. ebd., 430).

Eine gute Aufnahme- und Wiedereingliederungsphase impliziert eine bessere Langzeitperspektive.

Die Bedeutung der dritten Sequenz liegt in der Qualität des Pflegemilieus, in seinem Vermögen, die Traumatisierungskette zu brechen und dadurch das Gesamtgeschehen zu mildern, nämlich selbst die erforderliche Hilfe zu bieten oder rechtzeitig Hilfe und Beratung zu suchen, resp. in seinem Unvermögen hierzu, wodurch die Gesamttraumatisierung verstärkt wird. (Ebd.)

Damit wird auch erkennbar, dass der traumatische Prozess nicht automatisch beendetist, wenn die aktive Verfolgung aufhört. Dies ist von den involvierten Fachkräften zu berücksichtigen, die nie neutral von außen handeln können, wie Becker betont:

Finally, Keilson's concept illustrates that, since there is no »post« in trauma but only a continuing traumatic process, the helpers (the people who deal with the victims) are also always part of the traumatic situation and do not operate outside of it. (Becker, 2004, 5)

Die von Keilson definierten traumatischen Sequenzen sind auf die Erfahrungen von UMF heute anwendbar. Unter Berücksichtigung des jeweiligen historischen und politischen Kontextes ist die Unterteilung in verschiedene Sequenzen hilfreich, um ihre belastenden Erfahrungen in einer sich verändernden traumatischen Situation zu erfassen und zu strukturieren. Das Konzept der sequentiellen Traumatisierung legt, im Gegensatz zur PTBS, keinen Symptomkatalog fest, sondern den Rahmen, um Trauma in seinem jeweiligen spezifischen Kontext, wie z. B. die Waisenschaft jüdischer Kinder in den Niederlanden aufgrund der deutschen Vernichtungspolitik, zu analysieren (vgl. Becker, 2006, 189).

Die Resultate dieser bedeutenden Langzeitstudie lassen sich auf die aktuelle Situation von UMF in Deutschland übertragen. Deren Traumatisierungsprozesse enden ebenso wenig mit dem Kriegsende oder einer gelungenen Flucht. Die spezifischen Aufnahmebedingungen und die aktuelle Lebenssituation, denen UMF unterworfen sind (vgl. Kap. 5.3), haben als dritte Sequenz entscheidenden Einfluss auf ihre weitere psychosoziale Entwicklung und sind auf ihre Wirkungsweise zu überprüfen.

Eine Weiterentwicklung erfuhr das Modell der sequentiellen Traumatisierung durch David Becker und Barbara Weyermann (Becker, 2006; Becker & Weyermann, 2006), die in ähnlicher Weise Trauma nicht als medizinische Definition, sondern als psychosozialen Rahmen fassten. Sie unterteilen den Übergang von der akuten Verfolgung zu der Zeit danach nochmals in unterschiedliche Sequenzen, da die Grenzen der Verfolgung nicht immer so eindeutig sind wie am Ende des Zweiten Weltkrieges (vgl. Becker, 2006, 189).

Folgende Grundannahmen bilden den Rahmen dieser Traumakonzeption (vgl. Becker & Weyermann, 2006, 6):

— Trauma impliziert eine Vorstellung von Reißen, Bruch, von strukturellem Zusammenbruch.
— Trauma kann nur in Bezug auf einen spezifischen Kontext definiert und verstanden werden.
— Trauma ist als ein sich sequentiell entwickelnder Prozess zu verstehen.
— Trauma beinhaltet sowohl eine individuelle, intrapsychische als auch eine kollektive, gesellschaftliche Dimension, die miteinander verwoben sind.

Becker und Weyermann definieren sechs traumatische Sequenzen (vgl. Becker, 2006, 190ff):

1. Vor Beginn des traumatischen Prozesses
2. Beginn der Verfolgung
3. Akute Verfolgung und direkter Terror
4. Chronifizierung der akuten Verfolgung
5. Zeit des Übergangs
6. nach der Verfolgung

Diese sechs Sequenzen dienen der Orientierung zur Beschreibung eines Traumaprozesses in einem spezifischen Kontext, dessen konkreter psychosozialer Inhalt jeweils aufs Neue zu erarbeiten ist (vgl. ebd., 192). Auf Flüchtlinge angewandt ergeben sich daraus die in Abb. 2 dargestellten Sequenzen der Traumatisierung.

Die erste Sequenz beinhaltet die unfreiwillige Entscheidung zur Flucht. Gerade bei UMF ist diese Phase geprägt von dem Bewusstsein der Trennung von wichtigen Bezugspersonen und dem Verlust des Halts der Familie. Die Flucht als zweite Sequenz ist durch erhöhte Lebensgefahr, neue traumatische Erlebnisse, die Abhängigkeit von Fluchthelfern und durch überwältigende Angst gekennzeichnet. Der Übergang 1, die Anfangszeit im Ankunftsort, ist oft schockierend und enttäuschend und garantiert noch keine Sicherheit. Existentielle Überforderung durch die vielen Überlebensprobleme (die Wohnsituation, die rechtliche Lage, mangelnde finanzielle Ressourcen) und das allmähliche Wahrnehmen der erlittenen psychischen Verletzungen sind typisch in der dritten Sequenz. Die vierte Sequenz beinhaltet die Chronifizierung der Vorläufigkeit. Sie provoziert zwei Verhaltenstendenzen: Entweder die besonders starke Aufrechterhaltung der Bindungen an das Heimatland, da z. B. nach einer Ablehnung des Asylgesuchs und erhaltener Duldung mit einer Rückkehr gerechnet wird. Dies erschwert allerdings die Integration. Oder es wird nicht mit einer Rückkehr gerechnet, wodurch die Integration erleichtert wird. Diese geht jedoch mit einem stärkeren Identitätsbruch einher. Die fünfte Sequenz der Rückkehr, der Übergang 2, umfasst die Zeit vor der Entscheidung, die Rückreise bis hin zur Anfangszeit im Herkunftsland. Eine erzwungene Rückkehr, z. B. durch Abschiebung, bedeutet im Regelfall eine erneute oder eine Retraumatisierung. Auch die freiwillige Rückkehr stellt eine Krise dar. Die sechste Sequenz, nach der Verfolgung, kann die Remigration in das Herkunftsland beinhalten, wobei das Exil Teil der Lebenserfahrung bleibt und häufig Fremdheitsgefühle aufgrund der eigenen Veränderung auch im Heimatland empfunden werden. Bei dauerhaftem Aufenthalt werden aus Flüchtlingen MigrantInnen, die sich in die Mehrheitsgesellschaft integrieren oder neue Minderheiten bilden (vgl. ebd., 193f).

> Die zunächst allgemein und dann spezifisch im Bezug auf Flüchtlinge dargestellte, erweiterte Konzeption der sequentiellen Traumatisierung soll nicht mehr sein als eine Rahmenorientierung, ein Instrument, […] das es erlaubt, trotz aller kontextspezifischen Unterschiede, auch international einen bedeutungsvollen Dialog zu führen. Spezielle, eher psychologische Traumadefinitionen werden durch diesen Rahmen nicht überflüssig. Im Gegenteil, wenn sie auf diese Art sequentiell und kontextspezifisch eingeordnet werden, könnten sie sogar wieder bedeutsamer werden. (Becker, 2006, 194f)

Die Weiterentwicklung dieses Ansatzes von Becker und Weyermann formuliert neben der psychischen und sozialen auch pointiert die politische Dimension von Trauma bei Flüchtlingen. Durch die asylrechtlichen Vorgehensweisen und die gesellschaftliche Exklusion hält der Traumatisierungsprozess weiter an.

Der Ansatz der sequentiellen Traumatisierung von Keilson und Becker/ Weyermann ist unbequem, weil er den Blick auf die gesellschaftlichen Bedingungen und das politische Umfeld (auch des Aufnahmelandes) richtet, in dem der traumatische Prozess stattfindet. Keilson findet in seiner Studie heraus, dass die Zeit nach der unmittelbaren Verfolgung einen wesentlichen Teil der traumatischen Erfahrung bildet und weist den vorzufindenden Bedingungen entscheidende Bedeutung für das Befinden und den Verlauf der weiteren Entwicklung von Flüchtlingen zu. Die Aufnahmebedingungen und die Versorgung nach der Flucht sind in erheblichem Ausmaß verantwortlich für die psychischen Belastungen, unter denen Flüchtlinge leiden. Im Bereich der Sozialpädagogik und der Psychologie ist man geneigt, der ersten und zweiten Sequenz das volle Gewicht der extremen Belastungssituation zuzuweisen und darüber hinaus die dritte Sequenz in ihrem außergewöhnlichen Schweregrad zu unterschätzen. Dabei hat dieses Traumakonzept entscheidende Implikationen für die psychosoziale Arbeit mit UMF. Es orientiert die Aufmerksamkeit auf ihre Lebensbedingungen in Deutschland. Die sie umgebenden gesellschaftlichen und politischen Verhältnisse geraten zwangsweise in den Blick und können nicht mehr ausgeklammert werden. Probleme der Jugendlichen bei der individuellen Verarbeitung von traumatisierenden Erlebnissen sind nicht mehr allein dem jeweiligen Individuum und seiner Vulnerabilität oder Resilienz anzulasten, sondern der soziale und politische Kontext wird mit in die Verantwortung genommen. Keilson formuliert als Leitfrage für die dritte Sequenz: »Was haben wir für diese Kinder getan?« (Ebd., 287) Mit diesem Blick untersucht er in seiner Studie auch die gesetzliche Regelung der Vormundschaft, Möglichkeiten zur Traumaverarbeitung und die Aufarbeitung von Ausbildungseinbußen (vgl. ebd.). Beckers Aussage, dass der Traumabegriff immer nur kontextbezogen gefüllt werden kann, bedeutet auch, dass ein umfassendes Wissen über den gesellschaftlichen, kulturellen, politischen und rechtlichen Kontext des jeweiligen UMF notwendig und immer wieder neu zu erarbeiten ist, um adäquate Hilfestellung und Unterstützung leisten zu können.

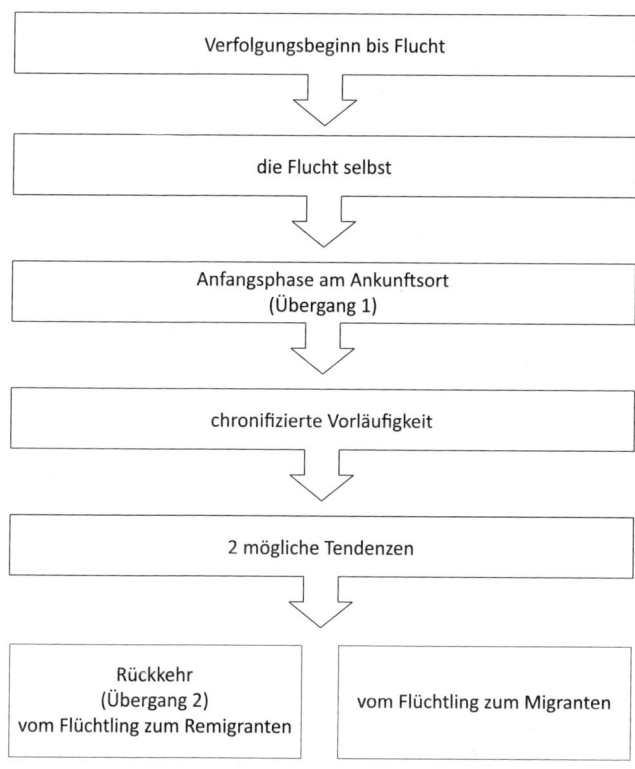

Abb. 2: Traumatische Sequenzen im Kontext
von Zwangsmigration und Flucht (vgl. Becker, 2006, 192)

3. Soziodemographische Aspekte/ demographischer Kontext

Im Vergleich zu Wirtschaftsdaten existiert bei Migrationszahlen aufgrund voneinander abweichender und zum Teil fehlender nationaler und internationaler Migrationserhebungen eine geringe Erhebungsdichte (vgl. Borchers, 2008, 23). Je nachdem, was unter »Migration« oder dem Begriff »Flüchtling« verstanden wird, weichen die Zahlen der Behörden und Institute voneinander ab. Zudem werden Kinder und Jugendliche selten gesondert erfasst. Trotz dieses Problems der Quantifizierbarkeit von Wanderungen können die herausgegriffenen Daten einen ungefähren Eindruck über die Bedeutsamkeit des Phänomens weltweit und national geben und einen signifikanten Blick auf die Veränderungen in der Asylpolitik vermitteln.

3.1 Globale Trends

Laut dem *World Migration Report 2011* der International Organisation for Migration (IOM) stieg die Gesamtzahl der internationalen MigrantInnen innerhalb von fünf Jahren von 191 Millionen auf 214 Millionen im Jahr 2010 (vgl. IOM, 2011, 49). Sie stellen damit 3,1 % der Weltbevölkerung dar (vgl. Neidlein & Keller, 2009, 27).

Die Migrationsbewegungen verlaufen dabei nicht überwiegend, wie häufig vermutet, zwischen Süd und Nord, zwischen Entwicklungsländern und entwickelten Ländern, auch nicht zwischen verschiedenen Staaten. Knapp die Hälfte der internationalen Migration erfolgt innerhalb der Herkunftsregion, etwa 40 % in ein Nachbarland. Die Zahl der BinnenmigrantInnen beläuft sich weltweit auf ungefähr 740 Millionen Menschen, das ist fast viermal so viel wie internationale Wanderungen (vgl. ebd., 27ff).

Die Zahl der Flüchtlinge betrug 2010 geschätzte 16,3 Millionen, das entsprach 8 % aller MigrantInnen. 86 % (14 Millionen) von ihnen hielten sich in gering entwickelten Regionen auf. Die größte Anzahl der Flüchtlinge war in Asien (10,9 Millionen), 2,6 Millionen in Afrika und nur 1,6 Millionen in Europa (vgl. United Nations, 2011, XX).

Der Global Trends-Report des United Nations High Commissioner for Refugees (UNHCR) von 2012 beschreibt für das Jahr 2011 statistische Trends der weltweiten Fluchtbewegungen. Im folgenden Abschnitt sollen statistische Schlüsseldatendieses Berichtes zusammengefasst werden (vgl. UNHCR, 2012).

Die Zahl der Flüchtlinge und Menschen in fluchtähnlichen Situationen befindet sich seit 2001 auf ähnlich hohem Niveau. Nur in den Jahren 2005 und 2006 sank ihre Zahl knapp unter die 40-Millionen-Grenze, ansonsten lag sie immer darüber und erreichte 2010 ihren Höhepunkt mit 43,7 Millionen. Nur eine kleine Minderheit dieser Personengruppe kann überhaupt einen Asylantrag stellen. Dieser Anteil bewegte sich zwischen 1,6 und maximal 2,7 % jährlich.

Im Jahr 2011 waren weltweit 42,5 Millionen Menschen auf der Flucht – 15,2 Millionen Flüchtlinge, 26,4 Millionen Binnenvertriebene und 895.000 Asylsuchende. Neu von Flucht und Vertreibung betroffen waren 4,3 Millionen Menschen. Die Gesamtzahl der Menschen, die am Jahresende dem Verantwortungsbereich des UNHCR zugerechnet waren, betrug 35,4 Millionen, 10,4 Millionen von ihnen waren Flüchtlinge. Die meisten Flüchtlinge kamen aus folgenden Ländern: 2,7 Millionen Menschen, das heißt jeder vierte Flüchtling weltweit, stammen aus Afghanistan, gefolgt von Irak (1,4 Millionen) und Somalia (1,1 Millionen). 95 % der geflüchteten Afghanen befinden sich in den Nachbarländern Pakistan und im Iran.

Dabei lassen sich große regionale Unterschiede bei der Aufnahme der Flüchtlinge feststellen. Die am meisten Flüchtlinge generierenden Regionen sind zugleich diejenigen, die etwa zwischen 75 und 93 % dieser Gruppe innerhalb der gleichen Regionen aufnehmen. Rund vier Fünftel aller Flüchtlinge finden in Entwicklungsländern Zuflucht. Die ärmeren Länder tragen damit die größten Belastungen, nicht, wie die Medienberichterstattung oft suggeriert, die reichen Industriestaaten. Setzt man die Zahl der aufgenommenen Flüchtlinge ins Verhältnis zur Wirtschaftskraft, muss man feststellen, dass die 20 Staaten mit der bezogen auf das Bruttoinlandsprodukt (BIP) pro Kopf größten Flüchtlingsanzahl alle Entwicklungsländer sind und sich auf dieser Liste die zwölf am wenigsten entwickelten Länder der Welt befinden. Pakistan steht an erster Stelle mit 605 Flüchtlingen je 1 US-Dollar BIP pro Einwohner, gefolgt von der Demokratischen Republik Kongo (399), Kenia (321) und Liberia (290). Das erste entwickelte Land findet man auf Platz 26 mit 15 Flüchtlingen je 1 US-Dollar BIP pro Kopf – Deutschland.

Laut UNHCR-Angaben verteilten sich die Asylanträge 2011 weltweit auf 171 Staaten. Südafrika ist mit fast 10 % der Asylanträge nach wie vor das Hauptziel der AsylbewerberInnen, auch wenn 2011 deutlich weniger Asylanträge als im Jahr davorgestellt wurden. Die USA erhielten drei Viertel der Antragszahlen von Südafrika, verglichen mit dem Vorjahr jedoch einen Anstieg von 40%, v. a. durch mehr Asylsuchende aus China, Indien und Mexiko. Frankreich hatte die drittstärkste Antragssumme und einen achtprozentigen Zuwachs im Vergleich zu 2010 zu verzeichnen, begründet durch eine Verdoppelung der Ersuchen von ArmenierInnen und vermehrt von Menschen von der Elfenbeinküste. Deutschland folgte an vierter Stelle mit einem Zuwachs von 11% im Vergleich zum Vorjahr und der höchsten Antragszahl seit 2003. Der Zuwachs erklärt sich durch eine höhere Zahl von Flüchtlingen aus Afghanistan (+ 77%), Syrien (+ 77%) und Pakistan (+ 202%).

Etwa 46% aller Flüchtlinge oder Menschen in flüchtlingsähnlichen Situationen sind Minderjährige, umgerechnet etwa 19,5 Millionen. Damit machen sie fast die Hälfte der weltweit Vertriebenen und Geflohenen aus. Betrachtet man hingegen die Zahl der Asylanträge, so waren Kinder und Jugendliche 2011 nur mit 34% vertreten.

Insgesamt 17.700 Asylanträge wurden von separated children in 69 Staaten gestellt, am meisten von unbegleiteten Kindern afghanischer und somalischer Herkunft. Unter allen Altersgruppen von minderjährigen Flüchtlingen insgesamt waren Mädchen und Jungen ziemlich gleich vertreten. Bei der Gruppe der AsylbewerberInnen war jedoch die Prozentzahl der Jungen gegenüber der der Mädchen deutlich höher.

3.2 Zahlen in Europa

Im letzten Jahrzehnt ist die Zahl der AsylbewerberInnen in der EU zunächst stark zurückgegangen, von über 420.000 im Jahr 2000 auf gut 250.000 im Jahr 2009 (vgl. European Commission – Eurostat, 2012a).

Laut Eurostat, dem statistischen Amt der Europäischen Union, stieg 2011 die Zahl der AsylbewerberInnen in der EU-27 wieder leicht von 259.000 im Vorjahr auf 301.000. Bei ca. 90% der Anträge handelte es sich um Erstersuchen. Hauptherkunftsländer waren Afghanistan (28.000), die Russische Föderation (18.200), Pakistan (15.700), Irak (15.200) und Serbien (13.900). Afghanische AsylbewerberInnen stellten damit 9% aller Asylsuchenden in der EU dar, etwa 28% von ihnen (7.955) ersuchte um Asyl in Deutschland (vgl. European Commission – Eurostat, 2012b).

Die meisten Asylanträge wurden in Frankreich gestellt (56.300), gefolgt von Deutschland (53.300) und Italien (34.100). Allerdings gibt es einen erheblichen Unterschied innerhalb der EU-Staaten bezüglich der Zahl der Asylanträge und ihrer relativen Bedeutung in den einzelnen Ländern. So hatten Malta (4.500 pro Million EinwohnerInnen), Luxemburg (4.200/Mio.) und Schweden (3.200/Mio.) die höchsten Asylbewerberquoten in Bezug zur Bevölkerungszahl. In Deutschland waren es dagegen nur 650 pro Million EinwohnerInnen. 2011 wurden in der EU in 237.400 Fällen Entscheidungen über Erstanträge getroffen, 75 % (177.900) davon waren Ablehnungen oder nur formelle Entscheidungen (z. B. Dublin II). Lediglich rund 12 % (29.000) der Asylsuchenden bekam den Flüchtlingsstatus zuerkannt, etwa 9 % (21.400) erhielt subsidiären Schutz und 4 % (9.100) wurde eine Aufenthaltsgenehmigung aus humanitären Gründen erteilt (vgl. Eurostat, 2012).

2012 stieg die Zahl der Asylsuchenden um weitere 10 % auf 319.185. Davon waren mit 77.540 die meisten in Deutschland, gefolgt von Frankreich mit 60.560 und Schweden mit 43.865. Die größte Gruppe kam mit 26.250 (8 %) Personen aus Afghanistan, von diesen waren 42,9 % unter 18 Jahre alt, gefolgt von Syrien und Russland mit 7 % (vgl. Bitoulas, 2013, 7f).

Über den Anteil Minderjähriger gibt es wenige und je nach Staat sehr unterschiedliche Erhebungen. Jedoch ist unbestritten, dass von den Kindern und Jugendlichen, die sich weltweit auf der Flucht befinden, nur ein geringer Teil ein wohlhabendes Land erreicht. So waren laut Eurostat im Jahr 2010 lediglich 27,6 % aller AsylbewerberInnen der EU unter 18 Jahre alt, obwohl Minderjährige knapp die Hälfte der Flüchtlinge weltweit ausmachen. 4,1 % waren unbegleitet, die meisten Minderjährigen stellten ihre Anträge in Frankreich, gefolgt von Deutschland und Schweden (vgl. European Commission – Eurostat, 2012c). Der Anteil männlicher Asylsuchender in der Gruppe der Minderjährigen betrug über 50 %, ihr Anteilunter den unbegleiteten minderjährigen AsylbewerberInnen über 80 % (vgl. European Commission – Eurostat, 2012b). Das Alter der Kinder lag bei der Mehrheit über 15 Jahren, mit Ausnahmen in Finnland und Schweden (vgl. Pierard & Roublin, 2012, 19). 2012 betrug der Anteil Minderjähriger unter den AsylbewerberInnen 27,5 % (vgl. Bitoulas, 2013, 6).

2011 beantragten laut Europäischer Kommission 12.225 unbegleitete Minderjährige in der EU-27 Asyl, jedoch betritt die weit größere Anzahl von UMF Europa über irreguläre Migrationswege und ist in diesen Zahlen nicht erfasst (vgl. European Commission – Eurostat, 2012b). Nicht alle EU-Staaten liefern Daten zu den Asylentscheidungen bei UMF. Bei den vorliegenden variieren die Raten der positiven Asylentscheidungen (inklusive Abschiebeschutz) von 8 % in Irland bis zu 61 % in Großbritannien (vgl. Pierard & Roublin, 2012, 19).

3.3 Zahlen in Deutschland

Das Bundesamt für Migration und Flüchtlinge (BAMF) veröffentlicht regelmäßig Daten zur Entwicklung der Zahl der gestellten Asylanträge in Deutschland. Danach nahm die Anzahl der Asylanträge in den 90er Jahren im Vergleich zu den vorangegangen Jahrzehnten deutlich zu und fand ihren Höhepunkt 1992 mit 438.191 Asylanträgen. Die Gründe dieser Zwangsmigration lagen zum einen in den politischen Umwälzungen und Konflikten Südost- und Osteuropas, zum anderen in den Krisenherden an der inneren und äußeren Peripherie Europas – Autonomiebestrebungen der kurdischen Bevölkerung in der Türkei und im Irak, die kriegerischen Auseinandersetzungen und der Zerfall staatlicher Autorität in Afghanistan, dem Libanon und in Algerien – und nicht zuletzt in Menschenrechtsverletzungen und Konflikten in über 100 weiteren Staaten (vgl. Heidelberger Institut für Internationale Konfliktforschung e. V., 1992). Nach der Änderung des Art. 16 a des *Grundgesetzes* und der Einführung der sicheren Drittstaatenregelung 1993 sank die Zahl innerhalb von zwei Jahren um mehr als zwei Drittel und erreichte ihren Tiefpunkt 2007 mit nur noch 19.164 Asylanträgen. Außerdem wurde in der Statistik des BAMF bis 1994 nicht zwischen Erst- und Folgeanträge unterschieden, so dass die erhöhten Zahlen auch diesem Umstand geschuldet waren. In den folgenden Jahren stiegen die Antragszahlen auf niedrigem Niveau etwas an, jedoch betrug 2011 die Zahl der Asylerstersuchen mit 45.741 nur ca. 12 % des Höchststandes (vgl. BAMF, 2012, 10f).

Für 2012 wurden 64.539 und von Januar bis November 2013 bereits 99.989 Erstanträge entgegengenommen, ein Anstieg um 68,2 % zum Vergleichszeitraum des Vorjahres (vgl. BAMF, 2013b, 3). Der Anstieg 2013 ergab sich vor allem aufgrund der ansteigenden Asylanträge von Menschen aus der Russischen Föderation, aus Syrien und Serbien (vgl. ebd., 6). Die Gesamtheit der in Deutschland lebenden Flüchtlinge – AsylbewerberInnen, Anerkannte, Geduldete – sank von über einer Million im Jahr 1997 auf ca. 393.000 im Jahr 2011 (vgl. Hohlfeld, 2013).

Je nach Entwicklung der politischen, wirtschaftlichen und gesellschaftlichen Verhältnisse ändert sich die jährliche Zusammensetzung der Hauptherkunftsländer. Zu den zehn zugangsstärksten Herkunftsländern im Zeitraum von 2003 bis 2012 zählten kontinuierlich Irak, Iran und die Russische Föderation, die Türkei 2012 erstmalig nicht mehr. Auch Afghanistan war, außer 2004 und 2007, stets unter den Top Ten vertreten, 2009 und 2012 auf Platz 2, 2010 und 2011 auf Platz 1 (vgl. BAMF, 2013a, 19). In Abb. 3 werden die fünf am

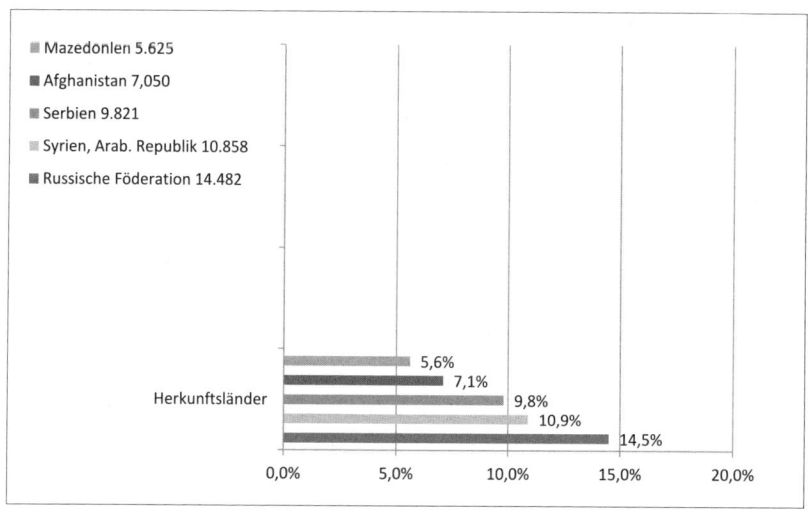

*Abb. 3: Hauptherkunftsländer im Zeitraum 01. Januar bis 30. November 2013
(vgl. BAMF, 2013b, 6)*

stärksten vertretenen Herkunftsländer der AsylbewerberInnen von Januar bis November 2013 veranschaulicht.

Die Anerkennungsquote nach § 16a *GG* bewegte sich seit 2000 außer in den Jahren 2000 und 2001 stets unter 2 %, was in den Medien gerne dahingehend interpretiert wurde, alle anderen AsylbewerberInnen würden »Asylmissbrauch« betreiben. Doch die Schutzquote war stets wesentlich höher, denn die Anerkennung auf der Basis der *Genfer Flüchtlingskonvention* (§ 60 Abs. 1 *AufenthG*) und der Abschiebeverbote wegen drohender Folter, Todesstrafe oder Lebensgefahr zählen bei der Anerkennungsquote nicht mit. Der Anteil der Anerkennungen nach der *GFK* erreichte 2008 mit 33,9 % ihren Höchststand und sank danach kontinuierlich bis auf 13 % im Jahr 2012. Der subsidiäre Abschiebungsschutz (§ 60 Abs. 2, 3, 5 o. 7 *AufenthG*) stieg hingegen von einem sehr niedrigen Niveau ausgehend Jahr für Jahr und verdoppelte sich 2012 auf 13,5 % im Vergleich zu 2011 (5,9 %) (vgl. BAMF, 2013b, 8).

2010 wurden 15.456 Asylanträge von Minderjährigen gestellt, dies entspricht einem Anteil von 37,4 % an allen Erstanträgen (BAMF, 2011a, 25). 2011 betrug ihr Anteil mit 16.631 Erstanträgen 36,4 %, wovon die Mehrzahl der Antragstellenden, 13.960, unter 16 Jahre alt waren (BAMF, 2012, 22). Im Jahr 2012 erhöhte sich die Zahl der minderjährigen Asylsuchenden um mehr als ein Drittel auf 24.388, was einem Prozentsatz von 37,8 entsprach. Von ih-

41

nen waren 21.268 unter 16 Jahre alt, 3.120 im Alter von 16 und 17 Jahren (vgl. BAMF, 2013a, 21). Diese Daten setzten sich sowohl aus neu eingereisten als auch aus hier geborenen Kindern von Asylbewerberinnen zusammen.

Laut Bundesfachverband Unbegleitete Flüchtlinge e. V. gibt es keine verlässlichen Daten darüber, wie viele minderjährige Flüchtlinge jährlich unbegleitet nach Deutschland einreisen, wie viele sich insgesamt im Land und wie viele sich ohne Papiere in Deutschland aufhalten. Auch sei nicht bekannt, wie vielen von ihnen an den Grenzen die Einreise ohne Registrierung verweigert wird und wie viele sich in Abschiebehaft befinden, ohne dass das Jugendamt davon in Kenntnis gesetzt wird (vgl. B-UMF, 2012b, 1).

Auch jene minderjährig unbegleitet einreisenden Flüchtlinge, die fälschlicherweise auf über 18 Jahre geschätzt werden, finden sich nicht in der Statistik über UMF. Da wenige Flüchtlinge Ausweispapiere mit sich führen und es bislang keine verlässliche Altersbestimmungsmethode gibt, dürfte ihre Anzahl nicht unerheblich sein.

Darüber hinaus finden sich nicht alle separated children unter den AsylbewerberInnen, da bei vielen zunächst auf eine Asylantragsstellung verzichtet und auf alternative Aufenthaltsmöglichkeiten ausgewichen wird. Gründe dafür können geringe Erfolgschancen bei der Antragsstellung sein, ein zu geringes Alter, um die Fluchtgründe richtig darlegen zu können oder die Bemühung von Vormündern, ihnen die Anstrengungen eines derartigen Verfahrens zu ersparen (vgl. Berthold et al., 2011, 23).

> Bislang gab es keine zentrale Erfassung über die Aufnahme von unbegleiteten minderjährigen Flüchtlinge [sic], da weder die Landesjugendämter noch die Ausländerbehörden diese Daten einheitlich und flächendeckend erheben. (B-UMF, 2012b, 1)

So ist es zurzeit nicht möglich, mit Sicherheit zu ermitteln, wie viele separated children sich insgesamt in Deutschland aufhalten. Zieht man die registrierten Inobhutnahmen und die Asylantragsstatistik heran, so ergibt sich laut B-UMF für die letzten Jahre folgendes Aufnahmebild: Die Zahl der Asylanträge unbegleiteter Minderjähriger ist von 1.304 im Jahr 2009 auf 1.948 im darauffolgenden Jahr angestiegen und betrug 2011 2.126 (vgl. B-UMF, 2012a). Die Inobhutnahmezahlen sind nach einem Absinken 2011 auf 3.787 von 4.243 im Jahr 2010 (vgl. B-UMF, 2012b, 2) im Jahr 2012 wieder leicht angestiegen.

Laut dem BAMF gingen die Zahlen der UMF unter den AsylbewerberInnen 2012 leicht zurück auf 2096, wovon 598 unter 16 Jahre alt und 1498 von ihnen

16 und 17 Jahre alt waren. Fast die Hälfte von ihnen kam aus Afghanistan (1003), mit großem Abstand folgten Kinderflüchtlinge aus den Irak (152) und aus Somalia (127) (vgl. PRO ASYL, 2013a).

	Anträge Minderjährige	Anträge UMF	Entscheidungen insgesamt	Anerkennung nach Art. 16 a GG/Fam.asyl	Schutz nach GFK	Subsidiärer Abschiebungsschutz	Ablehnungen	Formelle Entscheidungen
2011								
< 16 Jahre	13.960	714	323	2	38	100	162	21
16-17 Jahre	2.671	1.412	831	6	88	228	461	48
2012								
< 16 Jahre	21.268	598	260	2	33	96	107	22
16-17 Jahre	3.120	1.498	685	6	83	169	379	48

Tab. 1: Anträge und Entscheidungsquoten bezüglich UMF
in Deutschland von 2011/2012 (vgl. PRO ASYL, 2013a)

2011 und 2012 wurde insgesamt nur 16 unbegleiteten Kindern und Jugendlichen der volle Flüchtlingsstatus nach § 16a *GG* zugesprochen, 2011 wurden umgerechnet rund 54 % der Asylanträge dieser Gruppe abgelehnt und 2012 waren es 51,4 %. Die Schutzquote bei allen Entscheidungen über Asylanträge von UMF betrug 2011 40 % und 2012 erreichte sie 41,2 % (vgl. Tab. 1).

3.4 Die Situation in Afghanistan

In den letzten Jahren ist eine ansteigende Anzahl afghanischer UMF nach Europa gekommen. Auch in Deutschland ist diese Tendenz dokumentiert (vgl. Kap. 3.3). Jedoch ist relativ wenig über diese jungen MigrantInnen selbst bekannt.

Afghanistan ist eines der ärmsten Länder der Welt. Die Landesfläche beträgt 652.230 km², wovon nur rund 12 % fruchtbarer Boden sind. Das trockene Klima ist von kalten Wintern und heißen Sommern geprägt. Die Bevölkerungszahl liegt bei 31,1 Millionen (Juli 2013), 42,6 % davon sind jünger als vierzehn Jahre und 21,9 % zwischen 15 und 24 Jahre alt. Die durchschnittliche Lebenserwartung beträgt 50,11 Jahre. Die afghanische Gesellschaft setzt sich aus verschiedenen Ethnien und Kulturen zusammen: Paschtunen (42 %), Tadschiken (27 %), Hazara (9 %), Usbeken (9 %), Aimaken (4 %), Turkmenen (3 %), Balochen (2 %) und andere (4 %). Es gibt 49 Sprachen und etwa 200 Dialekte, wobei die offiziellen Sprachen Dari und Paschtu sind. 99,9 % der Bevölkerung sind Moslems und 73 % der Menschen leben auf dem Land. Afghanistan wurde 1747 von Ahmad Shah Durrani gegründet, indem dieser die Paschtunen-Stämme vereinigte. Lange Zeit Teil des britischen Empire erlangte es 1919 wieder seine Unabhängigkeit. Von 1933 bis 1973 regierte König Zahir Shah das Land (vgl. Central Intelligence Agency, 2013; Chiari, 2009).

Nach Jahrzehnten relativer Stabilität markierte der Sturz von Daoud Khan 1978 und die anschließende Invasion sowjetischer Truppen 1979 eine lange Konfliktphase. Seitdem ist Afghanistan nicht mehr zur Ruhe gekommen. Mit dem Erstarken der Mudschaheddin intensivierten sich die kriegerischen Auseinandersetzungen zwischen den Widerstandsgruppen und dem sowjetischen Militär. Mehr als 870.000 Menschen wurden getötet, drei Millionen verwundet oder verstümmelt und mehr als fünf Millionen Menschen verließen das Land. Als sich die sowjetischen Truppen 1989 zurückzogen, geriet das Land mehr und mehr unter die Kontrolle von Milizen und wurde zunehmend instabil. Während der internen Kämpfe um die Regierungskontrolle in der ersten Hälfte der 90-er Jahre war die Zivilbevölkerung Opfer willkürlicher Gewaltakte und Vergeltungsmaßnahmen einschließlich Raub, Folter, Haft und Vergewaltigung. Im Zuge dessen erstarkte die Bewegung der Taliban, deren Kämpfer sich zunächst v. a. aus Studenten fundamentalistischer Koranschulen in Pakistan rekrutierten. Sie gewannen schnell an Terrain und versprachen der kriegsmüden Bevölkerung Sicherheit und Stabilität. Ihre repressive Politik brachte jedoch ansteigende Armut, weit verbreitete Menschenrechtsverletzungen, ethnische Verfolgung, Vertreibungen und Tötungen. Viele Menschen flüchteten nach Pakistan, in den Iran und andere Nachbarländer. Nach dem Sturz der Taliban 2001 mit Hilfe militärischer US-Intervention nach dem Anschlag vom 11. September waren wieder viele Menschen voller Hoffnung, dass die Gewalt enden und sich ihr Leben verbessern würde. Seit 2006 verschlechterte sich die Sicherheitslage stetig und die Gewalt stieg wieder an. Zwar hat sich seitdem das Leben für einen Teil der Bevölkerung verbessert, aber immer noch leben fast 50 % unterhalb der Armutsgrenze, über eine viertel Million bleiben aufgrund anhaltender Konflikte Vertriebene innerhalb der Landesgrenzen und fast drei Millionen Menschen sind noch in Pakistan und im Iran (vgl. Oxfam International, 2009).

Trotz des Einsatzes Zehntausender von ISAF-Soldaten 2010 und des Ausbaus der afghanischen Armee steht Afghanistan weitgehend unter dem Einfluss lokaler Militärkommandanten, Stammesführer und Warlords. Die Taliban haben wieder Kontrolle über größere Gebiete gewonnen, v. a. in Kandahar und Helmand, aber auch im Norden und Westen. Im Sommer 2011 blieb nur Panjshir als einzige Provinz weitgehend von Gewalt verschont (vgl. Yoshimura, 2011, 406f).

»During every phase of the conflict […] different armed factions, both Afghan and foreign, committed crimes against humanity and serious war crimes.« (The Afghanistan Justice Project, 2005, 4) Aufgrund von mehr als 30 Jahren andauernder gewalttätiger Konflikte hatte Afghanistan kaum Gelegenheit, ausreichend stabile staatliche Strukturen zu entwickeln, die den Menschen grundlegende Bürgerrechte, Sicherheit, den Zugang zu Bildung, Gesundheitsversorgung und Einkommen garantieren. Millionen Menschen wurden getötet, zur Aufgabe ihres Zuhauses und zur Flucht gezwungen und die Infrastruktur wurde zerstört.

Conflict, natural hazards, chronic poverty and underdevelopment threaten people's survival, livelihood and dignity in many ways. These phenomena have also depleted community resilience by placing people in debt, killing livestock, destroying assets, and forcing households to split and resort to negative coping mechanisms, e. g. immigration and forced marriage. (UN Office for the Coordination of Humanitarian Affairs (UN-OCHA), 2012, 12)

Laut United Nations International Children's Emergency Fund (UNICEF) zählt die Sterblichkeitsrate von Kindern unter fünf Jahren und die Müttersterblichkeit zu den höchsten weltweit (vgl. UNICEF, 2003). Hauptursache ist die Unter- und Mangelernährung der gesamten Bevölkerung, die sich auf die Kinder am verheerendsten auswirkt (vgl. Levitt et al., 2011). Die Mehrheit der afghanischen Bevölkerung hat keinen Zugang zu sauberem Trinkwasser oder sanitären Einrichtungen. Zwei Millionen Kinder im Grundschulalter besuchen keine Schule. Auch wenn sich die geschlechtsspezifischen Unterschiede bezüglich Bildung verringern, liegen die Einschulungsraten der Mädchen noch weit hinter jenen der Jungen (vgl. UNICEF, 2003). Oppositionelle Kräfte wie z. B. Talibananhänger oder regionale Kriegsherren führen auch weiterhin und mit wieder ansteigender Tendenz Angriffe auf Schulen, LehrerInnen und SchülerInnen, insbesondere auf Einrichtungen für Mädchen, durch (vgl. UNHCR, 2013a, 61). Der UNHCR berichtete im August 2013 in seinen Richtlinien zum internationalen Schutzbedarf afghanischer Asylsuchender von einer zunehmend sich verschlechternden Sicherheitslage (vgl. UNHCR, 2013b). Unter anderem sind folgende Risikogruppen von Verhaftung, Folter und in Einzelfällen auch außergerichtlicher Hinrichtung bzw. Ermordung bedroht: Regierungsmitglieder und deren tatsächliche oder vermeintliche UnterstützerInnen, ZivilistInnen, die der Unterstützung bewaffneter regierungsfeindlicher Gruppen verdächtigt werden, PolizistInnen, MenschenrechtsaktivistInnen, regimekritische JournalistInnen und Intellektuelle, Männer und Jungen im wehrfähigen Alter, Angehörige bestimmter ethnischer Gruppen und religiöser Minderheiten, KonvertitInnen, religiös gemäßigt eingestellte Personen und jene, die angeblich gegen die Scharia verstoßen haben, lesbische, schwule, bisexuelle, transgender und intersexuelle Personen, ehemalige Talibankämpfer, von Blutrache bedrohte Personen, Frauen, die sich der gesellschaftlichen Ordnung widersetzen, Geschäftsleute und andere wohlhabende Personen (vgl. ebd., 4; 31ff).

Das Rechtssystem und die afghanische Gesellschaftsordnung weisen Frauen und Männern unterschiedliche Rollen zu, die jedoch, abhängig von regionalen, sozialen und wirtschaftlichen Lebensbedingungen stark variieren können. Auch nach dem Sturz der Taliban werden Frauen in verschiedener Hinsicht diskriminiert. Ihnen drohen z. B. bei Verstößen gegen Kleidervorschriften und Moralvorstellungen (außereheliche sexuelle Kontakte, berufliche Aktivitäten, Mitarbeit in einer Frauenorganisation, Beziehung zu einem Nichtmoslem) unverhältnismäßig harte Strafen bis hin zur Ermordung (sogenannte Ehrenmorde). Frauen sind nach wie vor ihrer ökonomischen, sozialen und kulturellen Rechte beschnitten und in überproportionalem Maße von Armut, Analphabetismus und schlechter Gesundheitsversorgung betroffen (vgl. ebd., 48ff).[3]

Kinder sind kinderspezifischen Formen der Verfolgung ausgesetzt. Dazu zählen Rekrutierung Minderjähriger, Zwangs-/Verheiratung Minderjähriger, gefährliche Kinderarbeit, Schuldknechtschaft, Kinderhandel und Kinderprostitution. Kindesmissbrauch ist landesweit verbreitet. Häufige Formen sind Vernachlässigung, körperliche Gewalt und sexualisierte Gewalt.

Während die meisten Kinder, insbesondere Mädchen, durch Familienmitglieder sexuelle Gewalt erleiden, wird darüber hinaus auch von sexuellen

---

[3] Die traditionellen Wertvorstellungen der Taliban waren nicht so sehr von der Scharia als vielmehr von dem Rechts- und Ehrenkodex der Paschtunen, dem Paschtunwali, geprägt. In diesem sind »Ehre« und »Schande« zentrale Begriffe. Wird die Ehre der Frau verletzt, so verletzt man damit auch die Ehre des Mannes. Frauen sind den Männern untergeordnet, müssen beschützt werden und sollen in strenger Abgeschiedenheit leben, da so am besten die Ehre geschützt werden kann (vgl. Rzehak, 2011).

Übergriffen auf Mädchen und Jungen durch staatliche Vertreter berichtet. Jungen sind insbesondere der Gefahr ausgesetzt, zum »Bacha Bazi« (»Knabenspiel«) missbraucht zu werden, einer seit Jahrhunderten üblichen und seit Ende der Talibanherrschaft wieder ansteigenden Praxis von sexuellem Missbrauch an elf- bis 16-jährigen Jungen durch mächtige Männer wie Geschäftsmänner, Kriegsfürsten oder lokale Polizeichefs[4] (vgl. Geiser, 2013). Insgesamt kann festgestellt werden, dass die Kinderrechte in hohem Maße verletzt werden.

---

[4]   Die »Tanzknaben« sind Eigentum des »Bacha Baz«, des Knabenspielers und müssen in weiblicher Kleidung für männliches Publikum tanzen. Die reichen Männer stellen so ihre finanzielle Macht zur Schau, ihr Ansehen steigt, je schöner der Tanzknabe ist und je besser dieser tanzt. Häufig kommt es dabei zu sexuellem Missbrauch. Die Jungen stammen oft aus armen Familien, werden verkauft oder entführt. Straßenjungen sind besonders gefährdet, Opfer zu werden.

4. UMF im Kontext von Politik, Recht und Jugendhilfe

Personen zu identifizieren, die internationalen Schutz benötigen, und deren Schutz im Rahmen von Migrationsbewegungen zu gewährleisten, ist eine große Herausforderung gegenwärtiger Politik. Das Büro des UNHCR, dessen Aufgabe es ist, dauerhafte Lösungen für Flüchtlinge zu finden, arbeitet eng mit nationalen Behörden in ganz Europa zusammen, um umfassende Strategien und Vorkehrungen in einem multilateralen Rahmenwerk zu entwickeln, die den Schutz dieser Menschen berücksichtigen, und um diesen Schutz in der Praxis durchzusetzen. Unbegleitete und getrennte Kinder, die Asyl suchen, repräsentieren eine besonders vulnerable Gruppe in den verschiedenen Migrationsbewegungen. In den letzten Jahren gibt es immer mehr eindringliche Berichte von Menschenrechtsorganisationen, die den Blick auf die Gefahren richten, denen unbegleitete Kinder ausgesetzt sind, die nach Europa fliehen, geschmuggelt oder verschleppt werden, auf ihre teils erbärmlichen Lebensbedingungen bei der Ankunft und den ungenügenden Zugang zu einem angemessenen Asylverfahren. Die Situation dieser Kinder hat das Niveau einer humanitären Krise erreicht. Inzwischen sind auch in Tageszeitungen immer wieder Berichte über ihr Schicksal zu lesen. Die Situation bei ihrer Ankunft im Mittelmeerraum erhält dabei die größte mediale Aufmerksamkeit, Berichte über dicht gedrängte oder gar erstickte Kinder in Lastkraftwagen auf ihrem Weg nach Deutschland, Frankreich oder Großbritannien gelangen in die Nachrichtensendungen, aber auch regionale Berichterstattung z. B. über die sogenannte »Bayernkaserne«, die Erstaufnahmeunterkunft für jugendliche Flüchtlinge in München, häufen sich.

Die rechtliche Lage von UMF in Deutschland ist sehr komplex und bestimmt die Lebenssituation dieser MigrantInnenengruppe in entscheidendem Maße. Daher werden in diesem Kapitel die Inhalte einiger zentraler Übereinkommen und Richtlinien, internationaler und nationaler gesetzlicher Regelungen zusammengefasst, die die rechtliche Situation von unbegleiteten minderjährigen Flüchtlingen in Deutschland kennzeichnen und die die Grundlagen für den Umgang mit ihnen bilden. Dabei wird erkennbar, wie die verschiedenen Regelungen aufgrund ihrer unterschiedlichen Ausrichtungen bezüglich UMF ein Spannungsfeld zwischen Kindeswohl und Abwehr von Immigration erzeugen.

Angemerkt sei, dass die europäischen Asylregularien insbesondere seit 2013 einem schrittweisen Veränderungsprozess unterliegen, deren konkrete Umsetzung in nationales Recht noch andauert und deren Auswirkungen auf die Situation von AsylbewerberInnen und UMF im Speziellen zurzeit noch nicht völlig geklärt sind. Dies wird sich im Laufe der Zeit mit der entsprechenden Rechtsprechung erweisen. Dennoch verdeutlichen die angeführten rechtlichen Regelungen (Stand Februar 2014), sollten sie inzwischen auch etwas verändert lauten, den Charakter des Asylsystems, welches das Leben von UMF stark determiniert.

4.1 Begriffsklärung: Unbegleitete minderjährige Flüchtlinge (UMF) – separated children

Für Kinder und Jugendliche, die ohne Eltern aus ihrem Herkunftsland fliehen, werden in der Fachdiskussion vor allem zwei Begriffe verwendet: »Unbegleitete minderjährige Flüchtlinge« und »separated children«.

Im deutschsprachigen Raum wird vorwiegend von »*unbegleiteten minderjährigen Flüchtlingen*« gesprochen. Dieser Terminus, meist mit »UMF« abgekürzt, hat sich im deutschsprachigen Diskurs über Migration zu einem geläufigen Begriff entwickelt, der jedoch über keine eindeutige Auslegung verfügt. Im Bereich der Jugendhilfe und Sozialarbeit ist mit ihm ein eigenes Arbeitsfeld entstanden, das auf diese Gruppe spezifisch angepasste Angebote und Hilfen wie Wohngruppen, Schulprojekte, Vormundschaftsvereine, Clearingstellen, Abteilungen im Jugendamt und Ehrenamtlichenprojekte hervorgebracht hat. Bücher, Artikel, Fachtagungen und der Bundesfachverband Unbegleitete Minderjährige Flüchtlinge e. V. tragen diesen Begriff in ihrem Namen. Die Begriffsbildung hat Auswirkungen auf diejenigen, die dieser Kategorie zugeteilt werden und auf die Kategorisierenden, die dadurch z. B. als SozialpädagogInnen einen Arbeitsplatz erhalten (vgl. Noske, 2011, 21).

Eine nähere Betrachtung ist daher lohnenswert. Die folgenden Ausführungen sollen eine Annäherung an diesen vielschichtigen Begriff darstellen, weil in ihm bereits verschiedene Problematiken und Perspektiven in der sozialpädagogischen Arbeit mit UMF aufscheinen.

Der konstruierte Begriff »unbegleiteter minderjähriger Flüchtling« ist ein Mischbegriff. Er verweist auf soziologische, empirische, rechtliche und moralische Aspekte im Zusammenhang von Migration und Migrationspolitik und steht in enger Verbindung mit nationaler Gesetzgebung, internationalen Abkommen und Kinder- und Menschenrechtsstandards. Er steht im Kontext von regulärer und irregulärer Migration, freiwilliger und Zwangsmigration, Ein- und Auswanderung, Asylrecht und Kindeswohl.

Der Begriff definiert einen Unterschied – zu Kindern und Jugendlichen, die im Ankunftsland geboren sind, zu jenen, die mit ihren Eltern geflohen und angekommen sind, zu EU-BürgerInnen, zu MigrantInnen, zu erwachsenen Flüchtlingen usw. – und ist mit unterschiedlichen Vorstellungen über Bedürfnisse, Legitimität und Hoffnungen verbunden, die sich auf einem Kontinuum von Restriktion bis zu wohlwollender Förderung bewegen (vgl. ebd., 23).

Die Bedeutung variiert v. a. aufgrund des Wortes »Flüchtling«, das v. a. umgangssprachlich je nachdem in Bezug auf das Völkerrecht oder das deutsche Recht verwendet wird. Wer ist ein Flüchtling? Es gibt eine rechtliche Definition, die mit internationalem und nationalem Recht zusammenhängt, und es gibt eine am Faktischen orientierte Definition. Für SozialwissenschaftlerInnen wird die Kategorie »Flüchtling« durch Trauma und Stress, Verfolgung und Gefahr, Verluste und Isolation, Entwurzelung und Veränderungen der sozialen, politischen und kulturellen Umwelt charakterisiert (vgl. Stein, 1986a). Umgangssprachlich wird das Wort »Flüchtling« in politischen Debatten, je nach politischer Einstellung, mit erlittener Verfolgung und Lebensgefahr, die Menschen gezwungenermaßen ins Exil treiben, aber auch negativ mit »Wirtschaftsflüchtling« in Zusammenhang gebracht. Ebenso wird der Begriff in der Öffentlichkeit häufig mit Illegalität, Kriminalität, Fremdheit und Unsicherheit assoziiert. Er wird nicht so sehr mit einem Rechtsstatus verbunden, sondern vielmehr mit Bedrohungsszenarien bezüglich eventuell zukünftig ankommender Flüchtlinge. Dies kommt auch in Vokabeln wie »Flüchtlingsströme« oder »Flüchtlingsflut« zum Ausdruck.

Die Behörden orientieren sich an einer eng juristischen Definition. Für sie gilt als Flüchtling, wer einen Aufenthalt als Kontingentflüchtling, Konventionsflüchtling oder als anerkannte/r AsylbewerberIn erhielt.

In der Fachöffentlichkeit wird der Begriff »unbegleitete minderjährige Flüchtlinge« für jene Personengruppe verwendet, die ohne Eltern oder Erziehungsberechtigte nach Deutschland einreisen. Auch bei einer Trennung von den Eltern nach der Einreise über einen längeren Zeitraum und wenn Letztere nicht in der Lage sind, sich um ihre unter 18-jährigen Kinder zu kümmern, spricht man von unbegleiteten Minderjährigen. Flüchtling ist hier nicht in einem rechtlichen Sinne zu verstehen, sondern als potentiell angestrebter Status (vgl. Riedelsheimer & Wiesinger, 2004, 13; SCEP/B-UMF, 2006).

Aus rechtlicher Perspektive, die in direktem Zusammenhang mit der Frage der Asylantragsstellung oder dem Erlangen eines aufenthaltsrechtlichen Status steht, ist der Begriff folgendermaßen bestimmt:

Flüchtling: Das *Abkommen über die Rechtsstellung der Flüchtlinge vom 28. Juli 1951*, die sogenannte *Genfer Flüchtlingskonvention* (*GFK* 2011 [1951/1967]) definiert »Flüchtling« als eine Person, die

> aus der begründeten Furcht vor Verfolgung wegen ihrer Rasse, Religion, Nationalität, Zugehörigkeit zu einer bestimmten sozialen Gruppe oder wegen ihrer politischen Überzeugung sich außerhalb des Landes befindet, dessen Staatsangehörigkeit sie besitzt, und den Schutz dieses Landes nicht in Anspruch nehmen kann oder wegen dieser Befürchtungen nicht in Anspruch nehmen will; oder die sich als staatenlose infolge solcher Ereignisse außerhalb des Landes befindet, in welchem sie ihren gewöhnlichen Aufenthalt hatte, und nicht dorthin zurückkehren kann oder wegen der erwähnten Befürchtungen nicht dorthin zurückkehren will. (Ebd., 6)

Minderjährig: Diese Bezeichnung bezieht sich auf internationales und deutsches Recht und erschließt sich durch die Definition der Begriffe »Kind« und »Volljährigkeit«. So heißt es in Art. 1 des *Übereinkommens über die Rechte des Kindes*, kurz *UN-Kinderrechtskonvention* (*KRK*):

> Im Sinne dieses Übereinkommens ist ein Kind jeder Mensch, der das achtzehnte Lebensjahr noch nicht vollendet hat, soweit die Volljährigkeit nach dem auf das Kind anzuwendenden Recht nicht früher eintritt. (*KRK*, 1989, Art. 1)

Das *Haager Minderjährigenübereinkommen* (*MSA*) vom 05. Oktober 1961 (*MSA*, 1961) über die Zuständigkeit der Behörden und das anzuwendende Recht auf dem Gebiet des Schutzes von Minderjährigen hält in Art. 12 fest:

> Als »Minderjähriger« im Sinne dieses Übereinkommens ist anzusehen, wer sowohl nach dem innerstaatlichen Recht des Staates, dem er angehört, als auch nach dem innerstaatlichen Recht des Staates seines gewöhnlichen Aufenthalts minderjährig ist. (Ebd., Art. 12)

Laut dem *Bürgerlichen Gesetzbuch* (*BGB*) ist jede Person unter 18 Jahren minderjährig (vgl. *BGB*, 1896, § 2).

Im *8. Sozialgesetzbuch* (*SGB*) *Achtes Buch (VIII) Kinder- und Jugendhilfe* (*SGB VIII*) unter Begriffsbestimmungen heißt es bezugnehmend auf das natürliche Recht und die Pflicht der Eltern zur Erziehung der Kinder: »Kind im

Sinne des § 1 Abs. 2 ist, wer noch nicht 18 Jahre alt ist.« (SGB VIII, § 7 Abs. 2) Unberücksichtigt bleibt dabei der Umstand, dass in einigen Ländern die Volljährigkeit erst später eintritt. In diesem Fall richtet sich die Volljährigkeit bei minderjährigen Flüchtlingen nicht nach deutschem Recht, sondern nach dem Recht des Herkunftsstaates (vgl. B-UMF, 2013b). So gilt z. B. auch in Afghanistan, Irak oder Somalia jede Person, die das 18. Lebensjahr nicht vollendet hat, als minderjährig, dagegen tritt beispielsweise in Kongo und der Elfenbeinküste die Volljährigkeit erst mit 21 Jahren ein. Dies gilt folglich auch, wenn Staatsangehörige dieser Länder sich in Deutschland aufhalten.

Dieses Kriterium ist entscheidend, da die Rechtsfolgen für Minder- oder Volljährigkeit sehr unterschiedlich sind. Viele Flüchtlinge verfügen bei der Einreise über keine gültigen Ausweispapiere und da es keine wissenschaftliche fundierte Untersuchungsmethode gibt, mit der sich eine verlässliche und möglichst taggenaue Altersbestimmung erzielen lässt, ergeben sich daraus viele praktische und rechtliche Probleme.

Unbegleitet: In Abgrenzung zu »von ihren Eltern getrennte Kinder« wendet der UNHCR in seinen Richtlinien zum Internationalen Schutz (UNHCR, 2009) diesen Begriff auf jene an, »die von beiden Elternteilen und anderen Angehörigen getrennt wurden und von keinem Erwachsenen betreut werden, der nach dem Gesetz oder der Tradition hierfür zuständig ist.« (Ebd., 5) In der sogenannten *Qualifikationsrichtlinie* vom Rat der Europäischen Union (Der Rat der Europäischen Union, 2004) werden unbegleitete Minderjährige definiert als

> Drittstaatsangehörige oder Staatenlose unter 18 Jahren, die ohne Begleitung eines gesetzlich oder nach den Gepflogenheiten für sie verantwortlichen Erwachsenen in das Hoheitsgebiet eines Mitgliedstaats einreisen, solange sie sich [sic] nicht tatsächlich in die Obhut einer solchen Person genommen werden; hierzu gehören auch Minderjährige, die ohne Begleitung zurückgelassen werden, nachdem sie in das Hoheitsgebiet der Mitgliedstaaten eingereist sind (ebd., Art. 2 (i)).

Im deutschen Recht ist der Begriff »unbegleitete Minderjährige« nicht definiert.

Auf europäischer Ebene wird häufig der Begriff »*separated children*« (getrennte Kinder) verwendet. In letzter Zeit wird er auch in Deutschland zunehmend benutzt und diskutiert.

Nach der europäischen NGO Separated Children in Europe Programme (SCEP) lautet dessen Definition wie folgt:

»Getrennte Kinder« sind Kinder unter 18 Jahren, die sich außerhalb ihres Heimatlandes aufhalten und von beiden Eltern oder dem bisherigen Sorgeberechtigten getrennt sind. Einige Kinder sind vollkommen allein, während andere, die auch unter die Zuständigkeit des SCEP fallen, mit entfernten Verwandten leben. All diese Kinder sind »getrennte Kinder« und haben einen Anspruch auf Schutz unter dem weiten Rahmen der internationalen und nationalen Regelungen. (SCEP/B-UMF, 2006, 11–12)

Auch der UNHCR formuliert analog dazu:

»Von ihren Eltern getrennte Kinder« sind Kinder, die von beiden Elternteilen oder der Person, der zuvor die Betreuung des Kindes durch Gesetz oder Gewohnheit in erster Linie oblag, getrennt sind, jedoch nicht notwendigerweise von anderen Verwandten. (UNHCR, 2009, 5)

In den *Inter-agency Guiding Principles on Unaccompanied and Separated Children* des International Committee of the Red Cross (ICRC) findet sich die gleiche Definition (vgl. ICRC, 2004,13).

Beide Begriffe, »unbegleitete minderjährige Flüchtlinge« und »separated children«, werden in der Fachöffentlichkeit häufig synonym verwendet. Jedoch ist der Ausdruck »separated children« umfassender. Er bezieht neben asylsuchenden Kindern auch noch andere Gruppen mit ein. Zum Beispiel fallen auch jene Minderjährigen darunter, die als Opfer von Menschenhandel in das Zielland gekommen sind, die in der Illegalität leben oder jene, die migrieren, um ihre zurückbleibende Familie finanziell zu unterstützen und keinen Asylantrag stellen.

Der Ausdruck »unbegleitete minderjährige Flüchtlinge« stellt eher die Flucht und deren Ursachen ins Zentrum und thematisiert den Verlust des Schutzes durch den eigenen Staat. In der deutschen Rechtsprechung verweist er auf die Flüchtlingseigenschaft von Minderjährigen. Die Bezeichnung »separated children« betont dagegen mehr, dass es sich hier um Kinder handelt, für die die Unterzeichnerstaaten der *UN-Kinderrechtskonvention* die Verpflichtung eingegangen sind, positive Rahmenbedingungen zu etablieren. Zugleich wird der besondere Umstand der Trennung von den Eltern und der Familie, die damit einhergehenden Belastungen, der Leidensdruck und die Schutzlosigkeit in einem fremden Land in den Blick genommen. In der bundesrepublikanischen Öffentlichkeit hat der Ausdruck »Flüchtling« in den letzten Jahrzenten eine eher negative Konnotation erhalten. Den so Kategorisierten wird zusammen mit unbegleiteten Minderjährigen häufig Asylmissbrauchs unterstellt. Dagegen hat »getrennte Kinder« noch eher eine an Schutz und Fürsorge appellierende Konnotation. Andererseits impliziert »separated« auch eine gewisse Passivität und übersieht die Handlungs- und Steuerungskompetenz von Kindern und dass einige der Kinder sich für die Migration bewusst entschieden haben (vgl. Hopkins & Hill, 2008, 258).

Auch wenn die Argumente für den Ausdruck »separated children« nachvollziehbar sind und seine Verwendung z. B. gerade im Vormundschaftsbereich empfehlenswert erscheint, werde ich im Rahmen dieser Arbeit häufiger den Begriff »unbegleitete minderjährige Flüchtlinge« verwenden. Durch die Orientierung am Konzept der sequentiellen Traumatisierung, das unterschiedliche Phasen und Übergänge als charakteristisch für diesen Prozess erklärt, erscheint mir der Begriff in diesem Zusammenhang etwas schärfer, da er ebenfalls phasenhafte Übergange in den Blick bringt – den Übergang von einer begleiteten in eine unbegleitete Situation, den Übergang von der Minderjährigkeit zur Behandlung als erwachsene Person im Asylverfahren (Verfahrensfähigkeit ab 16 Jahren, Unterbringung bei Erwachsenen usw.) und die Gefahr der Chronifizierung der Vorläufigkeit (vgl. Becker, 2006, 190ff), der in dem Flüchtlingsbegriff zum Ausdruck kommt. Darüber hinaus gibt zu denken, dass diese Kinder und Jugendlichen sich selbst kaum so bezeichnen, sondern vielmehr von sich als von Kindern und Jugendlichen sprechen, die viele Probleme und Schwierigkeiten haben und ein ganz normales Leben führen möchten. Sie weisen damit eher auf die Vielfalt von Belastungen und Exklusionen hin, denen sie ausgesetzt sind und auf die Grundrechte, die ihnen vorenthalten werden.

4.2 Internationale Schutzabkommen für unbegleitete Minderjährige

Unbegleitete und getrennte Kinder haben einen Anspruch auf internationalen Schutz gemäß internationaler und regionaler Menschenrechtsnormen, internationalem und europäischem Flüchtlingsrecht und internationalen und europäischen Rechtsvorschriften für MigrantInnen. Internationale Menschenrechte gelten für jede Person, einschließlich MigrantInnen, Asylsuchende, Flüchtlinge und separated children. Sobald sie im Hoheitsgebiet eines der Unterzeichnerstaaten sind, unterliegen sie dessen Zuständigkeit. Wie der UN-Ausschuss gegen Rassendiskriminierung CERD in seiner allgemeinen Empfehlung *General Recommendation No. 30: Discrimination Against Non Citizens* (Diskriminierung von Nicht-Staatsangehörigen) festhält, gilt die Mehrheit der Rechte in internationalen Konventionen ohne Unterscheidung des rechtlichen Status,

d. h. ohne Unterscheidung, ob jemand rechtmäßig im Aufenthaltsgebietist oder nicht und ob jemand die Asylanerkennung hat oder nicht (vgl. Office of the High Commissioner for Human Rights, 2004).

Das Separated Children in Europe Programm (SCEP), eine gemeinsame Initiative des UNHCR und der International Save the Children Alliance in Europa, hat zusammen mit dem Bundesfachverband Unbegleitete Minderjährige Flüchtlinge e. V. in seiner Veröffentlichung über Standards im Umgang mit UMF einen Überblick über für unbegleitete minderjährige Flüchtlinge relevante Konventionen, Richtlinien, internationale und nationale Gesetze zusammengestellt (vgl. SCEP/B-UMF, 2006, 58ff). Einige grundsätzliche internationale Menschrechtsabkommen, die die Grundlage für den Schutz von UMF darstellen sollen im Folgenden charakterisiert werden.

4.2.1 *Die* Genfer Flüchtlingskonvention *(GFK)*

Das *Abkommen über die Rechtsstellung der Flüchtlinge vom 28. Juli 1951* (*GFK*, 2011 [1951/1967]), auch *Genfer Flüchtlingskonvention* genannt, wurde 1951 von einer UN-Bevollmächtigtenkonferenz verabschiedet und trat 1954 in Kraft. Die darin formulierte Definition von »Flüchtling« (vgl. Kap. 4.1) in Art. 1A Abs. 2 war ursprünglich rückwirkend bezüglich Ereignissen vor dem 1. Januar 1951. Damit wollte man den Flüchtlingen des Zweiten Weltkriegs einen rechtlichen Status und ein menschenwürdiges Leben im Exil ermöglichen. In dem *Protokoll über die Rechtsstellung der Flüchtlinge vom 31. Januar 1967* wurde in Art. I Abs. 2 die zeitliche Eingrenzung beseitigt in Anerkennung der Tatsache, dass es in der Zwischenzeit neue Flüchtlinge gab (vgl. *GFK/Protokoll über die Rechtsstellung der Flüchtlinge vom 31. Januar 1967*, 2011 [1951/1967], 42ff). Seither besitzt der Begriff universelle Bedeutung für die Unterzeichnerstaaten.

Die *GFK* wird als Grundstein des internationalen Schutzsystems für Flüchtlinge angesehen, auf dem das internationale Flüchtlingsrecht beruht (vgl. Der Hohe Flüchtlingskommissar der Vereinten Nationen. Vertretung in Deutschland, 2002, 1). Seine wichtigsten Elemente sind: die Schutzgewährung ohne Unterschied und Diskriminierung (Verbot unterschiedlicher Behandlung, Art. 3), Gleichstellung bei der Religionsausübung (Art. 4), freier Zugang zu den Gerichten (Art. 16), Ausstellung von Personalausweisen (Art. 27) und Reiseausweisen (Art. 28), das Non-Refoulement-Prinzip (Verbot der Ausweisung und Zurückweisung bei Bedrohung des Lebens oder der Freiheit Art. 33) (vgl. *GFK/Abkommen über die Rechtsstellung der Flüchtlinge vom 28. Juli 1951. Protokoll über die Rechtsstellung der Flüchtlinge vom 31. Januar 1967*, 2011 [1951/1967]).

Des Weiteren wird festgehalten, dass vor Verfolgung fliehende Personen wegen illegaler Einreise in das Land, in dem sie Asyl beantragen wollen, oder wegen illegalen Aufenthalts nicht bestraft werden sollen (Art. 31) (vgl. ebd.). Die *GFK* enthält keine spezifischen Bestimmungen bezüglich der Anwendung des Flüchtlingsstatus auf Minderjährige, sein Geltungsbereich erstreckt sich jedoch auch auf Kinder und Jugendliche, da es keine Altersbegrenzungen kennt. Der Ausschuss der Vereinten Nationen für die Rechte des Kindes fordert in der *Allgemeinen Bemerkung* Nr. 6, die Flüchtlingsdefinition dem Alter entsprechend und unter Berücksichtigung des Geschlechts auszulegen, wobei den kindtypischen Formen und Manifestationen von Verfolgung Rechnung zu tragen sei (vgl. B-UMF, 2005).

Laut UNHCR liegen heute die größten Probleme im Flüchtlingsschutz in einer zu restriktiven Auslegung der geltenden Abkommen. In der Politik und in der Praxis werde konträr zu den Zielen der *GFK* versucht, den Zugang zu Schutz zu beschränken statt zu vereinfachen (vgl. Der Hohe Flüchtlingskommissar der Vereinten Nationen. Vertretung in Deutschland, 2002, 4). So hat sich in Deutschland eine Rechtsprechung durchgesetzt, die den Flüchtlingsbegriff verengt. Das zentrale Menschenrecht der Flüchtlinge, nämlich das Verbot der Überstellung an den Verfolgerstaat, wird in der deutschen Rechtsprechung in dem Sinne ausgelegt, dass die Verfolgung vom Staat ausgehen muss, was im Widerspruch zur Auslegung des UNHCR steht, der das entscheidende Kriterium darin sieht, dass für den Betreffenden Verfolgung besteht und ihm kein Schutz gewährt wird. Aufgrund der restriktiven Auslegung erhalten Menschen in Deutschland kein Asyl, die aus einem Staat geflohen sind, wo es keine staatliche Zentralgewalt mehr gab, wie etwa in Somalia, oder in dem keine Gruppe eine stabile und effektive Staatsgewalt ausgeübt hat, wie angeblich in Afghanistan unter den Taliban. Somit werden Flüchtlingen die Statusrechte der *GFK* vorenthalten (vgl. Heinhold, 1998).

4.2.2 Die Kinderrechtskonvention der Vereinten Nationen *(KRK)*

Das wichtigste völkerrechtliche Abkommen zum Schutz von Kindern und Jugendlichen ist das *Übereinkommen über die Rechte des Kindes* (*KRK*) von 1989 (*KRK*, 1989), auch *UN-Kinderrechtskonvention* genannt. Die *KRK* gehört zu den zentralen Dokumenten des internationalen Menschenrechtsschutzes. Grundlage der *KRK* ist die Allgemeine Erklärung der Menschenrechte von 1948. Sie bestätigt den Geltungsanspruch der Menschenrechte für Kinder und ist für deren menschenrechtlichen Schutz von fundamentaler Bedeutung. Sie legt die grundlegenden Notwendigkeiten für eine menschenwürdige Kindheit in Form von bürgerlichen, politischen, wirtschaftlichen, sozialen und kulturellen Rechten für die Kinder fest und ist der universelle Maßstab zur Beurteilung der Lebensbedingungen von Kindern. Die Einhaltung der Konvention soll durch ein spezielles Monitoring gewährleistet werden, zum einen durch die obligatorischen Berichte der Unterzeichnerstaaten an den UN-Ausschuss für die Rechte des Kindes, zum anderen durch die in vielen Ländern gebildete Nationale Koalition für Kinderrechte (National Coalition), ein Bündnis aus Kinderrechtsorganisationen, die den Regierungsbericht kritisch kommentieren. Auch ist bei Nichteinhaltung der Kinderrechte ein Individualbeschwerdeverfahren vorgesehen, um diese, sollte der innerstaatliche Rechtsweg ausgeschöpft sein, vor dem UN-Ausschuss in Genf einzuklagen – ein Faktum, das laut Hendrik Cremer vom Deutschen Institut für Menschenrechte im deutschen Rechtssystem bislang noch nicht genügend anerkannt wurde (vgl. Cremer, 2013, 3f).

Die Inhalte der *KRK* können in drei Kategorien unterteilt werden (vgl. Liebel et al., 2007, 61):

Schutzrechte	*Vorsorge-/Leistungsrechte*	*Partizipationsrechte*
Schutz vor	Recht auf	Recht auf
körperlicher und geistiger Gewalt, Vernachlässigung	Leben und Gesundheitsvorsorge	Partizipation und Berücksichtigung des Kindeswillens
sexueller Ausbeutung und sexuellem Missbrauch	Nahrung und angemessene Lebensbedingungen	Informations- und Meinungsfreiheit
wirtschaftlicher Ausbeutung	Bildung, Freizeit	Privatsphäre
bewaffneten Konflikten	soziale Sicherheit	Gedanken-, Gewissens-, Religionsfreiheit
Folter, Todesstrafe, lebenslanger Freiheitsstrafe	Unterstützung für Flüchtlingskinder und Kinder mit Behinderungen	Vereinigungs- und Versammlungsfreiheit
rechtswidrigen Eingriffen in die Privatsphäre	Rehabilitation für Opfer von Gewalt und Ausbeutung	

Tab. 2: Übersicht über die Schutz-, Leistungs- und Partizipationsrechte der KRK

Die *KRK* gilt für jedes Kind, das heißt für alle unter 18-Jährigen (Art. 1 *KRK*). Das Leitmotiv und übergeordnete Grundprinzip der *KRK* ist das Kindeswohl:

> Bei allen Maßnahmen, die Kinder betreffen, gleichviel ob sie von öffentlichen oder privaten Einrichtungen der sozialen Fürsorge, Gerichten, Verwaltungsbehörden oder Gesetzgebungsorganen getroffen werden, ist das Wohl des Kindes ein Gesichtspunkt, der vorrangig zu berücksichtigen ist. (*KRK*, 1989, Art. 3 (1))

Aufgrund der zentralen Bedeutung der Verpflichtung der Unterzeichnerstaaten in Bezug auf das Wohl des Kindes kommt Art. 3 große Relevanz bei der Ausarbeitung und Änderung von nationalen Gesetzen und rechtlichen Vorschriften zu, ebenso bei der Anwendung und Interpretation dieser Regelungen (vgl. Cremer, 2011, 8). Allerdings gibt der deutsche Begriff des Kindeswohls nicht gänzlich die Bedeutung der englischen Originalformulierung »best interests of the child« wieder.

> Dies wird der Bedeutung von Art. 3 *KRK* jedoch nicht gerecht, denn der deutsche Begriff des Kindeswohls markiert die Interventionsschwelle des Staates in das Elternrecht. Für die vorrangige Berücksichtigung der Interessen von Kindern in allen sie betreffenden Maßnahmen existieren in Deutschland jedoch kaum Mechanismen oder Verfahren. (Espenhorst, 2013, 2)

Art. 6 (2) verpflichtet, das Überleben und die Entwicklung jedes Kindes in größtmöglichem Umfang zu gewährleisten.

Die rechtliche und soziale Situation von UMF in Deutschland ist seit Jahren ein Hauptauseinandersetzungspunkt bei der Frage der Umsetzung der *KRK* und der Frage der Vorrangigkeit von *KJHG* oder Ausländer- und Asylrecht. Während die *Genfer Flüchtlingskonvention* keine spezifischen Normen für unbegleitete minderjährige Flüchtlinge enthält, formuliert die *KRK* verschiedene Prinzipien, die einen unmittelbaren oder mittelbaren Einfluss auf diese Gruppe ausüben können: Art. 22 *KRK* (Flüchtlingskinder) verpflichtet die Vertragsstaaten, geeignete Maßnahmen zu treffen, um einem Kind, ob anerkannter Flüchtling oder diesen Status anstrebend, ob in elterlicher Begleitung oder nicht, angemessenen Schutz und humanitäre Hilfe bei der Wahrnehmung der in der Konvention formulierten Rechte zukommen zu lassen und bei der Suche nach Familienangehörigen zu helfen. Flüchtlingskinder haben nicht nur Rechte, sondern sollen bei der Wahrnehmung dieser Schutznormen Unterstützung und Verfahrenshilfe erhalten. Zudem wird gefordert:

Können die Eltern oder andere Familienangehörige nicht ausfindig gemacht werden, so ist dem Kind im Einklang mit den in diesem Übereinkommen enthaltenen Grundsätzen derselbe Schutz zu gewähren wie jedem anderen Kind, das aus irgendeinem Grund dauernd oder vorübergehend aus seiner familiären Umgebung herausgelöst ist. (Ebd., Art. 22 (2))

Art. 20 *KRK* über von der Familie getrennt lebende Kinder begründet den besonderen Schutz und Beistand des Staates, der auch für unbegleitete Minderjährige gilt (vgl. ebd., 17). Laut H. Cremer vom Deutschen Institut für Menschenrechte formuliert dieser Artikel ein subjektives Recht auf Betreuung und Unterbringung zum Wohl des Kindes aufgrund fehlenden familiären Schutzes und in Verbindung mit Art. 22 *KRK* die Betreuung und die Unterbringung auch von UMF in Jugendhilfeeinrichtungen nach dem *Kinder- und Jugendhilfegesetz* (vgl. Cremer, 2011, 8f).

Separated Children sind also anderen Kindern gleichzustellen, auch im Rahmen der Jugendhilfe. In die gleiche Richtung weist das Diskriminierungsverbot und die Achtung der Kinderrechte in Art. 2 *KRK*. Auch das Recht auf angemessene Lebensbedingungen und Unterhalt in Art. 27 *KRK* ist auf UMF anzuwenden. Der Einsatz der Freiheitsentziehung bei einem Kind als letztes Mittel in Art. 37 *KRK* lässt die häufige Praxis der Abschiebehaft für UMF als unrechtmäßig erscheinen. Die Partizipationsrechte bedeuten für UMF, dass sie nach Art. 12 *KRK* zur Berücksichtigung des Kindeswillens etwa bei der Wahl der Unterbringung gehört werden müssen und ihre Meinung entsprechend ihres Alters zu berücksichtigen ist. Das Übereinkommen formuliert eindeutig die imperative Verpflichtung der Vertragsstaaten, bei Kindern die Menschenrechte im Allgemeinen und ihre Kinderrechte im Besonderen zu berücksichtigen.

Die Bundesregierung hat die *KRK* 1990 unterzeichnet und 1992 ratifiziert und damit völkerrechtlich bindend anerkannt. Allerdings formulierte die damalige Bundesregierung einen sogenannten Vorbehalt, der ihre Verpflichtungen aus der Konvention einschränkte und der von Beginn an äußerst umstritten war. So behielt sie sich vor, die *KRK* nicht unmittelbar, also innerstaatlich das deutsche Recht beschränkend, und nicht auf ausländische Kinder anzuwenden. Mit anderen Worten, das deutsche Ausländer- und Asylrecht soll von der *KRK* unberührt bleiben. Kinderrechtsorganisationen, Flüchtlingsräte, Wohlfahrtsverbände und der Kinderrechtsausschuss der UN kritisierten immer wieder die damit einhergehenden Kinderrechtsverletzungen in Deutschland und den systematischen Ausschluss von Flüchtlingskindern mit unsicherem Aufenthaltsstatus von grundlegenden Rechten im Bereich Schutz, Entwicklungsförderung, Teilhabe, Schule und Ausbildung und forderten die Rücknahme des

Vorbehalts. Aufgrund der Vorbehaltserklärung spielte die *KRK* in der deutschen Rechtspraxis in der Vergangenheit eine geringe Rolle. Nach andauernder Kritik beschloss die Bundesregierung durch das Bundesministerium für Justiz (BMJ) nach 18 Jahren im Mai 2010 die Rücknahme des Vorbehaltes (vgl. BMJ, 2010). Eine Anpassung der gesetzlichen Regelungen steht noch aus.

Durch die *KRK* hat sich das Bewusstsein über die Rechte von Kindern und über Verstöße gegen diese geschärft. Sie ist Ausdruck der Erkenntnis, dass Kinder einen besonderen, auf sie zugeschnittenen Menschenrechtsschutz benötigen. Neben dem Schutzgedanken hat der Aspekt des Kindeswohls zunehmende Aufmerksamkeit gewonnen. Allerdings besteht nach wie vor eine riesige Kluft zwischen der Anerkennung der Kinderrechte und ihrer Verwirklichung, wie später noch näher dargelegt wird. Die Erwartungen an Veränderungen der die grundlegenden Rechte von Flüchtlingskindern verletzenden Praxis (durch Unterbringung in Massenunterkünften, Inhaftierung, Verweigerung von Chancen und Zukunftsperspektiven) nach der Vorbehaltrücknahme wurden enttäuscht. Die Bundesregierung sieht nach der Rücknahme keinen gesetzgeberischen Handlungsbedarf, sondern betrachtet dies vor allem als Signal an die Gesetzesanwender in den Bundesländern, ihre Praxis zu überprüfen (vgl. Deutscher Bundestag, 2010, 3747). Die damalige Bundesministerin der Justiz, Sabine Leutheusser-Schnarrenberger, stellt in einer Befragung der Bundesregierung zur Rücknahme der Vorbehaltserklärung am 05.05.2010 fest: »Auch im Bereich des Asyl- und Ausländerrechts sehen wir keinen legislativen Handlungsbedarf auf Bundesebene.« (Ebd.) Nötige gesetzliche Änderungen wie etwa die Verankerung des Kindeswohls im *Asylverfahrens-* und *Asylbewerberleistungsgesetz* und im *Aufenthaltsgesetz* erfolgten bislang nicht (vgl.Heinhold, 2012, 7).

Für die Sozialarbeit mit unbegleiteten minderjährigen Flüchtlingen spielt die *KRK* eine zentrale Rolle. Sie ist eine der Grundlagen für die vom UNHCR 1994 mit dem Titel *Refugee Children: Guidelines on Protection and Care* (UNHCR, 1994) herausgegebenen Richtlinien bezüglich Flüchtlingskinder und für das vom Separated Children in Europe Programme ausgearbeitete *»statement of good practice«: Standards für den Umgang mit unbegleiteten Minderjährigen* (SCEP/B-UMF, 2006), an dem sich die pädagogische Praxis orientieren und messen lassen muss.

4.2.3 *Das* Haager Kinderschutzübereinkommen *(KSÜ)*

Das *Übereinkommen über die Zuständigkeit, das anzuwendende Recht, die Anerkennung, Vollstreckung und Zusammenarbeit auf dem Gebiet der elterlichen*

Verantwortung und der Maßnahmen zum Schutz von Kindern vom 19. Oktober 1996 (*KSÜ*, 1996), auch *Haager Kinderschutzübereinkommen* genannt, ist eine internationale zwischenstaatliche Vereinbarung zwischen mehreren Staaten, um grenzüberschreitend den Kinderschutz und die Zusammenarbeit auf dem Gebiet der elterlichen Verantwortung zu verbessern und einheitliche Regelungen zur Anerkennung und Vollstreckung von Entscheidungen länderübergreifend zu schaffen.

Deutschland hat das Übereinkommen 2003 unterzeichnet und Anfang 2011 in Kraft gesetzt. Es löst laut Art. 50 *KSÜ* das *Übereinkommen über die Zuständigkeit der Behörden und das anzuwendende Recht auf dem Gebiet des Schutzes von Minderjährigen*, das sogenannte *Minderjährigenschutzabkommen* von 1961 (*MSA*, 1961), das Deutschland 1971 unterzeichnet hatte, ab. Wie bereits sein Vorgänger befasst sich das *KSÜ* mit der Zuständigkeit und dem anzuwendenden Recht für Minderjährige. Allerdings steht nun nicht mehr die Harmonisierung verschiedener rechtlicher Systeme im Vordergrund, sondern erstmalig stellt nun ein internationales Abkommen, orientiert an der *KRK*, das Kindeswohl in den Mittelpunkt. Der Begriff »Minderjährige/Minderjähriger« des *MSA* wird durch den Begriff »Kind« ersetzt, so dass nicht mehr das Heimatrecht bzw. die Staatsangehörigkeit die Altersspanne für die Anwendung bestimmt, sondern das Übereinkommen laut Art. 2 für alle Personen bis zur Vollendung des 18. Lebensjahres gilt.

Laut Art. 5 Abs. 1 *KSÜ* richtet sich die Zuständigkeit der Behörden für das Ergreifen von Schutzmaßnahmen nach dem gewöhnlichen Aufenthalt des Kindes. Dies gilt auch für Flüchtlingskinder, die aufgrund von Unruhen ihr Herkunftsland verlassen mussten, wie Art. 6 Abs. 1 ausdrücklich betont, oder wenn der gewöhnliche Aufenthalt nicht festgestellt werden kann (siehe Art. 6 Abs. 2). Zwar schließt Art. 4 (j) die Anwendbarkeit des *KSÜ* auf Entscheidungen über Asylrecht und Einwanderung aus, so z. B. auf die Verfahrensfähigkeit ab dem 16. Lebensjahr, das Kindeswohl ist aber auch bei UMF vorrangig zu beachten, da Grundlage für Schutzmaßnahmen der tatsächliche Aufenthalt ist. Laut Art. 11 Abs. 1 sind in allen dringenden Fällen, wie sie etwa unbegleitete Minderjährige darstellen, die Behörden für erforderliche Schutzmaßnahmen zuständig, in dessen Hoheitsgebiet sie sich befinden. Die in Art. 15 Abs. 1 getroffene Aussage, dass bei der Zuständigkeitsausübung die Vertragsstaaten ihr eigenes Recht anzuwenden haben, bedeutet für die Bundesrepublik, dass der Zugang zu Leistungen der Kinder- und Jugendhilfe für unbegleitete minderjährige Flüchtlinge nach den Regelungen des *SGB VIII* zu entscheiden ist (vgl. Wiechers, 2012).

Dies bedeutet, dass auf der Grundlage des *KSÜ* unbegleiteten minderjährigen Flüchtlingen die gleichen Schutzmaßnahmen zustehen, wie sie der deutsche Gesetzgeber für Kinder und Jugendliche im Allgemeinen vorsieht. Das *KSÜ* bildet in Zusammenhang mit dem *KJHG* die wichtigste Rechtsgrundlage für den Schutz von unbegleiteten Flüchtlingskindern.

4.2.4 Entschließung des Rates der Europäischen Union vom 27. Juni 1997

Der Europäische Rat, der sich aus den Staats- und Regierungschefs der Mitgliedstaaten zusammensetzt, verabschiedete 1997 die *Entschließung des Rates vom 26. Juni 1997 betreffend unbegleitete minderjährige Staatsangehörige dritter Länder* (Der Rat der Europäischen Union, 1997), die in Anerkennung der besonderen Schutzbedürftigkeit von unbegleiteten Minderjährigen gemeinsame Zielformulierungen und Grundsätze für den Umgang mit diesen enthält. Die Entschließung formuliert ihren Anwendungsbereich und das Ziel (Art. 1), Standards für die Einreise (Art. 2), die Mindestgarantien für unbegleitete Minderjährige (Art. 3), das Asylverfahren (Art. 4) und die Rückführung (Art. 5).

Zu den Mindestgarantien in Art. 3 zählen die zügige Identitätsfeststellung, der Anspruch auf den notwendigen Schutz und die Grundversorgung nach nationalem Recht und unabhängig vom Status, eine rasche Ermöglichung der Familienzusammenführung, die zügige Bestellung eines Vormundes oder anderer Vertretungsformen, die Beachtung der raschen Ermöglichung der Befriedigung rechtlicher, sozialer, medizinischer und psychologischer Bedürfnisse durch den Vormund, der Zugang zu den allgemeinen oder zu besonderen Bildungseinrichtungen für Schulpflichtige bei länger vermutetem Aufenthalt, angemessene medizinische Betreuung und spezielle Betreuung für minderjährige Opfer von Ausbeutung, Vernachlässigung, Folter oder anderen Formen von Gewalt. Die Ausführungen in Art. 4 über das Asylverfahren entsprechen in etwa denen der sogenannten *EU-Aufnahmerichtlinie* vom 26. Juni 2013 (vgl. Das Europäische Parlament und der Rat der Europäischen Union, 2013b) zur Festlegung von Mindestnormen für die Aufnahme von Asylbewerbern in den Mitgliedstaaten, allerdings gelten deren Leitlinien laut Kap. I Art. 3 S. 1 nur für AsylbewerberInnen. Die Aussage in Art. 4 Abs. 4 der Entschließung, dass unbegleitete Minderjährige ab 16 Jahren in Aufnahmeeinrichtungen für erwachsene Asylbewerber untergebracht werden können, wiederspricht Art. 3 über die Vorrangigkeit des Kindeswohls in der *KRK*, auf den in den einleitenden Bemerkungen Bezug genommen wird. In Art. 5 der Entschließung werden Abschiebungen und Rückführungen von unbegleiteten Minderjährigen nicht generell ausgeschlossen, sie werden jedoch an bestimmte Bedingungen der Aufnahme und Betreuung geknüpft, die im Einzelfall erfüllt werden müssen. Dazu heißt es:

> Minderjährige dürfen auf keinen Fall in ein Drittland zurückgeführt werden, wenn diese Rückführung dem Abkommen über die Rechtsstellung der Flüchtlinge, der Europäischen Konvention über die Menschenrechte und Grundfreiheiten, dem Übereinkommen gegen Folter und andere grausame, unmenschliche oder erniedrigende Behandlung oder Strafe oder dem Übereinkommen über die Rechte des Kindes unbeschadet der Vorbehalte, die die Mitgliedstaaten gegebenenfalls bei der Ratifizierung dieses Übereinkommens eingelegt haben, oder den Protokollen zu diesem Übereinkommen zuwiderlaufen würde. (Der Rat der Europäischen Union, 1997, Art. 5 Abs. 4)

4.2.5 *Die* Allgemeine Bemerkung Nr. 6

Dass separated children besonderen Schutz und Aufmerksamkeit benötigen, zeigt auch die Tatsache, dass der Ausschuss der Vereinten Nationen für die Rechte des Kindes 2005 einen *General Comment* (*Allgemeine Bemerkung*) zu diesem Thema veröffentlicht hat (vgl. B-UMF, 2005). Zu allen wichtigen UN-Menschenrechtsabkommen gibt es eine allgemeine Bemerkung, die sie näher auslegt. Diese häufig zu noch strittigen Problemen verfassten Kommentare formulieren klare Richtlinien für deren Umsetzung und konkretisieren anhand von Beispielen Art und Umfang der menschenrechtlichen Verpflichtungen.

> Das Ziel dieser Kommentare ist es, eine Problematik in ihren Facetten klar darzustellen, den Dialog mit Regierungsdelegationen schnell an die Kernfragen heranzuführen und den Blick auf fragwürdige Entwicklungen und Menschenrechtsverletzungen zu lenken, die mit Nachdruck bearbeitet werden müssen. (ebd., 2)

Die *Allgemeine Bemerkung Nr. 6* behandelt gezielt die Verpflichtungen der Vertragsstaaten gegenüber unbegleiteten und getrennten Kindern außerhalb ihres Herkunftslandes. Der Kinderrechtsausschuss legt darin die vielfältigen Herausforderungen von Staaten und anderen Akteuren dar, dafür zu sorgen, dass diese Kinder Zugang zu ihren Rechten erhalten, und gibt einen Leitfaden zum Schutz, der Betreuung und angemessenen Behandlung unbegleiteter Minderjähriger vor (vgl. ebd., 4).

Die *Allgemeine Bemerkung Nr. 6* betont, dass die Rechte von Kindern in keiner Weise durch Vorbehaltserklärungen eingeschränkt werden dürfen und allen Kindern, unabhängig von ihrer Herkunft und ihrem Zuwanderungsstatus, zuerkannt werden. Darüber hinaus müssen die Unterzeichnerstaaten aktiv

Maßnahmen ergreifen, die den unbegleiteten Minderjährigen die Wahrnehmung dieser Rechte ohne Diskriminierung sichern. Dies schließe auch die entsprechende Anpassung der nationalen Gesetze und Verwaltungsapparate mit ein. Insbesondere die Orientierung am und die Feststellung des Kindeswohls (im Original »the best interests of the child«) erfordere die Gewährung des Zugangs zum Hoheitsgebiet des Staates und die schnellstmögliche Bestellung eines fachkundigen Vormunds. Der Kommentar betont den Anspruch von separated children auf besonderen Schutz und besondere Fürsorge durch den Staat und in diesem Zusammenhang eine dem Schutz der Kinder und ihrer Rechte genügende Unterbringung (vgl. ebd., 6ff).

Besonders wichtig sind neben dem Prinzip des Non-refoulement (Zurückweisungsverbot) auch die Verfahrensgarantien in Kapitel VI »Zugang zum Asylverfahren, zu legalen Sicherheitsmaßnahmen und Rechte auf Asyl«, in dem unterstrichen wird, dass UMF unabhängig von ihrem Alter internationaler Schutz in einem Asylverfahren zu gewähren ist und sie dabei von einem Erwachsenen vertreten werden sollten. Bei der Entscheidung über ihre Anträge sind kindspezifische Formen der Verfolgung Rechnung zu tragen und es ist auf eine alters- und genderspezifische Interpretation der Flüchtlingsdefinition zu achten (vgl. ebd., 17ff). Durch die Rücknahme des Vorbehalts zur *UN-Kinderrechtskonvention* hat die *Allgemeine Bemerkung* an Aktualität und Bedeutung gewonnen, da die Rechte von jungen Flüchtlingen in Deutschland nach wie vor mit Füßen getreten werden.

4.3 Europäische Rechtsgrundlagen und Vorgaben

4.3.1 Weichenstellungen europäischer Asyl- und Migrationspolitik

Die Entwicklung der europäischen Migrations- und Asylpolitik kann man in drei Phasen unterteilen, die im Folgenden nach Petra Bendel und Marianne Haase kurz skizziert werden sollen (vgl. Bendel & Haase, 2008):

1957–1990: Mit Abschluss der *Römischen Verträge* 1957 begann der Prozess der Entwicklung eines europäischen Binnenmarktes, mit verschiedenen Abkommen zwischen einzelnen Mitgliedstaaten, einer engeren Zusammenarbeit der Polizei und dem *Schengener Abkommen* 1985, welches schrittweise die Grenzkontrollen zwischen den sogenannten Schengenstaaten abschaffte. Damit verbunden waren Maßnahmen und Investitionen im Bereich der Kontrollen an den Außengrenzen, wie etwa der Einsatz von Nachtsicht-, Infrarot-,

Wärmebild- und CO-Spürgeräten (vgl. Schneider, 2012, 46), was der EG/EU den Namen »Festung Europa« einbrachte. Es gab jedoch noch keine gemeinsame Asylpolitik, diese war Aufgabe der einzelnen Mitgliedstaaten.

1990–1999: In dieser Phase verstärkten einige europäische Länder angesichts steigender Asylbewerberzahlen ihre zwischenstaatliche Zusammenarbeit und verabschiedeten drei entscheidende Abkommen zur Asylpolitik, um die Zuständigkeit für Asylanträge zu regeln. Im *Vertrag von Maastricht* (Wirtschafts- und Währungsunion), der 1993 in Kraft trat, wurde festgelegt, dass die Asyl- und Migrationspolitik von gemeinsamem Interesse sei, deshalb gemeinsam geregelt werden sollte und auch im Bereich der Grenzkontrollen zusammengearbeitet werden sollte. 1995 trat das *Schengener Durchführungsabkommen* in Kraft, das gemeinsame Visaregelungen, Zuständigkeiten bei Asylverfahren und bei der polizeilichen und gerichtlichen Zusammenarbeit festlegte. Abgelöst wurde dies durch das 1997 in Kraft getretene *Dubliner Übereinkommen*. Dieses verfolgte das Ziel, die Zuständigkeit für die Prüfung eines Asylantrags innerhalb der Europäischen Gemeinschaft zu bestimmen. Somit sollte vermieden werden, dass Asylsuchende mehrmals Verfahren bei unterschiedlichen Mitgliedstaaten betreiben können, und zugleich die Durchführung eines Asylverfahrens garantiert werden. Es handelte sich dabei noch nicht um Gemeinschaftsrecht, sondern um zwischenstaatliche Abkommen. Die wichtigste Regel lautete, dass der Staat, in den ein Flüchtling nachweislich zuerst eingereist ist, das Asylverfahren nach seinen innerstaatlichen Rechtsvorschriften durchführen muss. Dabei wurde die Annahme zugrunde gelegt, dass jeder Dublinstaat, also jeder Staat, der dieses Abkommen unterzeichnet hat, ein sicherer Staat für Flüchtlinge sei (Prinzip »sicherer Drittstaat«) und jeder dieser Staaten die Rechte der *GFK*, der *Europäischen Menschenrechtskonvention* (*EMRK*) und der *Grundrechte-Charta* der Europäischen Union (*GRC*) garantiere. Im Zuge dessen wurde 2000 die europäische Datenbank zur Speicherung und Abgleichung von Fingerabdrücken von AsylbewerberInnen EURODAC eingerichtet.

1999 bis heute: Flüchtlinge können in Europa nicht selbst bestimmen, in welchem Land ihr Asylverfahren durchgeführt wird und in welchem europäischen Land sie sich nach der Beendigung ihres Asylverfahrens aufhalten. Zwischen 1999 und 2005 einigten sich die EU-Staaten über Zuständigkeits- und finanzielle Ausgleichsregeln für Asylverfahren. Die Verordnung (EG) Nr. 343/2003 des Rates der Europäischen Union, die sogenannte *Dublin II-Verordnung* (Der Rat der Europäischen Union, 2003b) löste 2003 das *Dubliner Übereinkommen* ab.

Außerdem beschlossen sie verschiedene Richtlinien, die, im Gegensatz zu verbindlich und unmittelbar geltenden Verordnungen, nach ihrer Annahme erst noch in nationalstaatliche Vorschriften umgesetzt werden müssen. In welcher Form dies geschieht, bleibt jedem Mitgliedstaat selbst überlassen. Diese Richtlinien beinhalten Mindestnormen für den Umgang mit AsybewerberInnen und betonen zunehmend den Kontrollaspekt gegenüber dem Schutzaspekt.

Dazu zählt die Richtlinie 2003/9 EG des Rates der EU, die sogenannte *Aufnahmerichtlinie* von 2003 (Der Rat der Europäischen Union, 2003a), die Mindestnormen über die Aufnahmebedingungen festlegte. Darin wird zwar in Art. 18 Abs. 1 die Berücksichtigung des Kindeswohls postuliert und die zügige Bestellung einer gesetzlichen Vertretung gefordert, die weiteren Ausführungen zu unbegleiteten Minderjährigen in Art. 19 Abs. 2 klingen jedoch nicht nach Verwirklichung des Kindeswohles. So ist, falls keine erwachsenen Verwandten oder eine Pflegefamilie vorhanden sind, eine Unterbringung in Aufnahmezentren mit speziellen Einrichtungen für Minderjährige oder in anderen geeigneten Unterkünften gestattet, ohne nähere Kriterien festzulegen. Ab 16 Jahren können Minderjährige in Aufnahmezentren für erwachsene Asylbewerber untergebracht werden. Die *Aufnahmerichtlinie* erlaubt bei Flüchtlingen, auch bei minderjährigen, restriktive Regelungen wie die Beschränkung der Bewegungsfreiheit, einen befristeten Ausschluss vom Arbeitsmarkt, eine reduzierte Gesundheitsversorgung und die Versorgung durch Sachleistungen.

Im Rahmen der Neufassung des europäischen Asylsystems wurde am 26. Juni 2013 eine Veränderung der *Aufnahmerichtlinie* vom Europäischen Parlament und dem Rat der EU beschlossen (Das Europäische Parlament und der Rat der Europäischen Union, 2013b), die bis zum 20. Juli 2015 umgesetzt werden muss (vgl. ebd.). Von besonderer Bedeutung für UMF ist die Neuerung, dass Jugendliche ab 16 Jahren nur mehr dann in Aufnahmezentren (Gemeinschaftsunterkünften) untergebracht werden dürfen, wenn dies dem Kindeswohl dient (vgl. ebd., Art. 24 (2)). An der Möglichkeit der Erteilung einer Residenzpflicht wird weiterhin festgehalten (vgl. ebd., Art. 7). Bezüglich der Inhaftierung von AsylbewerberInnen wird zwar festgeschrieben, dass die Haft möglichst kurz und nur noch ausnahmsweise erfolgen soll (vgl. ebd., Art. 9), allerdings werden die Haftgründe derart weit gefasst, dass es keinen Fall gibt, bei dem sich kein Haftgrund finden wird. Als Haftgründe werden genannt: Identitätsfeststellung, Notwendigkeit der Beweissicherung, Entscheidung über das Einreiserecht, verspätete Asylantragstellung, Gründe der nationalen Sicherheit oder öffentlichen Ordnung, Sicherung der Dublin-Überstellung (vgl. bd., Art. 8 (3)).[5] Die Inhaftierung Minderjähriger wird ebenfalls nicht ausgeschlossen (vgl. ebd., Art. 11). Die Beschränkung des Arbeitsmarktzugangs wird von zwölf auf neun Monate nach Antragstellung reduziert, allerdings bleibt eine Vorrangregelung hinsichtlich des Zugangs zum Arbeitsmarkt nach wie vor bestehen (vgl. ebd., Art. 15).

Die sogenannte *Qualifikationsrichtlinie* von 2004 (Der Rat der Europäischen Union, 2004) soll garantieren, dass nicht nur Flüchtlingen Schutz geboten wird, die nach der *GFK* einen Anspruch auf Asyl haben, sondern auch jenen, die auf der Basis der *Europäischen Menschenrechtskonvention* ein Anrecht auf Schutz zusteht (subsidiärer Schutz). Sie beschreibt in Art. 30 über unbegleitete Minderjährige die gleichen Unterbringungsformen wie die *Aufnahmerichtlinie*, allerdings mit dem Zusatz, dass dabei die Wünsche des Kindes unter Beachtung seines Alters und seiner Reife zu berücksichtigen sind. Eine spezielle Erwähnung von über 16-Jährigen erfolgt nicht.

Der Bundestag veröffentlichte einen Gesetzentwurf zur Umsetzung der *Qualifikationsrichtlinie* (vgl. Deutscher Bundestag, 2013a). Die Umsetzungsfrist endet am 21. Dezember 2013, ab dann gelten die Regelungen der Richtlinie unmittelbar (vgl. ebd., 16).

Die *Asylverfahrensrichtlinie* von 2005 (Der Rat der Europäischen Union, 2005) formuliert Mindestnormen und Standards für erstinstanzliche Asylverfahren und definiert, wann die Flüchtlingseigenschaft zu- und aberkannt wird. Ziel ist die Vereinheitlichung und Beschleunigung der Asylverfahren in der EU. Kritik entzündete sich v. a. an der Drittstaatenregelung, durch die Asylsuchenden der Zugang zum Asylverfahren verweigert werden kann und sie an der Grenze abgewiesen werden können, wenn sie über als sicher definierte Drittstaaten oder vermeintlich sichere Herkunftsländer einreisen (vgl. ebd., Art. 26f). Bezüglich der unbegleiteten Minderjährigen wird in Art. 17 Abs. 3 die Vormundbestellung eingeschränkt. Die Mitgliedstaaten können für ab 16-Jährige davon absehen. Regelungen für ein kindgemäßes Verfahren werden nicht getroffen.

In der Neufassung der Verfahrensrichtlinie vom 26. Juni 2013 (Das Europäische Parlament und der Rat der Europäischen Union, 2013c) gilt weiterhin das Konzept des sicheren Herkunftsstaats und des sicheren Drittstaats (vgl. ebd.,

---

[5] Der Referentenentwurf des Bundesministeriums des Innern vom 07. April 2014 sieht eine verschärfte Umsetzung dieser Regelung in ein neues Asylgesetz vor, die in den neu eingefügten § 2 Abs. 14 und § 62 Abs. 6 *AufenthG* faktisch jeden Asylsuchenden künftig einer Inhaftierung unterwirft.

Art. 36–39), nach der die Entgegennahme eines Asylantrages und die Einreise bereits an der Grenze verweigert werden kann (vgl. ebd., Art. 39). Eine individuelle Prüfung muss nicht erfolgen. Das Verfahren bis zur ersten Entscheidung darf maximal sechs Monate dauern, allerdings erlauben zahlreiche Ausnahmen die Ausdehnung bis zu 21 Monaten (vgl. ebd., Art. 31 (3)).

Die Rechte von UMF wurden dagegen gestärkt. Die Regelung, dass die über 16-Jährigen ohne Vertreter ihr Asylverfahren bestreiten müssen, wurde gestrichen, die Altersgrenze auf 18 Jahre erhöht, mit einer entsprechenden Einschränkung, wenn die Person noch vor der Erstentscheidung vermutlich 18 Jahre alt wird. Die Mitgliedstaaten sind verpflichtet, so bald wie möglich einen gesetzlichen Vertreter zu bestellen, der seine Aufgabe im Interesse des Kindeswohls wahrnimmt und über erforderliche Fachkenntnisse verfügt. Die Regelungen zur Altersfestsetzung schreiben die Wahl der schonendsten medizinischen Methode vor, falls eine ärztliche Prüfung für notwendig befunden wird sowie bei weiter bestehenden Zweifeln die Annahme der Minderjährigkeit (vgl. ebd., Art. 25). Darüber hinaus müssen die Mitgliedstaaten sicherstellen, dass Minderjährige entweder im eigenen Namen oder über einen Vertreter einen Antrag auf internationalen Schutz stellen können (vgl. ebd., Art. 7).

Von Menschenrechtsorganisationen werden diese Richtlinien und ihre Neufassungen stark kritisiert, da sie das Schutzniveau lediglich auf dem kleinsten gemeinsamen Nenner festhalten und der Ermessensspielraum der Länder bei der nationalen Umsetzung zu groß sei, so dass die angestrebte Rechtsangleichung nicht erfolgte. Die Richtlinien legitimieren eine massive Schlechterstellung von AsylbewerberInnen gegenüber inländischen StaatsbürgerInnen und EU-BürgerInnen hinsichtlich ihrer sozialen, aber auch politischen Rechte.

4.3.2 *Die* Dublin II- *und* Dublin III-Verordnung

Das Dublin-System regelt, welcher Mitgliedstaat für die Durchführung des Asylverfahrens zuständig ist. Die Verordnung (EG) Nr. 343/2003, die sogenannte *Dublin II-Verordnung* (Der Rat der Europäischen Union, 2003b) löste 2003 das *Dubliner Übereinkommen* ab, galt bis zum Inkrafttreten der Verordnung (EG) Nr. 604/2013, dem sogenannten *Dublin III-Abkommen* (Das Europäische Parlament und der Rat der Europäischen Union, 2013a) in allen Mitgliedstaaten der EU unmittelbar und war ohne Umsetzung in nationales Recht verbindlich. Sie galt auch für minderjährige Asylsuchende. Es bestand weiterhin das »one-chance-only«-Prinzip, also die Regelung, innerhalb der EU nur einen Asylantrag stellen zu können. Die Kriterien für die Zuständigkeit wurden in der Verordnung sehr detailliert beschrieben und in Kapitel III in einer Rangfolge aufgeführt, in der sie angewendet werden sollten. Die Asylsuchenden wurden nicht über die Einleitung und das Ergebnis des Überprüfungsverfahrens der Zuständigkeit informiert. Gegen den Dublin-Bescheid konnte Klage erhoben werden, jedoch hattediese in der *Dublin II-Verordnung* keine aufschiebende Wirkung, so dass eine Abschiebung dennoch erfolgte. Für Tausende Menschen bedeutete dies, dass sie viele Jahre lang in der EU hin- und hergeschoben wurden, sich in einer Warteschleife befanden, ohne wirklich ein neues Leben beginnen zu können.

Seit dem 19. Juli 2013 ist die Neufassung des Dublin-Verfahrens (*Dublin III*) in Kraft (Das Europäische Parlament und der Rat der Europäischen Union, 2013a). Es ist im Wesentlichen für Asylanträge ab 1. Januar 2014 (sechs Monate nach Inkrafttreten) anzuwenden, beinhaltet einige Verbesserungen für Minderjährige und bezieht als Neuerung Anträge auf internationalen subsidiären Schutz mit ein (vgl. Wenzl, 2013, 2). Letzteres beinhaltet die Konsequenz, dass im Asylverfahren die Klärung der Zuständigkeit noch mehr als bisher Vorrang vor der Frage des Schutzbedarfs haben wird (vgl. Heinhold, 2014, 7). Wesentliche Bestimmungen für diese Gruppe sind (vgl. Das Europäische Parlament und der Rat der Europäischen Union, 2013a):

– vorrangige Erwägung des Kindeswohls in allen Verfahren (Art. 6 Abs. 1),
– qualifizierte Vertretung und Unterstützung von UMF in allen Verfahren (Art. 6 Abs. 2),
– enge Kooperation der Mitgliedstaaten zur Gewährleistung des Kindeswohls (Art. 6 Abs. 3).

Zu berücksichtigende Aspekte des Kindeswohls sind Familienzusammenführung, Wohlergehen und soziale Entwicklung, Sicherheitserwägungen und die Ansichten des Minderjährigen (vgl. ebd., Art. 6 Abs. 3 S. a–d). Die Mitgliedstaaten sollen aktiv Schritte zur Suche nach Familienangehörigen einleiten und die MitarbeiterInnen der die Verordnung durchführenden Behörden über die besonderen Bedürfnisse Minderjähriger schulen (vgl. ebd., Art. 6 Abs. 4). Bei unbegleiteten Minderjährigen ist jener Mitgliedstaat zuständig, in dem sich Eltern, Geschwister oder Verwandte aufhalten, vorausgesetzt, dies dient dem Wohl des Kindes (vgl. ebd., Art. 8 Abs. 1f).

Eine Verbesserung aus Sicht der AsylbewerberInnen stellt die Möglichkeit dar, in Zukunft in einem anderen EU-Staat gegen ihre Abschiebung zu klagen und damit einen Eilrechtsschutz zu erhalten. Dies beinhaltet die Verpflichtung der Zustellung einer förmlichen Überstellungsentscheidung mit dem Recht ei-

ner aufschiebenden Wirkung, wenn dagegen geklagt wird (vgl. ebd., Art. 26f).
Die häufige Praxis, Betroffene in einer Nacht- und Nebel-Aktion von der Polizei für die Ausweisung ohne vorherige Ankündigung abzuholen, ist damit nicht mehr zulässig.

Nachteilig ist der in Art. 28 Abs. 2 beschriebene neue Haftgrund für den Fall, dass erhebliche Fluchtgefahr besteht. Allerdings ist eine Einzelfallprüfung vorzunehmen und die Inhaftierung muss verhältnismäßig und so kurz wie möglich sein (vgl. ebd., Art. 28 Abs. 2). Die Inhaftierung Minderjähriger ist nicht völlig ausgeschlossen.

Der Europäische Flüchtlingsrat (ECRE) hat in Zusammenarbeit mit der französischen NGO Forum Réfugiés – Cosi und nationalen Partnerorganisationen wie dem Hessischen Flüchtlingsrat eine Studie zur Anwendung der Dublin II-Verordnung in Europa (Ngalikpima & Hennessy, 2013) durchgeführt, um deren Auswirkungen zu untersuchen, und kommt zu folgendem Ergebnis: Dieses System sei unfair und ineffizient und eine Barriere für eine faire Verteilung der Zuständigkeiten unter den Mitgliedstaaten. Zum Teil verweigerten Staaten den überstellten Personen den Zugang zu einem fairen Asylverfahren. Immer mehr Staaten inhaftierten Asylsuchende, um eine Überstellung in das zuständige Land zu erzwingen. Viele Staaten, u. a. auch Deutschland, wendeten das Selbsteintrittsrecht, formuliert in Art. 3 Abs. 2 der *Dublin II-Verordnung*, und die humanitäre Klausel in Kapitel IV kaum an, um die Schlimmsten Auswirkungen abzufangen. Die *Dublin II-Verordnung* basiere auf der falschen Annahme von gleichen Aufnahmestandards mit fatalen Konsequenzen für die Betroffenen. Unbegleitete Minderjährige und ihre Familien würden an der Familienzusammenführung gehindert. Der Grad der Information über die Möglichkeit der Familienzusammenführung und die Anwendung dieser variiere in der EU sehr – während etwa die Behörden in Polen und Litauen die unbegleiteten Kinder engagiert mit Informationen versorgten und Norwegen und Finnland das Dublin II-Verfahren den Interessen des Kindes angepasst hätten, geschehe dies in den übrigen Ländern eher ungenügend (vgl. ebd.).

Auf Anfrage bei deutschen Behörden durch NGOs bezüglich der Umsetzung des in Art. 6 formulierten Kindeswohls wurden die Aussagen getroffen, dass sich dieses Konzept nicht im deutschen Recht wiederfände und falls dies so wäre, andere Autoritäten für die Umsetzung zuständig wären (vgl. ebd., 28).

Auch der Hessische Flüchtlingsrat hat eine Studie erstellt, die sich mit der Umsetzung der *Dublin II-Verordnung* in Deutschland befasst (vgl. Bender & Bethke, 2012) und kommt zu einer ebenfalls negativen Einschätzung bezüglich ihrer Auswirkungen auf Flüchtlinge. Auf die höchst unterschiedlichen und zum Teil katastrophalen Aufnahmebedingungen in den verschiedenen Staaten werde bei der Anwendung der Regelung nicht Rücksicht genommen (vgl. ebd., 24ff). Die praktische Umsetzung der Verordnung verletze die Grundrechte von Asylsuchenden, Flüchtlinge würden immer häufiger inhaftiert und das System gleiche einer »Asyl-Lotterie« (ebd., 6).

Die dadurch verursachten gravierenden Menschenrechtsverletzungen werden auch von verschiedenen mit Flüchtlingen befassten Organisationen in einem Memorandum von 2013 kritisiert (vgl. PRO ASYL, 2013b). Die Neuerungen in der sogenannten *Dublin III-Verordnung* brächten zwar einige Verbesserungen, führten jedoch wegen struktureller Defizite nicht aus der Krise. Das Zuständigkeitskriterium und das Verursacherprinzip belasteten die grenznahen Flüchtlingsstaaten wie Griechenland oder Malta übermäßig, während v. a. Deutschland von dieser Regelung überproportional profitiere. Auch gäbe es keine einheitlichen Standards im Verfahren und in der Schutzgewährung (vgl. ebd., 3f).

Dies bestätigt auch eine ländervergleichende Untersuchung des UNHCR von 2011 (UNHCR, 2011), die aufzeigt, dass die Dublinstaaten die Frage nach der Schutzbedürftigkeit sehr unterschiedlich beantworten. So differieren zum Beispiel die Anerkennungsquoten für afghanische Asylsuchende je nach Antragsstaat enorm. In Belgien liegt sie bei 62,4 %, in Deutschland bei 17,8 %, in Frankreich bei 34,4 % und in Großbritannien bei 9,7 % (vgl. ebd., 7).

4.4 Gesetzliche Rahmenbedingungen in Deutschland

Rechtliche Vorgaben determinieren das Leben von UMF hinsichtlich ihrer Einreise, ihres Aufenthalts, ihrer Versorgung und ihrer Zukunftschancen. Die folgenden Ausführungen sollen einen groben Überblick über die Gesetzeslage in Deutschland und den juristischen Rahmen in Kurzform geben, insofern sie für unbegleitete minderjährige Flüchtlinge relevant ist. Dabei wird kein Anspruch auf Vollständigkeit erhoben. Auch bleiben länderspezifische Regelungen und Umsetzungen weitgehend unbeachtet.

Das *Gesetz zur Steuerung und Begrenzung der Zuwanderung und zur Regelung des Aufenthalts und der Integration von Unionsbürgern und Ausländern* (Deutscher Bundestag, 2004), kurz *Zuwanderungsgesetz* genannt, trat am 01. Januar 2005 in Kraft. Es reformierte das deutsche Ausländerrecht grundlegend und umfasst als Hauptbestandteile das *Aufenthaltsgesetz* (*AufenthG*) und das *Freizügigkeitsgesetz*. Zugleich nahm es gesetzliche Veränderungen u. a. im *Asylverfahrensgesetz* (*AsylVfG*), dem *Asylbewerberleistungsgesetz* (*AsylbLG*) und dem *Staatsangehörigkeitsgesetz* vor. Die Europäisierung des Migrationsrechts (vgl. Heinhold, 2014, 7) hat ebenfalls immer mehr Auswirkungen auf das nationale Asylrecht und löste stetige Veränderungen aus.

4.4.1 Bestimmungen des Grundgesetzes

Das *Grundgesetz* (*GG*) für die Bundesrepublik Deutschland und die darin enthaltene Verankerung des Grundrechts auf Asyl entstanden vor dem Hintergrund der deutschen Geschichte und den Erfahrungen mit dem NS-Regime. Das Grundgesetz der Bundesrepublik Deutschland vom 23. Mai 1949 legt in den Artikeln 1–19 die Grundrechte des Menschen fest.

Für Asylsuchende ist v. a. Art. 16a Abs. 1 relevant. Dieser lautet: »Politisch Verfolgte genießen Asylrecht.« (Ebd.) Als Teil der Grundrechte und somit als individuell einklagbares Recht hatte das Asylrecht eine hohe Stellung und war vor schneller Revision durch Gesetzesänderungen geschützt. Was unter politischer Verfolgung zu verstehen war, wurde nicht näher ausgeführt.

1993 erfolgte jedoch aufgrund angestiegener Asylbewerberzahlen in den vorangegangenen Jahren und einer sich anschließenden längeren Debatte über »Asylmissbrauch« und Belastungsgrenzen (»das Boot ist voll«) eine folgenreiche Änderung des Asylrechtes als Bestandteil des sogegannten Asylkompromisses (vgl. BAMF, 2011c). In Art. 16a Abs. 2 S. 1 wurde die Drittstaatenregelung aufgenommen:

> Auf Absatz 1 kann sich nicht berufen, wer aus einem Mitgliedstaat der Europäischen Gemeinschaften oder aus einem anderen Drittstaat einreist, in dem die Anwendung des Abkommens über die Rechtsstellung der Flüchtlinge und der Konvention zum Schutze der Menschenrechte und Grundfreiheiten sichergestellt ist. (GG Art. 16a Abs. 2 S. 1)

Dieser Satz bedeutete eine gravierende Einschränkung des Rechtes auf Asyl, da seitdem de facto kaum mehr ein Flüchtling die Chance hat, als politisch Verfolgter in Deutschland Asyl zu erlangen. Er schließt schutzbedürftige Personen vom Recht auf Asyl aus und stellt somit eine Verletzung ihrer Menschenrechte dar. Aufgrund der geographischen Lage Deutschlands innerhalb der EU können sich nur noch diejenigen auf Art. 16a Abs. 1 *GG* berufen, die nachweisbar auf direktem Wege, ohne durch ein weiteres EU-Land oder ein die *GFK* anwendendes Land zu reisen, in der Regel per Flugzeug, nach Deutschland eingereist sind. Zu den sicheren Drittstaaten zählen die Mitgliedstaaten der Europäischen Union (§ 29a *AsylVfG*), sowie Ghana und Senegal (Anlage II zu § 29a *AsylVfG*). Deutschland ist somit von lauter sicheren Nachbarstaaten umgeben. Daher spielt die Prüfung des Reiseweges zu Beginn jedes Asylverfahrens eine wichtigere Rolle als die Prüfung der Fluchtgründe. Sollte eine asylsuchende Person aus einem sicheren Drittstaat eingereist sein, findet keine Einzelfallprüfung mehr statt. In der Praxis führt dies dazu, dass die Behörden immer häufiger mit Flüchtlingen konfrontiert sind, die keine Ausweispapiere vorweisen können, da diese vernichtet werden, um den Reiseweg nicht mehr nachvollziehen zu können und eine Abschiebung zu verhindern.

Abgesehen vom Recht auf Asyl ergeben sich die Schutzrechte unbegleiteter Flüchtlingskinder auch aus folgenden Artikeln des *Grundgesetzes*:

– Art. 1 Abs. 1: die Unantastbarkeit der Menschenwürde
– Art. 2 Abs. 1: das Recht auf freie Entfaltung der Persönlichkeit
– Art. 2 Abs. 2: das Recht auf Leben, körperliche Unversehrtheit
    und Freiheit
– Art. 3 Abs. 1: die Gleichheit vor dem Gesetz
– Art. 3 Abs. 3: das Verbot von Diskriminierung, beispielsweise
    wegen der Herkunft
– Art. 6 Abs. 1: der besondere Schutz der Familie
– Art. 6 Abs. 2: Wächteramt des Staates bezüglich Erziehung und Pflege

4.4.2 Das Aufenthaltsgesetz

Das *Aufenthaltsgesetz* beinhaltet Regelungen zur Einreise, zum Aufenthalt, zur Erwerbstätigkeit und Integration. Darin ist festgeschrieben, dass AusländerInnen für die Einreise und den Aufenthalt in der Bundesrepublik einen Aufenthaltstitel benötigen (§ 4 *AufenthG*). Es gibt, je nach Zweck des Aufenthalts (vgl. §§16ff) folgende Unterscheidungen: Das auf drei Monate begrenzte Schengen-Visum (§ 6), die befristete Aufenthaltserlaubnis (§ 7), die unbefristete Niederlassungserlaubnis (§ 9) und die Erlaubnis zum Daueraufenthalt – EU (§ 9a).

Eine Erwerbstätigkeit ist nur erlaubt, wenn der jeweilige Aufenthaltstitel dies gestattet (§ 4 Abs. 2).

Der Aufenthalt aus humanitären Gründen (vgl. § 25 *AufenthG*) ist in unterschiedlichen Gesetzen geregelt und lässt sich wie folgt unterteilen (vgl. Heinhold, 2014, 12):

– Asylrechtlicher Schutz nach Art. 16a Abs. 1 *GG*
– Flüchtlingsschutz nach der *Genfer Flüchtlingskonvention* nach § 3 Abs.
    1 *AsylVfG*

- Internationaler subsidiärer Schutz nach § 4 Abs. 1 *AsylVfG*
- Nationaler subsidiärer Schutz nach § 60 Abs. 5 und 7 S. 1 *AufenthG*

In § 3 Abs. 1 (*AsylVfG*) wird das sogenannte »kleine Asyl« formuliert, d. h. die Anerkennung als Flüchtling nach der *GFK*. Darin wird auch nichtstaatliche und geschlechtsspezifische Verfolgung als Fluchtgrund anerkannt und bewirkt ein Abschiebeverbot. Laut § 73 Abs. 2a *AsylVfG* hat das BAMF spätestens nach drei Jahren zu überprüfen, ob die Voraussetzungen für eine Rücknahme oder einen Widerruf vorliegen.In § 60 Abs. 2–5 und Abs. 7 *AufenthG* werden sonstige Abschiebungsverbote aufgelistet. Diese bestehen in bestimmten Fällen, wenn im Herkunftsland Folter, Todesstrafe oder schwerwiegende Gefahren für Freiheit, Leib und Leben drohen. Die bislang geltende Vorrangprüfung bei angestrebter Erwerbstätigkeit durch die Bundesagentur für Arbeit entfällt seit dem 01. Juli 2013 (vgl. Foltz, 2013, 1).

Eine Aufenthaltserlaubnis wird wie folgt erteilt:

- Bei einer Asylanerkennung § 25 Abs. 1 *AufenthG*
- Bei Feststellung der Flüchtlingseigenschaft § 25 Abs. 2 S. 1 *AufenthG*
- Bei Gewährung internationalen subsidiären Schutzes ebenfalls § 25 Abs. 2 S. 1 *AufenthG*
- Bei Feststellung nationalen Abschiebeverbots § 25 Abs. 3 *AufenthG*

Wurde ein Asylbegehren abgelehnt, die Abschiebung jedoch vorübergehend ausgesetzt, erhält die Person laut § 60a *AufenthG* eine sogenannte Duldung. Diese stellt keinen Aufenthaltstitel dar, sondern lediglich eine Bescheinigung darüber, dass die betreffende Person sich nicht illegal im Land aufhält.

4.4.3 *Das* Asylverfahrensgesetz

Das *Asylverfahrensgesetz* (Deutscher Bundestag, 1992) setzt das Grundrecht auf Asyl des Art. 16a *GG* und nach der *GFK* in konkrete Asylverfahrensregelungen um (vgl. § 1 *AsylVfG* Geltungsbereich) und ist seit seiner Verabschiedung bereits mehrmals geändert worden.

Die Handlungsfähigkeit Minderjähriger wird in dem Abschnitt über allgemeine Verfahrensvorschriften definiert:

Fähig zur Vornahme von Verfahrenshandlungen nach diesem Gesetz ist auch ein Ausländer, der das 16. Lebensjahr vollendet hat, sofern er nicht nach Maßgabe des Bürgerlichen Gesetzbuches geschäftsunfähig oder im Falle seiner Volljährigkeit in dieser Angelegenheit zu betreuen und einem Einwilligungsvorbehalt zu unterstellen wäre. (Ebd., § 12 Abs. 1 *AsylVfG*)

Das bedeutet, dass eine Person ab dem 16. Lebensjahr alleine einen Asylantrag stellen kann und keinen gesetzlichen Vertreter dazu benötigt. In der Praxis führt dies oft dazu, dass Jugendliche wie Erwachsene behandelt werden. Mit der Festlegung der Verfahrens- und Handlungsfähigkeit ab dem 16. Lebensjahr gilt ein Sonderrecht für minderjährige AsylbewerberInnen, das nicht mit der *KRK* übereinstimmt. Die betroffenen Jugendlichen sind aufgrund geringerer Lebenserfahrung mit dem Umgang mit Ämtern überfordert, kennen die für ein erfolgreiches Durchlaufen eines Asylverfahrens bestehenden Regularien nicht und sind durch diese Vorverlegung erheblich benachteiligt. Sie erhalten häufig keinen Vormund, oder der Vormund muss bei der Anhörung nicht mit anwesend sein, und bekommen seltener Jugendhilfeleistungen. Zwar gibt es in manchen Erstaufnahmeeinrichtungen (EAE), in denen sie stattdessen untergebracht werden, eine abgetrennte Abteilung für UMF, die Jugendlichen werden dort jedoch nicht so intensiv betreut wie in der Jugendhilfe.

§ 18a *AsylVfG* formuliert eine Spezialregelung für die Lufteinreise, so dass damit auch die letzte relevante Möglichkeit, sich auf das Asylgrundrecht nach Art. 16a *GG* zu berufen, eingeschränkt wird: Es geht um das Flughafensonderverfahren, das aufgrund der einer Inhaftierung gleichenden Unterbringung, der dominanten Polizeimaßnahmen und der Problematik einer anwaltlichen Vertretung heftig kritisiert wird (vgl. Heinhold, 2003). Dieser Regelung nach ist bei AusländerInnen aus einem sicheren Herkunftsstaat das Asylverfahren vor der Entscheidung über die Einreise auf dem Flughafengelände durchzuführen. Wird der Antrag als offensichtlich unbegründet abgelehnt, wird dem Asylbewerber die Einreise in die Bundesrepublik verweigert.

Bei bereits erfolgter Einreise muss der oder die Asylsuchende zunächst nach § 14 Abs. 1 *AsylVfG* einen Asylantrag bei einer Außenstelle des Bundesamts für Migration und Flüchtlinge stellen. Dabei hat die Person persönlich zu erscheinen (§ 23 *AsylVfG*). Im Rahmen des Asylverfahrens wird zunächst die Identität festgestellt (§ 16 *AsylVfG*) und die Zuständigkeit geprüft. Bei unerlaubter Einreise aus einem sicheren Drittstaat (§ 26a *AsylVfG*) kann die Person unverzüglich dorthin zurückgeschoben werden (§ 19 Abs. 3 *AsylVfG*). Bei berechtigter Antragsstellung in Deutschland wird sie an eine Aufnahmeeinrichtung weitergeleitet, in die sie sich zu begeben hat (§ 20 *AsylVfG*). Sie ist verpflichtet, sechs Wochen bis längstens drei Monate in einer Aufnahmeeinrichtung zu wohnen (§ 47 Abs. 1 S. 1 *AsylVfG*). Zeitnah soll die Anhörung nach § 25 *AsylVfG* stattfinden, in der die Fluchtgründe und erforderliche Angaben wie Wohnsitze, Reisewege und Aufenthalte in anderen Ländern vorgetragen werden müssen (§ 25 Abs. 1 *AsylVfG*). Später erfolgende asylrelevante Aussagen können unberücksichtigt bleiben, wenn sie die Entscheidung des Bundesamtes verzögern könnten (§ 25 Abs. 3 *AsylVfG*). Solange über das Asylverfahren nicht entschieden ist, erhalten die AsylantragsstellerInnen eine Gestattung (§ 55 *AsylVfG*) sowie Auflagen und Einschränkungen bezüglich der Zuweisung (§ 50 *AsylVfG*), der Unterbringung in Gemeinschaftsunterkünften (§ 53 *AsylVfG*) und der Erwerbstätigkeit (§ 61 *AsylVfG*).

AsylbewerberInnen unterliegen laut § 56 *AsylVfG* der Residenzpflicht. Das bedeutet, dass sie verpflichtet sind, sich nur in dem von der zuständigen Behörde festgelegten Bereich aufzuhalten. Diese Regelung existiert in der EU nur in Deutschland. Während inzwischen viele Bundesländer die Residenzpflicht auf ihr gesamtes Bundesland erweitert haben, ist sie in Bayern, Thüringen und Sachsen auf den jeweiligen Regierungsbezirk oder Landkreis beschränkt. Dies bedeutet, dass sie das Gebiet nicht ohne besondere Genehmigung der zuständigen Ausländerbehörde verlassen dürfen und der Verstoß dagegen als Straftat mit entsprechenden Konsequenzen geahndet wird.

Für den Zeitraum, in dem die AsylbewerberInnen verpflichtet sind, in einer Aufnahmeeinrichtung zu wohnen, ist eine Erwerbstätigkeit nicht gestattet (§ 61 Abs. 1 *AsylVfG*), nach neun Monaten kann eine Beschäftigung erlaubt werden, wenn die Bundesagentur für Arbeit zugestimmt hat (§ 61 Abs. 2 *AsylVfG*). Allerdings ist dies nur ein nachrangiger Arbeitsmarktzugang nach Deutschen und EU-BürgerInnen.

Das *Asylverfahrensgesetz* regelt auch, unter welchen Bedingungen ein abgelehnter Asylantrag als Folgeantrag wieder aufgenommen werden kann (§ 71 *AsylVfG*).und welche Strafvorschriften (§ 84f *AsylVfG*) bei Asylmissbrauch und Verletzung der Mitwirkungspflicht greifen. Die Entscheidung über den Asylantrag bestimmt den aufenthaltsrechtlichen Status. Wird ein UMF als asylberechtigt anerkannt, bekommt er eine unbefristete Aufenthaltserlaubnis. Dabei ist zu beachten, dass laut § 73 *AsylVfG* die Flüchtlingsanerkennungen bzw. subsidiärer Schutz zu widerrufen sind, wenn die Voraussetzungen hierfür nicht mehr vorliegen.

4.4.4 Das Asylbewerberleistungsgesetz

Das *Asylbewerberleistungsgesetz* (Deutscher Bundestag, 2011) trat 1993 in Kraft und soll den Grundbedarf von AsylbewerberInnen sichern. Es stellt eine Sonderform der Sozialhilfe dar. Leistungsberechtigte sind nach § 1 *AsylbLG* AsylbewerberInnen (mit Gestattung), Ausreisepflichtige (mit Duldung), jene mit einer befristeten Aufenthaltserlaubnis wegen Krieges im Heimatland sowie deren Familienmitglieder (PartnerInnen und Kinder). Folgende Grundleistungen sind für sie vorgesehen:

Der notwendige Bedarf an Ernährung, Unterkunft, Heizung, Kleidung, Gesundheits- und Körperpflege und Gebrauchs- und Verbrauchsgütern des Haushalts wird durch Sachleistungen gedeckt. Kann Kleidung nicht geleistet werden, so kann sie in Form von Wertgutscheinen oder anderen vergleichbaren unbaren Abrechnungen gewährt werden. Gebrauchsgüter des Haushalts können leihweise zur Verfügung gestellt werden. Zusätzlich erhalten Leistungsberechtigte
1. bis zur Vollendung des 14. Lebensjahres 40 Deutsche Mark [20,45 Euro]
2. von Beginn des 15. Lebensjahres an 80 Deutsche Mark [40,90 Euro]
monatlich als Geldbetrag zur Deckung persönlicher Bedürfnisse des täglichen Lebens. (Ebd., § 3 Abs. 1)

Die Höhe der Leistungen wird in § 3 Abs. 2 *AsylbLG* konkretisiert:

Der Wert beträgt
1. für den Haushaltsvorstand 360 Deutsche Mark [184,07 Euro]
2. für Haushaltsangehörige bis zur Vollendung des 7. Lebensjahres 220 Deutsche Mark [112,48 Euro],
3. für Haushaltsangehörige von Beginn des 8. Lebensjahres an 310 Deutsche Mark [158,50 Euro] monatlich zuzüglich der notwendigen Kosten für Unterkunft, Heizung und Hausrat. Absatz 1 Satz 3 und 4 findet Anwendung. (Ebd., § 3 Abs. 2)[6]

Die Höhe der Leistungen lag damit 40 % unter den Leistungen aus dem Sozialhilfegesetz und wurde seit dem Inkrafttreten 20 Jahre lang nicht mehr erhöht, obwohl das Preisniveau in Deutschland in diesem Zeitraum um mehr als 30 % gestiegen ist. Dies wurde vom Bundesverfassungsgericht am 18. Juli 2012 für verfassungswidrig erklärt. Nach Art. 1 und 20 *GG* bestehe ein Grundrecht auf ein menschenwürdiges Existenzminimum, das neben der physischen Existenz auch ein Mindestmaß an gesellschaftlicher Teilhabe und die Möglichkeit zur zwischenmenschlichen Beziehungspflege umfasse. Es sei nicht gestattet, die Leistungen pauschal nach dem Aufenthaltsstatus und aus migrationspolitischen Überlegungen zu differenzieren. Die im Laufe der Jahre immer wieder erhöhte Bezugsdauer auf inzwischen vier Jahre sei zu lang. Sie müsse sich auf Kurzaufenthalte beschränken und setze eine gesonderte Bedarfsermittlung voraus. Der Gesetzgeber müsse unverzüglich eine Neuregelung schaffen. Bis zu deren Inkrafttreten gelte eine Übergangsregelung,

---

[6] Im *AsylLG* sind die Beträge immer noch in Deutsche Mark angegeben. Diese wurden von mir nach der Verordnung (EG) Nr. 2866/98 des Rates vom 31. Dezember 1998 in Euro umgerechnet (in eckigen Klammern).

die sich an den Regelbedarfsstufen des *Regelbedarfs-Ermittlungsgesetzes* orientiere.[7] Ob die Leistungen als Geld-, Sach- oder Dienstleistungen erfolgen, bleibe auch weiterhin dem Gesetzgeber überlassen (vgl. Bundesverfassungsgericht, 2012).[8]

Laut Berechnungen der Flüchtlingsinfo Berlin ergibt sich infolge dessen für 2013 bei Alleinstehenden insgesamt ein neuer Anspruch in Höhe von 354 Euro, bei Kindern bis 14 Jahren 242 Euro und bei Minderjährigen ab 15 Jahren 274 Euro (vgl. Flüchtlingsrat Berlin, 2012).

Viele Länder und Kommunen zahlen inzwischen wegen der hohen Verwaltungskosten und praktischer Probleme die Leistungen in Form von Bargeld aus, immer weniger als Gutscheine (flächendeckend in Niedersachsen, teils in Baden-Württemberg und Thüringen). Sachleistungen (Essenspakete, Kleidung etc.) gibt es teilweise im Saarland und in Baden-Württemberg, flächendeckend nur noch in Bayern (vgl. Classen, 2013, 20f).

Auch die medizinischen Leistungen sind laut § 4 *AsylbLG* gegenüber denjenigen der gesetzlichen Krankenversicherungen reduziert. Lediglich bei akuten Erkrankungen und Schmerzen erhalten die Betroffenen medizinische Versorgung. Dies hat zur Folge, dass z. B. Zahnersatz oder notwendige therapeutische Hilfe aufgrund von Traumatisierung in der Regel nicht gewährt werden. Die Behandlung chronischer Krankheiten oder Vorsorgeuntersuchungen sind nicht vorgesehen. Gerade für Kinder in der Wachstumsphase kann Letzteres weitreichende Konsequenzen haben, wenn weder Behandlungen von Haltungsschäden oder Zahnspangen bezahlt werden. Für jeden Arztbesuch muss zunächst ein Krankenschein beim Sozialamt beantragt werden, wo die jeweiligen SachbearbeiterInnen nach nicht geregelten Kriterien und ohne medizinische Fachkenntnisse darüber entscheiden, ob eine Behandlung notwendig ist. Hilfsmittel wie Brillen, Rollstühle, Zahnspangen etc. werden nur nach zähen Verhandlungen gewährt.

LeistungsempfängerInnen nach § 5 *AsylbLG* sind verpflichtet, gemeinnützige Arbeitsgelegenheiten auszuführen. Dies gilt nach § 5 Abs. 4 S. 1 *AsylbLG* auch für Minderjährige, die nicht mehr schulpflichtig sind.

---

[7] Trotz der Entscheidung des Bundesverfassungsgerichts von 2012 ist das Asylbewerberleistungsgesetz immer noch nicht dementsprechend angepasst worden (vgl. Heinhold, 2014, 19)!

[8] Der davon als Barbetrag auszuzahlende Anteil erhöhte sich seit dem Urteil für Kinder bis sechs Jahre auf 82 Euro, Kinder zwischen sieben und 14 Jahren auf 90 Euro und Jugendliche zwischen 15 und 18 Jahren auf 83 Euro.

Die Begründung für die soziale Schlechterstellung bzw. Diskriminierung von Flüchtlingen lautete, dass keine Anreize zur »Einwanderung in die Sozialsysteme« geschaffen werden sollen und eine abschreckende Wirkung erreicht werden solle.

4.4.5 *Das* SGB VIII

Als Kinder und Jugendliche fallen unbegleitete minderjährige Flüchtlinge in den Zuständigkeitsbereich der Kinder- und Jugendhilfe. Deren gesetzliche Grundlage findet sich im *8. Sozialgesetzbuch Kinder- und Jugendhilfe (SGB VIII)*, oft auch *Kinder- und Jugendhilfegesetz (KJHG)* genannt.

Laut § 1 Abs. 1 *SGB VIII* verfügt jeder junge Mensch über »ein Recht auf Förderung seiner Entwicklung und auf Erziehung zu einer eigenverantwortlichen und gemeinschaftsfähigen Persönlichkeit« (ebd., § 1 Abs. 1). Diese Zielsetzung des *SGB VIII* wird noch näher beschrieben:

Jugendhilfe soll zur Verwirklichung des Rechts nach Absatz 1 insbesondere
1. junge Menschen in ihrer individuellen und sozialen Entwicklung fördern und dazu beitragen, Benachteiligungen zu vermeiden oder abzubauen,
2. Eltern und andere Erziehungsberechtigte bei der Erziehung beraten und unterstützen,
3. Kinder und Jugendliche vor Gefahren für ihr Wohl schützen,
4. dazu beitragen, positive Lebensbedingungen für junge Menschen und ihre Familien sowie eine kinder- und familienfreundliche Umwelt zu erhalten oder zu schaffen. (Ebd., § 1 Art. 3)

Die Leistungen und Aufgaben der Jugendhilfe sind in § 2 *SGB VIII* zusammenfassend aufgelistet. Besonders die Aspekte der Förderung, der Erziehungshilfe, der Inobhutnahme, der Vormundschaftsbestellung und -übernahme sind notwendige Schutzmaßnahmen für separated children.

Nach den Begriffsbestimmungen in § 7 Abs. 1 Nr. 1 und 2 *SGB VIII* ist Kind, wer noch nicht 14 Jahre alt ist und Jugendliche/r, wer 14, aber noch nicht 18 Jahre alt ist. Leistungen können gemäß § 6 Art. 1 S. 1 *SGB VIII* jenen Kindern und Jugendlichen und deren Personensorgeberechtigten gewährt werden, die ihren tatsächlichen Aufenthalt in Deutschland haben. Dann heißt es einschränkend:

Ausländer können Leistungen nach diesem Buch nur beanspruchen, wenn sie rechtmäßig oder auf Grund einer ausländerrechtlichen Duldung ihren gewöhnlichen Aufenthalt im Inland haben. (Ebd., § 6 Abs. 2 S. 1)

Umstritten ist dies insbesondere bei separated children, die aufgrund eines laufenden Asylverfahrens eine Gestattung nach § 55 *AsylVfG* haben, da hier zum Teil argumentiert wird, sie verfügten noch nicht über eine bestandskräftige Anerkennung und hätten deshalb noch keinen gewöhnlichen Aufenthalt (vgl. Deutsches Institut für Jugendhilfe und Familienrecht e. V. (DIJuF), 2010, 549f). Auch Kinder, die illegal in Deutschland sind, haben demnach grundsätzlich keinen Anspruch auf Leistungen des *SGB VIII*, ein Widerspruch zur *KRK*, der noch nicht angeglichen wurde.

2005 trat das *Gesetz zur Weiterentwicklung der Kinder- und Jugendhilfe* (*Kinder- und Jugendhilfeweiterentwicklungsgesetz – KICK*) in Kraft und führte Änderungen im *SGB VIII* u. a. zum Schutz von Kindern und Jugendlichen bei Gefahren für ihr Wohl, zur fachlichen und wirtschaftlichen Steuerungskompetenz des Jugendamtes und zur Wirtschaftlichkeit von Leistungen der Kinder- und Jugendhilfe ein (vgl. Urban, 2005). Zwei gesetzliche Änderungen haben für unbegleitete Minderjährige eine besondere Wichtigkeit: die Einfügung des § 8a *SGB VIII* und die Überarbeitung des § 42 *SGB VIII*.

§ 8a *SGB VIII* definiert explizit den Schutzauftrag der Kinder- und Jugendhilfe und wurde aufgrund schwerer Fälle von Kindesmisshandlung und Vernachlässigung und des daraufhin immer größer werdenden Handlungsdrucks durch die Medien und die Öffentlichkeit aufgenommen. Damit wurde die (auch strafrechtliche) Verantwortung des Jugendamtes bei der Beurteilung von Kindeswohlgefährdung herausgehoben. In Bezug auf UMF wurde dadurch, in Kombination mit der Inobhutnahmeverpflichtung die Rolle des *SGB VIII* gegenüber den Bestimmungen der Asylgesetzgebung gestärkt.

Das *KICK* setzte die in *Nationaler Aktionsplan. Für ein kindergerechtes Deutschland* (Bundesministerium für Familie, Senioren, Frauen und Jugend, 2006) geäußerten Verbesserungsabsichten hinsichtlich eines Clearingverfahrens und der Bestellung eines Vormunds für alle separated children, auch der bis dahin aufgrund ihrer im *Aufenthalts-* und *Asylverfahrensgesetz* festgelegten Handlungsfähigkeit davon ausgeschlossenen 16- und 17-Jährigen, um. Vorher waren UMF im *KJHG* nicht eigens namentlich genannt worden.

In der Neufassung wird die Verpflichtung des Jugendamtes zur Inobhutnahme ausländischer unbegleiteter Minderjähriger ausdrücklich formuliert:

Das Jugendamt ist berechtigt und verpflichtet, ein Kind oder einen Jugendlichen in seine Obhut zu nehmen, wenn [...]
3. ein ausländisches Kind oder ein ausländischer Jugendlicher unbegleitet nach Deutschland kommt und sich weder Personensorge- noch Erziehungsberechtigte im Inland aufhalten. (§ 42 Abs. 1 S. 1 Nr. 3 *SGB VIII*)

Bis zu diesem Zeitpunkt gingen Jugendämter und Ausländerbehörden davon aus, dass 16- und 17-jährige separated children im Regelfall nicht in Obhut zu nehmen seien, sondern wie erwachsene AsylbewerberInnen aufgrund von Kostenreduzierung und aus migrationspolitischer Sicht wegen der abschreckenden Wirkung in Erstaufnahmeeinrichtungen mit niedrigen Lebensstandards unterzubringen seien. Ebenso wurde diese Altersgruppe länderübergreifend verteilt. Diese Praxis erfolgte v. a. bei männlichen Jugendlichen, Mädchen wurden überwiegend in Obhut genommen. Nahm man UMF bislang nur bei Vorliegen einer individuellen Gefährdung in Obhut, so wurde nun mit dem neuen Recht der unbegleitete Aufenthalt von Minderjährigen als eigenständiges Gefährdungskriterium an sich für das Kindeswohl festgestellt (vgl. Parusel, 2009, 30). Dies hat zur Folge, dass nun alle unbegleiteten minderjährigen Flüchtlinge, auch die 16- bis 18-jährigen, ohne vorherige individuelle Risikofolgenabschätzung vom Jugendamt in Obhut zu nehmen sind. Lediglich folgende Tatbestände sind dabei vom Jugendamt zu prüfen: unbegleitete Einreise, Minderjährigkeit, keine Personensorge- oder Erziehungsberechtigten im Inland. Dies wurde von der Jugend- und Familienministerkonferenz (JFMK) am 31.Mai/01.Juni 2012 in Hannover unterstrichen, ebenso, dass Jugendhilfe Vorrang vor ausländerrechtlichen Regelungen hat (vgl. JFMK, 2012). Gemäß § 87 *SGB VIII* ist das Jugendamt, in dessen Bereich sich der UMF vor Beginn der Schutzmaßnahme tatsächlich aufhält, dafür zuständig.

Die Aufgabe des Jugendamtes während der Inobhutnahme besteht laut § 42 Abs. 2 S. 1–3 *SGB VIII* darin, die Situation, die zu dieser Schutzmaßnahme geführt hat, zusammen mit dem Minderjährigen in einem sogenannten Clearingverfahren zu klären, Möglichkeiten der Hilfe und Unterstützung aufzuzeigen, unverzüglich den Kontakt zu einer Person seines Vertrauens zu ermöglichen, für das Kindeswohl zu sorgen und den notwendigen Unterhalt und die Krankenhilfe zu sichern. Zugleich ist das Kind oder der/die Jugendliche vorläufig bei einer geeigneten Person oder Einrichtung oder in einer sonstigen Wohnform unterzubringen (Abs. 1 S. 2). Wenn sich keine Personensorge- oder Erziehungsberechtigten im Inland aufhalten, ist nach Abs. 3 S. 4 unverzüglich die Bestellung eines Vormunds zu initiieren. Die Schutzmaßnahme endet mit der Übergabe des Kindes oder Jugendlichen an Personensorgeberechtigte und der Entscheidung über die Hilfegewährung (Abs. 4 Nr. 1f). Da die Vormundschaft bei UMF in der Regel von einem Amts- oder Vereinsvormund ausgeübt wird und dieser die Erziehung nicht selbst übernehmen kann, besteht bei diesen Kindern und Jugendlichen de facto immer ein Hilfebedarf nach dem Sozialgesetzbuch. Wegen der eindeutigen Zielstellung des Jugendhilferechts, dass junge Menschen ein Recht auf Förderung der Erziehung und ihrer persönlichen Entwicklung haben (§ 1 Abs. 1 *SGB VIII*), steht ihnen ein sofortiger Anspruch auf Entwicklungsförderung zu, insbesondere durch individuell notwendige und geeignete Angebote schulischer und beruflicher Bildung sowie Beschäftigungsförderung. Dies umfasst Leistungen der allgemeinen Förderung nach §§ 11–14 *SGB VIII*, Erziehungshilfen nach den §§ 27 ff. *SGB VIII* ebenso wie die der Eingliederungshilfen für seelisch behinderte oder davon bedrohte Minderjährige nach § 35a *SGB VIII*. Dabei ist stets auf die Beteiligung der Betroffenen im Hilfeplanverfahren und das ihnen als Leistungsberechtigte zustehende Wunsch- und Wahlrecht zwischen unterschiedlichen geeigneten Hilfeangeboten (z. B. §§ 5, 8, 36 *SGB VIII*) zu achten. Auch junge Volljährige können nach § 41 *SGB VIII* Hilfen erhalten, wenn dies vom Jugendamt als notwendig erachtet wird. Dies ist für jene unbegleiteten Flüchtlinge besonders relevant, die entweder noch während ihres Aufenthaltes in der Erstaufnahmeeinrichtung das 18. Lebensjahr erreichen oder erst kurz vor ihrer Volljährigkeit einen Jugendhilfeplatz erhalten.

4.5 Resümee

Zusammenfassend kann festgestellt werden, dass die Entwicklung des Asylrechts in der Bundesrepublik in den vergangenen Jahrzehnten von einer zunehmenden Restriktion charakterisiert ist. Nicht die Frage nach der bestmöglichen Umsetzung des Schutzgedankens der *Genfer Flüchtlingskonvention* stand im Vordergrund, sondern folgende Motive spielten eine tragende Rolle: die Erschwerung des Zutritts zum Territorium der Bundesrepublik, die Beschränkung des Zugangs zum Asylverfahren und die Abschreckung potentieller Asylsuchender. Den größten Einschnitt stellte die Grundgesetzänderung von 1993 mit der sichere-Herkunfts- und Drittstaatenregelung dar. Menschenrechtlich skandalös ist die soziale Schlechterstellung der Asylsuchenden, das Vorenthalten des Rechts auf Teilhabe, der restriktive Arbeitsmarktzugang und die Einschränkung ihrer Bewegungsfreiheit. Das Ziel einer Harmonisierung des europäischen Asylrechts ist nicht erreicht worden. Nach wie vor gibt es erhebliche unterschiedliche Standards und Chancen für Schutzsuchende in den verschiedenen Ländern, einheitlich ist lediglich der Abwehrgedanke.

Die Rücknahme des Vorbehaltes zur *UN-Kinderrechtskonvention* ist zu begrüßen, notwendige politische Konsequenzen, die vor allem die Rechte der 16- und 17-jährigen UMF betreffen, stehen aber noch aus. So sollte z. B. die verfahrensrechtliche Handlungsfähigkeit auf 18 Jahre angehoben, das Flughafenverfahren und die Zurückweisung an der Grenze auf unbegleitete Minderjährige nicht angewendet werden.

Die Beachtung des Kindeswohls für alle Kinder und damit das Primat des *KJHG* vor dem Asyl- und Ausländerrecht erfordert gesetzliche Veränderungen und die Aufnahme und Umsetzung des Kindeswohls auch in der Asylgesetzgebung, um eine regelhafte Leistungsgewährung für UMF nach dem *SGB VIII* zu erreichen.

5. Die Lebenssituation von UMF – unterschiedliche Perspektiven

In diesem Kapitel soll ein Überblick über die Forschungsliteratur auf dem Gebiet unbegleiteter minderjähriger Flüchtlinge und deren Implikationen für das Verständnis dieser Kinder und Jugendlichen sowie für die soziale Arbeit gegeben werden. Aufgrund der begrenzten Forschungslage zu unbegleiteten Flüchtlingskindern beziehe ich auch Studien und Veröffentlichungen zu begleiteten Kindern, die ebenfalls eine Flucht bewältigt haben, und zu Minderjährigen, die einen Krieg erlebt haben, mit ein, da diese wichtige Anhaltspunkte für das Verständnis von UMF bereithalten. Der Überblick beruht auf einer Literaturrecherche v. a. in den Datenbanken Medline, MEDPILOT, PsycINFO, PSYNDEX und PubMed. Darüber hinaus war die Zeitschrift *Journal of Refugee Studies* der Universität von Oxford (Refugee Studies Centre) und das Internetportal *Child Migration Research Network* der Universität von Sussex (Development Research Centre on Migration, Globalisation and Poverty, 2008) eine wichtige Recherchequelle für Studien zu diesem Themenbereich.

Verschiedene ähnliche Suchbegriffe wie *Kinder/Flüchtling/-skinder* wurden kombiniert mit Begriffen wie *minderjährig, unbegleitet, getrennt, Asylbewerber, Asyl, Jugendliche, Adoleszenz, psychiatrisch, psychologisch, psychosozial, Risikofaktoren, Schutzfaktoren, Krieg, Trauma, Resilienz, Vulnerabilität, Flucht, Sozialarbeit, Betreuung, Jugendhilfe, Wohngruppen* und deren englischsprachigem Äquivalent.

Bei meiner Recherche innerhalb der Datenbanken stellte ich fest, dass es inzwischen eine Reihe von Untersuchungen in Australien, Großbritannien, in den skandinavischen Ländern und in den USA zu diesem Themenbereich gibt, dass im deutschsprachigen Raum jedoch bislang nur wenige Studien veröffentlicht wurden. Vorhandene Untersuchungen z. B. in spanischer oder italienischer Sprache wurden nicht berücksichtigt. Des Weiteren fällt auf, dass sich die bisherige Forschung hauptsächlich auf die Untersuchung der psychischen Verfasstheit und des emotionalen Wohlbefindens dieser minderjährigen MigrantInnen aus psychiatrischer und medizinischer Perspektive konzentriert und geringere Aufmerksamkeit ihren gesamten Bedürfnissen widmet (vgl. Hopkins & Hill, 2010, 400).

Zahlreiche Studien belegen die extremen Umbrüche und Traumata, denen viele Flüchtlingskinder und Jugendliche vor der Flucht aus ihrem Heimatland, während der Flucht und nach ihrer Ankunft im Exil ausgesetzt sind. Die Forschung zeigt, dass diese Erfahrungen für unbegleitete Jugendliche, die keinen oder nur begrenzten Schutz und Unterstützung von Erwachsenen haben, extremer sind (vgl. Fazel & Stein, 2002; Pinto Wiese & Burhorst, 2007; Thomas et al., 2004).

In der vorhandenen Forschung gibt es eine Übereinstimmung darüber, dass UMF als Minderjährige, als von ihren Eltern Getrennte und als Flüchtlinge eine besonders gefährdete und vulnerable Gruppe darstellen. Daher besteht für sie ein höheres Risiko der Entwicklung von emotionalen Problemen. Zur Beschreibung ihrer Lebenslage sind die Themen Verlust, Entwurzelung, Trauma und Trennung zentral (vgl. z. B. Ajdukovic & Ajdukovic, 1998; Derluyn & Broekaert, 2008; Meißner, 2003; UNHCR, 2013b). Somit werden sie als eine spezifische Kategorie von MigrantInnen und Flüchtlingen konzipiert.

Die Forschung über UMF kann nach mehreren Hauptkategorien klassifiziert werden: Eine Gruppe beleuchtet schwerpunktmäßig den Hintergrund unbegleiteter Kinder und Jugendlicher und kindspezifische Flucht- und Asylgründe. Die größte Gruppe bilden psychosoziale Studien über psychische Belastungen und emotionale Probleme von UMF. Eine dritte Kategorie beinhaltet Untersuchungen über den Aufnahmeprozess im Exilland mit den jeweiligen institutionellen Arrangements.

Im Folgenden werde ich wichtige Forschungsergebnisse entlang obiger Kategorien zusammenfassen.

5.1 Der Hintergrund von UMF

Die bereits erwähnte Vulnerabilität von unbegleiteten minderjährigen Flüchtlingen wird in der Forschung vor allem mit ihren besonderen Erfahrungen multipler Verluste und Traumatisierungen im Herkunftsland begründet (vgl. z. B. Ahearn et al., 1999). Auch die Phase der Migration ist für unbegleitete Minderjährige ein Zeitraum, in dem sie besonders vielen Gefahren ausgesetzt sind. Daher ist die Erforschung dieser Lebensabschnitte von UMF für ein besseres Verständnis ihrer Lebenslage sehr wichtig:

Given the additional vulnerability of being unaccompanied, it is important to provide a detailed picture of the multiplicity of life circumstances and experiences of UASC [unaccompanied asylum seeking children], in order to develop and improve existing health and social services to identify and meet needs. (Thomas et al., 2004, 114)

5.1.1 Erfahrungen im Herkunftsland

Die Prämigrationserfahrungen von Flüchtlingskindern sind sehr unterschiedlich und individuell. Ein Teil von ihnen hat extreme Gewalt und Traumata in Kriegsgebieten erlitten, Familienmitglieder und deren Unterstützung verloren. Viele Flüchtlingskinder haben die Ermordung oder die Vergewaltigung von Familienmitgliedern miterleben müssen oder waren Zeuge anderer Gewalttaten. Andere flohen in einer Phase gesellschaftlicher Krisen und politischer Spannungen, noch ehe sie Kriegsgewalt erleben mussten. Auch das jeweilige Alter, das Geschlecht, die Kultur, der Grad der familiären Unterstützung, verfügbare äußere und innere Ressourcen und bisherige Erfahrungen differieren und haben Einfluss auf die Fähigkeit der Kinder, sich auf neue belastende Umstände einzustellen. Eine allen Flüchtlingskindern gemeinsame Erfahrung vor der Migration ist jedoch in der Regel, in einem Land zu leben, in dem sie selbst, ihre Familie und ihr Umfeld erhöhte Repressionen oder politische Verfolgung über einen längeren Zeitraum erfahren.

Unbegleitete Flüchtlingskinder sind getrennt von ihren Eltern, weil diese entweder vermisst, inhaftiert oder tot sind, ihre Kinder verlassen haben, auf der Flucht von ihnen getrennt wurden oder weil sie beschlossen haben, ihr Kind in Sicherheit zu schicken. Um diese Kinder besser verstehen zu können, muss laut Heinz Fronek jeweils der familiäre, soziale, kulturelle und politische Hintergrund der verschiedenen Herkunftsländer erfasst werden. Gemeinsam ist vielen UMF, dass sie entweder direkt oder als Zeuge potentiell traumatisierende Ereignisse erlebten, bevor sie aus ihren Heimatländern entkommen konnten. Fast immer entfliehen sie einer für sie unerträglichen Lebenssituation, sei es eine unmittelbar drohende Lebensgefahr oder die generelle Perspektivlosigkeit im Heimatland (vgl. Fronek, 1998, 56f).

Auch traumatische Verluste und Veränderungen sind charakteristische Merkmale aller Flüchtlingskinder. Das kann der Verlust des Zuhauses, der Eltern oder Geschwister, der Freunde und Freundinnen oder der Schule sein. Damit einher geht meist der Verlust des Gefühls von Sicherheit, Vertrautheit, Vertrauen in sich selbst und andere. Wichtige Bindungen und Beziehungen werden unterbrochen oder auf plötzliche Weise verändert (z. B. durch neu ent-

standene ethnische Spannungen). Die Fähigkeit der Eltern oder Bezugspersonen, emotionale und physische Unterstutzung zu geben, wird oft vermindert
(vgl. Frater-Mathieson, 2004, 18ff).

Claire Groark und KollegInnen stellten in ihrer qualitativen Untersuchung
von UMF in Großbritannien (Groark, Sclare & Raval, 2011) die Mehrdimensi-
onalität ihrer Verlusterfahrungen heraus: Verlust von Gewissheit durch plötzli-
chen Tod oder Verschwinden von Familienmitgliedern oder FreundInnen, Verlust von Sicherheit durch Lebensgefahr, Verlust von Unterstützung und Verlust
von Kontrolle über das eigene Leben (vgl. ebd., 427f).

> However the sense of loss also extended to loss of community, homes, way of life,
> freedom, trust, security, wealth, cultural identity and even feeling as though they had
> lost »themselves« (ebd., 427).

Zwar gibt es keine umfassende Forschungsstudie über die Ursachen und Gründe für die weltweit steigende Zahl der unbegleitet migrierenden Minderjährigen (vgl. Bhabha, 2001, 288), jedoch existieren einzelne begrenzte Studien,
die sich mit Migrationsursachen und Prämigrationserfahrungen von UMF befassen. Dazu zählen die Untersuchung von Wendy Ayotte (2000) über nach
Europa geflohene separated children, in der sie der Frage nachgeht, warum
und wie Kinder migrieren, eine Studie von Peter E. Hopkins und Malcom Hill
über unbegleitete, asylsuchende Kinder in Schottland (Hopkins & Hill, 2008)
und eine Studie von Sam Thomas und KollegInnen (2004), die unbegleitete
minderjährige AsylbewerberInnen in Großbritannien nach ihren Erlebnissen
vor der Flucht befragten, um ihren Unterstützungsbedarf bei der Ankunft besser zu verstehen. Auch gibt es Forschungsarbeiten, die die Erfahrungen von
begleiteten und unbegleiteten Flüchtlingskindern in der Zeit vor der Flucht
mitbehandeln (vgl. European Migration Network, 2010; Gavranidou et al.,
2008; Goodman, 2004; Hopkins & Hill, 2008).

Folgende Hintergrunderfahrungen werden in einer Reihe dieser Studien
identifiziert (vgl. European Migration Network, 2010, 29ff; Gavranidou et al.,
2008, 226; Sourander, 1998, 722; Thomas et al., 2004, 116ff):

- Tod von Familienangehörigen
- Bedrohung und Verfolgung
- direkte und indirekte Kriegserlebnisse
- Menschenhandel
- Leben im Verborgenen
- Erleben oder Zeuge sein von Gewalt

- Erfahrungen sexueller Gewalt
- Inhaftierung

Der am häufigsten genannte Fluchtgrund in der Befragung von 100 UMF durch Thomas et al. war der Tod oder die Verfolgung von Eltern, Geschwistern oder entfernteren Familienmitgliedern (vgl. Thomas et al., 2004, 116). Dies umfasst Ermordung, Verschwinden, Verhaftung, Deportierung oder Verfolgung von Familienmitgliedern. Die meisten Vorfälle fanden offenbar deshalb statt, weil Familienmitglieder an politischen Aktivitäten beteiligt waren. Viele haben die Folter oder Ermordung von Verwandten miterlebt, die Zerstörung ihres Zuhauses sowie der sozialen Strukturen und mussten sich selbst oft über einen längeren Zeitraum verstecken (vgl. ebd.). Die befragten unbegleiteten asylsuchenden Kinder dieser Forschungsarbeit berichteten folgende potentiell traumatisierenden Erlebnisse in ihren Herkunftsländern: Gewalt (n=86), sexualisierte Gewalt/Vergewaltigung (n=32), physische Gewalt (n=15), Zeuge von Gewalt gegen Familienmitglieder (n=7), Zeuge von Gewalt gegen Fremde (n=5), Beobachtung von Tod oder Hinrichtung von Familienmitgliedern (n=13) oder von öffentlichen Hinrichtungen (n=3), Todesdrohungen (n=8), Erfahrung von erniedrigender Behandlung (n=6), Gefängnisaufenthalt oder Festnahme (n=13), Leben im Versteck (n=16) und Abtreibung (n=3) (vgl. Thomas et al., 2004, 118).

UMF fliehen auch vor Verfolgung aufgrund der ethnischen Zugehörigkeit, der Religion, der Geschlechtszugehörigkeit, vor familiärem oder institutionellem Missbrauch, extremer Armut, kindspezifischen Menschenrechtsverletzungen, wie z. B. der Zwangsrekrutierung als KindersoldatIn, der weiblichen Genitalverstümmelung, der Kinderzwangsarbeit oder der Zwangsverheiratung Minderjähriger (vgl. Ayotte, 2002, 13). Als weitere Ursachen werden schwere Vernachlässigung und Mangelversorgung im Herkunftsland bis hin zum Leben als Straßenkind, Sklaverei, Folter, Flucht vor brutalen Bedingungen in Waisenhäusern, familiäre Probleme, Mangel an Bildungschancen sowie Erkrankungen, die eine Behandlung erfordern, genannt (vgl. Ayotte, 2000, 25f).

Für eine Studie befragte Christine Mougne insgesamt 188 männliche afghanische UMF in Europa und stellte fest, dass in den meisten Fällen eine Kombination mehrerer Ursachen die Entscheidung zur Flucht beeinflusste (vgl. Mougne, 2010, 14f). Es wurden sowohl soziale, wirtschaftliche als auch individuelle Gründe genannt. Dazu zählten weit verbreitete Armut, wirtschaftliche Not, politische Instabilität, physische Unsicherheit, schlechte Bildungschancen und rapide sinkende Hoffnung auf eine bessere Zukunft. Insbesondere die allgemeine Gewaltsituation im Land in Form von Bedrohung und körperlichem Missbrauch, Entführung und Zwangsrekrutierung durch die Taliban, Angst vor Vergeltungsmaßnahmen und Kinderarbeit nötigten zur Flucht. Spezifische Auslöser waren häufig Familienkonflikte, gewalttätige Zwischenfälle einschließlich Entführungen, der Tod eines Elternteils oder Drohungen gegen einzelne Familienmitglieder oder gegen die gesamte Familie (vgl. ebd.).

Viele der Jugendlichen migrierten nach Europa, weil sie in einem Land leben wollten, das Frieden, die Achtung der Menschenrechte, Arbeit und Bildung versprach. Sie träumten davon, zu studieren, ihre Familien finanziell zu unterstützen oder diese nachkommen zu lassen. Diese übertriebenen und oft falschen Geschichten wurden ihnen sowohl von Schmugglern als auch von einigen Eltern erzählt, um sie zur Migration zu bewegen, aber auch von Verwandten in Europa und von Rückkehrern. Die meisten hatten keine Ahnung von dem, was sie wirklich in Europa erwartete (vgl. ebd., 15).

Der UNHCR betont, dass sich die Verfolgung von Kindern in deren Herkunftsländern aus unterschiedlichen Faktoren zusammensetzen kann:

> Neben dem Alter können auch andere identitätsbezogene, wirtschaftliche und soziale Merkmale des Kindes wie familiärer Hintergrund, Klasse, Kaste, Gesundheit, Bildung und Einkommensniveau das Schadensrisiko für das Kind erhöhen, die Art der dem Kind zugefügten Verfolgungshandlung beeinflussen und die Schadensfolgen für das Kind verschärfen. So können etwa Kinder, die obdachlos, verlassen oder sonst ohne elterliche Betreuung sind, einem erhöhten Risiko von sexuellem Missbrauch und Ausbeutung oder der Rekrutierung bzw. Verwendung durch Streitkräfte/bewaffnete Gruppierungen oder Verbrecherbanden ausgesetzt sein. Vor allem Straßenkinder können in Gewahrsam genommen und unter erniedrigenden Bedingungen gefangen gehalten werden oder anderen Formen von Gewalt, darunter auch Mord zum Zweck der »sozialen Säuberung« […], ausgesetzt sein. Kindern mit Behinderungen kann fachärztliche oder routinemäßige medizinische Behandlung vorenthalten werden, oder sie können von ihrer Familie oder Gemeinschaft geächtet werden. (UNHCR, 2009, 8)

Diese Aufzählung soll die Vielzahl an Leiden von separated children illustrieren und verweist auf die Gefahren, denen Kinder ausgesetzt sind, welche nicht unbedingt in der engen Definition der *Genfer Flüchtlingskonvention* enthalten sind. In der Forschung fehlt die Exploration ihres alltäglichen Lebens als gewöhnliche junge Menschen, die von gewöhnlichen Wünschen, wie z. B. in Frieden und Demokratie leben zu können, angetrieben sind (vgl. Robinson & Segrott, 2002, 64). Dies hängt auch mit den Asylregularien in den Aufnahmeländern zusammen, die Flüchtlinge dazu nötigen, bestimmte Erfahrungen und

Geschichten zu erzählen und über andere zu schweigen, um ihre Chancen auf Anerkennung zu erhöhen (vgl. Kohli, 2006).

Ein konsistenter Befund dieser Studien ist, dass die Trennung von den Eltern und Geschwistern von den Kindern als belastender wahrgenommen wird als etwa Luftangriffe oder Bombenanschläge. Diejenigen Kinder, die mit ihren Eltern zusammen bleiben, ihren gewohnten Tagesablauf beibehalten können und Eltern haben, die ein Gefühl von Hoffnung und Optimismus vermitteln, gelten als geschützter oder »gepuffert« vor den potentiell schädlichen Auswirkungen ihrer belastenden Erfahrungen (vgl. Ahearn et al., 1999, 223; Berman, 2001, 244; Sourander, 1998, 720).

5.1.2 Erfahrungen auf der Flucht

Die Migrationserfahrungen von unbegleiteten Kindern und Jugendlichen sind geprägt von großer Unsicherheit und Gefahr. Die Asylpolitik in entwickelten Ländern erschwert mit ihrem Ziel der Abschreckung und Verhinderung der Einreise durch Verweigerung von Visa-Erteilungen, durch militarisierte Grenzen und übertriebene Grenzkontrollen Asylsuchenden den Zugang und bringt Kinder in lebensgefährliche Situationen anstatt Menschenrechtsverletzungen zu verhindern (vgl. Bhabha, 2001, 289). Dies hat zu einer immer größeren Abhängigkeit der Asylsuchenden von professionellen Fluchthelfern, Schmugglern und Menschenhändlern geführt (vgl. ebd.). Minderjährige, die berechtigt in der Europäischen Union nach Asyl suchen möchten, werden dadurch immer häufiger zu geheimen und illegalen Methoden und Reiserouten gezwungen, um die vielen Barrieren zu umgehen. Dies erhöht das Risiko physischer und sexueller Ausbeutung und die Gefahr für ihr Leben.

> Für nicht wenige ist die Flucht ihre letzte Reise: Jährlich sterben vor den Toren Europas hunderte Männer, Frauen und Kinder. Sie erfrieren beim Versuch, Grenzflüsse zu durchschwimmen, kommen im griechisch-türkischen Minenfeld um, ersticken versteckt im LKW-Container. Im Mittelmeer ertrinken fast täglich Menschen auf dem Weg nach Europa. (PRO ASYL, 2013c)

Laut einer Untersuchung von Hopkins und Hill (2008) migrieren UMF selten allein, sondern reisen gemeinsam mit einem meist männlichen Erwachsenen (vgl. ebd., 264). In den meisten Fällen wird ein Vermittler oder Fluchthelfer bezahlt, um die jungen Menschen außer Landes zu bringen und viele von ihnen wissen nicht, wohin die Reise geht (vgl. Chase, 2010, 2055). Diese Fluchthelfer bieten laut Vaughan Robinson und Jeremy Segrott drei verschiedene Arten von Leistungen an: Die Unterstützung mit Reisedokumenten wie

Fahrkarten, Visa und Ausweisen, die konkrete Erleichterung der Flucht durch Begleitung und Weitervermittlung an andere Fluchthelfer und die Steuerung in Richtung bestimmter Reiseziele durch Ratschläge, Preisgestaltung und Begrenzung der Auswahlmöglichkeiten. Das Machtverhältnis zwischen dem Flüchtling und dem Fluchthelfer kann sehr unterschiedlich sein. In manchen Fällen wählt der Flüchtling das Zielland aus, in anderen entscheidet allein der Fluchthelfer, und oft verhandelt dieser auch mit älteren Verwandten über mögliche Ziele. Einer der Schlüsselfaktoren, wohin die Flucht geht, ist die Summe an Geld, die jemand für seine oder ihre Flucht aufbringen kann. Je nach Länge der Reiseroute, Zielland und Transportmittel variieren die Fluchtkosten. Die Organisation von Direktflügen kostet mehr als die Flucht zu Fuß (vgl. Robinson & Segrott, 2002, 19ff). So kostet eine organisierte »all inclusive«-Flucht von Afghanistan in ein Land eigener Wahl wie Deutschland, Norwegen oder Großbritannien bis zu 15.000 US-Dollar, eine Reise durch den Iran, Türkei nach Griechenland 6.000–7.000 US-Dollar oder bis in die Türkei etwa 3.000-5.000 US-Dollar (vgl. Mougne, 2010, 17). Oft verkauft die Familie das Haus, das Auto oder ein Stück Land, um die Summe aufzubringen. Erfolgt die Bezahlung in Raten und wird diese verzögert, bleibt das migrierende Kind an dem oft gefährlichen Ort hängen, wo es sich zu diesem Zeitpunkt gerade befindet. Zur Finanzierung der Fortsetzung der Reise muss es häufig Arbeiten unter extrem ausbeuterischen Bedingungen akzeptieren (vgl. ebd.).

UMF bleiben oft über ihr Ziel uninformiert und vom Entscheidungsprozess ausgeschlossen, obwohl die Migration radikale Veränderungen in ihrem Leben bedeutet (vgl. Chase, 2010, 2055). Stattdessen sind es meist die Eltern oder andere erwachsene Verwandte, die die Entscheidungen treffen. Allerdings gibt es auch Jugendliche, die die Entscheidung zur Flucht selbst getroffen und die Migration forciert haben. Unbegleitete Flüchtlingskinder sind den Fluchthelfern in besonderer Weise ausgeliefert, nicht selten werden sie von diesen auch sexuell ausgebeutet oder vergewaltigt (vgl. Hopkins & Hill, 2008, 264).

> Clearly, a global network of agents has strong influence over the destinations of unaccompanied minors, and these relationships are sometimes exploitative, abusive and traumatic for the children involved. (Hopkins & Hill, 2008, 265)

Das Vertrauen auf die Hilfe von Fluchthelfern macht UMF auf der einen Seite verletzlicher, da sie wenig Einfluss während ihrer Flucht haben, auf der anderen Seite stellt die Bindung an die Fluchthelfer meist die einzige Möglichkeit dar, ihr Land verlassen zu können.

Die Dauer der Flucht kann sehr unterschiedlich sein, häufig benötigen UMF jedoch mehr als sechs Monate, im Durchschnitt vierzehn Monate, wie Andre Sourander in seiner finnischen Studie über UMF feststellte (vgl. Sourander, 1998, 722). Die Fluchtrouten variieren je nach Herkunftsland. Während afghanische und irakische UMF meist die Landroute Richtung Europa nehmen und die EU in Griechenland betreten, durchqueren jene von Somalia den Sudan und Libyen und erreichen über den Seeweg Italien (FRONTEX, 2010, 4). Sowohl in Griechenland als auch in Italien sind die Aufnahme- und Lebensbedingungen für unbegleitete Minderjährige katastrophal und extrem kindeswohlgefährdend. In Griechenland werden UMF regelmäßig für einige Monate inhaftiert, entgegen internationalen Standards oft zusammen mit Erwachsenen und in der Praxis wird ihnen der Zugang zur Asylantragsstellung verwehrt (vgl. Troller, 2008). In Italien haben UMF keinen gesicherten Zugang zu Wohnmöglichkeiten und Bildung, die Obdach- und Arbeitslosigkeit bei anerkannten Flüchtlingen ist groß (vgl. bordermonitoring.eu e. V.). Daher sind diese Staaten für viele minderjährige Flüchtlinge nur Transitländer in nördlichere EU-Länder.

5.2 Emotionales Befinden und psychische Belastungen

In der Forschung über Flüchtlinge und Asylsuchende liegt der Schwerpunkt in der Regel auf dem Identifizieren von emotionalen Problemen, Traumata und psychiatrischen Symptomen auf individueller Ebene. Dabei werden die Erfahrungen und Belastungen der Flüchtlinge üblicherweise drei Phasen zugeordnet: der Prämigrationsphase, der Migrations- und der Postmigrationsphase (vgl. Berman, 2001; Fazel & Stein, 2002; Lustig et al., 2004). Häufig werden Prävalenzraten bezüglich einer Posttraumatischen Belastungsstörung (PTBS), einer Depression und die Auswirkungen von Krieg, Gewalt und anderen traumatischen Erfahrungen untersucht. Generell finden sich bei Flüchtlingen und Asylsuchenden deutlich höhere Prävalenzraten von PTBS, Depression und Angststörungen als bei anderen Bevölkerungsgruppen (vgl. Fazel et al., 2005; Lindert et al., 2008), auch wenn deren Höhen aufgrund unterschiedlicher Untersuchungsdesigns und Erhebungsmethoden zum Teil stark voneinander abweichen, und die Qualität der unterschiedlichen Untersuchungen Kritik auslöst (vgl. Lindert et al., 2008). In einer Studie an der psychologischen Forschungs- und Modellambulanz für Flüchtlinge der Universität Konstanz wurde unter

AsylbewerberInnen in Deutschland eine Punktprävalenz von 40 % für PTBS[9] festgestellt und damit ein signifikant häufigeres Auftreten als in der deutschen Normalbevölkerung (vgl. Gäbel et al., 2006, 18), was den Ergebnissen anderer Studien in Deutschland, weiteren europäischen Ländern und Australien in etwa entspricht (vgl. ebd., 13; vgl. Gavranidou et al., 2008; Ruf, Schauer & Elbert, 2010). So ermittelten z. B. Marianne Jakobsen et al. in einer Untersuchung von 85 AsylbewerberInnen in Norwegen eine Punktprävalenz von 45 % für PTBS (vgl. Jakobsen et al., 2011).

In einer kleinen Studie von REFUGIO München zur Früherkennung von PTBS bei UMF wurden von September 2009 bis August 2010 59 Jugendliche einer Erstaufnahmeeinrichtung in München nach den Kriterien von *ICD-10* diagnostiziert. Von den befragten Jugendlichen, die seit einem bis vier Monaten in der Erstaufnahmeeinrichtung lebten, litten 37 unter PTBS (62,7 %), sieben Jugendliche unter einer akuten Belastungsstörung (ca. 12 %), zwölf Jugendliche erfüllten die PTBS-Kriterien nicht (ca. 20 %) und bei drei Jugendlichen reichte die Datenlage für eine Diagnostik nicht aus. Die überwiegende Mehrheit der befragten Minderjährigen hatte mehr als ein Trauma erlitten (vgl. REFUGIO München, 2010, 1ff).

In der Forschung zu unbegleiteten Flüchtlingskindern kommt die Frage hinzu, zu welchen spezifischen psychischen Folgen das Erleben von Kriegsgewalt, Zwangsmigration bzw. Flucht und die Trennung von den Eltern bei Kindern führt und welchen Einfluss dies auf ihre weitere Entwicklung nimmt (vgl. Betancourt & Khan, 2008; Catani et al., 2009; Heptinstall et al., 2004; Lustig et al., 2004). Dabei sind Trauma, Stress, Verlust, Resilienz, Risiko- und Schutzfaktoren wichtige Schlüsselbegriffe (vgl. Bronstein & Montgomery, 2011; Fazel & Stein, 2002; Groark et al., 2011; Muecke, 1992). Auch werden Fragen nach adäquaten therapeutischen Behandlungsformen und nach kulturellen Unterschieden zwischen dem Herkunfts- und Aufnahmeland problematisiert (vgl. Berry et al., 2006; Haversiek-Vogelsang, 2006).

---

[9] Typische Symptome einer PTBS sind Wiedererleben eines Traumas in Form von Intrusionen, Nachhallerinnerungen (Flashbacks) und Alpträumen, Vermeidung von mit dem Trauma assoziierten Situationen, Numbing (Dämpfung der eigenen Gefühle) und Hyperarousal (eine anhaltende Erhöhung des regungsniveaus) (vgl. Maercker, 2009, 18f).

5.2.1 Vulnerabilität und traumatische Erfahrungen

Wie bereits erwähnt, gibt es eine allgemeine Übereinstimmung unter WissenschaftlerInnen, dass unbegleitete minderjährige Flüchtlinge eine besonders gefährdete Gruppe darstellen (vgl. Barrie & Mendes, 2011; Hodes et al., 2008; Huemer et al., 2009; Sourander, 1998; UNHCR, 2013b). Häufig wird auf ihre Vulnerabilität (Verletzlichkeit) hingewiesen, also wie stark sie durch Risikofaktoren ungünstig beeinflusst werden.

Kinder sind allgemein verschiedenen Risiken und Stressoren ausgesetzt, was Teil ihrer Entwicklung ist (vgl. Bronstein & Montgomery, 2011, 44). Sie durchlaufen Entwicklungsphasen unterschiedlicher Vulnerabilität (vgl. Bengel et al., 2009a, 160). Durch ihre biologischen und psychischen Reifungsprozesse sind sie mit Entwicklungsaufgaben konfrontiert, bei denen es jeweils viele Weggabelungen zu einer positiven oder negativen Weiterentwicklung gibt. Flüchtlingskinder haben jedoch zusätzlich potentiell traumatische Stressoren aufgrund der Umstände, die zur Flucht führen, der Fluchtbedingungen und der Aufnahmesituation danach (vgl. Lustig et al., 2004). Sie sind größeren Gefahren ausgesetzt als andere Kinder. Dazu zählen gewalttätige und plötzlich eintretende Notfallsituationen, das Auseinanderbrechen von Familien- und Gemeinschaftsstrukturen und der akute Mangel an Ressourcen, die das emotionale Wohlergehen der Kinder stark beeinflussen (vgl. UNHCR, 1994, 1). Zu diesen kumulativen Belastungen (vgl. Bronstein & Montgomery, 2011) kommt bei separated children die Trennung von oder der Verlust der Eltern hinzu, der Tod oder unbekannte Aufenthalt der Familie. Sie erleben Hunger, Gewalt und Verfolgung, Folter, Vertreibung und Veränderung ihrer Rollen, ihres Status und ihrer Identität durch das Exil, durch eine neue, kulturell meist verschiedene Umwelt. Infolgedessen sind diese minderjährigen MigrantInnen einem höheren Risiko für psychische Störungen ausgesetzt (vgl. Bean, Derluyn et al., 2007, 288).

Eine niederländische zwölfmonatige Follow-up-Studie unterstreicht den Schweregrad der psychischen Not unter minderjährigen, unbegleiteten MigrantInnen und deren chronischen Verlauf (vgl. Bean, Eurelings-Bontekoe et al., 2007). Tammy Bean et al. untersuchten Prävalenz, Verlauf und Prädiktoren der psychischen Belastung und Verhaltensauffälligkeiten von 920 UMF aus 48 Herkunftsländern, die in den Niederlanden leben, durch Befragung der Minderjährigen selbst, ihrer Vormünder und Lehrkräfte. Die Ergebnisse der Studie zeigen sowohl einen kontinuierlich andauernden hohen Grad an psychischen Belastungen als auch Verhaltensauffälligkeiten bei UMF. Die von den Kindern und Jugendlichen berichteten psychischen Belastungen wurden von diesen selbst als schwer und von chronischer Natur eingeschätzt (50 %), was von den Vormündern (33 %) und den Lehrkräften (36 %) bestätigt wurde (vgl. ebd., 1204) und in einem signifikanten Kontrast zur allgemeinen Bevölkerung steht. Dabei stellte ein hoher psychopathologischer Ausprägungsgrad zu Beginn der Studie den stärksten Prädiktor dar, um eine Kontinuität schwerer Symptome vorherzusagen (vgl. ebd., 1211). Aufgrund der hohen Wahrscheinlichkeit eines chronischen Verlaufs der psychischen Belastungen fordern die ForscherInnen breit angelegte, abgestufte psychosoziale Interventionen während einer Heimunterbringung oder einem ähnlichem Wohnsetting:

[I]t is imperative that large scale psycho-social interventions be applied to this specific »at-risk« population in residential settings. A stepped care approach (the intensity of care fitting the psychological needs) seems most adequate. However, the foundation of such a stepped care approach would first include providing physical safety, trained professional caregivers in residential settings available 24 h a day, continuity in care giving and residence, educational opportunities, and swift clarity by the government in the host country regarding obtaining a residential permit. Fulfilling these basic needs of unaccompanied refugee minors will provide the stability and regularity in their lives on which mental health interventions can build. (Bean et al., 2007, 1214).

Ein Zusammenhang zwischen vergangenen Kriegserfahrungen und erhöhten posttraumatischen Stress- und depressiven Symptomen wurde in zahlreichen Studien gefunden (vgl. Pine et al., 2005). Dieser ist auch bei Flüchtlingskindern belegt (vgl. Ehntholt & Yule, 2006; Thabet et al., 2004). Da Krieg und politische Gewalt zu den Hauptursachen für erzwungene Migration zählen, sind folglich viele Flüchtlingskinder durch traumatische Erfahrungen belastet.

Ein wichtiger Faktor für die emotionale Verfasstheit ist die Anzahl der erlebten traumatischen Ereignisse (vgl. Neuner et al., 2004; Perkonigg et al., 2000). Eine Reihe von Studien zeigt, dass unbegleitete Flüchtlingskinder einer größeren Anzahl von traumatischen Ereignissen ausgesetzt sind als begleitete (vgl. Bean et al., 2007; Hodes et al., 2008; Michelson & Sclare, 2009). Auch eine Studie von Elizabeth Batista Pinto Wiese und Ingrid Burhorst (2007) in den Niederlanden bestätigt dies. Dieser Studie zufolge machten die von ihnen untersuchten UMF viermal so viele extreme Traumaerfahrungen wie begleitete minderjährigeFlüchtlinge (BMF), 63 % hatten vier oder mehr Traumaereignisse gegenüber 16 % der begleiteten MigrantInnen und nur 2 % der UMF berichteten kein Trauma verglichen mit immerhin 21 % der Vergleichsgruppe (vgl. ebd., 606). Ähnliche Ergebnisse erzielte eine Studie über sudanesische UMF in den USA (vgl. Geltman et al., 2005, 589).

Eine häufig zitierte vergleichende Untersuchung von UMF und begleiteten Flüchtlingskindern von Matthew Hodes et al. (2008) in London ergab bei männlichen unbegleiteten Minderjährigen einen Anteil von 61,5 % mit hohem Risiko für PTBS im Vergleich zu 14 % der männlichen BMF und bei weiblichen UMF ein Risiko von 73,1 % im Vergleich zu 35,3 % bei weiblichen BMF (vgl. Hodes et al., 2008, 727). UMF waren in einem hohen Maß von Kriegstraumata und Verlusterfahrungen betroffen. Unterbringungsformen mit geringer Unterstützung, multiple Traumaereignisse, zunehmendes Alter und Geschlecht wurden als die entscheidenden Variablen festgestellt, um PTBS-Symptome vorherzusagen (vgl. ebd., 727f).

Eine belgische Studie stellte bei 37–47 % der 166 befragten unbegleiteten Minderjährigen schwere oder sehr schwere Symptome von Depression, Angststörung und posttraumatischer Belastungsstörung fest (vgl. Derluyn & Broekaert, 2007, 141).

Mädchen und jene Kinder und Jugendlichen mit vielen traumatischen Erlebnissen wiesen ein noch höheres Risiko auf, diese emotionalen Probleme zu entwickeln. Darüber hinaus weist diese Untersuchung darauf hin, dass die Wahrscheinlichkeit, Probleme zu externalisieren, d. h. innere Konflikte in der Außenwelt zu inszenieren, um das psychische Gleichgewicht aufrechtzuerhalten, bei UMF weniger wahrscheinlich und geringfügiger ausgeprägt war als bei begleiteten Minderjährigen. Es wurde vermutet, dass dies auch mit ihrem härteren Kampf um eine bessere Zukunft und der Erfordernis, Fehlverhalten zu vermeiden, zusammenhängt (vgl. ebd., 155).

Neben Posttraumatischen Belastungsstörungen, Trauerreaktionen und Depressionen gehören Ängste und Entwicklungsprobleme zu häufig diagnostizierten Störungen bei Flüchtlingskindern (vgl. Ehntholt & Yule, 2006, 1197). Ihre Ausprägung variiert in Abhängigkeit von der Art der gemachten Erfahrungen und der Anzahl der traumatischen Erfahrungen. PTBS scheint eher mit früheren Kriegstraumata und Resettlement-Erfahrungen zusammenzuhängen, während Depression mehr mit den Schwierigkeiten und Stressoren in der gegenwärtigen Lebenssituation einhergeht und von deren Ausmaß abhängig ist (vgl. ebd., 1198). Ähnlich wiesen Heptinstall et al. (2004) nach, dass die Anzahl und die Art der traumatischen Ereignisse, die die Minderjährigen und ihre Familien im Herkunftsland erlebten, v. a. der gewaltsame Tod von Familienmitgliedern, mit ausgeprägteren PTBS-Symptomen zusammenhängt, während die Menge der Stressoren in der Postmigrationsphase, v. a. ein unsicherer Aufenthaltstatus, mit dem Ausprägungsgrad der Depression korreliert (vgl. Heptinstall et al., 2004, 373). Weitere häufig berichtete Probleme bei jungen Flüchtlingen aus Kriegsregionen sind somatische Beschwerden, sozialer Rückzug, Aufmerksamkeits- und Schlafstörungen, Unruhe und Reizbarkeit, generalisierte Angststörungen, Verhaltensstörungen sowie Schwierigkeiten in Beziehungen zu Gleichaltrigen (vgl. Ehntholt & Yule, 2006, 1199).

Da unbegleitete Kinder als besonders gefährdete Gruppe betrachtet werden, ist auch die Frage nach der Langzeitperspektive bezüglich ihrer psychischen Gesundheit von Bedeutung. Dies wurde jedoch noch nicht in größerem Ausmaß erforscht. Einige Follow-up-Studien (Luster et al., 2010; Wallin & Ahlström, 2005) untersuchten diese Frage mit qualitativen Methoden. Keine dieser Studien konzentrierte sich ausschließlich auf die psychische Gesundheit von UMF, sondern sie betrachteten mehr deren Lebenssituation und ihre erfolgreichen Anpassungsprozesse. Tom Luster et al. zeigten, wie erfolgreiche Anpassung von sudanesischen separated children in den USA mit Bildung, schulischen Leistungen, Arbeit und dem Aufrechterhalten des Kontaktes zu den Beziehungen im Herkunftsland zusammenhängt (vgl. Luster et al., 2010, 202ff). Anne-Marie M. Wallin und Gerd I. Ahlström stellten fest, dass die meisten ihrer StudienteilnehmerInnen mit ihrer Lebenssituation im Aufnahmeland zufrieden sind, auch wenn sich einige von ihnen einsam fühlen (vgl. Wallin & Ahlström, 2005, 142).

Das u. a. auch vom UNHCR vertretene Konzept der Vulnerabilität von Flüchtlingskindern und insbesondere unbegleiteten Minderjährigen (vgl. Wallin & Ahlström, 2005), ist nicht unumstritten. Die Kategorisierung als »vulnerabel« könne kontraproduktive Effekte auslösen (vgl. Clark, 2007, 284). Zum einen werde der Fokus auf Symptome anstatt auf Ursachen und Kontexte gelenkt, so dass Veränderungsmöglichkeiten vernachlässigt werden, zum anderen ermutige es Flüchtlinge, sich selbst als Opfer zu definieren, um Zugang zu Versorgungsleistungen, die ihnen ansonsten vorenthalten blieben, zu erhalten, mit der Folge, ihre eigenen Copingstrategien, sozialen Netzwerke und Unterstützungsstrukturen zu vernachlässigen (vgl. ebd., 292f).

5.2.2 Risikofaktoren und Schutzfaktoren

Auch wenn zu beachten ist, dass UMF eine heterogene Gruppe darstellen, nicht nur in Bezug auf Geschlecht, Alter, Herkunft, ethnische Zugehörigkeit und Religion, sondern auch im Hinblick auf ihre Erfahrungen aus der Vergangenheit und ihre gegenwärtige Lebenssituationen, so wird erkennbar, dass bestimmte Variablen bei UMF mit einem höheren Risiko hinsichtlich der Entwicklung psychischer Störungen verbunden sind. Dazu zählen weibliches Geschlecht, das Erleben multipler traumatischer Ereignisse und das Alter (vgl. Bean et al., 2007; Derluyn & Broekaert, 2007; Hodes et al., 2008). Bei der Interpretation der Ergebnisse verweisen Ilse Derluyn und Eric Broekaert v. a. auf die traumatischen Hintergrunderfahrungen der unbegleiteten Minderjährigen, während Hodes et al. mehr auf die Bedeutung des sozialen und politischen Kontextes im Aufnahmeland hindeuten. Die Korrelation von zunehmendem Alter der UMF mit einer Erhöhung der posttraumatischen Symptome werten Hodes et al. als Folge ansteigender Herausforderungen und psychischer Belastungen beim Übergang zu einer selbstständigeren Lebensführung, da diese Jugendlichen ab dem 18. Lebensjahr meist in unabhängigeren Wohnformen untergebracht werden und dieser Zuwachs an Eigenverantwortung zeitlich mit einer Erhöhung der Unsicherheit über ihren zukünftigen Rechtsstatus einhergeht, da ihr Aufenthaltsstatus zu diesem Zeitpunkt häufig erneut überprüft wird (vgl. Hodes et al., 2008, 730).

Hodes und seine KollegInnen kommen in ihrer Studie zu dem Ergebnis, dass posttraumatische Stresssymptome von separated children bei geringer sozialer Unterstützung erhöht sind und schlussfolgern auf den lindernden Effekt intensiver Hilfeleistungen wie der Vermittlung in Heime bzw. Jugendhilfeeinrichtungen oder der z. B. in Großbritannien nicht seltenen, in Deutschland jedoch kaum üblichen Vermittlung von UMF in Pflegefamilien. Sie unterstreichen, wie wichtig es ist, sich in der Arbeit mit UMF dem hohen Ausmaß an erlebten Kriegstraumata, inklusive körperlicher Verletzungen und sexueller Gewalt, und dem Risiko einer Posttraumatischen Belastungsstörung in dieser Gruppe bewusst zu sein. Sie betonen die Bedeutung der Früherkennung eventueller psychischer Störungen und deren kausalen Zusammenhang (vgl. ebd.)

In Einklang mit diesen Resultaten halten Derluyn und Broeckaert fest, dass Unbegleitetsein ein wichtiger Risikofaktor für das emotionale Wohlergehen von Flüchtlingskindern und –jugendlichen sei (vgl. Derluyn & Broekaert, 2007, 141).

Die genannten Studien beschreiben die psychischen Belastungen von UMF vorwiegend als Posttraumatische Belastungsstörung, die von Komorbidität wie Depression begleitet wird. Darüber hinaus schildern diese Studien eine Vielzahl weiterer potentieller Risiko- und Schutzfaktoren, die signifikanten Einfluss auf das emotionale Wohlbefinden und auch auf die langfristige Entwicklung von minderjährigen ZwangsmigrantInnen und UMF haben. Risikofaktoren, die die Wahrscheinlichkeit des Auftretens von psychischen Störungen bei Kindern erhöhen, sind, wie bereits an anderer Stelle beschrieben, der Verlust oder das Verschwinden eines Elternteils, das Erleben von traumatischen Ereignissen wie etwa Kriegsgewalt oder einem zerstörerischen sozialen Umfeld, eine bereits vorher bestehende Vulnerabilität z. B. durch Kontaktprobleme oder chronische körperliche Erkrankung, eine angeschlagene psychische Gesundheit der Eltern, Verfolgung und Verhaftung auf der Flucht, aber auch ein niedriger Grad an sozialer Unterstützung und postmigratorischer Stress wie z. B. das Asylverfahren an sich, ein ungeklärter Aufenthaltsstatus, finanzielle Härten, inadäquate Unterbringung, soziale Isolation, Sprachprobleme, Rassismus oder Anpassungsschwierigkeiten an die neue Kultur (vgl. Ehntholt & Yule, 2006, 1201; Hodes, 2000, 58).

Zu den Schutzfaktoren, welche die schädliche Wirkung eines Risikofaktors mindern oder beseitigen (vgl. Bengel et al., 2009a, 23), zählen eine gewisse persönliche Disposition (positives Temperament, positives Selbstwertgefühl, die Fähigkeit, auf neue Situationen zu reagieren), starke Glaubenssysteme und das Erleben von Sinn, die Rolle der Familie (deren Zusammenhalt, Anpassungsfähigkeit) und ein großes Ausmaß an sozialer Unterstützung (vgl. Carlson et al., 2012, 262; Ehntholt & Yule, 2006, 1201). Als Puffer gegen die negativen Auswirkungen von traumatischen Ereignissen gelten auch das Verfügen über zahlreiche Copingstrategien, eine wirksame Kontrolle über Traumasymptome, das Gefühl von persönlichem Stolz, Schutz vor Isolation, eine Atmosphäre gesellschaftlicher Offenheit für Vielfalt (vgl. Groark et al., 2011, 423), die Erfahrung von vergangener erfolgreicher Bewältigung schwieriger Situationen oder Krisen und ein hilfreiches Milieu, welches Information, Orientierung, Verarbeitungshilfen, eine wohlwollende Annahme und eine schnelle Wiederherstellung einer Alltagsstruktur bietet, was bei Flüchtlingskindern häufig die Schule ist (vgl. Lanfranchi, 2006b, 5).

Ein zusammenfassender Überblick dieser Faktoren findet sich in der Metastudie von Mina Fazel et al. (2012): Als Risikofaktoren erweisen sich prämigratorische Gewalterfahrungen, weibliches Geschlecht, Unbegleitetsein, empfundene Diskriminierung, postmigratorische Gewalterfahrungen, mehrmaliger Wohnungswechsel im Aufnahmeland, elterliche Gewalterfahrungen, schlechte finanzielle Unterstützung, alleinerziehender Elternteil, psychische Probleme der Eltern. Zu den Schutzfaktoren zählen hohe elterliche Unterstützung und Familienzusammenhalt, das Gefühl, von Freunden unterstützt zu werden und positive Schulerfahrungen zu machen sowie Pflegefamilien gleicher ethnischer Herkunft (vgl. Fazel et al., 2012, 277).

5.2.3 Resilienz und Copingstrategien von UMF

In der Forschung, in der einschlägigen Fachliteratur und in der psychosozialen Praxis gibt es die Tendenz, sich auf emotionale Störungen bei unbegleiteten (und begleiteten) Flüchtlingskindern zu konzentrieren, die aus dem Erleiden von Not und Entbehrungen, traumatischen Erfahrungen und Trennungen in der Vergangenheit und der Gegenwart erwachsen. Dies geschieht weit häufiger, als der Frage nachzugehen, wie diese Kinder und Jugendlichen mit ihren vieldimensionalen Problemen zurechtkommen und wie es um ihre Bewältigungsstrategien und ihre Belastbarkeit bestellt ist. Aufgrund der schwierigen Situation, in der UMF sich befinden, werden zumeist ihre Verletzlichkeit, ihr Schutzbedürfnis und ihre Abhängigkeit von Hilfe in den Vordergrund gestellt. Es entsteht das Bild einer verwundbaren, passiven und schutzlosen Gruppe. Dabei gerät die Tatsache in den Hintergrund, dass diese Kinder und Jugendlichen nicht nur Opfer, sondern kompetente, aktiv handelnde Menschen sind, die sich an schwierigste Situationen angepasst und diese überlebt und bewältigt haben, indem sie ihre vielfältigen Ressourcen und Kompetenzen einsetzten. Oft haben sie dabei individuelle Schutzmechanismen, Bewältigungsstrategien und eine hohe Überlebenskompetenz entwickelt.

Die einseitige Konzentration auf die Psychopathologie von Flüchtlingen (vgl. Betancourt & Khan, 2008, 319) gerät deshalb zunehmend in die Kritik:

> Research on the psychological well-being of refugees has focused on deficiencies within individuals either in terms of psychiatric symptoms or feelings of distress. To achieve a more holistic view of the life experiences of refugees, we need to look at the limitations of our current theoretical models. (Ryan et al., 2008, 1)

Die damit einhergehenden negativen Zuschreibungen sollen korrigiert werden:

> The data and conclusions about refugee health that we have in the literature are exclusively negative. Absent is the study of refugee health or of healthy refugees. Yet refugees present perhaps the maximum example of the human capacity to survive despite the greatest of losses and assaults on human identity and dignity. (Muecke, 1992, 520)

Daher wird die bislang kaum erfolgte Erforschung der Resilienz bzw. Widerstandsfähigkeit dieser Kinder gegenüber den traumatischen Stressoren für immer wichtiger erachtet und nachdrücklich gefordert (vgl. Lustig et al., 2004, 32).

Die Resilienzforschung legt den Fokus nicht auf Krankheitssymptome, sondern, ähnlich dem salotugenetischen Ansatz von Aaron Antonovsky (vgl. Bengel et al., 2009b), auf Faktoren und Kompetenzen, die Menschen gesund erhalten und auf die Frage nach erfolgreicher Lebensbewältigung trotz widriger Bedingungen.

Allgemein bezeichnet der Begriff »Resilienz«, der sich von dem lateinischen Wort »resilire« ableitet (vgl. Siegrist, 2010, 31), was mit »zurückspringen«, »abprallen«, »nicht anhaften« übersetzt werden kann, die Fähigkeit von Menschen oder sozialen Systemen, mit schwierigen Lebensumständen und negativen Auswirkungen von Stress erfolgreich umzugehen (vgl. Wustmann, 2004, 18). Häufig damit in Verbindung gebrachte Begriffe sind »psychische Robustheit«, »Stressresistenz« oder »psychische Elastizität« (ebd.). Gemeint sind Prozesse psychischer Widerstandsfähigkeit gegenüber unterschiedlichsten Entwicklungsrisiken. Walsh beschreibt Resilienz wie folgt:

> Unter Resilienz kann man die Fähigkeit verstehen, zerrüttenden Herausforderungen des Lebens standzuhalten und aus diesen Erfahrungen gestärkt und bereichert hervorzugehen. Mit Resilienz sind nicht nur allgemeine Stärken gemeint, sondern auch dynamische Prozesse, die unter signifikant ungünstigen Umständen die Anpassung an eine gegebene Situation begünstigen. (Walsh, 2006, 43)

Lanfranchi fasst Resilienz unter Hervorhebung des sozialen Aspekts folgendermaßen:

> Resilienz als relationales Konstrukt ist die Aufrechterhaltung der biopsychosozialen Gesundheit trotz hoher Störungsrisiken, die Entwicklung von Kompetenz unter aktueller Belastung, die Fähigkeit, sich von Traumata zu erholen und sich trotz Stress erfolgreich in die Gesellschaft zu integrieren. (Lanfranchi, 2006a, 134)

In der Flüchtlingsforschung wird immer wieder auf den prozessorientierten Resilienzansatz von Micheal Rutter verwiesen (vgl. Betancourt & Khan, 2008; Hodes, 2000), der die Variabilität von Resilienz je nach Situation und Zeitphase betont:

> Resilience does not constitute an individual trait or characteristic. Moreover, children may show resilience in relation to some sorts of stresses and adversities, but not others; similarly, they may exhibit resistance to some sorts of psychopathological sequelae, but not others. … Resilience involves a range of processes that bring together quite diverse mechanisms operating before, during and after the encounter with the stress experience or adversity that is being considered […]. (Rutter, 1999, 135)

Es ist wichtig, zu beachten, dass Belastungen und Herausforderungen auch extremer Art nicht automatisch zu psychischen Störungen führen müssen. Obwohl unbegleitete Flüchtlingskinder besonderen Widrigkeiten und Herausforderungen begegnen, die sie in ihrer Entwicklung gefährden können, bewältigen viele von ihnen die verschiedenen Aspekte ihres Lebens erfolgreich (vgl. Hodes, 2005, 252) und bleiben frei von psychiatrischen Symptomen (vgl. Hodes, 2000, 62). Sie sind in der Lage, auf innere und äußere Ressourcen zurückzugreifen, um nicht nur zu überleben, sondern auch gut zu gedeihen. Die ausgeprägte Bereitschaft, die UMF zeigen, die Herausforderungen ihrer Lebenssituation anzunehmen und erfolgreich zu bewältigen, wird von der Fachbasis geradezu als ein charakteristisches Merkmal dieser Kinder und Jugendlichen herausgestellt.

Es gibt einige wenige Studien, die sich mit der Resilienz und den Bewältigungsstrategien von UMF beschäftigen (vgl. Chase et al., 2008; Goodman, 2004; Luster et al., 2010; Ní Raghallaigh & Gilligan, 2010). Die Studien von Janice H. Goodman und Luster et al. betrachten sudanesische unbegleitete minderjährige in den USA. Während sich Luster et al. mehr auf die erfolgreiche Anpassung der MigrantInnen konzentrieren, richtet sich Goodmans Interesse mehr auf kulturspezifische Antworten auf Traumaerfahrungen.

Bei der Auswertung der Interviews von 14 sudanesischen UMF im Alter von 16 bis 18 Jahren identifiziert Goodman vier Strategien, um mit vergangenen Erfahrungen von Trauma und Verlust fertig zu werden und die Widerstandskraft zu stärken (vgl. Goodman, 2004, 1177):

- Fokus auf Kollektivität und das gemeinschaftsbezogene Selbst
- Verdrängung und Ablenkung
- Sinngebung
- aus der Hoffnungslosigkeit wieder in den Zustand der Hoffnung kommen

Die Strategien der Sinn- bzw. Bedeutungsgebung und der Fokus auf Kollektivismus wurden auch in Luster et al.s Studie gefunden, in der 19 unbegleitete, ehemals minderjährige MigrantInnen und deren damalige Pflegeeltern befragt wurden (vgl. Luster et al., 2010, 200). Die befragten unbegleiteten Flüchtlinge, die in der Lebensbewältigung erfolgreich waren, äußerten, dass das Fokussieren auf ihr Ziel, warum sie in die USA gekommen waren, nämlich Bildung zu erhalten und den im Herkunftsland zurückgebliebenen Angehörigen zu helfen, ein entscheidender Faktor war, ebenso die Verantwortung für die im Sudan Gebliebenen und die Hilfe von Menschen wie etwa den Pflegeeltern damit, die Kultur des neuen Landes zu verstehen und Risiken erkennen zu können (vgl. ebd., 202f). Auch die Fähigkeit, das Beste der Herkunftskultur mit dem Besten der Aufnahmekultur zu kombinieren wurde als wichtige Ressource zur erfolgreichen Entwicklung der jungen Menschen angesehen (vgl. ebd., 204).

Elaine Chase et al. betonten dagegen in ihrer Studie, in der sie 54 unbegleitete AsylbewerberInnen im Alter von elf bis 23 Jahren und 31 Fachleute in

Großbritannien interviewten (vgl. Chase et al., 2008, 17), vor allem die Strategien der Ablenkung und Verdrängung, die die jungen Menschen anwendeten (vgl. ebd., 122ff). Vor allem sportliche Aktivitäten wurden von den Interviewten als besonders hilfreich erachtet, um dem ständigen Gedankenkreisen um die Vergangenheit und ihren Problemen zu entfliehen (vgl. ebd., 122f). Gemeinsam war allen, dass sie eine Überzeugung bzw. ein Lebenskonzept inne hatten, das Optimismus, einen positiven Blick auf die Zukunft, Hoffnung und den Glauben, dass die Dinge sich am Ende zum Besseren wenden werden, beinhaltete (vgl. Chase et al., 2008, 125).

Eine weitere qualitative Forschungsarbeit von Muireann Ní Raghallaigh und Robbie Gilligan in Irland über UMF (vgl. Ní Raghallaigh & Gilligan, 2010) identifiziert sechs Coping- bzw. Bewältigungsstrategien, die die Jugendlichen in einer Vielzahl von individuellen Möglichkeiten einsetzen, je nachdem, welche sie unter ihren Bedingungen am angemessensten erachten (vgl. ebd., 226):

– Die Aufrechterhaltung von Kontinuität in einem veränderten Kontext
– Anpassung durch Lernen und Verändern
– Die Annahme eines positiven Ausblicks
– Das Unterdrücken von Emotionen und Suchen von Zerstreuung
– Unabhängiges Agieren
– Misstrauen

Zusätzlich wurde die besondere Bedeutung von religiösen Überzeugungen in ihrem Leben hervorgehoben (vgl. ebd., 234).

In diesen Forschungsbeiträgen werden die Kinder und Jugendlichen als aktiv Handelnde betrachtet, die auf unterschiedliche Weise in der Lage sind, verschiedenste äußerst schwierige Situationen zu bewältigen. Die Anwendung der Resilienzperspektive auf UMF bietet einen Weg, um über neue Präventions- und Interventionsmöglichkeiten nachzudenken und diese zu erforschen, sie sollte jedoch nicht dazu führen, die gravierenden Belastungen, unter denen UMF zu leiden haben, herunterzuspielen, den Umfang der viel zu geringen Hilfen und Unterstützungsleistungen zu rechtfertigen oder gar weiter zu reduzieren. Derrick Silove fand in einer Studie fünf Funktionsbereiche, sogenannte Adaptionssysteme, die durch Traumatisierungserfahrungen bedroht werden. Dies sind Sicherheit, Bindung, Gerechtigkeit, Identität und existenzieller Sinn (vgl. Silove, 1999). Die Überschneidung dieser mit den genannten Resilienzfaktoren lässt erwarten, dass letztere durch die Aufnahmesequenz geschwächt werden können (vgl. Schreiber et al., 2006, 7).

5.2.4 Adoleszenz

Die meisten der unbegleitet migrierenden Minderjährigen sind zwischen 15 und 18 Jahre alt, also in der Mitte ihrer Adoleszenz. Diese stellt eine kritische Entwicklungsphase dar, die von wichtigen physiologischen, emotionalen und kognitiven Veränderungen gekennzeichnet ist. Die Adoleszenz ist ein komplexer und anspruchsvoller Prozess, in dem sich die Jugendlichen zunehmend als soziale Wesen bewusst werden, familiäre Werte in Frage stellen, neue Beziehungen zu Gleichaltrigen knüpfen und eine eigene Identität als Erwachsene herauszubilden beginnen (vgl. Streeck-Fischer, 2009, 11ff).

Unbegleitete adoleszente Flüchtlinge sind, verglichen mit Erwachsenen, mit einer Vielzahl von Herausforderungen und Schwierigkeiten konfrontiert. Neben dem Migrationsprozess selbst, der mit dem Verlust der Familie, insbesondere der Eltern und den FreundInnen, einhergeht, spielen auch altersbedingte Entwicklungsprozesse eine wichtige Rolle. Die Herausforderungen reichen von der Anpassung an eine neue Kultur, dem Erlernen einer neuen Sprache, der Notwendigkeit des Bildens neuer sozialer Netzwerke bis zur Einnahme einer veränderten Rolle innerhalb der Familie. Aufgrund dieser Anforderungen kann die psychosoziale Anpassung in dieser Entwicklungsphase bei gleichzeitigem Fehlen der Vorbildfunktion der Eltern und dem Verlust der bisherigen sozialen Ressourcen ein schwieriger Prozess sein.

Jugendliche, die in einem kriegerischen oder gewaltgeprägten gesellschaftlichen Umfeld aufwachsen, sind mit Erlebnissen und Erfahrungen konfrontiert, die eine normale Entwicklung bedrohen. Ethische Werte und Normen werden unter Kriegsbedingungen in Frage gestellt bzw. verlieren an Geltung. Grundlegende Prozesse der Adoleszenz wie die Ablösung von den Eltern, die soziale Rollenfindung, die Suche nach einer erwachsenen Identität werden stark beeinträchtigt. So verändert und beeinträchtigt zum Beispiel die erzwungene Trennung von einem Elternteil die Auseinandersetzung mit Fragen nach der eigenen Unabhängigkeit und damit die Ablösung der Jugendlichen. Der Verlust der eigenen Peer-Group zwingt sie dazu, zunächst eine neue zu finden, in der die weitere Sozialisation stattfinden kann. Infolgedessen verstärken die Stressfaktoren, die mit Krieg in Zusammenhang stehen, Ängste, Impulsivität und Identitätskrisen der Jugendlichen in der Phase der Adoleszenz. Dies kann seinen Ausdruck in erhöhtem Risikoverhalten, Schulversagen, riskantem Sexualverhalten, Alkohol- oder Drogenmissbrauch, Essstörungen sowie delinquentem Verhalten finden und vor allem mit einem negativen Einfluss auf die sozialen Beziehungen einhergehen (vgl. Ajdukovic, 1998, 209ff).

Umso notwendiger ist es, diesen Jugendlichen im Exil Unterstützung zur Überwindung ihrer Probleme anzubieten, indem man ihre Interessen stimuliert und eine positive Lebensorientierung fördert (vgl. ebd.). Für Jugendliche aus kollektivistisch orientierten Gesellschaften mit einer starken Orientierung auf Gemeinschaft und Vernetzung hat die soziale Unterstützung in der neuen Umgebung besonders hohe Bedeutung.

Jugendliche MigrantInnen, die von beiden Eltern oder der Mutter getrennt sind und insbesondere Flüchtlingsmädchen sind laut einer Untersuchung von Derluyn et al. in Belgien eine eindeutige Risikogruppe, die schwere, länger andauernde psychische Störungen entwickeln kann (vgl. Derluyn et al., 2009, 296). Daher sollten alle Aufnahmestrukturen auf stabile Unterstützungsmöglichkeiten für diese Jugendlichen abzielen, um den negativen Auswirkungen des Verlusts wichtiger Bezugspersonen entgegenzuwirken. Früherkennung und Intervention sind die Hauptaufgaben aller mit der Betreuung und Versorgung von UMF Betrauten. Hierfür sind unterschiedliche Methoden wie Fragebögen, informelle und formelle Gespräche und vielfältige Informationsquellen wie z. B. Jugendliche, SozialarbeiterInnen und LehrerInnen notwendig (vgl. ebd.).

5.3 Die Postmigrationsphase

In jüngerer Zeit hat sich das Forschungsinteresse auch der Situation von Flüchtlingen und unbegleiteten MigrantInnen im Aufnahmeland zugewandt und es wurde versucht, die Zusammenhänge zwischen der Ankunfts- und Niederlassungsphase und dem psychischen Wohlergehen von UMF zu klären. Eine größere Aufmerksamkeit erhalten insbesondere die zusätzlichen Belastungen, die Exklusionsprozesse und systematischen Zwänge wie die sozioökonomisch sehr eingeschränkte Lebenssituation, die gesundheitsgefährdenden Wohnverhältnisse und die Zugangsbarrieren zu Bildung, Gesundheitsversorgung und Arbeitsmarkt, denen auch asylsuchende Kinder und Jugendliche unterworfen sind (vgl. Sulaiman-Hill & Thompson, 2012, 64). Vorausgegangen war die wachsende Kritik an der Betrachtung von Flüchtlingen allein aus dem Blickwinkel der Life-Event-Forschung, welche die Psychopathologie etwas simplifizierend als eine posttraumatische Reaktion auf Stressoren von Krieg und Katastrophen verstand (vgl. Porter & Haslam, 2005, 603).

> Trauma discourse focuses on high-impact events that occurred in the pre-migration environment. One of the dangers of this focus is that it overshadows basic needs

in the present lives of resettled refugees. For studies of groups resettled in Western countries, this has meant that the demands of pre-arrival contexts have attracted more attention than the seemingly less severe demands of the host environment. Trauma discourse has little to say about the actual migrant adaptation process or the impact of the host social environment on the psychological well-being of refugees. (Ryan et al., 2008, 2)

Eine Erweiterung der Perspektive auf kontextuelle Faktoren, die das Wohlergehen verbessern sowie die klinischen Symptome der Flüchtlinge und AsylbewerberInnen lindern oder verschärfen können und besonders die Vulnerabilität von separated children beeinflussen, wurde für notwendig befunden (vgl. Chase et al., 2008; Enenajor, 2006; Porter, 2005; Wade et al., 2005).

So stellen Matthew Porter und Nick Haslam in ihrer Metaanalyse von 59 Studien des Zeitraums von 1959 bis 2002 fest, dass über die Beachtung der Folgen der Kriegserlebnisse hinaus dem anhaltenden Stress durch die Kontextbedingungen in der Postmigrationsphase, nämlich Stressoren wie Marginalisierung, sozioökonomische Benachteiligung, Akkulturationsschwierigkeiten, Verlust der sozialen Unterstützung und kulturelle Trauer, mehr Aufmerksamkeit geschenkt werden muss (vgl. Porter & Haslam, 2005, 603).

Wenn auch die konkreten Lebensbedingungen von UMF in europäischen Aufnahmeländern vermehrt kritisch diskutiert werden, so erfolgte bislang noch keine Untersuchung und Erforschung ihrer Situation im Exil und im Asylprozess in großem Umfang. Deshalb fordert der B-UMF in seinem Schattenbericht *Kinder zweiter Klasse* zum dritten und vierten Staatenbericht der Bundesrepublik Deutschland an die Vereinten Nationen eine umfassende und unabhängige Untersuchung der Lebenssituation und des Wohlbefindens von minderjährigen Flüchtlingen in Deutschland (vgl. Espenhorst, 2013, 3).

Bronstein und Montgomery hielten in ihrer Übersichtsarbeit *Psychological Distress in Refugee Children: A Systematic Review* (Bronstein & Montgomery, 2011) bezüglich Flüchtlingskindern in der Postmigrationsphase allgemein fest, dass ein direkter Zusammenhang zwischen höheren Werten von PTBS sowie Depression und den Stressoren dieser Phase festgestellt werden kann (vgl. ebd., 50). Insbesondere gehe ein abgelehnter oder unsicherer Asylstatus, ebenso ein Mangel an persönlicher und struktureller Unterstützung, zusammen mit größeren Einschränkungen in den Unterbringungsformen (z. B. Wohnpflicht in einer Gemeinschaftsunterkunft), signifikant mit erhöhten Internalisierungswerten und Depression einher (vgl. ebd.). Höhere PTBS-Werte korrelierten mit dem Einwanderungsverfahren, mit Diskriminierung und geringeren Sprachkenntnissen (vgl. ebd., 50f).

Auch Maria Gavranidou und Kolleginnen kamen in ihrer Untersuchung zu den Exilbedingungen sowie zu früheren Kriegs- und Fluchterfahrungen von 55 Kindern und Jugendlichen in Münchner Flüchtlingsunterkünften im Alter von 11 bis 17 Jahren zu dem Schluss, dass gerade die Belastungen in der Postmigrationsphase mit psychischen Auffälligkeiten einhergehen (vgl. Gavranidou et al., 2008, 229).

> Die vorliegende Studie weist jedoch auch darauf hin, dass möglicherweise weniger die unmittelbaren traumatischen Kriegserfahrungen vor der Flucht, sondern vielmehr die gesellschaftlichen und familiären Exilbelastungen mit psychischen Auffälligkeiten verknüpft sind. [...] Diese Ergebnisse entsprechen Aussagen und Befunden aus der frühen Kriegs- und Fluchtliteratur (z. B. Keilson, 1979), die die Bedeutung des Exils bei der Traumatisierung von Flüchtlingen hervorheben. Die traumatischen Kriegs- und Fluchterfahrungen liegen bei den meisten hier untersuchten Kindern und Jugendlichen lange zurück. Sie werden möglicherweise durch die aktuellen Belastungen überlagert. So gewinnen die exilspezifischen gesellschaftlichen und familiären Belastungen an Bedeutung und führen insbesondere auf dem Hintergrund früherer Traumatisierungen zu Verhaltensstörungen und Auffälligkeiten. (Ebd., 229)

5.3.1 Die Aufnahme- und Unterbringungsbedingungen

> Die Vertragsstaaten erkennen das Recht jedes Kindes auf einen seiner körperlichen, geistigen, seelischen, sittlichen und sozialen Entwicklung angemessenen Lebensstandards an. (KRK, 1989, Art. 27 Abs. 1)

Dieser Anspruch auf angemessene Lebensbedingungen in Art. 27 Abs. 1 der *UN-Kinderrechtskonvention* gilt universell für jedes Kind. In Deutschland wie auch in vielen anderen westlichen Aufnahmeländern haben jedoch verschiedene Rechtsgebiete konkurrierenden Einfluss auf die Lebens- und Aufenthaltssituation von minderjährigen Asylsuchenden – das *Kinder- und Jugendhilfegesetz* einerseits und das Asyl- und Aufenthaltsrecht andererseits (vgl. Kap. 4.4).

Die Behörden, deren Aufgabe in der Einwanderungskontrolle besteht, beurteilen aus ihrem Blickwinkel als Gesetzeshüter und Kontrolleure. Sie setzen UMF mit erwachsenen Flüchtlingen gleich und interessieren sich hauptsächlich für ihren Aufenthaltsstatus. Dabei tendieren sie dazu, sie als illegale MigrantInnen zu betrachten, die die Unwahrheit sagen und wissentlich gefälschte Dokumente benutzen, um im Aufnahmeland z. B. illegal zu arbeiten. Dass es sich um Kinder handelt, die Hilfe benötigen, gerät dabei in den Hintergrund. Oft behaupten die Behörden, dass sie in Wirklichkeit viel älter seien, dass sie nicht wie »unsere« Kinder, sondern Betrüger seien und wie Erwachsene behandelt werden könnten. Die Reaktion der Behörden ist also von erhöhter Skepsis und Feindseligkeit anstatt von Mitgefühl gegenüber diesen Kindern und Jugendlichen geprägt (vgl. Bhabha, 2001, 293f). Im Gegensatz dazu betrachten Behörden und Einrichtungen des Kindesschutzes und der Jugendhilfe Flüchtlingskinder zuerst als Kinder und erst nachrangig als Asylsuchende, mit der Betonung des Anspruchs auf besonderen Schutz aufgrund der Vulnerabilität, Abhängigkeit und rechtlich eingeschränkten Handlungsfähigkeit (vgl. ebd., 295f).

Diese pointiert charakterisierte Sachlage, die im Folgenden näher ausgeführt werden soll, führt zu einer sehr unterschiedlichen und nachteiligen Aufnahme- und Versorgungspraxis für die Kinder und Jugendlichen (vgl. Birck, 2004, 1). Sie erhalten nicht den gleichen Standard an Versorgungs- und Hilfeleistungen wie einheimische Kinder und werden nicht nach den gleichen Kriterien beurteilt. Dies wird inzwischen von unterschiedlichen Seiten kritisiert und die Versorgung und Aufnahme, die UMF erhalten, werden in der Forschung als nicht ausreichend erkannt (vgl. Derluyn & Broekaert, 2007, 157; Sourander, 1998, 724f).

Der B-UMF kritisiert bezüglich der Aufnahmesituation von UMF:

- die nicht im vollen Umfang erfolgte Implementierung der Inobhutnahmeverpflichtung des Jugendamts,
- die fehlenden Standards für die Altersfestsetzung,
- die unzureichende Qualitätsentwicklung der vormundschaftlichen und anwaltlichen Vertretung bezogen auf die Problemlagen der Jugendlichen,
- fehlende systematische Zugangsmöglichkeiten zu Bildungsangeboten,
- fehlendes gemeinsames Verständnis des Begriffs »Kindeswohl« und dessen Überprüfbarkeit unter Einbeziehung der Minderjährigen (vgl. Berthold, 2013).

Aufgrund der unterschiedlichen Verfahrensweisen mit über und unter 16-jährigen UMF (Asylmündigkeit) spielt ihr Alter eine zentrale Rolle für ihre weitere Zukunft. Auch bezüglich ihrer Unterbringung ist das Alter der ausschlaggebende Faktor für die Art der Erstaufnahmeeinrichtung, in die sie nach ihrer Ankunft vermittelt werden. Da die Behörden den Altersangaben der Kinder und Jugendlichen meist keinen Glauben schenken, nehmen sie eine Altersfestsetzung vor. Dabei gibt es keine standardisierte Vorgehensweise, sondern die Methoden variieren in den europäischen Ländern. Sie reichen von Inaugenscheinnahme und Interviews durch Behörden bis hin zu ärztlichen Untersuchungen wie der Magnetresonanztomographie, Knochen- und Zahnuntersuchungen oder Beurteilung der Geschlechtsreife und verschiedenen verhaltensorientierten Assessment-Techniken und kognitiven Tests (vgl. SCEP, 2011).

Auch innerhalb der deutschen Bundesländer gibt es unterschiedliche Zuständigkeiten und Vorgehensweisen. In Bayern erfolgt die Altersfestlegung durch die Ausländerbehörde, in Sachsen durch das Gesundheitsamt und in Rheinland-Pfalz durch das Jugendamt in Kooperation mit dem Sozialdienst der Aufnahmeeinrichtung (B-UMF, 2009). Zwar werden inzwischen alle Minderjährigen formal vom Jugendamt in Obhut genommen, jene, die 16 und 17 Jahre alt sind, werden dabei jedoch nicht regelhaft in Jugendhilfeeinrichtungen untergebracht. In Bayern wird diese Altersgruppe zunächst zur Wohnsitznahme in der Erstaufnahmeeinrichtung der Regierung von Oberbayern verpflichtet, in der auch das Clearing (Klärung des Jugendhilfebedarfs) durchgeführt werden soll (vgl. Landeshauptstadt München, 2012, 3). Die gesetzlich festgelegte Verbleibdauer von maximal drei Monaten (vgl. Kap. 4.4.3) wird bei dieser Altersgruppe deutlich überschritten, in München betrug sie 2011 und 2012 zum Teil ein Jahr, ehe die Jugendlichen in eine Jugendhilfeeinrichtung oder eine andere Wohnform kamen.

Generell können UMF nach Beendigung des Clearingverfahrens entweder bei einer geeigneten Person, in einer Kinder- und Jugendhilfeeinrichtung, in Pflegefamilien, in einer sonstigen betreuten Wohnform oder in Gemeinschaftsunterkünften für erwachsene AsylbewerberInnen untergebracht werden (vgl. Parusel, 2009, 31f).

In Bayern wird im Rahmen eines sogenannten Vier-Stufen-Modells über ihre weitere Unterbringung entschieden[10]:

> Stufe 1 entspricht einer vollstationären Jugendhilfeeinrichtung, Stufe 2 einer teilstationären Maßnahme, Stufe 3 ist eine spezielle betreute Gemeinschaftsunterkunft für UMF (in Nürnberg existiert nur eine für männliche Jugendliche, in München für beide Geschlechter) sowie Stufe 4, die die Unterbringung in einer allgemeinen Asylbewerberunterkunft für Erwachsene bedeutet. (Gerhard, 2008, 4)

Ein Beispiel

Ein Jugendlicher aus Afghanistan schafft es, von Griechenland mit dem LKW ohne weitere Kontrollen bis nach München zu kommen. In München geht er zur Polizei und äußert, dass er Asyl beantragen will. Die Polizei bringt ihn zum BAMF, wo er offiziell aufgenommen wird. Es werden Fingerabdrücke genommen, Fotos gemacht, nach Ausweis und anderen Dokumenten gefragt. Der

---

[10]   Stand September 2013.

Jugendliche hat eine Tazkira, eine afghanische Geburtsurkunde, dabei, nach der er 15 Jahre alt ist. Diese wird nicht anerkannt und er wird auf 17 Jahre geschätzt. Danach wird er der Erstaufnahmeeinrichtung zugewiesen. Er bekommt die Adresse und muss sich alleine den Weg dahin suchen.

In der Erstaufnahmeeinrichtung wird ihm ein Bett in einem Mehrbettzimmer zugewiesen, er erhält Essen, persönliche Hygieneartikel. In den ersten drei Tagen wird ein Gesundheitscheck beim Gesundheitsamt durchgeführt. In den folgenden Wochen wird er sein Essen in Form von Lebensmittelpaketen erhalten. Er erhält Taschengeld in Höhe von rund 40 Euro und täglich eine Stunde Deutschunterricht. Ansonsten hat er keine Tagesstruktur und nur wenige BetreuerInnen vor Ort, die ihm Orientierung und Informationen geben können. Am Ende der ersten Woche wird er vom Jugendamt formal in Obhut genommen. Dieses leitet die Bestellung einer Vormundschaft ein, was einige Wochen in Anspruch nehmen kann. Das Clearing findet in dem für Minderjährige abgetrennten Bereich der Erstaufnahmeeinrichtung statt. Nach einigen Wochen erhält er einen Termin für die Anhörung. Da er als über 16-Jähriger bereits als asylmündig gilt, wird nicht auf die Bestellung seines Vormundes gewartet, sondern er muss alleine die Anhörung bestreiten, ohne beurteilen zu können, welche seiner Erfahrungen und Aussagen asylrelevant sein könnten. Da die Plätze in Jugendhilfewohngruppen bei weitem nicht ausreichen, wartet er danach acht Monate auf eine Verlegung aus der EAE. Er wird in diesem Zeitraum 18 Jahre alt und nun als Volljähriger einer Gemeinschaftsunterkunft für Erwachsene zugewiesen. Jugendhilfe erhält er nicht.

Die Erstaufnahmeeinrichtungen und Gemeinschaftsunterkünfte unterliegen im Gegensatz zu Jugendhilfeeinrichtungen nicht der Heimaufsicht und benötigen nicht die Betriebserlaubnis nach Vorgabe des *SGB VIII* mit ihren gesetzlich festgelegten Standards hinsichtlich Betreuung und Ausstattung. Daher treten oft schwerwiegende Verletzungen des Kindeswohls auf (vgl. Espenhorst, 2013, 20f).

Diese Unterkünfte sind häufig in einem gesundheitsschädigenden Zustand und bergen eine Reihe krankheitsfördernder Faktoren für Kinder und Jugendliche. Dazu zählen die beengten Wohnverhältnisse, das Fehlen von Rückzugsräumen und jeglicher Privatsphäre, schlechte hygienische Verhältnisse, andauernder Lärm, Fehlen von angemessener psychosozialer Betreuung und mangelnde Förderung und Anregung. Der Schutz vor Gewaltanwendung, Misshandlung und Verwahrlosung ist nicht gewährleistet, eine altersgemäße Entwicklung wird erschwert oder gar verunmöglicht.

Der Bayerische Flüchtlingsrat äußerte sich zur Situation in Bayern wie folgt:

Die gegenwärtige Unterbringungssituation in den Erstaufnahmeeinrichtungen in Bayern gefährdet in erheblichem Maße das Kindeswohl und kann nicht als Inobhutnahme im Sinne des *SGB VIII* verstanden werden. (Siegert, 2013)

Beispiel Erstaufnahmeeinrichtung »Bayernkaserne«[11]

In der Erstaufnahmeeinrichtung »Bayernkaserne« in München, in der es 90 Plätze für Jugendliche ab 16 Jahren gibt, waren im Januar 2013 190 UMF untergebracht. Bis zu sechs Personen lebten in einem Raum, 80 Jugendliche mussten sich eine Küche teilen, die Sanitäranlagen waren in sehr schlechtem Zustand, einen Gemeinschaftsraum gab es nicht. Im Januar 2012 führten 60 Jugendliche einen Hungerstreik durch, um gegen die unzumutbaren Lebensbedingungen zu protestieren (vgl. Espenhorst, 2013, 9).

Eine Delegation der IPPNW (Internationale Ärzte für die Verhütung eines Atomkrieges/Ärzte in sozialer Verantwortung e. V.) forderte nach einem Besuch der Bayernkaserne anlässlich des Internationalen Tags des Flüchtlings am 20. Juni 2013 die sofortige Schließung der Unterkunft, da sie zahlreiche schwerwiegende Missstände feststellten (vgl. IPPNW, 2013):

- *gefährdende Umgebung (stetige Unruhe und nächtlicher Lärm, bedrohliche Umgebung, Drogen- und Alkoholkonsum, nachts fehlende Betreuung, sexuelle Übergriffe),*
- *fehlende Perspektiven (lange Verweildauer von neun Monaten und mehr, Transferangebote in Einrichtungen außerhalb Münchens mit mangelnder Infrastruktur wie z. B. Möglichkeiten für Deutschkurse, Schule und Ausbildung; bei Verweigerung Einbehalt von Taschengeld und Krankenschein) mit der Folge von Hoffnungslosigkeit, Selbstverletzungen und Suizidversuchen,*
- *schwerwiegende Mängel in der Ausstattung (Reparaturen z. B. der Duschen werden lange nicht ausgeführt, verstopfte Abflussrohre, ständig kaputte Kochplatten) und extrem unhygienische Verhältnisse mit der Gefahr von Epidemien,*

---

[11] Inzwischen wurde durch MitarbeiterInnen des Jugendamtes München bekannt, dass in Bayern ab 2014 auch die 16- bis 18-Jährigen UMF ausschließlich in Clearingstellen im Rahmen der Jugendhilfe aufgenommen werden sollen und die Bayernkaserne bis Sommer 2014 für UMF geschlossen wird.

- *Trennung von Familienangehörigen durch Bürokratie,*
- *willkürliche Altersfestsetzung.*

Porter und Haslam (2005) stellen einen signifikanten Zusammenhang zwischen den Postmigrationsbedingungen und dem psychischen Wohlergehen der Flüchtlinge fest. Jene MigrantInnen, die in dauerhaften, privaten Wohnungen leben, weisen eine deutlich bessere psychische Gesundheit auf als jene in institutionellen oder temporär privaten Unterkünften. Zwischen den ökonomischen Möglichkeiten wie Arbeitserlaubnis, Beschäftigungsmöglichkeiten und Erhalt des sozioökonomischen Status sowie einer besseren psychischen Verfassung kann ein linearer Zusammenhang festgestellt werden.

> Materially secure conditions, indexed by economic opportunities and permanent private accommodation, were associated with superior outcomes. By implication, psychopathology among refugees is not an inevitable posttraumatic consequence of acute wartime stress but reflects contextual factors that can be significantly remediated by generous material support on the part of governments and agencies. (Porter & Haslam, 2005, 610)

Eine signifikant höhere PTBS-Symptomatik und ein größeres Ausmaß an psychischen Problemen bei UMF, die in Wohnverhältnissen mit wenig oder keiner sozialen Unterstützung und Betreuung untergebracht sind, wurden auch in anderen Studien bestätigt (vgl. Hodes et al., 2008, 729; Hollins et al., 2007, 283).

5.3.2 Weitere Herausforderungen, Belastungen und Exklusionen

Unbegleitete minderjährige MigrantInnen stehen im Exilland vor vielfältigen Herausforderungen und Anpassungsprozessen, die sie bewältigen müssen und die ihre Weiterentwicklung fundamental beeinflussen können. Dazu gehören die mit einer Migration regelhaft einhergehenden Anforderungen wie das Erlernen einer neuen Sprache, das Gewöhnen an eine neue Umgebung, das Zurechtfinden und Orientieren in neuen Strukturen und in einer fremden Kultur, die Verarbeitung der Trennung von und des Verlusts der Familie, das Knüpfen neuer Kontakte sowie der Verlust der bisherigen Rolle (vgl. Jordan, 2000, 28). Zugleich sind sie als Asylsuchende einer strukturellen Diskriminierung und extremen gesellschaftlichen Marginalisierung ausgesetzt (vgl. ebd.). In dieser Situation fehlen separated children zusätzlich der Schutz und die Fürsorge der Eltern. Nicht selten leiden sie an Schuldgefühlen, einer sogenannten Überlebensschuld, gegenüber den zurückgelassenen Familienmitgliedern, die nach wie vor Gewalt, Verfolgung und Elend ausgesetzt sind (vgl. ebd.). Die Verarbeitung traumatisierender Erlebnisse im Herkunftsland und auf der Flucht und deren Folgen benötigt oft eine lange Zeit. Es kommen spezifische Stressoren, die hauptsächlich mit den aufenthaltsrechtlichen Bestimmungen für Asylsuchende zusammenhängen, hinzu. Der Erleichterung, Freude und Hoffnung bei der Ankunft im Exil, weil die schwierige und gefährliche Zeit des Krieges und der Flucht beendet ist und eine bessere Zukunft winkt, folgt bald die Erkenntnis, dass die Aufnahmegesellschaft meist nicht sehr einladend ist, so dass enorme Hürden zu überwinden sind und gegen vielfältige Barrieren angekämpft werden muss. Die Konfrontation mit fremden sozialen Strukturen, ungewohnten Normen, Rollen und kulturellen Gepflogenheiten, ein anderes Schulsystem und ähnliches können zusammen mit der sprachlichen Barriere zu einer enormen Herausforderung und Belastung für UMF werden, wodurch ein Gefühl von Fremdheit und Entwurzelung verstärkt werden kann.

Fremdheit erfahren Flüchtlinge aber auch als Zuschreibung. Häufig sind sie Opfer von Diskriminierung und Rassismus, welche als zusätzliche Stressoren angesehen werden können. ForscherInnen, die Diskriminierungs- und Rassismuserfahrungen und ihre direkten Effekte explizit untersuchen, berichten von negativen körperlichen und psychischen Auswirkungen auf die Gesundheit der Betroffenen, auf ihr Selbstwertgefühl und ihr Verhalten (vgl. Carter, 2007; Igel et al., 2010).

Dass Rassismus und andere Diskriminierungsarten das Leben von MigrantInnen stark beeinträchtigen können, ist bekannt. Die Erkenntnis, dass diese Erlebnisse jedoch auch traumatisierenden Charakter haben können, ist relativ jung und wird selten thematisiert (vgl. Prassad, 2009, 7).

> Diskriminierung von Menschen aufgrund ihrer Volkszugehörigkeit, ihrer Religion, ihres Geschlechts oder vieler anderer Gründe geschieht tagtäglich in allen Kontinenten. Dies alles führt zu schweren Traumatisierungen bei einer Unzahl von Menschen, deren psychische Folgen sich nur ungenau mit den psychiatrischen Konzepten einer akuten Belastungsreaktion, einer Posttraumatischen Belastungsstörung oder einer Anpassungsstörung beschreiben lassen. (von Cranach, 2005, 186)

Aufgrund der Unschärfe des klinischen Traumabegriffs (vgl. Becker, 2002, 68) schlägt der Sozialpsychologe David Becker daher vor:

> Lassen Sie uns unterscheiden zwischen Trauma als individuellem Phänomen, traumatischen Situationen als sozialen Phänomenen und den Symptomen (die wiederum ein individuelles Phänomen sind). Lassen Sie uns außerdem anerkennen, dass bei einer bestimmten Art der Traumatisierung das wesentliche Thema die gesellschaftlichen Machtverhältnisse sind. (Ebd., 68f)

So werden z. B. Menschen aufgrund ihrer Hautfarbe oder einer vermuteten außereuropäischen Herkunft sehr oft einer Polizeikontrolle unterzogen, ein Vorgehen, das in den USA als »racial profiling« bekannt ist. Dies wird von vielen UMF als sehr belastend und erniedrigend geschildert und stellt nicht selten einen Schlüsselreiz dar, der auch Erinnerungen an traumatisierende Erfahrungen mit anderen Uniformierten wie Militär, Grenzschutz etc. auslösen und ein ansteigendes psychisches Erregungsniveau oder einen Flashback hervorrufen kann.

Der Aspekt der strukturellen Diskriminierung, z. B. durch aufenthaltsrechtliche Bestimmungen, der maßgeblichen Einfluss auf das Leben von MigrantInnen hat, wird in Studien häufig nur am Rande erwähnt. Statt der Betrachtung von Rassismus- und Diskriminierungserfahrungen werden eher Fragen der Integration, Akkulturation und kulturspezifische Betrachtungen thematisiert (vgl. Prassad, 2009, 9).

> Kennzeichnend für einen Institutionellen Rassismus in Deutschland ist, dass Menschen entsprechend ihres Aufenthaltsrechts kategorisiert werden. Dabei kommt es zu einer Hierarchisierung beginnend mit Deutschen und EU-Staatsangehörigen über ArbeitsmigrantInnen aus nicht EU-Staaten bis zu Asylsuchenden und Geduldeten und schließlich Menschen ohne Papiere, die gemeinhin als »Illegale« bezeichnet werden. (Wade et al., 2005, 27)

Albert Riedelsheimer nennt als Beispiele die von ihm als Sondergesetze betitelten Regelungen des *Aufenthaltsgesetzes*, *Asylverfahrensgesetzes* und *Asylbewerberleistungsgesetzes*, die ausschließlich für Menschen ohne deutschen Pass gelten (vgl. Riedelsheimer 2012, 27). Deren Regelungen wirken sich u. a. auch auf die Ungleichbehandlung im Bildungssystem aus. Während für fast alle übrigen Minderjährigen die Schulpflicht besteht, gilt diese für Flüchtlingskinder nicht. Es gibt nur wenig Bildungsangebote für diese Gruppe. Nach dem neunten Pflichtschuljahr, das fiktiv als im Herkunftsland absolviert angenommen wird, sind sie aufgrund von rechtlichen und faktischen Hindernissen von weiterführenden Schulen oder einem Universitätsbesuch ausgeschlossen (vgl. ebd., 27ff).

Infolge des föderalen Bildungssystems differiert die schulische Versorgung je nach Bundesland. In Bayern etwa gilt eine neunjährige Vollzeitschulpflicht der bis 15-Jährigen, anschließend eine Berufsschulpflicht bis Ende des zwölften Schulbesuchsjahres. Da viele UMF mit 16 Jahren ankommen, kommen sie nicht mehr in die Regelschule, die Flüchtlingskindern bis zum Alter von 14 bzw. 15 Jahren theoretisch offen steht, und können aufgrund mangelnder

Sprachkenntnisse auch nicht in eine Berufsschule gehen. Das Recht auf Bildung, das laut der *UN-Kinderrechtskonvention* in Art. 28 uneingeschränkte Geltung unabhängig vom Aufenthaltsstatus beansprucht, wird Flüchtlingskindern somit verwehrt. Ihnen wird auf diese Weise ein zentraler Schlüssel zur dauerhaften Existenzsicherung vorenthalten. In den Regelklassen werden für Flüchtlingskinder kaum Plätze angeboten, eine dauerhafte separate Beschulung ist jedoch dem Bildungserfolg und der Integration auf Dauer nicht sehr förderlich und eher kontraproduktiv (vgl. Barth & Meneses, 2012, 20). Unbegleitete und begleitete minderjährige Flüchtlinge, die nicht in der stationären Jugendhilfe untergebracht sind, können sich von dem geringen Bargeld, das sie erhalten, weder Fahrtkosten noch Schulbücher und Schulmaterial leisten, an Klassenfahrten ist gar nicht zu denken. Ein Anspruch auf eine Fahrtkostenpauschale oder Büchergeld besteht nicht, der Zugang zu einer Ausbildungserlaubnis, zur Bundesausbildungsbeihilfe (BAB) und zu Leistungen des *Bundesausbildungsförderungsgesetzes* (*BAföG*) ist abhängig vom Aufenthaltsstatus und der Aufenthaltsdauer (vgl. ebd., 21). Damit wird den Jugendlichen zum einen der Zugang zu Bildung verwehrt, ihre Teilhaberechte beschnitten, ihre soziale Inklusion erschwert und ihre Zukunftsperspektiven minimiert, zum anderen werden sie eines wichtigen Schutzfaktors bei der Verarbeitung von traumatischen Erlebnissen beraubt:

> Ein hilfreiches Milieu mit Verarbeitungshilfen, Information, Orientierung, wohlwollender Annahme und eine schnelle Wiederherstellung eines strukturierten Alltags bietet überhaupt die beste Möglichkeit, mit Traumaerlebnissen in einer konstruktiven Art und Weise fertig zu werden. [...] [D]ie Schule [ist] ein solches Milieu, und bei Flüchtlingskindern handelt es sich oft [um] das wichtigste Milieu[.] (Lanfranchi, 2006b, 5)

Birgit Möller und Hubertus Adam betonen, dass ein

> Ausschluss vom Ausbildungs- und Arbeitsmarkt [...] bei Flüchtlingskindern und -jugendlichen zu Entwicklungsdefiziten, sozialer und materieller Verarmung, Isolation sowie allgemeiner Resignation führen [kann]. Ein Aufbau von Lebensperspektiven, Zuversicht sowie die Möglichkeit belastende Erlebnisse im Heimatland zu verarbeiten, werden dadurch verhindert. Folgen sind psychische und psychosomatische Erkrankungen oder – bei jugendlichen unbegleiteten Flüchtlingen, die ihre Familie in ihrer Heimat finanziell unterstützen – Schwarzarbeit bis hin zu kriminellem Gelderwerb. (Möller & Adam, 2009, 89)

Eine qualitative Studie von Claus Melter zu Rassismuserfahrungen in der Jugendhilfe, in der er sieben Jugendliche und sieben Fachkräfte der ambulanten

Jugendhilfe befragte, brachte zu Tage, wie wenig die Fachkräfte die Rassismuserfahrungen der Jugendlichen in ihrer Arbeit berücksichtigen und dass sie sich mit den existentiell wichtigen Fragen der aufenthaltsrechtlichen Situation ihrer Klienten nicht oder unzureichend auseinandersetzen (vgl. Melter, 2013, 297ff).

> Die Abwehrhaltung der PädagogInnen in Bezug auf Rassismuserfahrungen kann als Sekundärer Rassismus bezeichnet werden. Aktiv diskriminieren sie die Jugendlichen, die Rassismuserfahrungen machen, nur in Ausnahmefällen. Aber sie wehren Berichte über diese Erfahrungen ab und setzen sich nicht mit den institutionellen Formen von Alltagsrassismus [...] auseinander. (Melter, 2013, 319)

5.3.3 Die Bedeutung des Asylverfahrens für UMF

Der Aspekt der strukturellen Diskriminierung aufgrund der aufenthaltsrechtlichen Bestimmungen wird in Studien meist nur am Rande erwähnt, obwohl diese, wie bereits ausgeführt, entscheidenden Einfluss auf das Leben der MigrantInnen und ihren Zugang zu Versorgungs- und Sozialleistungen und die Wahrnehmung grundlegender Rechte haben. Kaum untersucht sind Auswirkungen der asylrechtlichen Rahmenbedingungen und die Rolle der Institutionen und ihrer MitarbeiterInnen auf Flüchtlinge, insbesondere UMF. Noch weniger beachtet werden der Umgang mit lang andauernden Asylverfahren und deren Auswirkungen auf die Betroffenen (vgl. Muecke, 1992, 518).[12] Die vom Gesetzgeber vorgenommene Unterscheidung der MigrantInnen nach ihrem rechtlichen Status hat nicht nur unmittelbare Auswirkungen auf das Ausmaß beanspruchbarer gesundheitlicher Versorgung und Sozialleistungen (vgl. Kap. 4.4.4). Auch die erzwungene Untätigkeit, andauernder Stress, der Verlust der Handlungsspielräume und die damit einhergehenden Ohnmachtsgefühle sind Folgen dieser Gesetze und Verwaltungsvorschriften, die sich wiederum als sehr problematische Stressoren erweisen.

Dass die Unsicherheit über den Aufenthaltsstatus zu einem erhöhten Gesundheitsrisiko führen kann, belegt eine schweizer Studie zu Gesundheitsstrategien von Asylsuchenden und Flüchtlingen von Corina Salis Gross und

---

[12] Die durchschnittliche Bearbeitungsdauer eines Asylantrags betrug 2012 12,1 Monate. Allerdings wichen die Zahlen je nach Herkunftsland deutlich voneinander ab. Je höher die Anerkennungsquote war, desto länger dauerte das Verfahren. So dauerte es bei afghanischen Staatsangehörigen mit Anerkennungsquoten von über 40 % durchschnittlich 17,2 Monate, bei serbischen Staatsangehörigen mit so gut wie keinen Anerkennungschancen 6,4 Monate (vgl. Deutscher Bundestag, 2013b, 3ff).

Maja Loncarevic, Mitarbeiterinnen des Schweizer Tropen- und Public Health-Instituts (vgl. Hunkeler & Müller, 2004, 33). Die Forscherinnen kamen zu dem Ergebnis, dass etwa akute Belastungsstörungen außer bei AsylbewerberInnen, welche auf der Flucht Traumatisierungen erlebten, auch bei Menschen virulent sind, welche unter unklaren aufenthaltsrechtlichen Bedingungen leben.

> Für Opfer von Krieg und Verfolgung bedeutet die Hilflosigkeit und Bedrohung, die durch die unsichere Aufenthaltssituation und die damit verknüpften Einschränkungen bedingt ist, einen zusätzlichen traumatischen Faktor. (Birck, 2004, 107)

Eine Studie über die spezifischen Auswirkungen von zeitlich begrenztem asylrechtlichen Schutz auf die psychische Gesundheit von Flüchtlingen von Zachary Steel et al. (2006) erbrachte, dass ein unsicherer Aufenthaltsstatus und die damit einhergehenden Ängste vor einer Abschiebung zur Aufrechterhaltung psychiatrischer Symptome und den daraus folgenden Behinderungen führen. Ein zeitlich begrenzter Schutzstatus ist verbunden mit täglichen Stressbelastungen hinsichtlich Geld- und Arbeitsproblemen, Schwierigkeiten beim Zugang zur Gesundheitsversorgung, zu Sprachkursen und anderen Bildungschancen. Diese Bestimmungen untergraben das für die Genesung von traumabezogenen psychiatrischen Symptomen essentiell notwendige Gefühl von Sicherheit (vgl. Steel et al., 2006, 63).

Auch Sourander (1998) berichtet in seiner Untersuchung von UMF in Finnland über den Einfluss des Aufenthaltsstatus auf die Gesundheit der Betroffenen. Neben der Angst um ihre Angehörigen waren die Minderjährigen vor allem besorgt über die lange Zeit, die es dauert, bis man eine Aufenthaltsgenehmigung bekommt. Sie litten häufig unter Bauch- und Kopfschmerzen, Schlaflosigkeit und zirkadianen Rhythmusstörungen. Sechs der 46 befragten Kinder und Jugendlichen äußerten Suizidgedanken. Sie erlebten die BehördenmitarbeiterInnen nicht als um ihr Schicksal besorgt und waren nicht in der Lage, die bürokratische Entscheidungsprozedur zu verstehen. Daher wünschten sie sich die Möglichkeit, ihre Situation und ihre Probleme mit einer erwachsenen Person, der sie vertrauen können, zu besprechen. Sie hatten das Gefühl, dass das Leben in den Aufnahmeeinrichtungen leer ist und es an geeigneten Aktivitäten mangelt. Die langen Wartezeiten bis zur Entscheidung über das Asylgesuch empfanden sie als belastend und angstauslösend (vgl. Sourander, 1998, 723).

Für unbegleitete Kinder und Jugendliche ist das juristische Prozedere des Asylverfahrens nicht überschaubar und sie sind vollständig auf das Vorgehen ihrer Vormünder, RechtsanwältInnen und pädagogischen BetreuerInnen angewiesen. Sie sind in den Verfahren oft überfordert, können nicht einschätzen, welche Informationen von größter Wichtigkeit wären und erleben in den An-hörungen, dass ihre Glaubhaftigkeit, zum Teil auch ihre Altersangabe, ange-zweifelt wird. Das Asylgesuch vieler UMF wird abgelehnt und sie erhalten eine Duldung. Die Beteuerungen der Vormünder, RechtsanwältInnen oder Be-treuerInnen, dass eine Abschiebung nicht so einfach vollzogen werden könne, beruhigen die Betroffenen nicht und sie verfallen häufig in tiefe Verzweiflung, Hoffnungslosigkeit und großes Misstrauen.

Ob es ein kindergerechtes Asylverfahren überhaupt geben kann, ist fraglich. Festgestellt und kritisiert wird in jedem Fall, dass den kindspezifischen Aus-prägungen und Phänomenen der Verfolgung im Asylverfahren nicht genügend Rechnung getragen wird und keine Erfassung der vorgetragenen Fluchtgründe bei UMF erfolgt (vgl. Espenhorst, 2013, 29). Die spezielle Art, wie Kinder aufgrund von Alter, Reifegrad, Entwicklungsstand und ihrer Abhängigkeit von Erwachsenen die Verfolgung erleben und Erinnerungen schildern können, wird nicht genügend berücksichtigt.

5.3.4 UMF in der stationären Jugendhilfe

Mit Hinblick auf Hans Keilsons Forschungserkenntnisse, dass sich die Quali-tät der Versorgung in der dritten traumatischen Sequenz entscheidender auf die Entwicklung der Kinder und Jugendlichen auswirkt als etwa die Ausprägungs-schwere der Bedrohungsphase, ergibt sich eine große Verantwortung für das Aufnahmeland in Bezug auf den Umgang mit unbegleiteten minderjährigen Flüchtlingen.

Der gesellschaftliche Auftrag besteht vor allem darin, diesen Kindern und Jugendlichen nach ihrer Ankunft im Exil ein auffangendes Umfeld und die notwendigen Hilfen und Unterstützungen bereit zu stellen. Hierbei sind die stationären Jugendhilfeeinrichtungen mit ihrer pädagogischen Betreuungsar-beit und ihren Bemühungen um ein adäquates Hilfeangebot von großer Bedeu-tung (vgl. Podelech, 2006).

Allgemeine Aufgabe der Kinder- und Jugendhilfe ist es, das Aufwachsen junger Menschen zu fördern, Hilfestellungen zur Überwindung von Reifungs- und Entwicklungskrisen anzubieten, sie zu schützen, zu beraten, zu unterstüt-zen und zu begleiten (vgl. Schone, 2004, 32).

Ein Jugendhilfeangebot innerhalb der Vielfalt der Leistungen des *KJHG* sind stationäre Maßnahmen mit unterschiedlichen Betreuungsformen. Die häufigste Form der stationären Jugendhilfe für UMF ist die Unterbringung nach § 34 *SGB VIII* (Heimerziehung, sonstige betreute Wohnform), die es als vollbetreute oder teilbetreute Einrichtungen gibt und die sowohl Heime als auch Jugendwohngemeinschaften und betreutes Einzelwohnen umfasst. Darüber hinaus gibt es Wohngruppen auf der Basis des § 13 Abs. 3 *SGB VIII* für sozial benachteiligte Jugendliche, die während der Teilnahme an schulischen oder beruflichen Bildungsmaßnahmen auch in sozialpädagogisch begleiteten Wohnformen untergebracht werden können. Auch stationäre Einrichtungen, die als Eingliederungshilfe für seelisch behinderte Kinder und Jugendliche nach § 35a *SGB VIII* konzipiert sind und stationäre Formen der Hilfen zur Erziehung für junge Volljährige kommen für unbegleitete Minderjährige und junge Erwachsene in Frage (vgl. Parusel, 2009, 58f).

Entscheidende Voraussetzung für die Gewährung pädagogischer Versorgung für Kinder und Jugendliche ist die Einschätzung des Erziehungsbedarfs. Dies geschieht auf der Grundlage eines ersten Hilfeplangesprächs nach § 36 Abs. 2 *SGB VIII*, in dem die Defizite und Ressourcen des jungen Menschen beschrieben, die Ziele formuliert und konkrete Umsetzungsschritte vereinbart werden. Dabei wird bei unter 16-Jährigen der Erziehungsbedarf grundsätzlich angenommen. Silke Jordan (2000) hat in ihrer Studie über Fluchtkinder in Deutschland folgende Kriterien für die Feststellung des individuellen Erziehungsbedarfs ausgemacht: Erfahrungen von Verlust, Flucht und Gewalt, der Abbruch des schulischen und beruflichen Lebenskontextes, ein nicht beendeter Reifeprozess und die Unkenntnis der fremden Kultur, Lebensweise und Sprachen (vgl. ebd., 66).

Die Forschungslage zum Themenbereich stationäre Jugendhilfe und unbegleitete Flüchtlingskinder in Deutschland ist nach wie vor relativ dünn. Bislang mangelt es an Daten zur Wirkung von Jugendhilfeangeboten auf UMF. Sozialwissenschaften beziehen bis heute nur vereinzelt die Perspektive von UMF, oft als kurzen Exkurs, in ihre Forschungsansätze mit ein, so dass systematische Untersuchungen fehlen. Studien im deutschsprachigen Raum, die die NutzerInnen der Einrichtungen und deren Betreuungspersonen befragen, sind kaum veröffentlicht.

Eine der wenigen Ausnahmen bildet die Studie von Eva Stauf am Institut für Sozialpädagogische Forschung Mainz, die die Situation von UMF in der Jugendhilfe in Rheinland-Pfalz bundeslandbezogen evaluierte (vgl. Stauf, 2012). Die befragten SozialpädagogInnen verschiedener Einrichtungen charakterisieren die betreuten Kinder und Jugendlichen als sehr ehrgeizig und wissbegierig, mit einem hohen Bildungsbewusstsein und einer starken Lernmotivation; bei entsprechender Unterstützung nähme ihr Bildungsweg einen positiven Verlauf (vgl. ebd., 139). Vor allem jüngere Flüchtlinge könnten gut in Spracherwerbs-

und Bildungsangebote vermittelt werden, bei älteren werde die Motivation aufgrund der Aussicht eines zeitlich relativ kurzen Aufenthalts in der Jugendhilfeeinrichtung verringert. Zu beobachten sei, dass die Flüchtlinge vermehrt stärkere Belastungen aufwiesen als in der Vergangenheit (vgl. ebd., 140). Die BetreuerInnen betonen die ausgeprägte Selbstständigkeit der jungen Menschen, was dazu führe, dass v. a. 16- und 17-jährige Jungen im Rahmen einer engmaschigen Heimunterbringung schwer zu betreuen seien und dies angemessene Freiräume im Betreuungskontext erfordere (vgl. ebd., 142). Besondere Bedeutung wird dem Aufbau einer stabilen Vertrauensbeziehung zu den Kindern und Jugendlichen zugemessen, was sehr viel Zeit und Ruhe benötige. Dem stünde gegenüber, dass UMF oft ihre Identität verbergen müssten und über unterschiedliche Aufträge ihrer Familien schwiegen. Dies stelle für die Einzelnen eine enorme Belastung dar. In der Anfangsphase der Betreuung stünden alltagspraktische Angelegenheiten und Spracherwerb im Mittelpunkt. Die Wohngruppen ermöglichen aus Sicht der SozialpädagogInnen Alltagsstrukturierung, Freizeitaktivitäten und Integration in Schule und Ausbildung. Dies gelte auch für über 18-jährige Heranwachsende, da diese bei der Ausbildungsplatz- und Arbeitssuche einen hohen Beratungsbedarf hätten. Die Einrichtungen erachten den Aufbau eines Netzwerks hinsichtlich Sprachunterstützung, Beratung und Therapie, Vormundschaften und Regelschulen für ihre Arbeit als notwendig (vgl. ebd., 150f). Die Haltung der BetreuerInnen gegenüber den Fluchtgründen der jungen Menschen erweist sich als unterschiedlich. Zum Teil werden sie als irrelevant betrachtet, zum Teil wird eine Unterscheidung nach »echten« Flüchtlingen, »Wirtschaftsflüchtlingen« und nach der Integrationsbereitschaft gefordert, so dass dabei das grundlegende Recht auf Schutz und Unterstützungsleistungen in den Hintergrund tritt (vgl. ebd., 140f).

Zwei weitere Untersuchungen von einzelnen Clearinggruppen im Rahmen der Jugendhilfe befassen sich einrichtungsintern mit der Situation von UMF und den damit einhergehenden Herausforderungen für die Betreuerinnen.

Eine davon ist eine zehnmonatige wissenschaftliche Begleitung eines Clearinghauses für 16- bis 18-jährige UMF in Nordrheinwestfalen, die von Süreyya Akbasoglu und KollegInnen vom Institut für Interdisziplinäre Sozialisationsforschung ISF-Ruhr durchgeführt wurde (vgl. Akbasoglu et al., 2012). Ziel war die Betrachtung von Strukturen und Prozessen aus der Perspektive der MitarbeiterInnen, KlientInnen und Folgeeinrichtungen. Dabei wurde insbesondere die Rolle und das Verhalten der Fachkräfte in den Blick genommen.

Die befragten Jugendlichen erleben die Betreuung und Versorgung ambivalent. Einerseits fühlen sie sich gut aufgehoben, andererseits aber auch gebremst, da sie mit anderen Vorstellungen z. B. über eine sofortige Erwerbstätigkeit zur finanziellen Unterstützung ihrer Familie nach Deutschland gekommen sind (vgl. ebd., 4). Sie leiden an Stress, dem Nichtverstehen der deutschen Sprache, an Einsamkeit aufgrund des Fehlens der Familie und von Vertrauenspersonen (vgl. ebd., 32). Als Wünsche äußern sie, in Deutschland bleiben zu dürfen, einen eigenen Pass zu besitzen, so zu leben wie alle anderen Deutschen, in die Schule gehen und arbeiten zu dürfen, finanzielle Sicherheit und eine eigene Wohnung sowie einen Beruf zu erlernen und eine Familie zu gründen (vgl. ebd., 29).

Die Folgeeinrichtungen äußern sich insgesamt zufrieden mit der Arbeit der Clearingeinrichtung und erachten die erstellten Berichte als hilfreich. Eine Vernetzung aller beteiligten Akteure im Bereich der Arbeit mit UMF wird von ihnen als besonders wichtig empfunden, um sich über Erfahrungen im Umgang mit dieser Gruppe auszutauschen und über aktuelle Entwicklungen in der Rechtslage auf dem Laufenden zu halten. Bezüglich der aufenthaltsrechtlichen Strategie gehen die Anschlusseinrichtungen im Gegensatz zum Clearinghaus eher davon aus, dass die Jugendlichen möglichst lange in der Jugendhilfe bleiben möchten. Entsprechend werden weitere Jugendhilfeleistungen für junge Erwachsene empfohlen, was einen aufenthaltsrechtlichen Schutz für diese mit sich bringt (vgl. ebd., 22ff).

Insbesondere bei der Arbeit mit UMF seien allein Wissen sowie Erfahrungen aus der Jugendhilfe nicht ausreichend. Interkulturelle Kompetenz, Basiswissen über asyl- und aufenthaltsrechtliche Grundlagen sowie ein hohes Maß an fachlicher Flexibilität seien darüber hinaus unentbehrlich. (Ebd., 23)

Bei der Auswertung konnte festgestellt werden, dass die BetreuerInnen mit widersprüchlichen Erwartungen und Aufträgen umgehen müssen, die als belastend empfunden werden. Dabei wurden drei Wirkfaktoren ermittelt, die die Arbeit mit UMF beeinträchtigen: Erstens steht die Arbeit im Spannungsgefüge divergierender Ansprüche (z. B. Ausländeramt, Jugendamt, Jugendliche, etc.). Dadurch entsteht im Alltag für die MitarbeiterInnen ein Dilemma, für das es keine eindeutigen Handlungsmöglichkeiten gibt, was zu Frustration und Aggression sowohl bei ihnen als auch den Jugendlichen führen kann. Zweitens stellt das Clearingverfahren mit den Hauptaufgaben Grundversorgung, Ermittlung des Jugendhilfebedarfs und Klärung der aufenthaltsrechtlichen Situation einen widerspruchsvollen Auftrag dar. Es findet in einem rechtlich und institutionell spannungsvollen Umfeld statt und erfordert in der Praxis ein schwieriges Abwägen zwischen dem staatlichen Interesse an einer Zuwanderungskontrolle bzw. der Durchsetzung des Asylrechts einerseits und der besonderen Schutzbedürftigkeit von Minderjährigen und der Orientierung am Kindeswohl andererseits. So kann z. B. der Jugendhilfebedarf nur unter der Voraussetzung eines engen Beziehungs- und Vertrauensaufbaus sachgerecht beurteilt werden, was jedoch durch den Auftrag der Ermittlung des asylrechtlichen Status korrumpiert wird und die BetreuerInnen in eine Zwickmühle bringt. Dies wird oft durch das Herstellen von Unklarheit und Unschärfe (Geheimnisbildung) zu lösen versucht, was auf Kosten der allgemeinen Zufriedenheit und des Wirksamkeitserlebens geht. Zugleich fällt eine große Hingabe und Aufopferung zur Verwirklichung der Teilbereiche »Grundversorgung« und »Bedarfsermittlung« auf. Drittens werden umgekehrt UMF als eine unbestimmte, verschwiegene und schwierige Klientel erlebt, da die MitarbeiterInnen mit unterschiedlichen kulturellen Hintergründen und unterschiedlichen Erwartungen konfrontiert sind. Bei vielen UMF muss davon ausgegangen werden, dass sie traumatisiert sind und bei entsprechenden Schlüsselreizen dekompensieren können. Darüber hinaus sind sie bezüglich ihrer tatsächlichen Hintergründe und Verhältnisse häufig sehr verschwiegen (vgl. Akbasoglu et al., 2012, 35ff).

Als Lösungsweg wird empfohlen, dass sich die MitarbeiterInnen Unterstützung von außen in Form von Supervision o. ä. holen, um die eigenen Dilemmata zu reflektieren und einen angemesseneren Umgang damit zu finden. Eine weitere Lösungsmöglichkeit wird in der Entwicklung einer einheitlichen »Lesart« der gegensätzlichen Aufträge gesehen, um Klarheit gegenüber Behörden, Ansprüchen der Jugendlichen und rechtlichen Anforderungen zu finden und so der Geheimnisbildung entgegen zu wirken. Auch wird vorgeschlagen, vermehrt Kooperationen anzustreben, v. a. mit den Anschlusseinrichtungen der Jugendhilfe (vgl. ebd., 48f).

In einer kleinen Studie von Renate Breithecker und Oliver Freesemann (2009) über eine Aufnahme- und Clearinggruppe für junge MigrantInnen und UMF in Karlsruhe wurden die Zusammensetzung der Wohngruppe und die persönliche Situation von jugendlichen MigrantInnen untersucht. Auch hier wurde ebenso eine ausgeprägte Bildungsorientierung sowohl bei männlichen als auch weiblichen Jugendlichen festgestellt, die noch stärker genutzt werden sollte. Der Besuch einer Regelschule wird in diesem Zusammenhang als erstrebenswert erachtet, um die im Herkunftsland bereits erfolgte Bildung fortzuführen und die Integration der Jugendlichen zu fördern (vgl. ebd., 12). Die sozialen Kontakte der jungen Menschen beschränken sich auf MitbewohnerInnen, Landsleute und Verwandte. Nur sehr vereinzelt lernen sie über den Sport oder Liebesbeziehungen deutsche Jugendliche kennen (vgl. ebd., 13). Viele

Jugendliche neigen zu Rückzugsverhalten aufgrund ihrer Probleme und öffnen sich nur sehr langsam gegenüber den BetreuerInnen, so dass es als schwierig befunden wird, ihre Belastungen und Probleme zu erkennen. Umso wichtiger wird der Einsatz von geschultem Fachpersonal betrachtet, um angemessene psychische und pädagogische Betreuung gewährleisten zu können (vgl. ebd., 14f). Am Ende des Clearings werden etwa 40% der Jugendlichen in Jugendhilfemaßnahmen vermittelt, etwa ein Viertel der männlichen Jugendlichen und ungefähr 5% der Mädchen kommen in einer Gemeinschaftsunterkunft unter, ein Drittel der Mädchen kann bei Familienangehörigen untergebracht werden (vgl. ebd., 15f). Deutlich wurde auch der Zusammenhang zwischen einer qualifizierten Vormundschaft und der anschließenden Weitervermittlung in eine Jugendhilfeeinrichtung. Gibt es einen Vormund, der sich um die Angelegenheiten der Minderjährigen im Sinne des Kindeswohls kümmert, steigt die Wahrscheinlichkeit der Gewährung weiterer Jugendhilfeleistungen. Ohne Vormund dagegen erfolgt erheblich öfter ein Transfer in eine Gemeinschaftsunterkunft (vgl. ebd., 17).

5.4 Fazit

Dieser Forschungsüberblick legt nahe, dass die Studien unbegleitete minderjährige Flüchtlinge als eine besonders gefährdete Gruppe von Kindern charakterisieren und bei ihnen eine erhöhte Gefahr beobachten, emotionale Probleme zu entwickeln. Ihre Verwundbarkeit ist demnach eng mit Erfahrungen von Trauma, Entwurzelung, Verlust und Trennung von ihren Eltern sowie ihrer Herkunft und Marginalisierung im Aufnahmeland verknüpft. Konsequenterweise werden UMF als besonders unterstützungs- und schutzbedürftig definiert. Aufgrund der Konzentration der Forschung auf die psychologischen Probleme und negativen Auswirkungen ihrer Erfahrungen besteht das Risiko der Pathologisierung unter Vernachlässigung von gesellschaftspolitischen Exklusionsmechanismen. Zum Teil wird gefordert, die Schutz- und Resilienzfaktoren bei UMF stärker zu explorieren, was jedoch, abgesehen von Studien über Copingstrategien, selten getan wird. Bis auf einige Ausnahmen gibt es einen erheblichen Mangel an Forschung, die die Aufmerksamkeit auf die strukturellen Bedingungen und Prozesse von Macht, Rassismus und sozialer Ausgrenzung im Aufnahmeland richtet und wie diese Faktoren das Wohlbefinden und die Lebenssituationen von unbegleiteten minderjährigen MigrantInnen beeinflussen. Vielmehr gibt es eine Tendenz, den Fokus auf Erfahrungen der unbegleiteten Kinder in ihren Herkunftsländern sowie Erfahrungen durch ihre Migrationsprozesse und deren Folgen zu richten.

In diesem Sinne könnte argumenticrt werden, dass diese Hintergrunderfahrungen und Trennungserfahrungen als die am meisten erschwerenden Faktoren im Leben unbegleiteter Kinder und Jugendlicher gesehen werden können. Zwar sind diese unzweifelhaft von großer Relevanz, ein solcher Ansatz berücksichtigt jedoch nicht ausreichend den Einfluss der gegenwärtigen Lebenssituation der jungen Menschen und die strukturellen Bedingungen, denen sie ausgesetzt sind.

Dennoch kann festgestellt werden, dass die Lebenssituation von unbegleiteten minderjährigen Flüchtlingen in Deutschland von Armut, mangelhafter Gesundheitsversorgung, erzwungener Untätigkeit, Schutzlosigkeit, Verlust von Handlungsspielräumen und gesellschaftlicher Ausgrenzung geprägt ist. Der unsichere Aufenthaltsstatus und die damit einhergehenden Einschränkungen aktivieren in besonderer Weise Gefühle der Ohnmacht, Hilflosigkeit, ständiger Bedrohung und Zukunftslosigkeit. Dies stellt einen zusätzlichen traumatischen Faktor dar. Permanenter Stress und zum Teil wiederholte Traumatisierungen kennzeichnen die Situation der Flüchtlingskinder. Insofern trifft ihre Charakterisierung als *post*traumatisch nicht zu. Treffender erscheint hier Keilsons Konzept der sequentiellen Traumatisierung, das eine zeitlich verteilte, kumulative Mehrfachtraumatisierung beschreibt und auf die enorme Bedeutung der Zeit nach der Flucht für das Befinden der Betroffenen verweist.

Inzwischen gibt es auch, wie bereits ausgeführt, Literatur, die den Fokus auf die Kompetenzen von separated children richtet, insbesondere auf ihre Bewältigungsstrategien, Belastbarkeit und Anpassungsfähigkeit, und sie als aktiv Handelnde zeigt. Diese Studien haben die Stimmen und die Sichtweise dieser Kinder und Jugendlichen berücksichtigt. Trotzdem ist es weiterhin eine dringende Notwendigkeit für die Forschung, sich mit ihren Lebensbedingungen und Erfahrungen im Aufnahmeland intensiver auseinanderzusetzen und dabei den Ausgangspunkt bei den eigenen Perspektiven unbegleiteter Kinder und Jugendlicher zu nehmen. Darüber hinaus ist Forschung nötig, die untersucht, wie UMF selbst Chancen und Barrieren im Exilland erleben und bewerten, zum Beispiel in Bezug auf das Bildungssystem, die Aufnahmestruktur und den Zugang zum Arbeitsmarkt. Insbesondere besteht ein dringender Bedarf an Untersuchungen über die stationäre Jugendhilfe für UMF, die eines der zentralen Hilfsangebote für diese Gruppe darstellt.

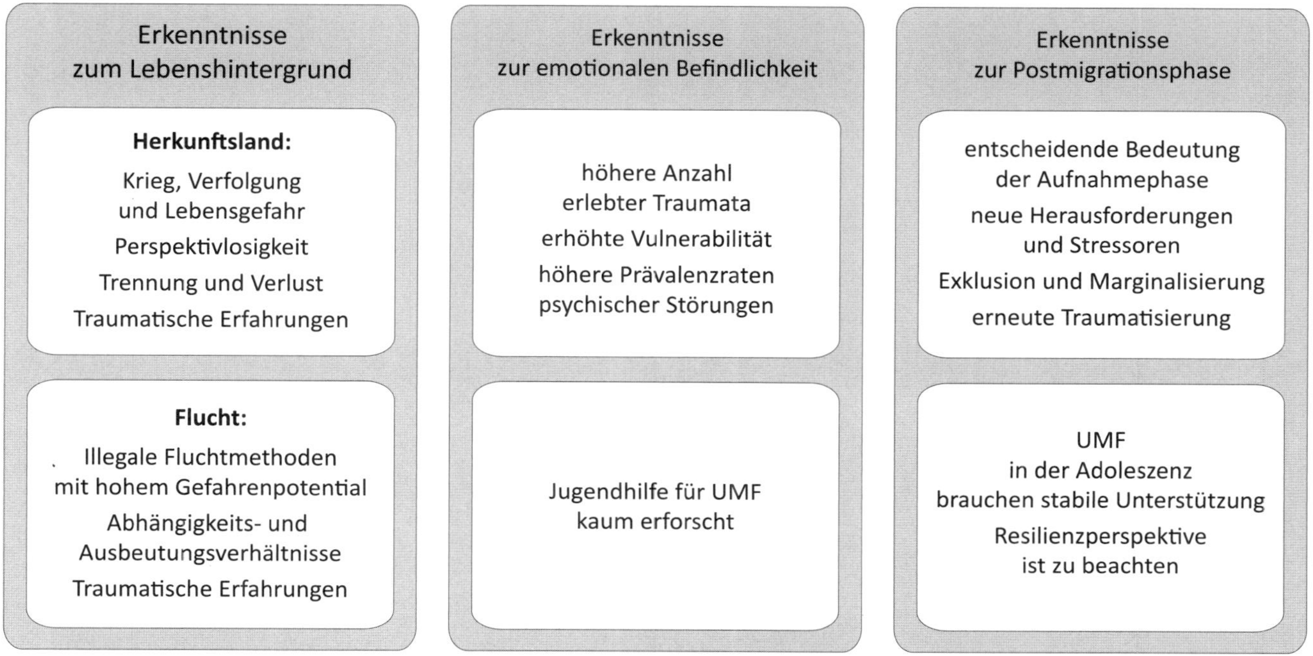

Erkenntnisse zum Lebenshintergrund

Herkunftsland:
- Krieg, Verfolgung und Lebensgefahr
- Perspektivlosigkeit
- Trennung und Verlust
- Traumatische Erfahrungen

Flucht:
- Illegale Fluchtmethoden mit hohem Gefahrenpotential
- Abhängigkeits- und Ausbeutungsverhältnisse
- Traumatische Erfahrungen

Erkenntnisse zur emotionalen Befindlichkeit

- höhere Anzahl erlebter Traumata
- erhöhte Vulnerabilität
- höhere Prävalenzraten psychischer Störungen
- Jugendhilfe für UMF kaum erforscht

Erkenntnisse zur Postmigrationsphase

- entscheidende Bedeutung der Aufnahmephase
- neue Herausforderungen und Stressoren
- Exklusion und Marginalisierung erneute Traumatisierung
- UMF in der Adoleszenz brauchen stabile Unterstützung
- Resilienzperspektive ist zu beachten

Abb. 4: Zusammenfassung des Forschungsstandes

125

Teil II:

Empirische Untersuchung

6. Untersuchungsleitende Fragen und methodisches Vorgehen

Im folgenden Kapitel werden die methodischen Vorüberlegungen und die Vorgehensweise zur Exploration des Themas dargelegt. Zunächst werden das Untersuchungsziel und die damit einhergehenden Forschungsfragen formuliert sowie das Design und die verwendeten Erhebungsinstrumente beschrieben. Darüber hinaus erfolgt eine Beschreibung der Zusammensetzung und Methode der Rekrutierung der InterviewpartnerInnen. Auch ethische Überlegungen zur Durchführung der Befragung von Flüchtlingen werden angestellt.

6.1 Fragestellung und Ziele

In meiner täglichen Arbeit in verschiedenen Wohngruppen erlebte ich häufig Unzufriedenheit von UMF mit dem Leben und der Unterstützung in den Wohngruppen. In Facharbeitskreisen klagen Fachkräfte häufig über Schwierigkeiten bei der Arbeit in diesem Arbeitsbereich. Pädagogische Standards für die soziale Arbeit in der stationären Jugendhilfe mit dieser Zielgruppe sind bislang nicht einheitlich formuliert. Das Ziel meiner Untersuchung war, Ansatzpunkte zur Verbesserung des Angebots der stationären Jugendhilfe zu finden, um die psychosoziale Lebenssituation von UMF zu verbessern. Durch die Befragung von unbegleiteten Flüchtlingen (UF) mit Jugendhilfeerfahrungen und ExpertInnen in diesem Arbeitsfeld wurde versucht, sich dem Untersuchungsgegenstand von verschiedenen Seiten zu nähern. Aufgrund der bislang kaum erfolgten Erforschung des Themenfeldes »stationäre Jugendhilfe für UMF« legte ich einen besonderen Fokus auf die Perspektive von UMF als NutzerInnen und HilfeadressatInnen stationärer Wohngruppenangebote, da ich mir von ihnen wichtige Hinweise aus »erster Hand« versprach. Es sollte untersucht werden, welche Erfahrungen UMF in den Wohngruppen gemacht haben, welche Probleme für sie zentral sind, was sie als hilfreich erleben und welche Verbesserungen sie sich wünschen. Dies wurde durch die Erhebung der Erfahrungen und der Sichtweise von ExpertInnen in diesem Arbeitsfeld ergänzt.

Die zentrale Forschungsfrage lautete: Wie kann die stationäre Jugendhilfe verbessert werden, um den Bedarfen und Wünschen von unbegleiteten minderjährigen Flüchtlingen gerechter zu werden?
Daraus leiteten sich folgende weitere Forschungsfragen ab:

- Welche Probleme und Schwierigkeiten haben diese Jugendlichen?
- Welche Erfahrungen machen UMF mit dem Hilfeangebot der stationären Jugendhilfe und wie bewerten sie dieses?
- Welche Anregungen und Verbesserungsvorschläge haben sie?
- Welchen Besonderheiten, Herausforderungen und Schwierigkeiten sehen sich die in diesem Feld tätigen Fachkräfte gegenüber?
- Wie beurteilen sie die Angemessenheit des Hilfeangebotes und welchen Veränderungsbedarf sehen sie?
- Welche Möglichkeiten der Optimierung gibt es unter den gegenwärtigen Rahmenbedingungen? Wo liegen die Handlungsspielräume? Wo sind die Grenzen?

6.2 Methodische Vorüberlegungen und Forschungsdesign

Zur obigen Fragestellung liegen, wie bereits aufgezeigt, noch kaum Forschungsarbeiten vor. Um Ansatzpunkte für Verbesserungen zu finden, standen zunächst die subjektiven Erfahrungen von UMF in den Jugendwohneinrichtungen im Mittelpunkt meiner Aufmerksamkeit, da ihre Sichtweise bislang besonders wenig Beachtung fand. Es wurde versucht, einen detaillierten Einblick in die Perspektive von UMF zu erhalten, ihre subjektive Sicht zu explorieren. Aber auch ExpertInnen dieses Arbeitsfelds wurden befragt, um einen multiperspektivischen Zugang zu bekommen. Die Zusammenschau der Befragung beider Beteiligter sollte die größtmögliche Offenheit für Verbesserungsmöglichkeiten bewirken.

In der empirischen Forschung gilt generell, dass »der zu untersuchende Gegenstand Bezugspunkt für die Auswahl von Methoden [ist] und nicht umgekehrt.« (Flick, 2012, 27) Qualitative und quantitative Sozialforschung sind zwei unterschiedliche methodische Zugänge der Informationsgewinnung. Geht es in der quantitativen Forschung um das Erklären und Aufspüren kausaler Beziehungen von bestimmten Phänomenen, bei der mittels standardisierter Verfahren numerische Daten durch Zählen oder Messen erfasst werden, so versucht der qualitative Forschungsansatz die subjektive Sicht der Menschen mittels verbaler Daten zu beschreiben, interpretierend auszuwerten und Muster zu erkennen, um ein besseres Verständnis ihrer sozialen Wirklichkeit zu erhalten (vgl. Bortz, 2005, 295ff).

Die qualitative Forschung untersucht meist kleine Stichproben, um Meinungen, Einstellungen oder Bedürfnisse einer bestimmten Gruppe zu explorieren (vgl. Mayring, 2002, 24). Dabei versucht sie, »Methoden so offen zu gestalten, dass sie der Komplexität im untersuchten Gegenstand gerecht werden können« (Flick, 2012, 27). Weitere wesentliche Kennzeichen qualitativer Untersuchungsmethoden sind, neben der Gegenstandsadäquatheit von Methoden und Theorien und einer großen Offenheit in ihren Zugangsarten, die Berücksichtigung und Analyse unterschiedlicher subjektiver Perspektiven, die Methodenvielfalt und die Reflexivität von forschender Person und Forschung als Bestandteil der Erkenntnis (vgl. Flick, 2012, 29).

Eine grundlegende Begründung für die Wahl einer qualitativen Methode beschreibt Uwe Flick wie folgt:

Qualitative Forschung gewinnt besondere Aktualität für die Untersuchung sozialer Zusammenhänge, da die Pluralisierung der Lebenswelten in modernen Gesellschaften [...] eine neue Sensibilität für empirisch untersuchte Gegenstände erforderlich macht. [...] Forschung ist dadurch in stärkerem Maß auf induktive Vorgehensweisen verwiesen: Statt von Theorien und ihrer Überprüfung auszugehen, erfordert die Annäherung an zu untersuchende Zusammenhänge »sensibilisierende Konzepte«, in die – entgegen einem verbreiteten Missverständnis – durchaus theoretisches Vorwissen einfließt. Damit werden Theorien aus empirischen Untersuchungen heraus entwickelt und Wissen und Handeln als lokales Wissen und Handeln untersucht [...]. (Flick, 2012, 22f)

Die Subjektperspektive steht im Zentrum qualitativer Forschung. Ziel ist,

Lebenswelten »von innen heraus« aus der Sicht der handelnden Menschen zu beschreiben. Damit will sie zu einem besseren Verständnis sozialer Wirklichkeit(en) beitragen und auf Abläufe, Deutungsmuster und Strukturmerkmale aufmerksam machen. (Flick, 2005, 14)

Ohne eine quantitative Vorgehensweise ausschließen zu wollen, erschien mir für die genannte Zielsetzung eine qualitative Befragung der Betroffenen sinnvoll, um das Zusammenspiel zwischen ihrer Bedarfslage und dem sozialpädagogisch betreuten Wohnen besser zu verstehen.

Folgende Argumente sprachen für eine vorwiegend qualitative Vorgehensweise:

– Der ausgewählte Forschungsgegenstand ist mit quantitativen Methoden nur sehr ungenau zu begreifen, da es nicht nur darum geht, ob, wie oft oder wie stark, sondern v. a. *wie* die Befragten bestimmte Erfahrungen, z. B. die Kommunikation mit bestimmten Personen, erlebt haben, wie sie dies alles interpretieren und bewerten. Qualitative Methoden ermöglichen, inhaltlich-thematische Aspekte und die Art der Interaktion angemessen zu erfassen.

– Die Tatsache, dass über die Zielgruppe UMF in der stationären Jugendhilfe bislang wenige Erkenntnisse vorliegen, macht eine explorative Vorgehensweise nötig, die offen und flexibel genug ist, um neue Zusammenhänge zu entdecken.

– Der subjektiven Sichtweise der HilfeadressatInnen und der in diesem Feld arbeitenden Fachkräfte kann so ein möglichst großer Spielraum gegeben und ihre Perspektive ins Zentrum gerückt werden.

– Da der Forschungsgegenstand erfordert, komplexe und vielschichtige Zusammenhänge zu erforschen, eignet sich eine qualitative Methode besser.

– Forschung mit UMF sollte aufgrund ihrer bereits geschilderten Belastungen besonders sensible Methoden anwenden, da schmerzhafte und angstauslösende Erinnerungen aktiviert werden können. Durch die Form des Interviews kann in der Befragungssituation darauf eingegangen und reagiert werden.

– Aufgrund eventueller sprachlicher Probleme können in der Interviewsituation mit UMF auftretende Verständnisfragen sofort geklärt werden, während das Ausfüllen umfangreicher standardisierter Fragebögen eher größere Schwierigkeiten erwarten lässt und von den teilnehmenden Jugendlichen als anstrengend empfunden werden würde.

Für die Datenerhebung wählte ich das Instrument des semistrukturierten Leitfadeninterviews, da »in der relativ offenen Gestaltung der Interviewsituation die Sichtweisen des befragten Subjekts eher zur Geltung kommen als in standardisierten Interviews […].« (Flick, 2012, 194) Dem ging die Annahme voraus, dass die Befragten einen komplexen Wissensbestand über das Untersuchungsthema besitzen und dieser zum Einen auf offene Fragen hin explizit verfügbar ist und offen artikuliert werden kann, zum anderen aber auch implizit vorhanden ist und für dessen Äußerung methodische Hilfen notwendig sind (vgl. ebd., 203). Das ließ den Schluss zu, dass nur durch Erforschung dieser vorhandenen Kenntnisse der in diesem Feld agierenden Personen die

Entwicklung eines adäquaten Jugendhilfeangebots erfolgreich sein kann und daher eine methodische Vorgehensweise zu wählen ist, die auf der Mikroebene eine Analyse vornimmt.

Die Interviews mit den jungen Erwachsenen, die als unbegleitete Minderjährige in einer stationären Jugendhilfeeinrichtung lebten, und mit den ExpertInnen strebten an, ihre Erfahrungen, Positionen und Sichtweisen zu explorieren. Die Befragungen sollten im persönlichen Gespräch »face to face« erfolgen.

6.2.1 Erhebungsverfahren

Die subjektive Perspektive und das Wissen von ExpertInnen lassen sich am besten mittels verbaler Methoden ermitteln (vgl. Mayring, 2002, 66). Daher entschied ich mich für die Form des Interviews als Erhebungsmethode.

Es gibt verschiedene Arten qualitativer Interviews, die sich bezüglich der zu interviewenden Person (z. B. Experten), des Themas (z. B. biographisches Interview) oder der Fragetechnik (z. B. narratives Vorgehen) unterscheiden (vgl. Bortz, 2006, 313). Häufig kommen Leitfaden-Interviews zur Anwendung, die in mehrere Typen unterteilt werden: fokussiertes Interview, halbstandardisiertes Interview, ethnographisches Interview, problemzentriertes Interview und ExpertInnen-Interview (vgl. Flick, 2012, 195ff).

Das problemzentrierte Interview nach Witzel

Um Antworten der Jugendlichen auf meine Fragestellung zu finden, waren mir eine offene Haltung und ein sensibler und flexibler Gesprächsstil wichtig. Zugleich wollte ich das Augenmerk nicht schwerpunktmäßig auf die Lebensgeschichte der unbegleiteten MigrantInnen richten, was eine rein narrative Vorgehensweise nahegelegt hätte, sondern den Fokus auf bestimmte thematische Bereiche lenken, die sich durch bereits vorhandenes Wissen ergeben. Daher entschied ich mich für die flexible Vorgehensweise des problemzentrierten Interviews (PZI) nach Andreas Witzel, die sich auf die subjektive Sichtweise der Befragten einlässt und zugleich den Gesprächsverlauf mittels vorgegebener Leitfragen auf bestimmte Problemstellungen zentriert (vgl. Witzel, 2000).

Das PZI stützt sich größtenteils auf den Ansatz der »Grounded Theory«, der in den 60er Jahren von Anselm L. Strauss und Barney G. Glaser entwickelt wurde und sowohl das bloße Ableiten von Forschungshypothesen aus vorhandenen Theorien als auch das Ausklammern theoretischen Vorwissens kritisiert (vgl. Witzel, 2000, Abs. 3).

Bezogen auf das PZI ist der Erkenntnisgewinn sowohl im Erhebungs- als auch im Auswertungsprozess vielmehr als induktiv-deduktives Wechselverhältnis zu organisieren. Das unvermeidbare, und damit offenzulegende Vorwissen dient in der Erhebungsphase als heuristisch-analytischer Rahmen für Frageideen im Dialog zwischen Interviewern und Befragten. Gleichzeitig wird das Offenheitsprinzip realisiert, indem die spezifischen Relevanzsetzungen der untersuchten Subjekte insbesondere durch Narrationen angeregt werden. (Ebd.)

Dabei ist darauf zu achten, dass sowohl während des Interviews als auch im Auswertungsprozess die Problemsicht der Forschungsperson nicht die der befragten Person überdeckt und nicht nachträglich Theorien übergestülpt werden (vgl. ebd.). In diesem Zusammenhang sind laut Witzel drei Grundpositionen zentral:

Die *Problemzentrierung* beinhaltet die Ausrichtung an gesellschaftlich relevanten Problemstellungen und die Anwendung des Vorwissens über objektive Rahmenbedingungen, um die Erklärungen der befragten Personen verstehen und problemorientierte Nachfragen stellen zu können. Die Flexibilität der Methode kommt durch das Prinzip der *Gegenstandsorientierung* zum Tragen, da es je nach Gesprächsverlauf stärker narrative Elemente oder dialogisches Nachfragen erfordert, um so das Interview individuell abzustimmen. Der Grundsatz der *Prozessorientierung* gilt für den gesamten Forschungsablauf vom Entwurf über die Durchführung bis hin zur Auswertung. Dabei ist v. a. die Kommunikation sensibel zu gestalten, um eine geschützte Atmosphäre von Vertrauen und Offenheit zu kreieren und so die Entfaltung der Problemsicht durch die interviewte Person zu fördern (vgl. Witzel, 2000, Abs. 4).

Vier Instrumente werden in der Regel bei der Durchführung des PZI eingesetzt: Ein *Kurzfragebogen*, mit dessen Hilfe einige Sozialdaten erhoben werden und der eventuell auch dem Gesprächseinstieg dienen kann, ein *Leitfaden*, der die untersuchungsrelevanten Themenbereiche enthält, als Orientierungsrahmen und Gedächtnisstütze fungiert und die Vergleichbarkeit der Interviews gewährleistet, die *Tonträgeraufzeichnung*, die mit Einwilligung des Gegenübers die genaue und authentische Erfassung und Transkription des Gesprächs und die Beobachtung nonverbaler Mitteilungen erlaubt und schließlich *Postskripte*, zeitnahe Skizzen zum Interview, um hinterher Anmerkungen, Eindrücke und eventuelle erste Interpretationsideen festzuhalten (vgl. Witzel, 2000, Abs. 5–9).

Mit Hilfe der Fragebogensoftware GrafStat erstellte ich einen Kurzfragebogen, um im Sinne von Witzel das Interview von Fragen des Frage-Antwort-Musters zu entlasten (vgl. ebd., Abs. 4). Dabei fragte ich nach folgenden Angaben: Codename (wenn erwünscht), Alter, Staatsangehörigkeit, Muttersprache, Alter bei der Einreise, Fluchtdauer, Aufenthaltsstatus, Wohnsituation, Tätigkeit, potentiell traumatisierende Erfahrungen, Therapieempfehlung, Therapieerfahrung.

Bei der Erstellung des Interviewleitfadens flossen meine Berufserfahrung im Aufbau einer stationären Jugendhilfeeinrichtung für UMF, meine Ausbildung zur Traumapädagogin und die theoretische Beschäftigung mit den Lebensbedingungen dieser Gruppe in Deutschland, mit Folgen von Traumatisierungen und Wirkfaktoren bei deren Bewältigung mit ein. Ich legte einige erklärende Anfangssätze schriftlich fest, die den Fokus meiner Befragung zum Ausdruck bringen sollten. Als Einstiegsfrage wählte ich den Zeitpunkt der Ankunft in Deutschland und die damalige Lebenssituation. Damit wollte ich zum einen durch die Offenheit der Fragestellung zum Erzählen anregen und mit dem signalisierten Interesse für das subjektive Erleben die Gefahr angepasster Antworttendenzen bezüglich des Themas »Jugendhilfe« verringern. Zugleich erhoffte ich mir davon Hinweise darauf, welche Erwartungen UMF an die Jugendhilfe unter den asylrechtlich bestimmten Rahmenbedingungen haben und inwiefern die angebotene Unterstützung aus ihrer Perspektive hilfreich ist.

Für das weitere Gespräch legte ich folgende Frageninhalte im Leitfaden fest, deren Reihenfolge nicht zwingend ist und vom Gesprächsverlauf abhängt: Die Belastungssituation zu Beginn in Deutschland, die Hilfeerwartungen, die Aufnahmesituation in der Jugendhilfewohngruppe, die Alltagsgestaltung, die materielle Ausstattung, das Verhältnis zu den BetreuerInnen. Diese zunächst eher deskriptiven Fragen sollten durch eine Einschätzung bzw. Bewertung der Hilfe ergänzt werden. Um von dem zu Interviewenden auch eine pointiertere Stellungnahme und eventuell völlig neue Idee zu erhalten, nahm ich auch eine »Fiktionsfrage« zu Veränderungen der Jugendhilfegestaltung auf.

Das leitfadengestützte ExpertInneninterview
Für die Befragung der in diesem Handlungsfeld tätigen Fachkräfte wählte ich die Methode des ExpertInneninterviews. Im Gegensatz zum problemzentrierten Interview, das durch seine Erhebungsmethode näher bezeichnet wird, ist das ExpertInneninterview durch den Verweis auf die spezifische Qualität der InterviewparterInnen charakterisiert (vgl. Liebold & Trinczek, 2009, 32).

Er oder sie wird nicht als Einzelperson, sondern als VertreterIn einer Gruppe für die Untersuchung ausgewählt, der ExpertInnenstatus wird sozusagen von der forschenden Person zugesprochen und ist abhängig vom Forschungsinteresse. Michael Meuser und Ulrike Nagel betonen, dass Experte bzw. Expertin ein relationaler Status ist und vom jeweiligen Forschungsinteresse abhängt. ExpertInnen sind selbst Teil des Handlungsfeldes, das den Forschungsgegenstand ausmacht und stehen in einem institutionellen Zusammenhang mit dem Forschungsthema. Als FunktionsträgerInnen innerhalb dieses Kontextes sind sie und ihre damit einhergehenden Aufgaben und Zuständigkeiten von Belang (vgl. Meuser & Nagel, 1991, 441ff).

Desweiteren gilt als Experte oder Expertin,

- wer in irgendeiner Weise Verantwortung trägt für den Entwurf, die Implementierung oder die Kontrolle einer Problemlösung oder
- wer über einen privilegierten Zugang zu Informationen über Personengruppen oder Entscheidungsprozesse verfügt. (Ebd., 443)

ExpertInnen sind in diesem Zusammenhang also Personen, die eine Sache besonders gut kennen, weil sie sich intensiv damit befasst haben, weil sie beruflich damit zu tun haben oder weil sie als RepräsentantInnen einer Organisation oder Institution befragt werden. Die Datenerhebung erfolgt durch Befragung und ist in der Regel ein teilstandardisiertes Leitfadeninterview.

In der vorliegenden Untersuchung ist mit Experte bzw. Expertin eine Person gemeint, die innerhalb des Handlungsfeldes stationärer Wohngruppenunterbringung von UMF als BetreuerIn dieser Jugendlichen tätig und insoweit mit den Problematiken von UMF vertraut ist, und die aufgrund der beruflichen Aufgabenstellung für deren Kindeswohl und die pädagogische Unterstützung verantwortlich ist. Die ExpertInneninterviews nehmen im Forschungsdesign dieser Arbeit eher eine ergänzende Rolle ein. Sie liefern als komplementäre Handlungseinheit zur Zielgruppe zusätzliche Informationen und besonderes Wissen der beruflich involvierten Personen, z. B. in Form von Beobachtungswissen oder Hintergrundwissen, auf das zur Bearbeitung der Forschungsfrage nicht verzichtet werden kann (vgl. Meuser & Nagel, 1991, 445).

Für die halbstandardisierten ExpertInneninterviews entwickelte ich zunächst einen relativ detailliert ausgearbeiteten Gesprächsleitfaden. Bei der Durchführung eines Probeinterviews musste ich feststellen, dass der Interviewleitfaden durch seine differenzierte Ausformulierung den Gesprächsfluss bremst und Antworten thematisch zu sehr begrenzt. Das Interview wird dadurch zu einem Frage- und Antwort-Dialog verkürzt, Ergebnisoffenheit und das Erheben von Expertenwissen eher verhindert. Daher entschied ich mich für eine offenere, unbürokratischere Konstruktion, in der zwar bestimmte Themenbereiche, die ich für wichtig hielt, im Leitfaden als Gedächtnisstütze vorgegeben sind, bei der die Offenheit für den Interviewverlauf und die flexible Handhabung des

Leitfadens jedoch eher gewährleistet sind, so dass sie dem Expertentum der GesprächspartnerInnen und dem explorativen Charakter der Untersuchung stärker gerecht wird. Dies entspricht mehr dem von Meuser und Nagel favorisierten leitfadengestützten offenen Interview als Erhebungsinstrument, bei dem der Leitfaden eher anzusprechende Themen als fertig ausgearbeitete Fragen enthalten soll (vgl. ebd., 486f). Auf diese Weise haben die ExpertInnen Gelegenheit, das Thema vor dem Hintergrund ihres Wissens abzumessen. Folgende Themenkomplexe stellte ich für den Interviewleitfaden zusammen:

- Belastungsfaktoren, Versorgungsbedarf und Versorgungssituation von UMF
- Aufgaben der BetreuerInnen, Anforderungen, Dilemmata
- Veränderungswünsche

6.2.2 Besonderheiten bei Interviews mit jungen Flüchtlingen

Die Erfahrungen in der Arbeit mit Flüchtlingen weisen auf Besonderheiten hin, die es bei der Befragung dieser Gruppe zu beachten gilt.

Samantha Thomas und Sarah Byford empfehlen besondere Leitlinien in der Forschung mit unbegleiteten asylsuchenden Kindern (vgl. Thomas & Byford, 2003), die auch für die Befragung Heranwachsender richtungsweisend sein können. Dazu gehören die Vorüberlegung, ob die jungen Menschen von den Ergebnissen der Forschung profitieren, ob die Studie ihre Interessen gefährdet und ob die Forschung mit ihnen die einzige Möglichkeit ist, die Fragestellung zu beantworten (vgl. ebd., 1401).

Auch wenn die Ergebnisse und die Bedeutung meiner Befragung in der Größenordnung einer kleinen Pilotstudie bescheiden sind, so denke ich, dass eine Befragung ethisch gerechtfertigt ist. Im Rahmen meiner Arbeit als gruppenübergreifender Fachdienst können die Ergebnisse in die Arbeit in den Wohngruppen einfließen und Verbesserungen anstoßen. Dies dient den Interessen dieser Gruppe. Durch die Anonymisierung und die bewusste Auswahl der Fragen sollen Gefährdungen ausgeschlossen werden. Auch erscheint mir die weitgehende Nicht-Beachtung der Perspektive und Selbstaussagen von UMF in vielen Untersuchungen ihrer marginalisierten gesellschaftlichen Position und dem bereits angesprochenen reduzierten Blick auf ihre Vulnerabilität unter Vernachlässigung ihrer Kompetenzen zu entsprechen. Dem möchte ich durch die Akzentuierung ihres Blickwinkels etwas entgegensetzen.

Bei meinen Überlegungen zur Befragung von als UMF nach Deutschland migrierten Personen war mir bewusst, dass diese durch ihren Aufenthaltsstatus, der in der Regel befristet ist, in einer gesellschaftlich angreifbaren und prekären Position sind. Jene, die sich noch in Jugendhilfe befinden, stehen in einem gewissen Abhängigkeitsverhältnis zu ihren BetreuerInnen, auch was deren Engagement zur Durchsetzung des Anspruchs auf Asyl angeht. Darüber hinaus ist bei vielen von ihnen eine Interviewsituation mit der gesetzlich vorgeschriebenen, mündlichen Anhörung nach der Asylantragsstellung assoziiert (vgl. Ellis et al., 2007, 446), die häufig als sehr beängstigend beschrieben wird, wo ihnen viel Misstrauen begegnet und viele die Erfahrung machen, dass ihre Aussagen gegen sie verwendet werden. Daher kann der Begriff »Interview« und die Interviewsituation massiven Stress auslösen. Diese Verknüpfung kann dazu führen, dass aufgrund von großem Misstrauen die Bereitschaft für eine Befragung gering ist oder Vorbehalte in der Interviewsituation die Ergebnisse beeinflussen. Bei einem noch laufenden Asylverfahren ist das Thema Vertrauen besonders relevant. Es besteht die Gefahr, dass deshalb bestimmte Informationen von den Befragten zurückgehalten werden. Demzufolge kann sich auch eine strikt durchgehaltene neutrale Haltung der interviewenden Person, wie in der Sozialforschung empfohlen, kontraproduktiv für das Forschungsziel auswirken.

Dem »informed consent«, der informierten Einwilligung, kommt in diesem Kontext besondere Bedeutung zu. Er beinhaltet die Aspekte Freiwilligkeit der Teilnahme, Information über Ziel und Inhalt der Befragung, Umgang mit persönlichen Daten, Zusicherung von Vertraulichkeit und Anonymisierung der Interviews (vgl. ebd., 467). Diese Aspekte wurden bei der ersten Kontaktaufnahme und auch noch einmal vor Beginn des Interviews ausführlich thematisiert. Auch der Hinweis, dass die Beantwortung einer Frage jederzeit verweigert und die Teilnahme abgebrochen werden darf, war ein wichtiger Teil der vorausgehenden Absprachen, um eine Atmosphäre von Sicherheit und Offenheit zu fördern. Dies galt auch für die ExpertInneninterviews.

Hinzu kommt, dass viele Menschen durch die Fluchtursachen, die Fluchterfahrungen und die Aufnahmebedingungen psychisch stark belastet sind (vgl. Kap. 5). Dies wie auch die Tatsache, dass die Folgen traumatischer Belastungen in der Interviewsituation auftauchen können, ist bei Interviews zu berücksichtigen. Da es in der Untersuchung um Verbesserungsmöglichkeiten angebotener Unterstützungsleistungen im Aufnahmeland ging, sollte der Fokus auf Erfahrungen der nahen Vergangenheit und der Gegenwart liegen. Lebensgeschichtliche Fragen standen daher nicht im Mittelpunkt. Traumatisierende Erlebnisse im Herkunftsland und auf der Flucht wollte ich im Gespräch nicht explizit abfragen, da mir nach einer Schaden-Nutzen-Abwägung für die Befragten das damit einhergehende Aufwühlen schmerzlicher Erinnerungen nicht gerechtfertigt erschien. Jene in Deutschland ließen sich nicht ausklammern, um der Suche nach einer Verbesserung ihrer Lebenssituation nicht den Boden zu entziehen. Ein ausführliches Erzählenlassen vergangener schwerwiegender Erlebnisse trägt die Möglichkeit einer Retraumatisierung in sich oder stellt zumindest durch die Aktualisierung eine erneute psychische Belastung dar. Dies wollte ich den zu Befragenden nicht zumuten, da sie im Rahmen des Interviews keinen Nutzen davon haben und ich dies deshalb nicht für ethisch vertretbar hielt. Zugleich wollte ich aber diesen Themenbereich aufgrund seines starken Einflusses auf das gegenwärtige Leben der Befragten nicht tabuisieren und damit der Möglichkeit Raum geben, dass die Befragten darauf Bezug nehmen. Daher nahm ich ihn in den Kurzfragebogen mit auf.

Eine besondere Herausforderung ist die Verständigung über sprachliche und kulturelle Unterschiede hinweg. Selbst wenn man eine Gruppe wählt, die sich sehr gut in deutscher Sprache verständigen kann, so ist aufgrund unterschiedlicher kultureller, sozialer, geschlechtlicher und anderer Unterschiede ein gegenseitiges Verstehen des Gesprochenen nicht automatisch gegeben. Eine für diesen Umstand sensible Vorgehensweise sollte v. a. auf Bedeutungen des Gesprochenen abzielen (vgl. Hegemann, 2010, 124ff).

Der Unterschied im sozioökonomischen Status, die Nationalität, das Geschlecht, die Zugehörigkeit als Interviewerin zur Dominanzgruppe in der deutschen Gesellschaft und als Beschäftigte in einer Jugendhilfeeinrichtung, wie in meinem Fall, beeinflusst das Interviewgeschehen (vgl. Thielen, 2009). Dieses ist dadurch grundsätzlich in Machtverhältnisse verzahnt (vgl. ebd., Abs. 2). Als Interviewerin deutscher Herkunft und damit privilegierte Angehörige der deutschen Mehrheitsgesellschaft ist anzunehmen, dass ich von den befragten MigrantInnen als Vertreterin der ausgrenzenden Gesellschaft angesehen werde und als Sozialpädagogin als Kontaktperson zu jenen Ämtern, mit denen sie bereits negative Erfahrungen gemacht haben. Diese hierarchische Kommunikationsstruktur kann dem Aufbau eines Vertrauensverhältnisses im Wege stehen und ist bei der Interpretation der Ergebnisse zu berücksichtigen. Das Schaffen eines Vertrauensverhältnisses ist daher eine wichtige Voraussetzung für verlässliche Befunde. Einfühlen in die Situation der Befragten, Fingerspitzengefühl, eine sensible und respektvolle Kommunikation ist auf Seiten der interviewenden Person unverzichtbar.

Susanne Klingelhöfer und Peter Rieker fassen die Besonderheiten für die empirische Sozialforschung im Bereich junger Flüchtlinge wie folgt zusammen: Probleme des Zugangs, der Vertraulichkeit, der sprachlichen und interkulturellen Verständigung, durch emotionale Belastung, durch Parteilichkeits-konflikte und aufgrund der altersspezifischen Wahrnehmungs-, Reflexions- und Äußerungsweise (vgl. Klingelhöfer & Rieker, 2003, 24).

6.2.3 Sampling und Feldzugang

Für mein Forschungsvorhaben plante ich acht Interviews mit Personen, die als unbegleitete minderjährige Flüchtlinge nach Deutschland kamen und als Minderjährige in Jugendhilfeeinrichtungen lebten sowie mit drei Sozialpäda-gogInnen, die mit UMF arbeiteten. Durch meine mehrjährige Berufserfahrung im Bereich der stationären Jugendhilfe für UMF verfügte ich über Kontakte zu unbegleiteten MigrantInnen und zu in diesem Arbeitsfeld tätigen KollegInnen unterschiedlicher Einrichtungen, die ich dafür ansprach.

Als Kriterien zur Auswahl der InterviewpartnerInnen wählte ich für die Gruppe der UMF:

- Fluchthintergrund als unbegleitete/r Minderjährige/r
- vorhandene Unterbringungserfahrungen in der stationären Jugendhil-fe als UMF
- bei noch aktueller stationärer Jugendhilfe Erfahrungen in weiteren, vorhergehenden Wohngruppen, um mögliche Loyalitätsprobleme aus-zuschließen
- ausreichende Deutschkenntnisse, um ein Interview zu diesem The-menbereich ohne DolmetscherIn absolvieren zu können
- Volljährigkeit zum Zeitpunkt des Interviews

und für die Gruppe der ExpertInnen:

- berufliche Erfahrungen mit UMF im Bereich stationärer Jugendhilfe
- eine (sozial-)pädagogische Ausbildung
- mindestens zwei Jahre Berufserfahrung

Die Rekrutierung der als unbegleitet nach Deutschland gekommenen Interview-partnerInnen verlief nicht ohne Schwierigkeiten. Bei Minderjährigen müssten die Vormünder der Teilnahme zustimmen sowie die BetreuerInnen und zum Teil die Einrichtungsleitungen um Erlaubnis gefragt werden. Daher beschloss ich, mich auf inzwischen volljährig gewordene MigrantInnen zu beschrän-ken. Des Weiteren gelang es mir nicht, weibliche Interviewpartnerinnen unter den ehemaligen UMF zu befragen – die meisten Wohngruppen arbeiten mit männlichen UMF, da sie den größten Prozentanteil unter den MigrantInnen mit

Fluchthintergrund ausmachen, eine Interviewpartnerin sagte kurzfristig ab und auf eine E-Mail-Anfrage erhielt ich keine Rückmeldung. Außerdem hatte ich zunächst geplant, junge MigrantInnen unterschiedlicher Herkunftsländer zu befragen. Nachdem jedoch zwei Interviewtermine mit Heranwachsenden aus Nigeria (wegen hoher Belastung aufgrund der Nachricht über die Ablehnung des Asylgesuchs) und Somalia (wegen Unbehagen gegenüber dem Interview) abgesagt wurden und ich bereits über mehrere Zusagen von afghanischen Migranten für ein Interview verfügte, ergab sich eine Zusammensetzung bzw. Beschränkung der Stichprobe auf afghanische männliche Gesprächspartner.

Für die ExpertInneninterviews wählte ich eine Sozialpädagogin, die in einer teilbetreuten Wohngruppe für ab 16-jährige Jugendliche beiderlei Geschlechts und jeglicher Herkunft arbeitet und über eine Zusatzausbildung zur Traumapädagogin verfügt, eine Sozialpädagogin, die in einer größeren Einrichtung arbeitet und einen Pädagogen, der in einer Clearinggruppe für UMF ab 14 Jahren arbeitet und selbst Migrationshintergrund hat.

Soweit es die Wahrung der Anonymität der Interviewpersonen notwendig machte, wurden ihre persönlichen Daten und Angaben verändert, ohne deren Gesamtzusammenhang und Aussagekraft zu verfälschen.

6.3 Datenerhebung und Datenanalyse

Die sechs Interviews mit den Heranwachsenden wurden im Zeitraum von März bis September 2013 geführt. Die Interviews dauerten im Durchschnitt 39 Minuten, und fanden in einem Büro statt.

Die Interviews mit den BetreuerInnen wurden jeweils in einem Büro ihrer Jugendhilfeeinrichtung durchgeführt und dauerten je eine knappe Stunde. Sie fanden im Oktober und November 2013 statt.

Allen InterviewpartnerInnen wurden zu Beginn nochmals das Anliegen der Untersuchung und der Ablauf des Interviews erläutert, sie wurden über die Vertraulichkeit und Anonymität der Daten aufgeklärt und es wurde ein schriftliches Einverständnis eingeholt.

Als erstes legte ich den Kurzfragebogen vor. Die unbegleiteten Migranten ermutigte ich, einen Codenamen zu wählen. Aufgrund der gravierenden Probleme bei der Altersfestsetzung (vgl. Kap. 5.3.1) und der Erfahrung in einem Testinterview, in dem der zu Interviewende unschlüssig über die Altersangabe war, fragte ich explizit nach dem Alter laut dem von deutschen Behörden ausgestellten Identitätspapier. Neben der Staatsangehörigkeit, der Muttersprache und dem Alter bei der Einreise wurden auch der gegenwärtige Aufenthaltsstatus, die momentane Wohnsituation und die derzeitige Tätigkeit erfragt. Um mögliche Belastungen vor der Ankunft in Deutschland einschätzen zu können, die zweifelsfrei Auswirkungen auf den Unterstützungsbedarf haben, interessierte auch die Fluchtdauer und die Erfahrungen von potentiell traumatisierenden Ereignissen, die Flüchtlingskinder häufig machen (vgl. Lanfranchi, 2006b). Die Frage nach einem psychotherapeutischen Hilfsangebot hielt ich insofern für relevant, als die Versorgung von UMF mit Therapieangeboten, die erreichbar, verfügbar und qualifiziert sind, prekär ist und sich dies wiederum auf ihre Lebensqualität und auf die Anforderungen an die Fachkräfte der Jugendhilfe auswirkt. Zugleich gibt die Antwort auch einen Hinweis auf die Einschätzung ihrer psychischen Belastung durch die Fachkräfte.

Auch wenn sich das Forschungsinteresse bei ExpertInneninterviews nicht auf die gesamte Person erstreckt (vgl. Meuser & Nagel, 1991, 442), sind die GesprächspartnerInnen gleichwohl als Subjekte präsent, deren individuelle Faktoren wie Geschlecht, Herkunft, Ausbildung oder Berufserfahrung auf die Interviews Einfluss nehmen und die ich daher in einem Kurzfragebogen erhob.

Alle Interviews wurden nach erteilter Zustimmung der Befragten auf einem digitalen Tonträger aufgezeichnet und vollständig transkribiert. Zu jedem Interview verfasste ich ein kurzes Postskriptum.

Die Transkription, also die Verschriftlichung der Audioaufzeichnung, wurde mithilfe des Softwareprogramms f4 2012 erstellt. Ich entschied mich für eine kommentierte Transkription, in der Pausen, besondere Betonung oder Aussprache, Lachen etc. vermerkt werden, da mir beim Anhören der Aufnahme auffiel, dass dies zum Teil besonders aussagekräftige Stellen des Interviews waren und durch eine rein wörtliche Transkription Botschaften verloren gehen könnten. Dabei orientierte ich mich an den Regeln von Georg Peez (vgl. Peez, 2002). Um der Lesbarkeit willen transkribierte ich verbale Füsel wie »Hm« oder »Äh« nicht, ein bestätigendes »Mhm« dann, wenn es gezielt eingesetzt wurde, um noch mehr zum Erzählen anzuregen, ohne durch Fragen den Erzählfluss unterbrechen zu wollen.

Die Datenanalyse erfolgte durch die Kombination einer deduktiven und einer induktiven Vorgehensweise in zwei Schritten. Zunächst wurden die Interviews deduktiv anhand der durch den Interviewleitfaden vorgegebenen Themenbereiche, welche bereits theoretische Vorannahmen implizieren, einzeln ausgewertet. Die Darstellung der Einzelinterviews der unbegleiteten Migranten hielt ich für sinnvoll, um ihrer Individualität besser Rechnung zu tragen und eventuelle Unterschiede zu entdecken. Zusätzlich wurde mithilfe des Software-Programmes MaxQDA eine Codierung der Interviewtexte mit dem Ziel der Datenreduktion und der Systematisierung vorgenommen. Die Subcodes wurden induktiv aus dem Datenmaterial abgeleitet und können sich daher in den einzelnen Interviews unterscheiden. Anschließend erfolgte ein thematischer Vergleich zwischen den Interviews und eine Generalisierung der Aussagen und Themen wurde versucht, aus der sich Hypothesen ableiten lassen.

Auf den Verlauf der Interviews zurückblickend gewann ich den Eindruck, dass v. a. die Gruppe der befragten Heranwachsenden das Gespräch zumindest teilweise genossen, da sie als Experten ihrer Lebenswirklichkeit befragt und endlich einmal gehört wurden, und daher selbstbewusst, bereitwillig und kompetent erzählten. Dies ermutigt, diese Gruppe viel mehr in Untersuchungen miteinzubeziehen.

Auch die ExpertInnen berichteten nach dem Interview, dass sie es interessant fanden, einmal mit Abstand über ihre Arbeit zu berichten, dass ihnen dabei einiges bewusster geworden sei und viel mehr Raum für fachlichen und kollegialen Austausch geschaffen werden sollte.

7. Darstellung der Ergebnisse

In diesem Kapitel werden die Ergebnisse der Befragung dargestellt und diskutiert. Zunächst werden die Kurzfragebögen der Gruppe der ehemaligen UMF ausgewertet. Dem folgen eine Einzeldarstellung der Interviews mit den UF, bei der ich diese ausführlich in Zitaten selbst zu Wort kommen lasse, da ihre persönlichen Aussagen einen besseren Zugang und Eindruck ihrer Lebenswelt vermitteln können als eine bloße Zusammenfassung, und eine fallübergreifende Darstellung der Interviews. Die ExpertInneninterviews werden nach einer Kurzvorstellung der InterviewpartnerInnen anhand der Ergebnisse des Kurzfragebogens in einer Zusammenschau ausgewertet.

7.1 Befragung der unbegleiteten Flüchtlinge (UF)

7.1.1 Auswertung des Kurzfragebogens

Insgesamt wurden sechs ehemalige UMF im Alter zwischen 18 und 27 Jahren befragt. Zum Zeitpunkt ihrer Einreise waren die Interviewten zwischen 14 und 16 Jahre alt. Bei einem Befragten dauerte die Flucht zwei Monate, da er per Flugzeug bis in die Türkei kam, die übrigen Migranten benötigten 4,5 bis 12 Monate. Zwei Drittel von ihnen (vier Personen) waren zu dem Zeitpunkt, als sie ihre Familie verließen bzw. flüchteten, etwa 14 Jahre alt. Ein Befragter lebte zum Zeitpunkt der Befragung in einer eigenen Wohnung (eig. Whg.), die übrigen befanden sich noch in stationärer Jugendhilfe (JH) (vgl. Tab. 3).

Codename	Asim	Ramin	Milad	Zoran	Nuri	Tarik
Alter zum Zeitpunkt der Befragung	18	18	19	19	19	27
Alter bei der Ankunft in Deutschland	15	15	15	16	16	14
Dauer der Flucht in Monaten	6	12	12	2	7	4,5
Wohnsituation	JH	JH	JH	JH	JH	eig. Whg.

Tab. 3: Tabellarische Übersicht über die Interviewpartner (UF)

Zum Zeitpunkt der Interviewdurchführung warteten drei der Befragten (50%), nach einer immerhin drei- bis vierjährigen Verweildauer in Deutschland, noch immer auf eine Entscheidung über ihren Asylantrag und hatten daher eine Gestattung mit den bereits erwähnten Einschränkungen inne. Zwei Personen verfügten über einen befristeten Aufenthalt und nur derjenige, der bereits seit 13 Jahren in Deutschland lebte, über einen unbefristeten Aufenthaltstitel (vgl. Tab. 4).

Nennung	Anzahl
Gestattung	3
befristeter Aufenthalt	2
unbefristeter Aufenthalt	1
Duldung	0
Summe	6

Tab. 4: Aufenthaltstitel der Befragten

Nennung	Anzahl
Ich gehe zur Schule.	3
Ich mache eine Ausbildung.	1
Ich arbeite.	0
Sonstiges	2
Summe	6

Tab. 5: Aktuelle Tätigkeit

Drei der Befragten gingen zur Schule, einer absolvierte eine handwerkliche Lehre und zwei befanden sich auf Arbeitssuche (vgl. Tab. 5).

Zwei Drittel der Befragten (vier Personen) hatten als Kinder oder Jugendliche zwölf oder mehr potentiell traumatisierende Erlebnisse:

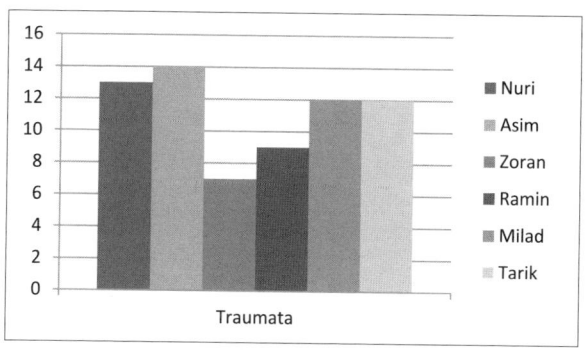

Tab. 6: Anzahl potentiell traumatisierender Erfahrungen je UF

Alle interviewten unbegleiteten Migranten hatten als Kinder oder Jugendliche lebensbedrohliche Situationen durchgemacht, mussten sich aufgrund von Bedrohung verstecken und waren Zeuge von Gewalt oder Folter an anderen Personen. Fünf von sechs (83,3 %) hatten als Minderjährige eine Schießerei und/oder ein Attentat aus der Nähe erlebt, hatten tote und/oder verletzte Menschen gesehen und sie selbst oder ihre Familienangehörigen waren bedroht worden. Folgende Erfahrungen machten jeweils vier der Befragten (66,67 %): Erleben einer Bombenexplosion aus nächster Nähe, Inhaftierung in einem Gefängnis, Überfall auf das eigene Zuhause, Anwesenheit und Zeugenschaft bei Kämpfen oder anderen Gewaltsituationen, gewaltsamer Tod oder Vermisstwerden eines Familienmitgliedes. 50 % (drei Personen) dieser ehemaligen UMF wurden im Herkunftsland entführt oder zu Kampfhandlungen gezwungen, ebenso viele wurden schwer geschlagen oder gefoltert und ebenfalls drei von sechs hatten einen schweren Unfall. Zwei der Befragten wurden unfreiwillig von ihren Eltern getrennt (vgl. Tab. 6; 7; 8).

Die Abfrage typischer Kriegserfahrungen mit Traumatisierungspotential ergab folgendes Bild:

Ramin	Zoran	Asim	Nuri	Tarik	Milad	Welche der folgenden Erfahrungen hast du schon gemacht?
x	x	x	x	x	x	Ich befand mich in einer lebensgefährlichen Situation.
x		x	x			Ich bin in meinem Heimatland entführt oder zum Kämpfen gezwungen worden.
	x	x			x	Ich bin schwer geschlagen oder gefoltert worden.
						Ich habe in einem Krieg gekämpft.
x		x	x	x		Ich habe eine Bombenexplosion aus der Nähe erlebt.
x		x	x	x	x	Ich habe eine Schießerei oder ein Attentat aus der Nähe erlebt.
					x	Ich bin durch eine Waffe verletzt worden.
x	x		x	x	x	Ich wurde in ein Gefängnis gesperrt.
	x	x	x	x	x	Mein Zuhause wurde überfallen.
		x	x			Ich wurde unfreiwillig von meiner Familie getrennt.
	x	x		x		Ich hatte einen schweren Unfall.
x	x	x	x	x	x	Ich habe gesehen, wie andere Menschen geschlagen oder gefoltert wurden.
x		x	x	x	x	Ich habe schwer verletzte oder tote Menschen gesehen.

		x	x	x	x	Ich war bei Kämpfen oder Gewaltsituationen anwesend.
x	x	x	x	x	x	Ich musste mich vor Angriffen verstecken.
x		x	x	x	x	Ich selbst oder Familienmitglieder wurden bedroht.
		x	x	x	x	Jemand aus meiner Familie ist vermisst oder durch Gewalt gestorben.

Tab. 7: Art der potentiell traumatisierenden Erfahrungen je UF

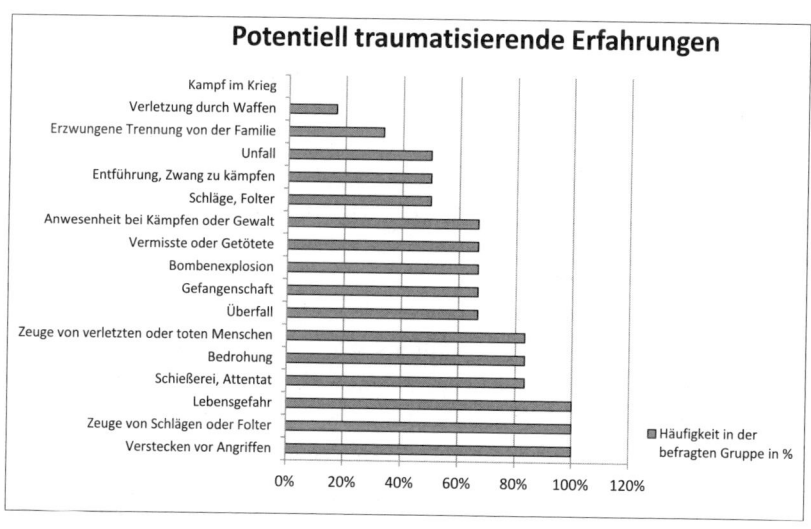

Tab. 8: Häufigkeit von typischen Traumaerfahrungen der UF infolge kriegerischer Auseinandersetzungen

147

Allen Befragten wurde bereits einmal eine Psychotherapie empfohlen und fünf von sechs haben diesen Rat in die Tat umgesetzt. Die Fragen nach der Staatsangehörigkeit und der Muttersprache hatten aufgrund der konzeptionell nicht beabsichtigt gewesenen Eingrenzung der Befragung von Migranten afghanischer Herkunft ihre Sinnhaftigkeit verloren.

7.1.2 Einzeldarstellung der Interviews mit den unbegleiteten Flüchtlingen (UF)

7.1.2.1 Tarik

Tarik ist 27 Jahre alt und kam mit 14 Jahren nach Deutschland. Er stammt aus einer Provinz im Nordosten Afghanistans. Seine Familie ist in der Zwischenzeit nach Tadschikistan emigriert. Er verfügt über einen unbefristeten Aufenthalt und konnte seine Familie inzwischen einmal besuchen. Tarik hat eine Ausbildung in einem anspruchsvollen handwerklichen Beruf absolviert. Aufgrund erheblicher chronischer gesundheitlicher Einschränkungen ist er zum Zeitpunkt der Befragung in einer Eingliederungsmaßnahme beschäftigt. Er interessiert sich sehr für Psychologie, verfügt über unterschiedliche stationäre und ambulante Therapieerfahrungen und schreibt an seiner Biographie. Der Befragte macht den Eindruck, als habe er sich auf das Interview gut vorbereitet und möchte bereits mit dem Erzählen beginnen, noch ehe ich das Aufnahmegerät betriebsbereit habe. Er wirkt, als würde er darauf brennen, endlich einmal seine Meinung zu den erhaltenen Jugendhilfeleistungen bzw. »Versäumnisse[n]« (Interview Tarik, 94)[13] äußern zu können.

Erfahrungen im Herkunftsland

Im Kurzfragebogen hatte Tarik von den 17 zur Auswahl stehenden potentiell traumatisierenden Erfahrungen zwölf als selbst erlebt angekreuzt. Er deutet zunächst an, dass viele Jugendliche zahlreiche Traumata (Krieg, Verbrechen, körperliche Gewalt) erlebt hätten und davon psychisch stark beeinträchtigt seien (vgl. ebd., 46). Er erzählt, dass er viel Gewalt und Zerstörung gesehen hat:

> »[I]ch hab zwei Kriege erlebt, ich hab Leute sterben sehen, ich habe meinen Onkel vor meinen Augen sterben sehen, ich hab meinen Großonkel gesehen, dass er auf die Mine getreten hatte und sein Fuß von Oberschenkel bis unten weg war, das sind Traumas.« (Ebd., 74)

---

[13] Die Ziffern nach einem Zitat aus den Interviews bezeichnen den Absatz, in dem dieses in dem jeweiligen (nicht veröffentlichten) Transkript zu finden ist.

Erfahrungen auf der Flucht

Zu seinen Erlebnissen auf der Flucht äußert er sich nur kurz:

»Am Schlimmsten war's so, dass ich, also bevor ich nach Deutschland gekommen bin, war ich in Österreich und dort haben die absichtlich von mir die Fingerabdrücke genommen.« (Ebd., 40)

Emotionales Befinden und psychische Belastungen

Die ersten Monate waren aus seiner Sicht geprägt von großer Angst vor einer Abschiebung nach Österreich, einer sechsmonatigen Unsicherheit, ob er in Jugendhilfe bleiben könne, aufgrund von Zweifeln an seinen Altersangaben (vgl. ebd., 56), und dem Gefühl, dass er keinem Menschen vertrauen könne (vgl. ebd., 46–48; 52; 98; 106). Er habe unter starken Depressionen (ebd., 58; 68), unter Heimweh (vgl. ebd., 64; 68) und Einsamkeit (vgl. ebd., 66) gelitten. Als besonders belastend erlebte er, dass er eine chronische Erkrankung, die regelmäßige medikamentöse Behandlung erfordert, verheimlichen musste (vgl. ebd., 32; 36). Warum dies ein Geheimnis bleiben sollte, sagt er nicht. Fast vier Jahre habe es gedauert, bis er zu einer Betreuerin Vertrauen gefasst habe (vgl. ebd., 106), er habe lange Zeit einfach geschwiegen (vgl. ebd., 104).

»[I]ch konnte nichts sagen, was ich auf dem Herzen hatte und ich habe immer das gedrückt und gedrückt und gedrückt. Irgendwann explodiert man.« (Ebd., 106)

Er wollte auch Bekannte und Verwandte nicht mit seinen Problemen belasten (vgl. ebd., 102), daher fühlte er sich sehr alleine:

»Am Wochenende zum Beispiel im Winter, es war kalt, wir durften einmal in der Woche in die Stadt fahren, kam ich in die Stadt. Die anderen fuhren zu ihren Verwandten, Onkel, Cousin, was auch immer, Tante, haben warm gegessen und haben sich amüsiert und Musik gehört und den Tag verbracht. Ich bin vom Marienplatz bis Stachus gelaufen bei der Kälte, wieder hin und wieder zurück. Bis das Abend wurde. Das ist eine deprimierende Situation.« (Ebd., 66)

Auch die Herausforderung, eine neue Sprache erlernen zu müssen, schildert er als sehr belastend:

»[A]m ersten Tag, wo ich in den Kurs reingegangen bin und ich hab gehört, wie die sagen ›gegangen, gekommen‹ et cetera, da habe ich Gänsehaut gekriegt. Nun, zuvor hatte ich schon Englisch gelernt und Englisch war nicht so schwer, ›gegangen, gekommen‹ et cetera. Ich hab mir gesagt: Du wirst diese Sprache nie im Leben lernen.« (Ebd., 28)

Ankunft und Aufnahme

»Ich kann mich ganz auf den Punkt erinnern, ich bin am Hauptbahnhof angekommen. Ich hatte keine Verwandte, keine Bekannte, ich bin einfach rumgerannt. Ich wusste nicht, was ich machen soll. Ich habe ab und zu auch die Polizisten gefragt. Ich hatte eine Nummer. Ich habe angerufen, keiner ist rangegangen und irgendwann habe ich einen Afghane da zufälliger Weise getroffen. Der hat mir die Adresse, von der Behörde im Unterbergstraße die Adresse, gegeben, bin ich rüber gelaufen. Dann habe ich mich beim falsche Adresse im Lager vorgestellt: Ich bin Afghane, auf Englisch, und komme aus Afghanistan, und der Herr lacht mich aus und sagt: Na und, was geht das mich an. Dann bin ich enttäuscht wieder zum U-Bahnhaltestelle zurückgelaufen und da kam dieser Herr und hat mir nochmal gesagt, ich soll ein Gebäude weiter gehen.« (Ebd., 2)

Tarik wurde dann noch am ersten Tag vom Jugendamt in Obhut genommen und in eine Clearingstelle der Jugendhilfe gebracht (vgl. ebd., 22).

Erfahrungen in der Jugendhilfe
Die Haltung der Fachkräfte empfand er als sehr misstrauisch ihm gegenüber, v. a. wegen der Altersfestsetzung:

»Die sind da und spionieren: Wer ist zu alt, wer ist zu jung, wessen Füße sind zu groß, wessen sind zu klein, wer Bart kriegt, wer nicht Bart kriegt.« (Ebd., 48)

»Jaa, also ich hab mich die ganze Zeit von denen so auf der Flucht gefunden. Ich hab mir immer aufgepasst, dass die mich nicht […], also ja, die haben mich nachspioniert.«[14] (Ebd., 52)

Er schlägt daher vor, die Altersfestsetzung aus dem Aufgabengebiet der pädagogischen und psychologischen Fachkräfte der Jugendhilfe herauszunehmen und diese bereits zu Beginn durch Ärzte vornehmen zu lassen.

»[W]enn die Zweifel haben, sollen mich zum Arzt schicken und der Arzt sagt, ja die spinnt, dann erlösen sie mich von unserem Leid, und ich weiß jetzt, wo ist mein Schicksal.« (Ebd., 56)

»Schicken sie mich entweder im Lager oder im Heim. Dann weiß ich, wie's weiter geht. Aber wenn sie mich sechs Monate lang nachspionieren, wie ich mich verhalte, mit wem ich telefoniere, zu wem ich gehe […].« (Ebd., 58)

---

[14] Runde Klammern in den Zitaten symbolisieren Sprechpausen während des Interviews, eckige Klammern dagegen Auslassung.

Insgesamt erlebte Tarik das Leben in den Wohngruppen als anstrengend und konfliktreich. Er vermisste eine altersgemäße und weniger rigide Handhabung der Regeln, v. a. der Ausgeh- und Essenszeiten (vgl. ebd., 82; 86–88), und wünschte sich mehr Entscheidungsspielräume und Rückzugsmöglichkeiten (vgl. ebd., 86).

»[W]enn man da nicht anwesend war, da hat man nichts zum Essen bekommen, das ist ne Strafe [gesprochen: Straffe, militärisch]. Das ist wie im, tut mir leid, zu Hitler-Zeiten. Das gehört sich nicht. Wir sind Menschen und Menschen machen Fehler. Wie die Engländer sagen ›Who is perfect?‹ Ja, da hat man, wenn man fünf Minuten zu spät gekommen ist, hat man kein Essen bekommen. Da musste man mit hungrigem Bauch schlafen und das ist wie im Knast.« (Ebd., 88)

Größere Einrichtungen könnten laut Tarik, gerade was die Freizeitgestaltung betrifft, den Jugendlichen mehr bieten, da ihre finanziellen Möglichkeiten größer seien und es bestünde eine größere Chance, Freundschaften zu schließen, da dort mehrere Jugendliche einer Nationalität leben würden (vgl. ebd., 124). Grundsätzlich sollte man seiner Meinung nach jedoch auf eine ausgewogene Belegung bezüglich der Nationalitäten in den WGs achten, um eskalierenden Konflikten vorzubeugen (vgl. ebd., 122; 126). Er berichtet von Spannungen mit einem Psychologen, die er auf religiöse Unterschiede zurückführt, und vermutet eine rassistische Haltung seitens dieser Fachkraft gegenüber Jugendlichen afrikanischer Herkunft (vgl. ebd., 98). Die Schulsituation war für Tarik sehr unbefriedigend, da ihm der Besuch einer Regelschule verwehrt wurde. Aufgrund von fehlendem Engagement oder Nachlässigkeit hätten ihn die BetreuerInnen zu spät angemeldet, so dass er nach bayerischer Praxis sechs Monate zu alt gewesen und nicht mehr unter die Aufnahmepflicht der Sprengelschulen gefallen sei (vgl. ebd., 90-93). Von den BetreuerInnen scheint er sehr enttäuscht zu sein (vgl. ebd., 58). Es habe sich lange kein Vertrauensverhältnis entwickelt, zum einen aufgrund der notwendigen Altersfestsetzung während der Clearingphase (vgl. ebd., 46-49; 54–58), zum anderen, weil er sich von den BetreuerInnen in seinem seelischen Leid zu wenig wahrgenommen gefühlt habe und diese in konfliktreichen Situationen nicht nach den Hintergründen und Zusammenhängen seines gezeigten Verhaltens geforscht (vgl. ebd., 106) oder nach seinen Belastungen gefragt hätten (vgl. ebd., 58).

»[M]an hätte sich fünf Minuten Zeit nehmen können und runter kommen und fragen: ›Tarik, was bedrückt dich? Was ist los? Wieso reagierst du so?‹« (Ebd., 106)

Zugleich empfand er die Nachfragen des Psychologen nach seiner Herkunft als Aushorchen und nicht als Interesse an seiner Person (vgl. ebd., 98). Er appelliert, die Fachkräfte sollten den Jugendlichen einen gewissen Vertrauensvorschuss geben (vgl. ebd., 106). Auch sollten BetreuerInnen genau so wie Ärzte der Schweigepflicht unterliegen und einen Eid darauf sprechen:

>>Damit gewinnt man den Vertrauen von dem Jugendlichen und der vertraut das und da kann man auch von ihm hören, was er auf dem Herzen hat und das erzählt. Dann man erfasst, ja der ist total deprimiert und der braucht dringend Therapie. Da würde ihm viel besser geholfen.<< (Ebd., 112)

Deutliche Kritik äußert Tarik bezüglich des Umgangs der Fachkräfte mit seinen psychischen Problemen. Er wirft ihnen schwerwiegende Versäumnisse und mangelnde Fachkenntnisse vor:

>>Weil die waren anwesend, die waren die Zeuge, die haben uns jeden Tag leiden gesehen, die wussten, was wir erlebt haben. Wir sind schließlich nicht aus Benediktbeuern hier her gekommen [lachend].<< (Ebd., 72)

>>[I]ch hab fast vier Jahre gebraucht in XYZ, bis ich die Frau M. [Betreuerin] vertraut habe und mich geäußert habe. Das ist ne sehr lange Zeit, dass man vier Jahre braucht, um/ ja das war auch ihrerseits gesehen/ das war auch ein, wie soll ich das ausdrücken, also ich will nicht unhöflich sein, aber einen/ die betreuende Sozialpädagogen sollten auch ne gewisse psychologische Verständnis haben.<< (Ebd., 106)[15]

>>Die Betreuer, glaube ich, es wäre auch sehr sinnvoll, eine Betreuerin oder Betreuer auch eine gewisse psychologische Erfahrung hat. Ich glaube, das ist wirklich also wichtig. Entweder man stellt in einem Heim einen extra Psychologen ein oder die Sozialpädagogen machen so eine Schulung, […]. Ein ganz normaler Sozialpädagoge glaube ich hat Schwierigkeiten, sich mit einem zurecht zu finden.<< (Ebd., 116)

Die BetreuerInnen und das Jugendamt hätten versäumt, ihm trotz offensichtlicher Depressionen therapeutische Hilfe zu vermitteln (vgl. ebd., 46; 104) und damit seine Leiden verschlimmert und verlängert (vgl. ebd., 68).

>>Kann man nicht einfach vergessen. Gott sei Dank hab ich kein Flashbacks, aber […] seh/ ich/ also da stirbt irgendjemand, schmeißt sich vor Straßenbahn und die ganze Straßenbahnfahrgäste wurden therapiert. Und bei mir wird's nicht geschehen.<< (Ebd., 76)

---

[15] Ein Schrägstrich / in den Zitaten weist auf einen abgebrochenen Satz oder ein abgebrochenes Wort hin.

Auf die Fiktionsfrage, was er denn abschaffen würde, wenn er eine solche Jugendhilfeeinrichtung leiten würde, antwortet er, dass er bei einer Vollzeitbetreuung das gemeinsame Essen abschaffen würde, um ohne Zeitdruck Verabredungen mit Freunden und Bekannten wahrnehmen zu können (vgl. ebd., 142). Als Neuerung würde er auf Sprachkenntnisse, zumindest Englisch, bei den Sozialpädagoginnen bestehen, um Missverständnisse und Konflikte zu reduzieren und das gegenseitige Vertrauen zu fördern (vgl. ebd., 139; 146). Von den BetreuerInnen würde er sich mehr Zeit und Engagement für Gespräche (vgl. ebd., 58; 106) und Kompromissbereitschaft (vgl. ebd., 84) erwarten. Für die psychische Stabilisierung würde er neben der psychotherapeutischen Behandlung auf sportliche Aktivitäten und das Vermitteln von Entspannungstechniken wie Autogenes Training und Progressive Muskelentspannung nach Jacobson achten (vgl. ebd., 144).

7.1.2.2 Nuri

Nuri ist 19 Jahre alt und seit drei Jahren in Deutschland. Er kommt ursprünglich aus der Provinz Ghazni im Osten Afghanistans, in der Nähe von Pakistan gelegen. Er verlor mit ca. zehn Jahren beide Elternteile und wurde dann zunächst von seinem Onkel aufgenommen. Da er von diesem jedoch sehr schlecht behandelt worden war, lief er davon und schlug sich mehr oder weniger alleine durch. Nuri migrierte später in den Iran, wo er zwei Jahre lang arbeitete, ehe er von dort aus die Reise nach Europa antrat. Sein jüngerer Bruder galt lange Zeit als vermisst. Vor einem halben Jahr fand Nuri wieder dessen Spur und konnte inzwischen telefonischen Kontakt zu seinem einzigen Verwandten aufnehmen. Um seinen Bruder in Afghanistan finanziell zu unterstützen und ihm den Schulbesuch zu ermöglichen, brach er seine Ausbildung ab und befindet sich zum Befragungszeitpunkt auf Arbeitssuche.[16] Nuri legt ein äußerst höfliches und zurückhaltendes Auftreten an den Tag und spricht weniger in der Ich-Form, sondern eher in allgemeiner Art über die Lebenssituation, in der man sich als Flüchtling befindet, und über die Jugendhilfeerfahrungen.

Erfahrungen im Herkunftsland

Nuri hatte laut Auskunft des Kurzfragebogens 13 der 17 aufgelisteten potentiell traumatisierenden Erfahrungen erlebt. Im Interview äußert er sich zu seinen Erlebnissen nicht konkreter, betont jedoch wiederholt, dass jeder Afghane,

---

[16] Die Informationen über seinen familiären Hintergrund erhielt ich telefonisch von seiner Betreuerin, als ich um potentielle Interviewkandidaten nachfragte.

der in Deutschland ist, wirklich große Probleme hatte und noch habe (vgl. Interview Nuri, 170).

Erfahrungen auf der Flucht
Der Befragte macht keine Angaben über seinen Fluchtweg.

Emotionales Befinden und psychische Belastungen
Auch über persönliche Belastungen und seine emotionale Verfassung spricht Nuri relativ allgemein.

> »[A]lso die Jungs, also die in Afghanistan waren, die sind echt, also echt echt kaputt. Also echt kaputt. Die haben echt Probleme, die haben echt Probleme gehabt und immer hat, […]. Es ist Wahnsinn, keine Ahnung. […] Zum Beispiel bei mir, also ist so schwer gewesen, aber, was will ich sagen? […]« (Ebd., 46)

Er betont seine Ratlosigkeit zu Beginn in Deutschland:

> »Am Anfang? Probleme – die Sprache, Probleme – ich habe viel Probleme gehabt, also ffh wie soll ich sagen? Also, ich konnte nicht sprechen, was also. Da habe ich mir gedacht: Was soll ich machen jetzt? Also, keine Ahnung.« (Ebd., 14)

Trotz großer Lebenserfahrung, die Afghanen mitbringen, sei es schwer in Deutschland (vgl. ebd., 6) und alle hätten mit Anpassungsschwierigkeiten zu kämpfen:

> »[J]eder Afghane hat große Probleme. Und deshalb auch die/ die/ die/ die haben aber mehrer Erfahrung und und […] ja, aber in Deutschland gehst also ganz anderes, also. Die muss man von/ von Regel, von die Gesetze deutsch muss man […] machen.« (Ebd., 172)

Ankunft und Aufnahme
Nuri musste fünf Monate in einer Erstaufnahmeeinrichtung leben, ehe er Jugendhilfe in Form einer stationären Wohngruppe erhielt. In diesem Zeitraum konnte er weder eine Schule noch einen Deutschkurs besuchen (vgl. ebd., 8ff).

Erfahrungen in der Jugendhilfe
Der Befragte spricht zunächst sehr anerkennend über die Unterstützung, die er in der Wohngruppe von den BetreuerInnen erhalten habe (vgl. ebd., 14; 60; 232). Fast jede Woche habe seine Betreuerin mit ihm und einem Dolmetscher ein Gespräch geführt (vgl. ebd., 14). Wenn er Probleme hatte oder krank war, hätten die BetreuerInnen geholfen (vgl. ebd.). Auch die Versorgung mit

Geld für Essen und Kleidung, mit Taschengeld fand er sehr gut (vgl. ebd., 74). Durch den Wechsel in die Jugendhilfeeinrichtung hätte er dann auch eine

Schule besuchen können (vgl. ebd., 8; 12) und zwei verschiedene Nachhilfeangebote erhalten (vgl. ebd., 28).

Bezüglich der Regeln hätte er keine Schwierigkeiten gehabt, aber andere Jugendliche (vgl. ebd., 88). Aufgrund der Größe der Wohngruppe (zehn Personen) habe es immer Probleme und Meinungsverschiedenheiten gegeben, wegen Putzen, Geschirr spülen, vielen Besuchen, auch er habe damit Probleme gehabt (vgl. ebd., 196–202). Dies sei nach sechs Monaten immer schlimmer geworden (vgl. ebd., 206). Daher fände er kleinere Wohneinheiten besser:

> »Von zehn Leute, mei Gott, es ist echt Problem, aber wenn zwei Leute eigene Wohnung hat oder oder in Küche, also in die Zimmer hat eine Küche, das ist echt super. Es ist kein Problem und so[.]« (Ebd., 204)

Nuri kritisiert die Qualität der Verpflegung durch das Heim. Statt einer Hauswirtschafterin, die für alle Essen zubereitete, das die Jugendlichen nicht mochten, findet er es zwingend notwendig, dass jeder über einen eigenen Herd und Küche verfüge, um selbst kochen zu können (vgl. ebd., 214–218). Die Konflikte, die sich durch die gemeinsame Benutzung einer einzigen Küche ergaben, schildert er als aufreibend und als Stressfaktor (vgl. ebd., 220ff). Das Zusammenwohnen mit Menschen verschiedener Nationalitäten findet er dagegen prima.

> »[M]ehrere Nationalität es ist super und also eigentlich da alle sind Mensch. [...] Nur die Religion ist anderes oder Nationalität also. Das finde ich super.« (Ebd., 80)

Über Art und Inhalt der Betreuung schien zwischen den BetreuerInnen und ihm kein Konsens bestanden zu haben. Die BetreuerInnen hätten ihn immer wieder gedrängt, über seine Probleme zu sprechen, er habe dies jedoch lange Zeit nicht tun können (vgl. ebd., 20) und auch nicht gewollt:

> N: »Und die haben gesagt: Ja was hast du selbst Problem? Und, aber Gott sei Dank zuerst einmal, aber irgendwie habe ich schon ein bissel krank gewesen, aber/ aber ich habe nicht gesagt von Betreuern und so, aber immer alleine habe ich schon also trotzdem halt, die haben schon geholfen, aber [...]«
> I: »Aber du hast eher versucht, die Sachen alleine zu machen?«
> N: »Genau.« (Ebd., 22–24)

Er hatte den Anspruch, seine Probleme alleine zu lösen und wollte nur bei Bedarf um Unterstützung fragen:

»Wenn ich konnte, dann sage ich nicht. Wenn ich nicht konnte, dann sage ich: Also die habe ich Probleme, die konnte ich nicht. Kannst du mir helfen?« (Ebd., 38)

Er macht eine deutliche Unterscheidung zwischen etwas älteren und noch jüngeren Jugendlichen hinsichtlich des Hilfesuchverhaltens und der Notwendigkeit von Betreuungsangeboten:

»Ja, wenn man erwachsen wird, dann muss man erst ein bisserl groß werden und muss man diese/ wenn man Probleme hat, dann muss man selber irgendwie versuchen. Da habe ich schon langsam, langsam versucht. Aber irgendwie habe ich schon Probleme bis jetzt, aber es ist nicht so forsch also wie früher.« (Ebd., 48)

»Ja, früher immer bin ich krank gewesen und aber jetzt, irgendwie, wenn ich krank gewesen würde, dann sage ich: Nein, jetzt schaffst du das. Also mach.« (Ebd., 50)

»Ja, die hat/ die habe ich schon irgendwie selbst Gedanken/ Gedanken gemacht und sowas, aber, ja.« (Ebd., 52)

»Ja, wenn du deine Probleme hast, dann du kannst auch irgendwie eine Lösung finden.« (Ebd., 154)

»Du kannst auch eine Lösung finden, dass die Probleme nicht größer wird [...].« (Ebd., 156)

»[W]enn man erwachsen ist, das ist, ist 18, muss man selber denken und so, aber, da aber ab und zu muss man fragen und so [...].« (Ebd., 184)

Während er bei fast Erwachsenen ein größeres Vertrauen in deren eigene Kompetenzen und die Achtung ihrer Autonomie verlangt, fordert er für die jüngeren deutlich mehr nachgehende Fürsorge und Ermutigung:

»[Das Schweigen] muss man respektieren, aber die, in XX war ich, die haben manchmal versucht: Was hast du Problem? Oder: Wieso, warum redest du nicht? Da habe ich gesagt: Ja, es ist/ also ich bin so. Ich sage nix und, wie soll ich sagen. Also wenn ich etwas sagen, die Leute sagt: Ey, es ist falsch. Und so. Dann denke ich: Ey, wieso hast du so gesagt, also.« (Ebd., 64)

»[J]a aber bei die, die klein sind, die muss man auch aufpassen. Mit welche Jugendliche geht draußen, mit/ ja mit welche Jugendliche die hat Kontakt, ja und, da muss man auch ein bissel aufpassen.« (Ebd., 186)

»Muss man auch Kontakt, immer Kontakt haben und sagen: Was hast du, also Probleme? Die manche machen, also die Jugendliche hier sind und wenn die Probleme ein bissel größer wird, dann muss etwas machen. Oder er trinkt zu viel oder er raucht etwas oder/ oder macht etwas. [...] Und immer sagen: Ah, du, du hast gut gemacht und du machst weiter und etwas Schönes oder so.« (Ebd., 150)

Ausführlich schildert Nuri eine Vorgehensweise bzw. Aussage von BetreuerInnen, an der sich scheinbar immer wieder Konflikte entzündet hatten und an der sich kulturell bedingte Missverständnisse erkennen lassen:

»Ja, einmal war ich, keine Ahnung, bei die Gruppen irgendwie etwas putzen, alle/ alles. Und dann jemanden haben mir gesagt: Ey du musst so machen. […] Da habe ich gesagt: Bei mir gibts keine ›muss‹! Bei mir gibts keine ›muss‹! Also wenn ›muss‹ ist, dann ›tschüss‹. Ist mir wurscht. Oder Strafe oder es ist egal.« (Ebd., 92ff)

Er habe sich dann einige Tage später entschuldigt, da man in der afghanischen Kultur höher stehende Personen respektieren muss. Dennoch:

»Da muss man sagen, also: Nicht ›muss‹, ›das sollte‹ sagen, also höflich, aber nicht also ›muss‹, also. Es ist/ ›muss‹, es ist Wahnsinn, dieses große Wort […].« (Ebd., 112)

N: »Es gibts keine ›muss‹! Wenn ›muss‹ gibts, dann ist mir wurscht! Also dann gehe ich. Egal! Oder in Afghanistan oder irgendwie, das […] wegen ›muss‹ bin ich hier, wegen ›muss‹ bin ich hier!«
I: »Aha.«
N: »Und, da habe ich gesagt: Ja, es ist Deutschland, es ist […] freie Land oder sowas. Mmh ja und da habe ich nicht viel diskutiert. Aber irgendwie, aber, ja manche Sachen muss man machen, aber nicht direkt: Ey, du musst so machen. Es ist äh […]«
I: »Das ist sehr unhöflich?«
N: »Ja natürlich!« (Ebd., 114–118)

Besonders positiv hob er die Hilfe und Unterstützung durch einen Praktikanten in der Wohngruppe hervor. Dieser habe sich jeden Tag für ihn Zeit genommen und ihm bei den Hausaufgaben geholfen (vgl. ebd., 28ff). Die Regelmäßigkeit kombiniert mit Spaß und guter Laune sei das Besondere und Wirksame bei ihm gewesen:

»Also ich habe immer/ ich habe immer mit ihm Spaß gehabt und immer gut gelaunt und haben wir auch trotzdem gelernt. Ja jeden Tag 1/2 Stunde oder 2 Stunde oder 1 Stunde, und aber, gut, super, also. Er hat schon gut geholfen, also.« (Ebd., 34)

Wichtig fand er, dass die Jugendlichen die Sprache erlernen, Schulunterricht und Nachhilfe bekommen und anschließend eine Ausbildung machen.

»Dann wenn man nicht machst und dann, in Deutschland gibt alles frei, kann man alles machen, also Rauchen oder Drogen oder keine Ahnung, etwas trinken und dann wird immer schlechter und ja.« (Ebd., 160)

Die BetreuerInnen sollten dabei nicht zuschauen und die Jugendlichen nicht sich selbst überlassen:

> »[A]lso die Betreuer sind gleich wie Mutter und Familie, die/ die/ immer muss fragen, immer muss fragen, immer muss etwas machen, also. Immer muss etwas tun!« (Ebd., 166)

Nuri drückt besonders deutlich die Ambivalenz und notwendige Balance zwischen dem Respekt vor der Autonomie und Selbstständigkeit, die viele dieser Jugendlichen aufweisen, und der Notwendigkeit, ihnen Orientierung und Fürsorge zu bieten, aus.

7.1.2.3 Zoran

Zoran, 19 Jahre alt, seit drei Jahren in Deutschland, wurde in einer Provinz im Süden Afghanistans geboren und kam im Alter von ca. zwei Jahren mit seiner Familie in den Iran nach Teheran. Laut eigenen Angaben wusste er zunächst nicht, dass er aus Afghanistan stammte. Er leistete ab dem zehnten Lebensjahr äußerst schwere körperliche Arbeit. Seine Freizeit verbrachte er mit Kampfsport. Etwa ein Jahr vor dem Interview hatte er einen schweren Unfall. Seitdem leidet er an einer chronischen Folgeerkrankung und weiteren körperlichen Beeinträchtigungen.

Erfahrungen im Herkunftsland

Zoran kann sich an seine frühe Kindheit in Afghanistan nicht erinnern. Er erzählt von Diskriminierungen im Iran, z. B. nicht zur Schule gehen zu dürfen, keinen oder zu wenig Lohn ausbezahlt zu bekommen, oder an gewissen Wettkämpfen nicht teilnehmen zu dürfen, obwohl er ein sehr guter Sportler gewesen sei. Als Kind sei er oft von iranischen Jugendlichen geschlagen worden. Sein älterer Bruder habe versucht, ihn zu beschützen und habe ihm gesagt, dass er lernen müsse, sich zu wehren. Deshalb habe er mit Kickboxen angefangen. Er berichtet von wiederkehrenden Konflikten mit seinem Vater:

> »Was habe ich immer mit meinen Vater gestritten, warum wir sind im Iran und so. Die andere Jungs geht zur Schule und ich kann nicht zur Schule gehen und so was. Mein Vater hat mit mir, ich war 13 Jahre alt, mein Vater hat mir gesagt: ›Ja du kannst nicht zur Schule gehen‹ und hab ich gesagt, ›warum kann ich nicht? Die andere Jungs kann zur Schule gehen?‹ ›Aber die andere Seit/ die andere Jungs ist Iraner, du bist Afghaner‹ und so. Ich wusste [unverständlich] nicht, und ich dachte mir, bin ich irgendwo vom Dorf in Af/ diesen Dings, Iran und so. Bin ich dort aufgewachsen/ aufgewachsen gewest und so was und habe ich immer mit meinem Vater gestritten.

Ich/ er hat mir immer zur Arbeit geschickt. Mit zehn Jahre hab ich gearbeitet und sieht man bis jetzt meine Dings, meine Hände diesen Dings ist [zeigt seine Schwielen in den Handinnenflächen].« (Interview Zoran, 76).

Sein Bruder habe ihn zu Hause ein bisschen Farsi schreiben und lesen gelehrt,

»[…], weil ich wollte mir schreiben, wenn ich zu jemand arbeiten und so, wieviel Tage ist, ich muss aufschreiben. Am Ende Monat, ich muss zählen, wie viel Tage habe ich gearbeitet, wie viel Tage bin ich nicht gekommen und so.« (Ebd., 80)

Erfahrungen auf der Flucht

Der Befragte macht keine näheren Angaben zu seiner Flucht, die etwa zwei Monate dauerte und im Vergleich zu den anderen Interviewpersonen am kürzesten war.

Emotionales Befinden und psychische Belastungen

Bezüglich der Frage nach potentiell traumatisierenden Erfahrungen weist Zoran mit sieben von 17 die geringste Anzahl auf. Neben den Diskriminierungserfahrungen im Iran schildert er vor allem die Anfangszeit in Deutschland als sehr belastend. Er musste sechs Monate oder länger (vgl. ebd., 12) als Minderjähriger in einer Erstaufnahmeunterkunft mit sechs Personen in einem Zimmer leben (vgl. ebd., 8), wo er unter extremer Angst gelitten habe (vgl. ebd., 2). Die anschließende Unterbringung in einer Asylunterkunft für Erwachsene schien mit großem Stress verbunden gewesen zu sein:

»[D]ort hab ich mir gar nicht Frieden gefühlt und so, Ruhe gefühlt und so.« (Ebd., 14)

Der Befragte berichtet von ewigem Gedankenkreisen (vgl. ebd., 70), von großer Verwirrung und Anpassungsschwierigkeiten:

»[I]ch war ganz durcheinander […].« (Ebd., 23)

»Damals, wie bekomme ich Aufenthalt oder ich gehe, ich weiß mir nicht [lacht], wie bekomme ich Aufenthalt oder bekomme ich gar nicht? Ich wusste das nicht. Und hat auch mir viel genervt und so.« (Ebd., 72)

»[E]rst mal wenn ich hier und musste ich kochen lernen und die andere Seite musste ich Deutsch lernen, ich war brutal durcheinander und fertig [lacht].« (Ebd., 68)

Ankunft und Aufnahme

Zoran wurde zunächst in eine Erstaufnahmeeinrichtung für Minderjährige aufgenommen.

»Ja, ich war erst mal in Deutschland gewesen, da war in [...] Straße und so gewesen, da war/ hab ich brutal Angst gehabt.« (Ebd., 2)

Bereits am zweiten Tag musste er alleine, ohne Vormund, zur Erstanhörung zum BAMF, das in oder neben jeder Erstaufnahmeeinrichtung Büros unterhält, um seine Fluchtgründe vorzutragen. Dabei habe er keinerlei Vorstellung über den Ablauf und die Bedeutung des Verfahrens gehabt (vgl. ebd., 4–8). Nach ca. sechs Monaten sei er offiziell in eine Asylunterkunft für Erwachsene verlegt worden, wo er sich jedoch nicht wohl fühlte und es daher vorzog, weiterhin viel Zeit in der EAE zu verbringen. Aufgrund der dadurch deutlich zum Ausdruck gebrachten Unerträglichkeit der Unterbringung habe ihm ein Mitarbeiter der EAE schließlich einen Platz in der Jugendhilfe vermittelt (vgl. ebd., 14–21).

Erfahrungen in der Jugendhilfe

Zoran erzählt, dass es ihm nach einem Monat in der Jugendhilfe bereits etwas besser gegangen sei, v. a. weil er die Schule besuchen durfte und einen Zimmerpartner hatte, mit dem er viel Spaß haben konnte:

»Ja, da war erste Jugendhilfe und dort konnte mir ein bisschen, wie heißt die, keine Ahnung, ganz, ich war ganz durcheinander und nach einem Monat war ein bisschen gut gewesen, weil habe ich ein Partner, er kommt auch aus Afghanistan, und haben wir, ich bin zur Schule gegangen und haben wir auch brutal Spaß gehabt.« (Ebd., 23)

Endlich ging auch sein Wunsch, eine Schule besuchen zu können, in Erfüllung. Er betont, wie sehr ihm die Grundkenntnisse des Lesens und Schreibens, die ihm sein Bruder beigebracht hatte, den Erwerb der deutschen Sprache erleichtert hätten, im Gegensatz zu jenen, die Analphabeten gewesen seien. Eine Lehrerin sei für den Lernerfolg besonders hilfreich gewesen.

»Ich war, ich war so froh, ich konnte mir mindestens zur Schule gehen, Deutsch zu lernen. [...] Und habe ich Lesen und Schreiben von mein Bruder gelernt. Nicht so gut, auch nicht so schlecht.« (Ebd., 80)

»Das hat mir viel geholfen, zum Beispiel ein Wort vom Wörterbuch rausholen, was bedeutet und ja beim Übersetzung und so was, hat viel mir geholfen. Manche Jungs hat gar nicht gekannt und so. Ich danke mein Bruder, dass hat mir beigebracht.« (Ebd., 82)

»Beim ersten Deutschkurs war sechs Monate oder sieben Monate war so vorbei gegangen, da bin ich in Rotes Kreuz gekommen, da unsere Lehrerin war sehr nett und auch sie hat mir viel geholfen. Viel zu viel! [lacht]« (Ebd., 96)

Auch Nachhilfe, Ausflüge und Urlaubsfahrten seien angeboten worden (vgl. ebd., 35; 98). Die Umstellung, relativ selbstständig für sich sorgen zu müssen, sei ihm schwer gefallen, da er es von seinem Elternhaus gewohnt gewesen sei, voll versorgt zu werden (vgl. ebd., 63ff). Die Gespräche mit seinem Betreuer hätten ihm in dieser Situation geholfen:

> »Ich habe mit ihm geredet, mh, ein bisschen auskommen von Denken und so. Ich habe so viel gedenk/ gedacht und so: Wie kann ich Deutsch lernen? Wie kann ich kochen [lacht] und so was.« (Ebd., 70)

> »Ja, manchmal mein Betreuer, wenn ich habe so viel Gedanken machen und so, so stressig war, sie ist zu mir gekommen und haben wir geredet und so.« (Ebd., 126)

Andererseits deutet er auch Unzufriedenheit mit der Situation an, dass in der Wohngruppe für alle einmal täglich Essen zubereitet wurde, da unter den moslemischen Jugendlichen Misstrauen herrschte, welches Fleisch verwendet wurde (vgl. ebd., 57). Kritik äußert er an der Aufnahmegestaltung der Einrichtung:

> »Am ersten Tag ich musst viel reden, viel reden, ich habe gehasst reden so viel.« (Ebd., 31)

> »Weil ich musste viel mit Reden reden, mit Übersetzen und so was, ich habe so viel gehasst reden.« (Ebd., 33)

Er berichtet wiederholt von mangelndem Vertrauen seitens der BetreuerInnen, das ihn geärgert habe.

> »Wenn du gehst irgendwo, [...] und du erklärst, wo warst du und so, wenn du erklärst und dann glaubt dir nicht, ist es ein bisschen, ich finde mir, ist nervig.« (Ebd., 38)

Auch das mehrmalige Zur-Rede-Stellen bei einem Regelverstoß empfindet er als übertrieben (vgl. ebd., 47–51). Zoran führt aus, es sei in Bezug auf die Atmosphäre ein Unterschied für ihn, ob er zu den BetreuerInnen »Sie« oder »du« sagen würde. Die Beziehung wäre dann eine andere:

> »Ja, wenn ich sage ›du‹, ich fühle mich wie zu Hause, ganz normal. [...] Und wenn ich sage ›Können Sie das für mich machen?‹, ich fühle mich/ bin ich ein [...] irgendwo besonderes oder ich muss mir Respekt halten und so was.« (Ebd., 120)

Er kritisiert die erlebte Ausübung von Zwang durch BetreuerInnen, die er dadurch zum Teil als anstrengend empfand und die teilweise unnötige Kontrolle betrieben, selbst bei Angelegenheiten, mit denen die Jugendlichen bereits vertraut waren (vgl. ebd., 104ff). Stattdessen schlägt er vor:

»Nicht so anstrengend ›musst du das machen, musst du das machen‹.« (Ebd., 104)

»Also sie sollen nicht so viel so ›mach das, mach das, mach das‹, also nicht so viel befehlen oder anschaffen.« (Ebd., 109)

»Der Jugendliche ist auch nicht/ ein bisschen schlimm [lacht]. Es ist schwer zurecht kommen. Mit Jugendliche ist auch nicht so gut so viel kontrollieren und so. Ich bin selbst/ ich hasse diesen Wort ›musst machen das‹, aber ist mir, wenn jemand sagt, ›es ist deine Aufgabe. Kannst du das machen?‹ ist mir lieber [lacht] als ›musst du machen‹.« (Ebd., 114)

»Als Kind, ich musste arbeiten und mein Vater hat zu mir gesagt: ›Musst du zur Arbeit gehen‹ und so weiter und ich habe so viel diesen ›muss‹ gehört und ich hasse diesen Wort.« (Ebd., 116)

Er findet, es sei wichtig, dass BetreuerInnen die Jugendlichen zu Ämtern und offiziellen Stellen begleiten, da diese die Regeln in Deutschland aufgrund ihrer anderen Nationalitäten nicht kennen. Natürlich müsse man die Gepflogenheiten lernen, aber dadurch wäre es nicht so anstrengend (vgl. ebd., 124).

Auf die Fiktionsfrage antwortet er, dass er versuchen würde, den Jugendlichen die selben Lebens- und Wohnbedingungen zu bieten und die gleichen Fähigkeiten beizubringen wie einheimischen Kindern und Jugendlichen (vgl. ebd., 138; 140). Dabei spiele Geld für eine gute Ausstattung eine sehr entscheidende Rolle (vgl. ebd., 144). Er würde sie in eine richtige Schule schicken und ihnen ein ganz normales Leben ermöglichen (vgl. ebd., 148).

»Dann die Jungs oder die Mädels wollte ich ganz froh und so, ganz Frieden und Ruhe etwas, keine Stress so viel.« (Ebd., 160)

7.1.2.4 Milad

Milad kommt aus Kabul und ist 19 Jahre alt. Er verließ mit 15 Jahren seine Mutter und seine drei jüngeren Geschwister. Die Flucht hatte seine Mutter für ihn organisiert. Er erzählt, dass vor eineinhalb Jahren einer der jüngeren Brüder, der sich in der Zwischenzeit im Iran aufgehalten hatte, durch einen Verkehrsunfall gestorben sei. Da er in Afghanistan keine Schule besucht hatte, musste er zunächst einen Alphabetisierungskurs absolvieren, ehe er in ein weiterführendes Schulangebot vermittelt werden konnte. Zum Befragungszeitpunkt macht Milad eine Ausbildung in einem Handwerksberuf.

Erfahrungen im Herkunftsland

Laut Fragebogenergebnis hatte Milad von den 17 zur Auswahl stehenden potentiell traumatisierenden Erfahrungen zwölf selbst erlebt. Sein Vater war von Talibankämpfern verschleppt worden. Als ältester Sohn und Familienoberhaupt war er anschließend selbst gefährdet und so sei, trotz seiner Bedenken, die Mutter und die Geschwister alleine zurück zu lassen, der Entschluss zu fliehen getroffen worden:

»Ich bin wegen Angst geflohen oder gefahren bis hier in Deutschland gekommen. Weil ich habe so riesige Angst, konnte ich nicht bei meinen Eltern bleiben, weil die Taliban haben meinen Vater genommen. Ich konnte nicht so bleiben. Und da bin ich auch Älteste von Kind. Wenn ich bleibe, dann kommt nochmal, dann nehmen mich. Dann meine Mutter und meine Schwester und Bruder auch sind auch alleine. Da hat gesagt, ja da kannst du viele gehen wo oder fahren so. Dann, ich habe gesagt, ist besser, fliehen und so irgendwo in Land, das bisschen ruhig ist. Dann kann ich schon so, bekomme ich auch keine Schwierigkeit. Wegen Angst! Wegen Tod!« (Interview Milad, 44)

Erfahrungen auf der Flucht

Milad berichtet von den Schwierigkeiten seiner Flucht, die sich aufgrund von begrenzten finanziellen Mitteln in die Länge zog. Sie dauerte laut Kurzfragebogen ungefähr ein Jahr, während dessen er mehrere Landesgrenzen ohne gültige Papiere überwinden musste:

»[W]ie ich in Deutschland gekommen, das war ganz schwierig, weil wir mussten erst mal von Afghanistan von/ bis Türkei schwarz fahren so, und ganz gefährlich mit Auto dann, es gibt sehr viele Leute, handeln so mit Menschen, da müssen/ müssen wir Geld bezahlen. Wenn wir bezahlen nicht Geld, dann es gibt schon manche Leute, das machen ganz schlimme Sache, dass die Leute bezahlen nicht das Geld, die machen etwas schlecht, schlagen oder etwas die Sache, dass sie sagen, ja sie müssen/ wir müssen das Geld bezahlen. Und dann wir haben so das gemacht, weil ich habe schon vor, dass ich schon Schwierigkeiten bekomme, weil ich habe auch nicht so viel Geld, dann warte ich auch soviel länger länger, viele Länder, Griechenland, Türkei, und so, Italia usw. bis hier bin ich in Deutschland gekommen. Und das ist sehr schwierig, schwierige Länder. In Italia, nein nicht Italia, Entschuldigung, in Türkei, danach Griechenland. Griechenland am Besten am Besten ganz schwierig, kann man nicht so gut fahren mit einem Schiff oder, wir haben keine Dokumente, dass können wir mit richtige Dokumente fahren oder fliegen. Das war so. Wir haben auch keine/ ich habe auch keine Dokumente. Dann wir haben so versucht, mit gechilltes Dokumente fahren wir/ fahren bis Italia, oder es gibt manche Leute mit gechilte Pass.« (Ebd., 4)

Es sei extrem schwer gewesen, bis nach Deutschland zu kommen, z. B. versteckt in einem Auto oder Lastkraftwagen (vgl. ebd., 4; 8), ohne in einem der Transitländer wie z. B. Italien aufgegriffen und (nach dem *Dublin-Abkommen*) zu einer Asylantragstellung dort gezwungen zu werden (vgl. ebd., 8).

Emotionales Befinden und psychische Belastungen
Der Befragte schildert anschaulich, wie sich Angst als zentrales Thema sowohl durch die Prämigrationsphase, als auch die Flucht- und Ankunftsphase zog. Zunächst war die begründete Angst vor der Verfolgung durch Taliban der Auslöser seiner Flucht (vgl. ebd., 4). Bezüglich seiner Flucht drückt er implizit die Angst vor den Bedrohungen durch Polizei und Grenzkontrollen und den Ausbeutungsversuchen der Fluchthelfer aus (vgl. ebd.).

In Deutschland kamen dann die Unsicherheit hinsichtlich der richtigen Anlaufstelle und der Aufnahmeregularien, die Angst im Gefängnis sowie die Angst vor der drohenden Gewalt, den Gefahren in der Erstaufnahmeeinrichtung und der willkürlichen Altersfestsetzung hinzu, mit der Folge ständiger Schlafstörungen:

»War ich ein/ einen Tag im Gefängnis und ganz schwierig. Es gehen viele Leute ein/ so ein Gefängnis, ungefähr war schon so zwölf Personen und ich habe gar nicht geschlafen da, weil ich habe Angst, weil ich kenne die Leut/ die Leute nicht. Manche Leute schreien schon so viel: Lasst mich in Ruhe. Ich habe gar nichts gemacht usw. Das konnte ich auch nicht so gut schlafen bis morgen.« (Ebd., 16)

»[E]s war ganz schlimm, weil ich konnte nicht die Straße/ welche Straße usw. Bin ich einfach alleine gegangen. Dann die Polizisten hatten mir gar nicht gesagt, hat nur einfach eine Adresse gegeben: Da musst du da gehen usw. Und konnte ich auch nicht Deutsch reden und Englisch auch. [...] Es gibt schon eine große Haus. Das sagen die Dokumenten, dass du neu gekommen. Dann bekommst du eine nicht alleine Zimmer, mit 6 oder 7 Personen da. Und das war auch nicht so gut. Das habe ich auch so eine riesige Angst gehabt, weil das war und so eine Nacht ein/ ein richtige richtige Kampf mit die Leute, so viel gestritten und so gekämpft und habe an diese Nacht habe ich gar nicht geschlafen, weil es ist ganz schlimm. Das kommt auch so viel ungefähr ich weiß nicht 50 Polizisten da gekommen wegen/ wegen dieser Schlägerei. [...] Ich habe Angst, weil ich wollte von/ wegen meine/ ich bin wegen meine Heimat wegen Angst ich bin hier gekommen. Dann bin ich/ wollte ich auch nicht hier auch Angst bekommen. Weil die Leute zusammenschlagen usw. das konnte ich nicht.« (Ebd., 20)

»[E]s gibt schon für manche Leute, die machen ganz schlimme Sachen und konnte ich nicht schlafen. Dann war ich immer mit einem Freund und so draußen usw., da konnte ich nicht.« (Ebd., 22)

»Ich kann nicht schlafen. Ich habe so Angst, weil/ wegen diesen Nacht konnte ich auch gar nicht schlafen. Richtige Schlägerei kommt soviel. Die hat/ manche Leute haben Messer genommen und so, viele Sache, das ist so schlimm.« (Ebd., 30)

»Ja, am meisten, am meisten ist meine Geburtsdatum, ist ganz schwierig, weil diese Leute hat gesagt, ja bin, ich bin nicht unter 18 Jahre alt. Weil ich habe so riesig Angst gehabt. Ich habe gesagt: Ja, meine Mutter hat gesagt, ich bin unter 18 Jahre alt. Weil es geht nicht, wenn meine Mutter hat gesagt, ich bin 18 Jahre alt, weil die weiß schon, die haben auch geschrieben diesen Datum usw. Und die haben, nein, ich bin nicht unter 18 Jahre, dann war schon fast ein Monat beim 18-Jährige, und dann ganz schlimm, konnte ich nicht schlafen und so.« (Ebd., 40)

Ankunft und Aufnahme

Die Ankunftssituation beschreibt Milad als sehr schwierig, noch dazu ohne Deutschkenntnisse und ohne Orientierungshilfen seitens der Behörden:

»[…], bin ich in Ostbahnhof mit/ mit eine/ mit eine LKW bin ich hier gefahren, danach bin ich auf/ aufgestanden. Ich musste weg und danach bin ich so fast ein Tage/ ein Tage auf der Straße rumgelaufen, weil ich habe kein Dokument und ich habe auch keine Geld mehr. […] Ich habe auch mit der Polizei gesprochen, dass ich, habe ich gesagt, ich habe keine Wohnung, ich habe keine Geld mehr, ich habe auch keine Dokumente. Und der Polizei/ die Polizisten hat auch mir gesagt: Nein, wir können nicht und so hat/ hat nie gehört, dass ich Dokumente habe ich oder nicht. Die haben nur einfach zugehört, dann einfach weg. Dann bin ich einfach auf dem Straße rumgelaufen. Das war auch ganz kalt.« (Ebd., 10)

Er sei dann nochmal in eine Polizeistation gegangen, habe schließlich mit einer Polizistin auf Farsi sprechen können und ihr seine Lage (aus Afghanistan geflohen, keine Dokumente, kein Geld, keine Wohnung) schildern können (vgl. ebd., 14). Danach hätten ihn die Polizisten für einen Tag ins Gefängnis gesperrt, wo ihm Fingerabdrücke abgenommen wurden und später eine Befragung mit Hilfe eines Dolmetschers erfolgte (vgl. ebd., 14ff). Den Weg in die Erstaufnahmeeinrichtung musste er selbst finden, was ohne jegliche Deutschkenntnisse sehr mühsam gewesen sei (vgl. ebd., 20). Da die Behörden ihm nicht glaubten, dass er minderjährig sei, wurde er zunächst bei den Erwachsenen untergebracht. Erst als er mit Hilfe der Bemühungen seiner Mutter in Afghanistan eine Tazkira, die afghanische Geburtsurkunde, vorlegen konnte, kam er zu den Minderjährigen (vgl. ebd., 24–30). Er legte dabei großes Engagement und Ausdauer an den Tag, da er wusste, dass die erwachsenen AsylbewerberInnen weniger Hilfestellung und kaum Sprachunterricht bekamen – ein Grund für die großen Konflikte in der Unterkunft und entscheidend für eine gute Zukunftsperspektive (vgl. ebd., 22; 42).

»[D]ann die verstehen gar nicht und die bekommen auch keine Schule, die bekommen auch keine richtige Arbeiten. Das ist auch ganz schlimm, weil die Leute, wenn er arbeitet bei einer Firma, dann er kann nicht richtig so gut reden. Da bekommt er: Ja, ok, es tut mir leid. Wir können nicht. Weil Sie verstehen gar nicht Deutsch und können nicht.« (Ebd., 54)

Es dauerte etwa zwei bis drei Monate, bis er einen Schulplatz bekam, (vgl. ebd., 30) und insgesamt vier Monate, bis er in einer Jugendhilfeeinrichtung untergebracht wurde (vgl. ebd., 56).

Erfahrungen in der Jugendhilfe

Milad äußert, dass der Anfang in der Wohngruppe zunächst schwierig war, da man sich nicht verstehen konnte und sich erst kennen lernen musste (vgl. ebd., 67). Dies hätte sowohl die Sprache als auch die Kultur betroffen (vgl. ebd., 69). Er nennt als Beispiel moslemische Festtage, die nicht in angemessener Form in der Wohngruppe gefeiert werden konnten:

»[E]s gibt schon so bei uns eine Feiertag. Und es gibt schon auch/ dies ist in Deutschland bisschen anderes. Wir können nicht von unserem Feier/ Feiertag hier Feier machen. Oder es gibt schon viele Gründen, aber wir können nicht jetzt. Ja, bin ich Moslem, es gibt schon bei uns einen Feiertag und so Ramadan, [unverständlich] und so. Verschiedene Sache wir können nicht hier und wir bekommen auch gar nicht an ein Feiertag. [...] [I]ch bin nicht von meine Land, dass ich da richtig lebe oder Feier mache und so, aber ich bin von andere, fremdes/ fremde Land [...].« (Ebd., 71)

Sehr wichtig waren für Milad sein erster Betreuer und die Kontinuität dieses Kontaktes über einen längeren Zeitraum:

»Die wichtige/ wichtiges war für mich und so war meine erstes/erster Betreuer, weil da und so, so lange, ungefähr ein/ eineinhalb Jahre haben wir kennen gelernt und dann wir haben so jeden Tag gesprochen wegen meine Probleme usw.« (Ebd., 97)

Positiv schildert er die Unterstützung im Alltag und in Hinsicht auf sein Asylverfahren:

»Dass die Betreuer hilft uns, weil manche Sachen verstehen uns nicht, und die/ die macht schon. Wenn ich bekomme einen Brief, bekomme, wenn ich/ ich kann nicht/ ich kann nicht schreiben oder lesen zuerst einmal. Das ist, so ist besser, weil die verstehen schon, die lesen schon alles, was/ was gibt und was machen/ was muss ich erstmal machen, wegen Antrag wegen Aufenthalt usw. Das ist ganz schwierig, weil wir müssen so etwas machen, dass die bekomm ich hier eine richtige Aufenthalt und die mach schon. Und wegen auch wenn ich auch/ wenn ich hier krank werde auch, dann kann ich auch nicht Deutsch reden. Dann ein Betreuer kommt auch mit uns. Dann sagt: Ja, er ist/ hat/ hat schon krank und so wegen Erkältung oder Halsschmerzen. Das ist eigentlich ist ganz besser, weil die Betreuer kann uns ein bisschen helfen. Das noch.« (Ebd., 91)

Gerade aufgrund der Sprachbarriere am Anfang seien die BetreuerInnen eine große Hilfe, zum Beispiel bei der Organisation des Schulbesuches oder eines Arzttermins (vgl. ebd., 93).

Einen sicheren Ort zu haben, Orientierungshilfe und die Möglichkeit, sich über Belastendes aussprechen zu können, empfand er als sehr hilfreich:

»[W]ichtig ist eine/ eine richt/ eine Sicherheit Platz, eins richtiges Platz, dass ich wohnen kann und so, die Sachen mit ein bisschen helfen usw., weil, wenn ich versteh auf nicht und so Deutsch, dann die machen so eine/ bekomme ich auch eine Dolmetscher. Dann wir reden zusammen über meine Problem, warum usw. Warum bist du traurig und so usw.« (Ebd., 101)

Ebenso empfand er das Zusammenleben in einer Gruppe als förderlich im Umgang mit eigenen Problemen (vgl. ebd., 125). Die unterschiedlichen Regeln bezüglich der Ausgehzeiten erlebte er eher als Schutz denn als Beschränkung (vgl. ebd., 129).

Neben der eingeschränkten Möglichkeit, den Ramadan und moslemische Feiertage angemessen begehen zu können, kritisiert der Befragte das seiner Ansicht nach zu geringe Freizeitangebot in der Wohngruppe (vgl. ebd., 77) und mangelnde Möglichkeiten, mit der deutschen Gesellschaft in Kontakt zu kommen, um die kulturellen Gepflogenheiten kennen zu lernen.

»[W]ir wollen auch drau/ irgendwo draußen gehen und wir wollen auch mit die/ mit die Deutschland, mit ihre Kultur kennen zu lernen. Weil wir verstehen nicht, wie ist ihre Kultur, und unsere Kultur bisschen anderes. Das ist so mit Bayrische, Hochdeutsch und so, wir wollen ein bisschen kennen zu lernen, mit Kultur.« (Ebd., 79)

Das Nachhilfeangebot erachtet er als zu gering hinsichtlich der großen Bedeutung von Sprachkenntnissen für die Bewältigung von Problemen und für die Zukunftsaussichten (vgl. ebd., 42; 54; 85; 105). Darüber hinaus hält er es für besser, allen AsylbewerberInnen von Anfang an Sprachunterricht und sozialpädagogische Hilfeleistungen anzubieten, unabhängig vom Alter (vgl. ebd., 52). Leise Kritik bezüglich der Zügigkeit, in der BetreuerInnen Hilfe leisten sollen, klingt an, als er erwähnt, dass es nicht eine ganze Woche dauern soll, wenn ein Jugendlicher Geld oder etwas für die Schule benötigt (vgl. ebd., 103).

Auf die Frage hin, was er als Chef einer Jugendhilfeeinrichtung einführen würde, beschreibt er zunächst die Schwierigkeit, die es darstellt, als Kind oder Jugendliche/r ohne Eltern zurechtkommen zu müssen und betont anschließend die fürsorgliche, schützende Funktion der BetreuerInnen, echtes Engagement sowie eine partnerschaftliche und nicht nachlassende Kommunikation mit diesen Jugendlichen:

> »[M]anche der Jugendlichen, die haben auch keine Eltern mehr und die sind auch schon irgendwo in einem Krieg gestorben. Und dann es ist ganz schwierig, weil die wollen El/ eines wie eine Mutter diesem Kind oder diesem Jugendliche schützen. […] Und die vermisst schon einfach und eure Eltern, sie haben keine und so müssen bisschen die schützen, die/ diese/ die Kinder, arme Leute und so wie der/ die haben so keine Eltern.« (Ebd., 131)

> »[W]enn ich werde ein Chef und so, ich helfe gerne diesen Jugendliche, weil ich rede schon bisschen, nicht bisschen so: Ja müssen wir, müssen wir. Weil die wollen wissen, mmh eine Partner und so, wie ein Partner reden. Was hast du Probleme? Kannst du mir sagen. Warum bist du traurig? Und so. Reden ist am Besten, am Besten, ist ganz gut. Du kannst, wenn du hast ja so viel Probleme, diese Probleme bleibt einfach Gefühle in dir. Da kannst du einfach nicht raus/ einfach raus sagen: Ja, ich hab diese Problem. Konnte ich nicht. Dann diese Problem immer bleibt, bleibt, bleibt, bleibt, bleibt. Dann man/ dann wird auch diese Mensch oder diese Jugendliche wird später krank. Weil die, die sagen nicht immer. Die bleibt einfach in Gefühlen, dann kannst du nicht immer fragen und so, ja sagen ja, wenn redest du mit einem Jugendlichen, dann sagen: Nein, ich habe keine Lust mehr. Und so. Ja, musst du versuchen, weiter, weiter, weiter. Dass dann: Ok, ich habe so was Probleme, ich habe vermisst meine Eltern. Das muss also ein bisschen versuchen, diesem Jugendliche reden, weiter.« (Ebd., 133)

Auf den Erwerb von Sprachkenntnissen würde er größten Wert legen (vgl. ebd., 135). Am Ende des Gespräches äußert er noch einmal eindringlich den folgenden Apell:

> »Was ich nur so sagen, dass die Betreuer, die Jugendliche haben, die haben keine Eltern, bisschen helfen einfach. Die brauchen schon wirklich, wirklich Hilfe mal.

Wenn die haben keine Eltern, die denken jeden Tag, versuchen etwas machen, das/ die ganz verrückte Sache. Ich kenne, ich kenne manche Leute, die haben eine ganz schlimme Sache gehabt.« (Ebd., 147)

»[J]a das kann ich nicht sagen, ja aber muss ich sagen, weil die haben etwas gemacht, dass sie sich umbringen einfach. Die wollen wirklich eine Schutz.« (Ebd., 149)

7.1.2.5 Ramin

Ramin kam mit 15 Jahren nach Deutschland. Er hat eine ältere Schwester in München. Zu seinen Eltern in Afghanistan hat er sporadischen Kontakt. Ramin liebt Kickboxen und möchte lieber in einer kleineren Stadt wohnen. Er möchte eine handwerkliche Ausbildung machen, zum Zeitpunkt des Interviews besucht er das Berufsvorbereitungsjahr in einer Berufsschule. Er lebt momentan in der dritten Jugendhilfeeinrichtung in Folge. Im Laufe des Interviews stellt sich heraus, dass für Ramin die Beantwortung der Fragen aufgrund nicht ausreichender Sprachkenntnisse ohne Dolmetscher sehr schwer und zum Teil nicht möglich ist.

Erfahrungen im Herkunftsland

Ramin hatte laut Ergebnis des Kurzfragebogens neun der aufgelisteten potentiell traumatisierenden Erfahrungen erlebt. Im Gespräch äußert er sich ansonsten nicht zu der Lebensphase vor seiner Flucht.

Erfahrungen auf der Flucht

Ramin war in Griechenland acht Monate lang in einem Gefängnis eingesperrt (vgl. Interview Ramin, 348).

Emotionales Befinden und psychische Belastungen

Der Befragte deutet an, dass der lange Gefängnisaufenthalt in Griechenland ihn noch heute psychisch sehr beeinträchtige:

»denn ich war seit acht Jahr/ acht Monate oder so war ich in Griechenland im Gefängnis. […] Deshalb ich stresse.« (Ebd., 348–350)

Belastend sei auch der Umstand, dass er seine Familie so lange nicht gesehen habe (vgl. ebd., 340–346). Als ebenfalls sehr schwer empfand er die Umstellung aufgrund der Verlegung in seine zweite Wohngruppe nach München (vgl. ebd., 272). Ursprünglich in einer bayerischen Kleinstadt, in einer kleinen Jugendhilfeeinrichtung mit acht Plätzen untergebracht (vgl. ebd., 76), musste er nach eineinhalb Jahren nach München umziehen, da die Wohngruppe geschlossen wurde (vgl. ebd., 198; 268). Das Aufgeben des inzwischen gewohnten und vertrauten Umfeldes sei ihm schwer gefallen (vgl. ebd., 272–286).

»[XY] war eine kleine Stadt und München ist große Stadt, viele Leute, mehr Stress.« (Ebd., 290)

»[W]ir waren eine kleine WG, aber in München – nee. Eine große WG, […] mit vielen Leute. […] Ungefähr zwei Gruppe. Jede Gruppe hat zehn Personen oder so.« (Ebd., 292–296)

Die Größe der Stadt und der neuen Jugendhilfeeinrichtung war für ihn ein zusätzlicher Stressfaktor. Im Gespräch erweckt er den Eindruck, als sei er immer noch traurig über den erzwungenen Abbruch der Beziehungen zu seinen Freunden und seiner Betreuerin.

Ankunft und Aufnahme

Ramin war zunächst nach München gekommen, wo eine seiner Schwestern lebte. Da es in München jedoch keine freien Jugendhilfeplätze gegeben habe, sei er nach drei Monaten, in denen er bei seiner Schwester gewohnt habe, von seinem Vormund in eine Wohngruppe in einer ca. 70 km entfernten Kleinstadt gebracht worden (vgl. ebd., 12–20). Die Anwesenheit der Schwester in erreichbarer Nähe habe ihm den Beginn erleichtert:

»Ein bisschen Familie, meine Schwester wohnt hier. Immer am Wochenende ich besuche meine Schwester.« (Ebd., 260)

Erfahrungen in der Jugendhilfe

Ramin bezeichnet seine erste Wohngruppenerfahrung als »toll« (ebd., 30; 68). Die Einrichtung lag in einer Stadt, die ihm gefiel und wo es im Vergleich zu München weniger Leute und weniger Stress gab (vgl. ebd., 34–38). In der Wohngruppe lebten einige deutsche Jugendliche und ein weiterer mit afghanischer Herkunft (vgl. ebd., 50ff). Sie bildeten eine gute Gruppe (vgl. ebd., 304ff). Er findet es sehr gut, dass er so von Anfang an deutsche Menschen kennengelernt habe (vgl. ebd., 70) und durch die deutschen Mitbewohner weitere Kontakte innerhalb der Stadt knüpfen konnte, auch zu Menschen anderer Nationalitäten (vgl. ebd., 106). Zugleich sei dies für einen schnelleren Spracherwerb positiv gewesen (vgl. ebd., 184ff). Auf einen Schulplatz musste er drei Monate lang warten. Er habe den Jugendlichen und seiner Betreuerin

Vertrauen schenken können (vgl. ebd., 309–312), da er sie über einen längeren Zeitraum hinweg kennen lernen konnte (vgl. ebd., 317–320). Seine Betreuerin beschreibt er als einfach nett (vgl. ebd., 144) und gut gelaunt (vgl. ebd., 140). Sie habe ihm bei den Hausaufgaben und Schulangelegenheiten geholfen, bei Briefen und bei Terminabsprachen (vgl. ebd., 230–240). Wenn es ihm nicht gut ging und er seine Familie vermisste, habe er mit seiner Betreuerin gesprochen (vgl. ebd., 326; 340–344), die ihm Orientierung gegeben habe:

>>Sie sagen mir, was ist gut und was ist nicht gut. Sie entscheidet einen Weg. [...] Dieser Weg ist gut, dieser Weg ist nicht gut.<< (Ebd., 330ff)

Die Betreuerin habe ihm Prioritäten klar gemacht und einen Plan entworfen. Da er nun in Deutschland lebe, solle er zuerst die deutsche Sprache lernen, anschließend eine Ausbildung absolvieren, um seine Zukunftchancen zu erhöhen und um eine Arbeit zu finden (vgl. ebd., 354–368).

Bezüglich der Einrichtung in München kritisiert er die Größe der Wohngruppe, die BetreuerInnen, die ihm auf die Nerven gingen, und die Reduktion des Bekanntenkreises auf afghanische Personen (vgl. ebd., 190). In der Wohngruppe in München gab es seiner Ansicht nach zu viele Regeln (vgl. ebd., 394). Obwohl etwa die Ausgangsregelung in beiden Wohngruppen gleich waren, empfand er sie in München einengender (vgl. ebd., 398–406). Die BetreuerInnen in der zweiten Jugendhilfeeinrichtung hätten ihm nicht gefallen, sie seien zu streng gewesen (vgl. ebd., 410–416). In München sei seine Lehrerin seine Vertrauensperson geworden (vgl. ebd., 380–384). Zwar hätten die Betreuerinnen in München auch geholfen (vgl. ebd., 442):

>>Ja, sie helfen mir beim Brief und so, Hausaufgabe, Schule, wenn suche ich ein Praktikumsplatz oder Ausbildungsplatz, beim Bewerbung schreiben<< (ebd., 454).

Aber er fand sie strapazierend, wenn sie ihn ständig kontrollierten:

>>und nervt mir, sie fragen mich: Wo warst Du? Wohin gehst Du? [...] Wann kommst Du wieder?<< (Ebd., 456ff)

Als Veränderungswunsch äußert er in etwas resigniertem Ton:

>>Sie lassen mich in Ruhe einfach.<< (Ebd., 430)

7.1.2.6 Asim

Asim ist 18 Jahre alt und kam vor drei Jahren zusammen mit seinem jüngeren Bruder nach Deutschland. Er geht zurzeit in eine Hauptschule (Regelschule) und möchte eine Ausbildung in der Systemgastronomie machen.

Ehe er in die jetzige teilbetreute Wohngruppe wechselte, war er ein Jahr lang zusammen mit seinem Bruder in einem Doppelzimmer in einer vollbetreuten Jugendhilfeeinrichtung untergebracht, anschließend sechs Monate in einer Wohngruppe in einem Einzelzimmer, Tür an Tür mit seinem Bruder (vgl. Interview Asim, 142ff). Von seiner Betreuerin erfuhr ich später, dass er etwa zwei Monate nach dem Interview einen Suizidversuch unternommen hat.

Erfahrungen im Herkunftsland
Bei der Abfrage der potentiell traumatisierenden Erfahrungen findet sich Asim in 14 von 17 Aufzählungen wieder (die im Gespräch erwähnte Erfahrung in einem italienischen Gefängnis wird von ihm nicht angekreuzt) und hat damit die höchste Anzahl aufzuweisen. Im Gespräch äußert er allgemein, dass er Zeuge vieler schlimmer Dinge in Afghanistan gewesen sei (vgl. ebd., 252).

Erfahrungen auf der Flucht
Asim begab sich gemeinsam mit seinem jüngeren Bruder auf die Flucht. Er schildert, wie bedrohlich und gefährlich die Polizei in Griechenland für Flüchtlinge sei (vgl. ebd., 38) und spricht über die Verletzungen, die ihm die dortige Polizei zugefügt hatte:

»[I]ch hatte echt viele Verletzungen von Griechenland.« (Ebd., 36)

»Ich hatte mit meine Kopf, Fuss, Rücken […] überall, Hände, Blut und die Verletzungen und so.« (Ebd., 42ff)

In Italien seien sie von der Polizei aufgegriffen worden, die ihnen mit der Rückschiebung nach Griechenland gedroht habe (vgl. ebd., 34ff). Dann sei er mit seinem Bruder einen Monat lang in einer Art Jugendarrest festgehalten worden (vgl. ebd., 44), wo es täglich Schlägereien gegeben habe (vgl. ebd., 52). Dort wurden ihnen alle Dokumente, Geld und Handy abgenommen (vgl. ebd., 56) und Fingerabdrücke gemacht (vgl. ebd., 10). Der an Epilepsie leidende Bruder habe jeden Tag Anfälle bekommen und trotzdem keine Hilfe erhalten (vgl. ebd., 56ff).

»Ja, und dort hat keiner uns geholfen. Darum sind wir weggelaufen von diese Heim.« (Ebd., 58)

Emotionales Befinden und psychische Belastungen
Asim berichtet von vielfältigen emotionalen Belastungen. Die Ungewisshcit über seinen Verbleib und seine Zukunft und die damit einhergehenden Ängste ziehen sich wie ein roter Faden durch seine Berichte:
Den verheerenden Erlebnissen im Herkunftsland folgten die Gewalterfahrungen in Griechenland. In Italien löste die drohende Rückschiebung nach Griechenland daher Panik bei ihm aus:

>»Dann habe ich geweint und ich habe Polizei Fuß genommen: Bitte schieb uns nicht zurück, weil wir sind nicht einfach so hier hingekommen. Und er sagt: Dann müsst ihr hier bleiben, finde ich. Ich habe gesagt. Ja, wir wollen nicht gehen. Machen Sie was.« (Ebd., 44)

Die Verhältnisse in einer Art Jugendgefängnis in Italien bewirkten ebenfalls Bedrohungsgefühle (vgl. ebd., 52ff). In Deutschland musste er Angst haben, dass er wegen der Fingerabdrücke in Italien dorthin abgeschoben wird (vgl. ebd., 12), wenn er nicht rechtzeitig einen Vormund zugewiesen bekäme (vgl. ebd., 74). Zum Interviewzeitpunkt hat Asim noch keine Entscheidung über sein Asyl erhalten und lebt bereits ungefähr drei Jahre in großer Ungewissheit über seinen Aufenthalt (vgl. ebd., 196). Dies wirke sich negativ auf seine schulischen Leistungen, seine Konzentrationsfähigkeit und seine Motivation aus (vgl. ebd., 196).

>»Am Anfang habe ich viel zu viel gelernt, jeden Tag, jeden Abend, habe ich versucht zu lernen. Und jetzt ist dieses Lernen, dieser Geschmack ist ein bisschen wenig geworden, weil mein Bruder hat […] hat von seiner Krankendinge Dokument bekommen, aber ich noch nicht.« (Ebd., 198)

Asim berichtet, dass er von Erinnerungen und jede Nacht mehrmals von Alpträumen gequält wird (vgl. ebd., 254ff):

>»Aber von viele schlimme Sache, das ich in Afghanistan gesehen habe, die sind mir in Alpträumen geblieben.« (Ebd., 252)

>»Wenn ich höre von denen, dann kann ich die ganze Nacht nicht schlafen. Weil das ist schon Horror, aber ich hab live gesehen. Das ist für mich schwierig. Wenn ich solche Dinge sehe, dann meine Kopf geht kaputt. Ich denke schon an solche Sachen.« (Ebd., 256)

>»Jaa, das ist viel zu viel schwer für mich. […] Bis ich das alles vergesse, das dauert ein bisschen.« (Ebd., 260ff)

Ein weiterer belastender Aspekt ist die anhaltende Sorge um Familienangehörige. Zum einen machte er sich Sorgen um seinen kranken Bruder, der täglich epileptische Anfälle bekam und in Italien keine medizinische Hilfe erhielt (vgl. ebd., 58). Asim hatte Angst, dass sein Bruder im Gefängnis geschlagen werden könnte (vgl. ebd., 54). Zum anderen bangt er weiter um seine Familie in Afghanistan:

> »[I]ch hatte auch sogar Angst, wie/ was passiert mit meine Familie. Das ist auch gefährlich für meine Familie dort. Jeden Tag bis jetzt, ich bin seit fast drei Jahre in Deutschland, jeden Tag denke ich an meine Familie. Vielleicht passiert heute, morgen irgendwas Schlimmes da. Ich habe einen kleinen Bruder in Afghanistan. Er ist der einzige Bruder dort. Er ist zehn Jahre, er arbeitet. [...] Ein Schwager sagt, er soll arbeiten. Wenn nicht, dann er schlagt meine Schwester, weil er ist eine Droge und nimmt Haschisch und raucht. Deswegen ... ja.« (Ebd., 192ff)

Ein Jahr lang sei er sehr traurig gewesen (vgl. ebd., 236).

> »Am Anfang war diese Leben schwer, ohne Familie, ohne Heim, heimatlos, heimlos, familienlos und äh, ja, war ich sehr traurig, dass ich von meiner Familie weg bin.« (Ebd., 138)

Er fasst zusammen:

> »Ich war echt traurig. Von einer Seite meine Bruder, von anderer Seite diese Afghanistan-Problem. Und anderer Seite Dokument-Problem, von viele verschiedene Dinge ich hatte Angst, dass ich/ weiß nicht, ob ich hier in Deutschland bleibe oder nicht und so.« (Ebd., 238)

Ankunft und Aufnahme

Die Ankunft und Aufnahme in Deutschland beschreibt Asim tendenziell als positiv. Ein freundlicher Dolmetscher sei gekommen und habe sie etwas beruhigt.

> »Er hat zu uns gesagt: Erst macht Euch ruhig, setzt Euch. Wenn Ihr Hunger habt, dann bringe ich Euch was. [...] und dann haben wir uns ein bisschen ruhig [beruhigt].« (Ebd., 28ff)

Die Information über die Erkrankung seines Bruders sei ernst genommen worden und innerhalb von zwei Stunden seien sie mit dem Taxi in die Jugendhilfeeinrichtung gebracht worden (vgl. ebd., 62).

Erfahrungen in der Jugendhilfe

Asim und sein Bruder wurden in der gleichen Jugendhilfeeinrichtung aufgenommen (vgl. ebd., 65f). Die Beachtung einer gemeinsamen Unterbringung
der Geschwister, zunächst in einem Doppelzimmer (vgl. ebd., 142) und später
in nebeneinanderliegenden Einzelzimmern, kommentiert der Befragte anerkennend. Die dortigen BetreuerInnen und Jugendlichen seien nett und hilfsbe-
reit gewesen (vgl. ebd., 68–72). Beide wurden an einer Regelschule angemeldet und gingen in die achte Klasse, wo sie die einzigen Flüchtlinge unter lauter
deutschen Jugendlichen gewesen seien (vgl. ebd., 84ff). Er berichtet von einer
Wartezeit von sechs Monaten, bis er eine Schule besuchen konnte (vgl. ebd.,
118). Während er selbst schon ein wenig über Deutschkenntnisse verfügt habe,
sei sein Bruder jedoch Analphabet gewesen (vgl. ebd., 88). Nach einem Monat
seien sie dann in eine Klasse für Flüchtlinge an einer anderen Hauptschule
gewechselt (vgl. ebd., 102). Er persönlich finde eine speziell auf Flüchtlinge
zugeschnittene Schule besser, weil man in der Regelschule am Anfang nicht
mitkomme (vgl. ebd., 92).

>>Und erste Mal klingt ein bisschen lustig, weil man versteht gar nix und manche
Wörter, man/ muss man lachen. [...] [W]ir haben gar nix gecheckt, was reden die
und [unverständlich] und, ja, wir haben neue uns rein gesetzt, obwohl dass wir nicht
verstanden haben.<< (Ebd., 98)

Asim beschreibt, wie die BetreuerInnen versuchten, die Jugendlichen von ihrer
Trauer abzulenken, indem sie ihnen freudige Erfahrungen ermöglichten:

>>Und dann war echt nette Betreuer und Betreuerinnen, die haben uns geholfen, da-
mit wir bisschen Spaß machen können, damit wir nicht traurig werden.<< (Ebd., 138)

>>Die haben Karten gebracht, Kicker gespielt, Billard, damit wir nicht an traurige
Sachen denken. Und wir hatten Gruppenabend gehabt, und jemand kocht und alle
reden zusammen und essen zusammen. Das finde ich echt toll.<< (Ebd., 140)

>>[W]ir waren öfter, zwei Wochen einmal Schwimmen und diese Ausflüge und sol-
che Sache. Weil wenn man im Ausflug ist, dann man nicht denkt. Denkt man nur an
Ausflug und Spaß und solche Sachen. Ja, deswegen, diese, waren wir in Bowling
und [...].<< (Ebd., 264)

Besonders begeistert erzählt er von einem gemeinsamen Urlaub im Rahmen
der Jugendhilfe. Mit zwei Bussen und 20 Jugendlichen seien sie für zwei Wochen nach Norddeutschland gefahren (vgl. ebd., 130).

»Das ist eine schöne Land, da hatte ich echt eine schöne Urlaub gehabt, mit die Jungs/ Jugendliche. Das war echt toll. Erste Mal in meinem Leben war ich Urlaub und neben eine See große.« (Ebd., 124)

»Ja, das war echt super. Erste Mal in meinem Leben ich hatte Urlaub und war schöne Häuser dort, wo ich war. Schwimmen. Erste Mal in meinem Leben war ich in einem Schiff, ja das war echt toll.« (Ebd., 134)

»Alles war super.« (Ebd., 136)

Aufgrund seiner multiplen psychischen Belastungen habe er mit seiner Betreuerin gesprochen, die ihm den Rat gegeben habe, psychotherapeutische Hilfe in Anspruch zu nehmen (vgl. ebd., 238). Er habe bereits Vertrauen zu ihr gehabt, aber letztlich wäre ihm keine andere Wahl geblieben, als sich zu öffnen, wenn er sich nicht selbst (weiter?) verletzen wollte:

»Ja. Aber ich hatte keine andere Lösung. Deswegen habe ich mit meiner Betreuerin geredet. Die/ manche Leute sagen schon, wenn du deine Gefühle so hast, dann […]. Ich habe viele Jungs mit meine Augen gesehen, dass die solche Probleme wie mich hatten und dann waren die in Krankenhaus. Die machen seine Hände solche […] Ritzen, die schneiden seine Hände und die machen Türen kaputt, Gläser und so. Und von solche Leute habe ich was gelernt. Ja, habe ich gesagt, ja, du bist das. Schau, was dass du gut gemacht hast oder schlecht. Und dann sage ich, mit mir selber: ja, schlecht. Natürlich, vielleicht dann sage ich, ja, dann mach das nicht.« (Ebd., 242ff)

Neben der Vermittlung in Therapie durch die Betreuerin und der gedanklichen Auseinandersetzung mit den verzweifelten Lösungsversuchen anderer Jugendlicher helfe ihm intensive sportliche Betätigung dabei, mit seinem psychischen Stress umzugehen (vgl. ebd., 248).

»Ja, weil, was ich mein/ meine Körper habe, wütend und so, alles mach ich beim Sport raus. Ich mache Boxen und wenn ich beim Boxen bin, dann/ dann sag, ja, das ist/ dieser Sandsack ist alles für dich. Mach den.« (Ebd., 250)

»Und dieser Sport hilft mir, ein bisschen macht müde, in Ruhe, damit ich ein bisschen gut schlafe.« (Ebd., 252)

Auch seine Freunde und sein großer Kampfgeist seien ein wichtiges Element, um mit seinen Problemen zurechtzukommen:

»Ja, mit Freunde kommen und die reden ein bisschen, über Probleme, diese Gefühle kommt raus und dann wird ein bisschen gut, besser und […]. Ich persönlich gehe ich immer zu meine Freunde am Wochenende und so, reden wir, machen wir Spaß, damit wir nicht traurig werden. Weil ich weiß, am meisten Flüchtlinge sind ohne

Familie hier. Und wir sitzen, machen wir Witze, reden wir, spielen wir, schauen wir fern, Filme, gehen wir Kino, wenn schön Wetter wird, wir […] dass wir vergessen können diese Probleme und so.« (Ebd., 274)

»Wir sind so gute Freunde wie Brüder und so.« (Ebd., 278)

»Das Einzige gut in meinem Leben war, dass ich nicht bis jetzt aufgegeben habe. Ich habe gesagt, ja, kämpfe ich, bis wo ich kämpfen kann. Ich gehe weiter, ja, weil das Leben geht weiter. Das bleibt nicht in einem Punkt.« (Ebd., 244)

Auftretende Konflikte bezüglich der Einhaltung von Regeln in der Wohngruppe führt Asim auf Unkenntnis und Anpassungsschwierigkeiten zurück. Dies betraf zum einen die nach dem Jugendschutzgesetz geltenden Ausgehregeln (vgl. ebd., 160–164), zum anderen auch Besuchsregelungen (vgl. ebd., 166). Als gravierende Einschränkung nahm er das Übernachtungsverbot wahr, d. h. es konnten weder Freunde bei ihm schlafen, noch umgekehrt (vgl. ebd., 270). Auch die rigide Handhabung weiterer Regelungen erregt seinen Unmut:

»Und wenn ich fünf Minuten spät gekommen, dann haben die schon [in ein Buch] geschrieben und die sagen, dass die rufen Polizei und so. […] Deswegen, die müssen bisschen Freiheit lassen, wann/ so, damals war ein bisschen schwer.« (Ebd., 270)

»Ja, wenn ein Besuch gekommen, dann die kommen einfach in Zimmer und sagt: Du sollst Deinen Besucher anmelden oder die Besucher sollen raus, so.« (Ebd., 284)

»Da war manche Betreuer, die haben uns gesagt: Du musst pünktlich schlafen, pünktlich aufstehen, das machen, das machen. Und irgendwann wird das langweilig und die Jungs machen das Gegenteil.« (Ebd., 290)

Dies habe zur Folge gehabt, dass Jugendliche die BetreuerInnen ärgerten, den Alarm auslösten oder ähnliches (vgl. ebd., 292ff). Besser sei es, wenn die BetreuerInnen den Jugendlichen ein wenig mehr Vertrauen schenken würden – »fifty fifty« (vgl. ebd., 298), bei gegenseitigem Vertrauen sei die Kooperation besser (vgl. ebd., 288). Er berichtet von Reibereien aufgrund der Putzdienste und Küchenregelungen in der Einrichtung, die jedoch vom Nachtdienst etwas abgefedert worden seien (vgl. ebd., 152–158). Asim beklagt sich verärgert über die Verpflegung in der Wohngruppe. Das Essen habe nicht ihren eigenen Essgewohnheiten entsprochen, dies sei nicht berücksichtigt worden:

»[Z]weimal am Tag mussten wir selber kochen und am/ einmal am Tag bekommen wir vom Jugendamt Essen. Und das Essen war so, unser Essen ist ganz verschieden mit deutschen Essen. Und wir haben schon versucht, diese Essen zu essen, aber konnten wir nicht. Wir haben tausendmal gesagt: Wir können dieses Essen nicht essen […].« (Ebd., 174)

»[W]ir haben den Chef von diese Heim gesagt, dass wir wollen nicht dieses Essen haben, aber keiner hat uns zugehört.« (Ebd., 324)

Desweiteren kritisiert Asim den mangelnden Zugang zu Computer und Internet, so dass er das in Afghanistan angeeignete Wissen wieder völlig vergessen habe (vgl. ebd., 312). Aufgrund des unterschiedlichen kulturellen Hintergrunds erachtet Asim für das erste halbe Jahr nach der Ankunft eine separate Wohngruppe für UMF als sinnvoll, bis die Neuangekommenen die neuen Normen und Regeln besser kennen würden. Danach sei Kontakt zu deutschen Menschen umso wichtiger.

> »Ja. Mit deutsche Jugendliche am Anfang glaube ich nicht, das ist nicht gut, weil die kennen den Regeln nicht. Vielleicht machen die Schlägerei und so. Bei uns, es ist in Afghanistan nicht so schlecht, weil die, dort ist Krieg, jeder macht Schlägerei und nach einer Stunde machen sich ruhig und dann fertig. Aber hier in Deutschland ist ganz verschiedene Dinge.« (Ebd., 184)

> »Hier macht man keine Schlägerei, man hat Mund, redet man, ja und kann man mit Reden diese Problem fertig machen, deswegen ist.« (Ebd., 186)

> »Sechs Monate muss man diese Regeln und solche Dinge lernen, danach/ deutsche Leute wird über, weil die lernen Sprache, die lernen, was diese deutsche Wort vielleicht den Regeln, am meisten Regeln lernt man von/ ich hab selber/ mit mir in Gymnastik eine deutsche Freund und ich schaue, was er macht und […] lerne ich viel zu viel von ihm.« (Ebd., 188ff)

Dennoch kritisiert er, dass nicht auf eine ausgewogene Zusammensetzung der Wohngruppe nach Nationalitäten geachtet worden sei, um den Erwerb von Deutschkenntnissen zu begünstigen. Denn so sprächen alle afghanisch erlernten die neue Sprache nicht so schnell (vgl. ebd., 176–182). Für sich persönlich empfinde er eine kleinere Wohngruppe als jene, in der er momentan wohne, als gut, weil es dort mehr Ruhe und weniger Streitereien gäbe (vgl. ebd., 228ff).

Auf die Fiktionsfrage, was er als Chef einer solchen Einrichtung einführen würde, antwortet er:

> »Dann mach ich so: Gehe ich persönlich dort in diese Heim und setze ich mit Jungs. Am Anfang frage ich, wie die wollen diese Wohngruppe haben. Muss man bisschen mit Jugendliche auch reden. Beispiel: Die wollen, eine will ein Wohnzimmer haben, eine will was anderes und so und wenn alle sind zusammen sind, dann man kommt irgendwo. Das ist natürlich klar, dass ich meine Plan schon habe, aber ich will nur

wissen, was [...] die Jugendliche wollen. Was kann ich für diese Jugendliche machen, dass die Beispiel [...] am wichtigsten ist in Europa, dass man Internet hat.« (Ebd., 308)

»[...] Internet, damit die mit Familie und so reden können und, ja, Nachhilfe, solche/ alle Möglichkeiten [...].« (Ebd., 314)

Die Art der Verpflegung würde er dahin gehend verändern, dass man entweder einen afghanischen Koch einstellt oder die Jugendlichen das Geld für Selbstverpflegung bekommen (vgl. ebd., 324).

Bezüglich der Zusammenarbeit von BetreuerInnen und Jugendlichen schlägt er eine dialogische und auf Ausgleich bedachte Vorgehensweise vor (vgl. ebd., 316).

»In eine Woche sitze ich mit Jugendlichen in diese Heim, weil dass ich Chef bin, und ich sage/ ich sage keine Betreuer und so, sagt: Ihr dürft frei sagen, was ihr wollt, was euch gefällt und was ist gut, nicht gut. Ja, weil [...] dann schaue ich, was ich machen kann für die Jugendlichen. Weil ich bin Chef von diese Jugendliche und bekomme ich darauf Geld, muss ich was für diese Jugendlichen machen, dass die mit mir zufrieden sind, damit ich wirklich helfen kann.« (Ebd., 330)

Er würde um Verständnis für die Jugendlichen werben und deren Lebenssituation und Hilfebedarf verdeutlichen:

»Dann hätte ich allen gesagt, dass wir wissen, die sind Flüchtlinge, die haben/ sehr harte Situationen waren, die waren nur im Krieg, die haben immer blutige Sache und Krieg und Schlägerei und solche Dinge gesehen. Die wissen die Regeln nicht, die sollen erst den Regeln zeigen, wie diese Regeln sind. Vielleicht manche Leute machen das nicht, aber die lernen schon, macht nicht, aber lernt schon für Zukunft und so.« (Ebd.)

»Solche Sachen, die sage ich, die sollen die Jungs wirklich helfen, weil die wirklich Hilfe brauchen.« (Ebd., 320)

7.1.3 Fallübergreifende Ergebnisse

Erfahrungen im Herkunftsland

Obwohl in den Interviews nicht explizit nach Erlebnissen im Herkunftsland gefragt wurde, berichten fünf von sechs Befragten von sich aus über belastende Erfahrungen. Während Nuri nichts über seine Erlebnisse in Afghanistan erzählt und Zoran vor allem von Diskriminierungserfahrungen im Iran berichtet, betonen die anderen Interviewten die Bedrohungen, Gewalterlebnisse und deren massive Auswirkungen auf die afghanischen Jugendlichen. Unter Einbeziehung der hohen Werte bei der Frage nach potentiell traumatisierenden Erlebnissen des Kurzfragebogens bestätigt sich in dieser kleinen Untersuchungsgruppe, dass Kinder und Jugendliche aus Kriegsregionen überdurchschnittlich häufig traumatische Ereignisse erleben, was auf eine damit oftmals einhergehende erhöhte Vulnerabilität aufmerksam macht.

Erfahrungen auf der Flucht

Auch die Flucht wurde nicht explizit abgefragt, jedoch äußern sich außer Nuri und Zoran alle Befragten zu ihren Fluchterlebnissen. Der Interviewte Asim berichtet von einem Gefängnisaufenthalt in Italien und damit einhergehenden enormen Belastungen, u. a. wegen täglicher Schlägereien. Er musste dort die wiederkehrenden epileptischen Anfälle seines Bruders hilflos mit ansehen und konnte seiner Verantwortung, als älterer Bruder den jüngeren zu schützen, nicht gerecht werden. Es ist zu vermuten, dass dies bei ihm schwere Schuldgefühle dem Bruder und den Eltern gegenüber provozierte. Außerdem berichtet er von erlittener schwerer Gewalt und Verletzungen durch die griechische Polizei. Ramin war in Griechenland acht Monate in einem Gefängnis eingesperrt. Diese Erfahrungen waren so gravierend, dass er sie für die gegenwärtigen inneren Stresszustände verantwortlich macht. Es ist eine erhebliche Traumatisierung zu vermuten. Auch Milad weist auf die besondere Gefährlichkeit der Flucht durch Griechenland hin. Er bringt den Aspekt der Abhängigkeit von und des Ausgeliefertseins an die Fluchthelfer ein. Je geringer die finanziellen Ressourcen der Flüchtenden seien, umso größer seien die Gefahrenpotentiale. Sowohl Tarik als auch Asim schildern, dass sie bereits in einem anderen Dublin-Staat mit Fingerabdrücken registriert worden waren, so dass eine Rückschiebung in das entsprechende Land drohte. Diese über lange Zeit drohende Gefahr habe großen psychischen Stress bei ihnen verursacht. Auch Milad deutet die Schwierigkeiten, Belastungen und Gefahren an, Deutschland überhaupt zu erreichen und nicht in einem der Transitländer aufgegriffen und festgehalten zu werden.

Emotionales Befinden und psychische Belastungen

Schwierigkeiten und Belastungen in der Postmigrationsphase werden von den Befragten in vielfältiger Art beschrieben. Die bei der Durchsicht der Interviews zu erkennenden Belastungsfaktoren lassen sich folgendermaßen zuordnen:

— Äußere strukturelle Rahmenbedingungen wie das Asylverfahren, die Erstaufnahmeunterkunft, die Altersfestsetzung

- Soziale Prozesse wie die erforderlichen Anpassungsleistungen an eine neue Umgebung, das Verhältnis zur eigenen Familie und Kommunikationsprobleme aufgrund mangelnder Sprachkenntnisse oder erforderlichem Verschweigen von biographischen Details
- Psychische Folgen von Traumaerlebnissen vor, während und nach der Migration

Insgesamt können in den sechs Interviews 97 unterschiedliche Aspekte der Kategorie Belastung festgestellt werden, die sich zehn Unterkategorien zuordnen lassen: Zum Bereich *Traumata* im Herkunftsland werden neun Aspekte in den Interviews angegeben: Kriegserlebnisse, Zeuge von Tötungen und schweren Verletzungen, Verschleppung des Vaters, eigene Lebensgefahr, extrem schwere Kinderarbeit, Alpträume, Schlaflosigkeit, bleibende Erinnerungen.

Nahezu alle Interviewpartner thematisieren schwerwiegende Erfahrungen mit Traumatisierungspotential in Zusammenhang mit ihrem Herkunftsland und betonten deren negative Auswirkungen auf ihr gegenwärtiges Leben.

Dem Komplex *Asyl* können zwölf Aspekte zugeordnet werden: Gefängnisaufenthalt in Transitländern, lange Entscheidungsfristen, Residenzpflicht, Dokumentenprobleme, Fingerabdrucknahme in einem Transitland, Abschiebedrohung, unsicherer Aufenthalt, Ausschluss von Bildung und Beschäftigung, lange Wartezeit auf Vormundschaftszuweisung, Undurchsichtigkeit des Asylverfahrens, unangenehme Befragungen, demütigende Bedingungen.

Fast alle Befragten thematisieren das asylrechtliche Verfahren und die daraus resultierende Verschärfung ihrer Lebensbedingungen. Die mit den europäischen und deutschen Asylregelungen einhergehende Bedrohung der eigenen Sicherheit und die chronische Ungewissheit über die persönliche Zukunft werden von allen als Stressoren, die Druck und ständige Angst erzeugen, identifiziert. Der provisorische Charakter des gegenwärtigen Lebens führt zu anhaltenden Schlaf- und Konzentrationsstörungen, die die Belastbarkeit verringern, die schulische Leistungsfähigkeit herabsetzen und die Lernmotivation beeinträchtigen. Die Erfahrung einer langen Inhaftierung in einem Gefängnis eines Transitlandes hat nachhaltig traumatisierende Wirkung.

Auch die *Erstaufnahmeeinrichtung* wird von allen Befragten, die dort eine gewisse Zeit leben mussten (n=3), als besonderer Belastungsfaktor charakterisiert, und zwar aus folgenden Gründen: Häufige Konflikte und Gewalt, Angst, Überbelegung, mangelnde Privatsphäre, nächtliche Polizeieinsätze, Aufenthalt länger als die gesetzlich empfohlene Maximaldauer, Schlaflosigkeit, allein unter Erwachsenen, kein Schulbesuch.

Die EAE wird als extrem angstauslösend beschrieben. Aufgrund der regelmäßigen Konflikteskalationen und Gewalttätigkeiten setzt sich die reale Bedrohungssituation des Herkunftslandes und der Flucht für die Neuankömmlinge in ihrer neuen Umgebung fort. Die massiven Polizeieinsätze haben retraumatisierendes Potential. Eine hohe innere Anspannung und Übererregung hält über einen langen Zeitraum an.

Die Unterkategorie *Altersfestsetzung* erbringt zehn verschiedene Belastungsmomente: Spionage durch BetreuerInnen, sich verfolgt und beobachtet fühlen, Suche nach Beweisen, Misstrauen und Zweifel der BetreuerInnen, Misstrauen der Behörden (Leiden erzeugend), Ausgrenzung von Schulbesuch, Zuständigkeit der Ärzte, schwierige Beschaffung einer Geburtsurkunde, fälschlicherweise für volljährig erklärt werden.

Als besonders gravierend wird dabei die Rolle der pädagogischen und psychologischen Fachkräfte im Rahmen des Clearings erlebt. Durch ihre Aufgabe, im Clearingprozess auch eine Alterseinschätzung vorzunehmen, werden sie als ausführende Beteiligte des ungerechten Asylsystems wahrgenommen. Neben dem BAMF entscheiden sie darüber mit, welche Rechte die Jugendlichen besitzen und welche Versorgungsleistungen sie erhalten. Die Beziehung zwischen BetreuerInnen und UMF ist daher von gegenseitigem Misstrauen überschattet, der Aufbau einer vertrauensvollen Beziehung von Beginn an erschwert oder gar verunmöglicht. Dies hat zur Folge, dass sich die Jugendlichen mit ihren Nöten und Problemen, vor allem ihre Vergangenheit betreffend, nicht an ihre nächsten Unterstützungspersonen wenden können. Dadurch wird die innere Belastung erhöht und eine Entlastung durch ein Sich-anvertrauen kann nicht geschehen.

Bezüglich erforderlicher *Anpassungsprozesse* werden folgende neun Probleme bzw. Belastungen von den ehemaligen UMF erwähnt: Erlernen der Sprache, neue Regeln und Gesetze, Verlust von Gewohnheiten, Wechsel der Jugendhilfeeinrichtung, ohne Familie leben, Selbstversorgung, Verantwortung im Haushalt, Einschränkungen der Selbstbestimmung, neue Konfliktlösungsstrategien.

Die Situation, ohne Familie zu leben, »heimatlos, heimlos, familienlos« (Interview Asim, 138), wird von den Interviewten als sehr schwer und leidvoll beschrieben und macht eine große Umstellung erforderlich. In Verbindung mit dem Gefühl, ohne elterlichen Schutz leben zu müssen, erhält die Veränderung, auch in praktischen Bereichen wie z. B. der Selbstversorgung, eine besondere symbolische Bedeutung und wird zum Teil als erhebliche Erschwernis erfahren. Die Konfrontation mit von dem bisherigen Umfeld differierenden Normen und Regeln wird als zusätzliche Belastung erlebt. In Kombination mit dem Umstand, sich sprachlich nicht mitteilen zu können und nichts zu verstehen, kann dies zunächst zu Orientierungslosigkeit, erheblichen Missverständnissen und zu einem Verhalten führen, das Sanktionen nach sich zieht und die Situation weiter erschwert. Liegt zudem eine posttraumatische Belastungsstörung vor, kann ein Gefühl der völligen Überforderung auftreten. Auch die Umstellung von einer Lebenssituation, die von erzwungener Eigenständigkeit und notwendiger Selbstverantwortung (sowohl durch frühe Arbeitsaufnahme von v. a. männlichen Jugendlichen in der Öffentlichkeit der afghanischen Gesellschaft als auch durch die Anforderungen einer unbegleiteten Flucht) geprägt war, auf eine Situation in Deutschland, die die Bewegungsfreiheiten Minderjähriger zu ihrem Schutz einschränkt (z. B. durch Ausgangsregelungen in den Jugendhilfeeinrichtungen), scheint anfänglich schwer zu sein.

Zur Unterkategorie *Sprache* wurden fünf Belastungsfaktoren gefunden: Überforderung beim Spracherwerb, Mangel an differenzierten Sprachangeboten, Sprachlosigkeit, kein Sprachkurs während des Aufenthalts in der EAE, Analphabetismus.

Die deutsche Sprache wird in allen Interviews thematisiert, obwohl dieser Aspekt nicht direkt abgefragt wurde. Die Situation, sich bei der Ankunft in München ohne Sprachkenntnisse und ohne Unterstützung seitens der Polizei den Weg zur richtigen Anlaufstelle suchen zu müssen, wird als großer Stressfaktor beschrieben. Auch der Umstand, dass es bei allen Befragten lange Wartezeiten gab, bis ein Deutschkurs bzw. Schulbesuch für sie ermöglicht wurde, sowie die zum Teil inadäquaten Beschulungsangebote sind als große Belastung zu werten, da sich alle Jugendlichen über die Bedeutung von Sprachkenntnissen für den Aufbau einer guten Zukunft und für die Möglichkeit der Teilhabe an der Aufnahmegesellschaft bewusst sind. Das Erlernen der Sprache wird erschwert durch die für eine PTBS charakteristischen Konzentrationsschwierigkeiten und die damit einhergehende verringerte Lernfähigkeit.

Familie taucht in zehn unterschiedlichen Aspekten als belastend auf: Vermissen der Familie, Einsamkeit, Heimweh, fehlender Schutz, großes Leid ohne Familie, Sorgen um das Leben der Familie, familiäre Streitigkeiten, familiäre Gewalt, kein oder nur telefonischer Kontakt, finanzielle Verpflichtungen.

Als Minderjährige unbegleitet migrieren und leben zu müssen, wird in den Interviews als Extrembelastung vermittelt. Sie geht einher mit Schutzlosigkeit, großer Einsamkeit, Heimweh und Sehnsucht nach der Familie. Es wird von der Verantwortung berichtet, die Familie finanziell zu unterstützen und von der Sorge um das Überleben der Zurückgebliebenen. Auch Gewalt in der

Familie und Streitigkeiten, die eventuell die Entscheidung zur Migration mit beeinflusst haben, werden angesprochen und haben offenbar einen belastenden Eindruck hinterlassen.

Schweigen gegenüber Bezugspersonen wird sechsmal als Belastungsfaktor beschrieben: Verbergen einer chronischen Krankheit, heimliche Einnahme von Tabletten, nicht über Probleme sprechen wollen, sich niemandem anvertrauen können, Sprachlosigkeit bezüglich der eigenen Gefühle, explosives Verhalten als Konsequenz.

Das Schweigen wird in den Interviews von drei Befragten intensiv thematisiert. Milad spricht über die Unfähigkeit, die von den Problemen ausgelösten heftigen Gefühle zu verbalisieren und die auf Dauer gesundheitsschädigenden Auswirkungen dieser Sprachlosigkeit. Während sich Nuri zum Reden eher genötigt sah, beklagt Tarik vorwiegend den Aspekt, etwas von sich, nämlich seine chronische Erkrankung, verstecken zu müssen und keine Betreuungsperson zu finden, die sich so verhält, dass er ihr Vertrauen schenken kann. Beide benutzen das Schweigen als Schutzschild, um angesichts der Unwägbarkeiten der ungastlichen Aufnahmegesellschaft und des Asylsystems ihr Sicherheitsbedürfnis zu wahren. Da sie die Konsequenzen nicht abschätzen können, die es haben könnte, wenn sie sich öffnen, um sich mit ihren Anliegen und ihrer Geschichte den BetreuerInnen anzuvertrauen, versuchen sie mithilfe des Schweigens die Kontrolle über ihre Situation zu behalten. Es kann aber auch als Ausdruck von Selbstbehauptung und Autonomie, als Widerstand gegen die stigmatisierenden Zuschreibungen als Asylbewerber und Flüchtling, die Reduktion ihrer Persönlichkeit auf Trauma und Problembehaftung interpretiert werden. Es ist ebenso eine nachvollziehbare Antwort auf die schwierige Rolle, die SozialpädagogInnen im Spagat zwischen den Jugendlichen und dem Staat, zwischen den Anforderungen des *KJHG* und des Asylrechts einnehmen. Ohne eine berufliche Schweigepflicht, wie sie z. B. Ärzte und PsychotherapeutInnen haben, scheinen sie von Berufs wegen keine verlässlichen Vertrauenspersonen zu sein. Zugleich appellieren beide, sowohl Nuri als auch Tarik, dass den Jugendlichen ausdauernd und mit Nachdruck nachgegangen und Kontakt gehalten werden soll. Dies lässt darauf schließen, dass das Schweigen um der eigenen Sicherheit willen auch eine große Belastung darstellt.

Das Thema *Angst* wird in neunfacher Hinsicht beschrieben: Angst vor Verfolgung im Herkunftsland, vor den Grenzbehörden während der Flucht, vor den Fluchthelfern, vor der Polizei, vor Gewalt in der Erstaufnahmeeinrichtung, vor dem Bundesamt bei der Altersfestsetzung, vor Rück- bzw. Abschiebung, vor familiärerer Gewalt und um Familienmitglieder.

Angst zieht sich durch alle Migrationsphasen der Interviewten und nimmt einen chronischen Charakter an.

Es werden 19 *psychische Folgen* der Belastungen genannt: Keinen Frieden und keine Ruhe finden, inneres Leiden, deprimiert sein, echt kaputt sein, starke Depressionen, Unterdrückung von Gefühlen und explosives Verhalten, Gefühle nich ausdrücken können, und Erkrankung, Suizid(versuch), Stress, Trauer, Konzentrations- und Lernschwierigkeiten, Motivationsverlust, Angst, psychische Erkrankung, Selbstverletzungen, Alpträume, Schlafstörungen, Erschöpfung, Orientierungslosigkeit.

Alle Befragten berichten gravierende psychische Folgen, die von vergangenen Erlebnissen und der belastenden Exilsituation ausgelöst werden. Die InterviewteilnehmerTarik und Asim schildern traumatogene und depressive Symptomatiken wie Schlafstörungen, Alpträume, Übererregung, Explosivität und Reizbarkeit, starke Niedergeschlagenheit, große Trauer, Motivationsverlust, Antriebshemmung und Suizidalität. Das von dem Befragten Asim angesprochene selbstverletzende Verhalten, das üblicherweise der Borderline-Symptomatik zugeordnet und mit deren Trauma-Ätiologie diskutiert wird (vgl. Sachsse, 2011, 82f), ist in den Jugendhilfeeinrichtungen bei UMF ein häufig zu beobachtendes Phänomen. Auch wenn Nuri und Ramin die psychischen Folgen eher in allgemeiner Form beschreiben, wird auch bei ihnen die Extrembelastung erkennbar.

Ankunft und Aufnahme

Die Ankunftssituation war laut Milad und Tarik von großer Orientierungslosigkeit geprägt. Die von ihnen angesprochenen Polizisten hatten ihnen nicht geholfen, sich nicht um sie gekümmert und ihnen als Minderjährige nicht den angemessenen Schutz zukommen lassen. Milad musste sogar eine Nacht im Gefängnis verbringen. Diejenigen Interviewpersonen, deren Alter von den Behörden auf unter 16 Jahren festgelegt oder bestätigt worden war (Tarik und Asim), kamen bereits am ersten Tag in Jugendhilfe oder wurden einer Verwandten zugeführt (Ramin). Die über 16-Jährigen (Nuri, Milad und Zoran) wurden in eine Erstaufnahmeunterkunft vermittelt, wo sie laut Milad und Zoran zu siebt in einem Zimmer untergebracht und erheblicher Kindeswohlgefährdung ausgesetzt waren. Der Start in Deutschland wird von drei Interviewten als sehr belastend charakterisiert: Milad schildert sein mühevolles Ringen um die behördliche Anerkennung als Minderjähriger, Zoran spricht von großem Angsterleben in der Erstaufnahmeunterkunft, Nuri erwähnt, dass es eine schwere Zeit gewesen sei. Die Verweildauer in der EAE betrug bei den drei Betroffenen zwischen vier und sieben Monaten. Zoran und Milad waren vorübergehend auch in eine Asylunterkunft für Erwachsene verlegt worden, eine für sie besonders beängstigende und gefährdende Erfahrung. Während des Aufenthaltes in der Erstaufnahmeunterkunft wurde keinem der UMF ein Schulplatz vermittelt. Asim berichtet eher von positiven Erfahrungen bei der Ankunft: Ein sehr netter Dolmetscher habe sich um seine Verpflegung gekümmert und ihn etwas beruhigt. Auch sei die Erkrankung seines Bruders ernst genommen worden und beide seien innerhalb von zwei Stunden in eine Jugendhilfeeinrichtung gebracht worden. Ramin verbrachte die ersten drei Monate bei seiner in München lebenden Schwester, ehe er in eine Jugendhilfeeinrichtung verlegt wurde.

Erfahrungen in der Jugendhilfe

Ausstattung und Belegung

Als belastend und als Stressfaktor wird die Größe der Wohngruppe (zehn oder mehr Personen) genannt. Dies führe zu erheblicher Unruhe und vielen Konflikten im Zusammenleben. Vor allem die Zuständigkeit für die Putzdienste und die Küchenordnung sei ständiger Anlass für Ärger und Streit. Eine einzige Küche für so viele Personen ist trotz bestehender Regelungen eine zu dürftige Ausstattung. Andererseits wird eingebracht, dass die größeren Heime aufgrund ihrer höheren Finanzkraft vor allem hinsichtlich der Freizeitgestaltung mehr bieten können. Das Verfügen über eigenes Geld in Form von Taschengeld, Essensgeld und Kleidergeld wird von Nuri als sehr positiv erwähnt. Die Unterbringung in Doppelzimmern zu Beginn der Jugendhilfe erhält keine negative Bewertung, sondern wird als Möglichkeit gesehen, Freundschaften zu schließen. Allerdings ist diese Einschätzung auch auf dem Hintergrund der Erfahrungen in der EAE zu sehen, in der dreimal so viele Personen auf beengtem Raum leben müssen, so dass die Doppelbelegung eine deutliche Verbesserung und Erleichterung darstellt.

Ein weiterer Stressfaktor und Kritikpunkt ist die Versorgung mit einer Mittagsmahlzeit, die nicht den Essgewohnheiten der afghanischen Jugendlichen entsprach. Zoran und Asim bestehen auf der Wahrung ihrer kulturellen Identität hinsichtlich der Ernährung und hätten sich lieber das Geld ausbezahlen lassen, um selbst zu kochen, oder sich einen afghanischen Koch gewünscht. Tarik kritisiert in diesem Zusammenhang die festen Essenszeiten, die er als erhebliche Einschränkung in seiner Tagesgestaltung wahrnimmt.

Vier Befragte sprechen die Belegungssituation an. Grundsätzlich finden sie eine gemischte Belegung (Migranten und Nicht-Migranten) gut. Asim und Tarik weisen darauf hin, dass es gerade zu Beginn vorteilhaft ist, wenn entweder noch weitere Landsleute in der Wohngruppe leben oder eine gemischte Belegung mit deutschen Jugendlichen erst nach sechs Monaten erfolgt, da es zwischen Deutschen und Migranten immer Missverständnisse und Konflikte gebe. Allerdings sollte auch auf eine gute Balance der verschiedenen Nationalitäten geachtet werden, da es sonst ebenso schnell zu Auseinandersetzungen komme. Ramin und Asim betonen, dass sie durch das Zusammenleben mit deutschen Jugendlichen schneller sprachliche Fortschritte machten, leichter Kontakt zu weiteren deutschen Jugendlichen fanden und die Regeln der Aufnahmegesellschaft kennenlernten.

Aufnahme in die Wohngruppe

Zur Aufnahmesituation äußern sich zwei Interviewte. Zoran kritisiert die vielen Fragen und Gespräche gleich zu Beginn, was mit der Anforderung seitens des Jugendamtes zusammenhängt, innerhalb von drei Tagen nach der Aufnahme einen ersten Clearingbericht abzugeben. Milad schildert, dass die Anfangszeit in der Jugendhilfeeinrichtung schwierig sei, weil man sich mit den Betreuerinnen zunächst nicht verstehe. Die Gründe lägen sowohl in der sprachlichen als auch in der kulturellen Differenz.

Regeln

Mit Ausnahme von Milad machen alle Interviewten Aussagen über zu strenge Regeln oder eine zu rigide Anwendung dieser. Die Ausgehzeiten erscheinen ihnen zu eng gehalten, ebenso die Besuchsregelungen mit Anmeldung der Gäste und die Aufnahme der persönlichen Daten, wenn sie bei jemandem übernachten wollen. Deutlich wird auch, dass den Jugendlichen mehr Zeit für die Umgewöhnung und Anpassung seitens der BetreuerInnen zugestanden und mit mehr Verständnis reagiert werden sollte.

Schule

Der Sprach- und Bildungserwerb ist ein zentrales Anliegen aller Befragten. Außer Tarik, der sich beklagt, dass er von Deutschkurs zu Deutschkurs vermittelt wurde, anstatt in eine normale Schule gehen zu können, treffen die übrigen keine klare Unterscheidung zwischen Sprachkurs und Schulbesuch. In ihren Äußerungen ist eine ausgeprägte Bildungsorientierung erkennbar. Der Zugang zu Bildung und Schule in Deutschland ist ihnen ein zentrales Anliegen, um sich einen lang gehegten Wunsch bzw. ein vorenthaltenes Recht zu erfüllen. Zugleich kann es Ausdruck von enormem Leistungsdruck sein, da in bestimmten Fällen schulischer Erfolg und eine abgeschlossene Berufsausbildung für jene, deren Asylantrag abgelehnt wurde, die Möglichkeit beinhaltet, doch noch eine Aufenthaltserlaubnis zu bekommen. Der Zusammenhang zwischen Deutschkenntnissen und Selbstständigkeit, ebenso zwischen Spracherwerb, Bildung und beruflichen Erfolgschancen ist den Befragten sehr präsent. Kritik wird von Tarik und Asim hinsichtlich der Inadäquatheit der Schulangebote geäußert. Asim findet ein auf Flüchtlinge abgestimmtes Schulangebot besser als die Aufnahme in eine Regelklasse, da der Sprung aufgrund der Sprachbarriere am Anfang zu groß sei. Alle Befragten erhielten erst nach mehreren Monaten Wartezeit einen Platz in einem Deutschkurs oder einer Schule. Möglich wurde dies erst im Rahmen der Jugendhilfe. Zwei Befragte berichten von ergänzender Nachhilfe in der Wohngruppe.

Freizeitangebote

Vier Befragte äußern sich positiv über die Freizeitangebote in den Wohngruppen. Ausflüge, Spiele, sportliche Aktivitäten und Urlaubsfahrten werden mit Spaß assoziiert, bringen Entlastung und Zerstreuung, um nicht ständig an traurige Dinge zu denken, wie es Asim formuliert. Milad bedauert, dass die Angebote im Laufe der Zeit abgenommen haben und bemängelt, dass zu wenig unternommen wird, um die deutsche Kultur besser kennen zu lernen und zu verstehen. Keiner der Interviewten berichtet von Angeboten seitens der Einrichtungen, bei denen bewusst Kontakt zu deutschen Jugendlichen vermittelt und so die Integration in die Mehrheitsgesellschaft gefördert wird.

Beziehung zu den BetreuerInnen

Die Befragten beschreiben ein komplexes Bild der Beziehung zu den BetreuerInnen. Während einerseits von positiven, unterstützenden Beziehungen berichtet wird, wird andererseits der Kontakt auch als anstrengend, nervig und belastend beschrieben.

Alle Interviewten berichten von der Organisation eines Schulplatzes durch die Jugendhilfe, so dass dies als eine zentrale Aufgabe der pädagogischen Fachkräfte gewertet werden kann. Konkrete praktische Unterstützung etwa in Form von Begleitungen zu Ämtern und Ärzten, Hilfe mit schriftlichen Unterlagen und Terminabsprachen sowie die Vermittlung von Therapie werden als entlastend geschildert. Hilfe und Fürsorge bei Krankheit erwähnen Nuri und Milad. Unterstützung bezüglich des Asylverfahrens, das einen sehr zentralen Platz im Leben von UMF einnimmt, wird erstaunlicherweise nur von Milad angegeben. Dies mag damit zusammenhängen, dass sie Vormünder hatten, die sich um diese Angelegenheit kümmerten. Sehr hohe Anerkennung und Wertschätzung erhalten jene BetreuerInnen, die gute Laune, Spaß und Zerstreuung in Form von Freizeitaktivitäten anbieten und damit positive gegenwärtige Erfahrungen ermöglichen. Das Thema Vertrauen/Misstrauen in der Beziehung zwischen Jugendlichen und BetreuerInnen kommt in jedem Interview zur Sprache. Auffallend ist, dass genauso häufig mangelndes Vertrauen seitens der Fachkräfte in die Jugendlichen thematisiert wird wie seitens der Jugendlichen in die Fachkräfte. Besonders anschaulich schildert dies Tarik, wenn er die MitarbeiterInnen in der Clearinggruppe als Spione bezeichnet, die ihn hinsichtlich seiner Herkunft und seines Alters beobachten und aushorchen. Hier steht die Befürchtung im Raum, dass eine vertrauensvolle Beziehung ausgenutzt werden könnte, um dem Asylrecht Geltung zu verschaffen. Zoran und Asim beschreiben Situationen, in denen das Misstrauen der BetreuerInnen die Beziehung stört und eine negative Gegenreaktion bei den Jugendlichen zur Folge hat. Drei Interviewte (Zoran, Tarik und Asim) äußern, dass die BetreuerInnen den Jugendlichen einen Vertrauensvorschuss geben sollten, dann würde das Vertrauen auf Seiten der Jugendlichen ebenfalls wachsen und die Beziehung sich verbessern. Ramin unterscheidet sehr deutlich zwischen BetreuerInnen, denen er vertraut und jenen, denen er nicht vertraut. Milad und Tarik weisen auf die Zeit hin, die es benötigt, um Vertrauen aufbauen zu können. Vertrauen wächst langsam über die Jahre.

Hilfreiches

In den Interviews machen die Befragten zahlreiche Aussagen darüber, was ihnen geholfen hat bzw. weiterhin hilft, mit den vieldimensionalen Belastungen und Herausforderungen fertig zu werden. Dabei kommen unterschiedliche innere und äußere Ressourcen und Schutzfaktoren zur Sprache, die sowohl direkt mit der Gewährung von Jugendhilfeleistungen als auch mit anderen Faktoren in Zusammenhang stehen.

Die *Wohngruppe* selbst wird dann als positiv und hilfreich wahrgenommen, wenn sie einen Ort des Schutzes, der Ruhe und des Friedens bietet. Kleine Wohneinheiten könnten dies leichter bieten. Als förderlich für die Bewältigung der Belastungen werden regelmäßige Freizeitangebote der BetreuerInnen, die der Zerstreuung und der Verdrängung dienen und neue positive Erfahrungen ermöglichen, erlebt. Ein Höhepunkt scheint der Urlaub zu sein, in dem die BetreuerInnen mit den Jugendlichen wegfahren. So können die Jugendlichen neue intensive positive Erlebnisse machen und Abstand zum anstrengenden Alltag gewinnen, was zu einer psychischen Stärkung führen kann. Auch Ausflüge können dies in kleiner Dosis vermitteln. Die Peer-Gruppe in der Wohngruppe wird ebenfalls als wichtige Ressource genannt. Gerade zu Beginn bietet sie eine gute Möglichkeit, Freunde (Milad, Ramin und Asim), Partner (Zoran) sowie Glaubensbrüder und Landsleute (Tarik) zu finden. Der wöchentliche Gruppenabend, an dem sich alle Jugendlichen zusammen mit BetreuerInnen treffen, wird durch das Zusammensitzen, gemeinsame Essen und miteinander reden als stärkend geschildert, als ein Ort, an dem man sich gegenseitig ermutigt und Probleme zu lösen versucht.

Von besonderem Interesse sind die Aussagen der Befragten über die *BetreuerInnen*. Aus ihren Ausführungen über positive Erfahrungen und Wünsche im Rahmen der Fiktionsfrage lässt sich eine Art Anforderungsprofil an BetreuerInnen in der stationären Jugendhilfe für UMF ableiten. Wertschätzung und Zufriedenheit mit der Hilfe der Fachkräfte wird durch folgende Ausdrücke erkennbar: echt nette BetreuerInnen, tolle BetreuerInnen, BetreuerInnen mit guter Laune, BetreuerInnen, die einfach nett sind. Die Wortwahl im Kontext der übrigen Interviewaussagen legt die Vermutung nahe, dass die Jugendlichen den so bezeichneten Personen Vertrauen konnten, sich in ihrer Situation und ihren Bedürfnissen wahrgenommen fühlten und echtes Interesse und Engagement seitens der MitarbeiterInnen für sie erkennbar und spürbar waren. Der von den Interviewten positiv bewertete Kontakt scheint auf gegenseitiger Sympathie und Respekt beruht zu haben und die erwähnte gute Stimmung seitens der BetreuerInnen lässt vermuten, dass diese in ihrer Haltung gegenüber den Jugendlichen nicht von Mitleid und Problemzentrierung geleitet waren, sondern eher von Optimismus und Ressourcenorientierung. Die Interviewten erwarten von den Fachkräften sowohl Hilfe bei der Ermöglichung positiver Erlebnisse, um Spaß, Lebensfreude und Zerstreuung zu haben als auch die Möglichkeit, über Probleme zu sprechen. Dabei wird der regelmäßige Einsatz von DolmetscherInnen für wichtig befunden. Besonders auffällig ist auf dem Hintergrund der häufig beschworenen großen Selbstständigkeit von UMF die Intensität der Aufforderungen von Nuri und Milad, den Jugendlichen nachzugehen und sie nachdrücklich nach ihrer Befindlichkeit zu fragen. Auch wenn die Jugendlichen sich zunächst abweisend verhalten, sollen sich die BetreuerInnen nicht abschrecken lassen, um die Diskrepanz zwischen Sprachlosigkeit und Hilfsbedürftigkeit zu überwinden. Sie sollen mit ihnen »wie ein Partner reden« (Interview Milad, 133), also auf Augenhöhe, eine Forderung, die verdeutlicht, dass die Jugendlichen einerseits in ihren Kompetenzen, Leistungen und ihrer bereits erworbenen Selbstständigkeit respektiert werden möchten, und andererseits verständnisvolle erwachsene Bezugspersonen benötigen, die ihnen in dieser entscheidenden Anpassungs- und Umbruchsphase zur Seite stehen, sie begleiten und beraten. Die Befragten erwarten sich von den Fachkräften in ihrer von vielen Unwägbarkeiten und Unbekanntem gekennzeichneten Lebensphase Verstehens-, Orientierungs- und Entscheidungshilfen, die bei nicht getrennten Familien oft die Eltern geben. Eine fürsorgliche Haltung und motivierender Zuspruch sei nötig, um in der schwierigen Situation durchzuhalten und den Mut und die Hoffnung zu bewahren. Die BetreuerInnen sollen den Jugendlichen Vertrauen schenken, gut zu ihnen sein und sich kümmern. Hier wird eine an dem Bild der Familie orientierte Haltung und Atmosphäre gewünscht, die Tarik nochmals explizit formuliert, wenn er sagt, dass er wie ein Familienmitglied aufgenommen worden sei (vgl. Interview Tarik, 120). Ramin formuliert hinsichtlich seiner positiven Erfahrungen in der ersten Wohngruppe, dass er sowohl den Mitbewohnern als auch der Betreuerin vertraut habe. Das Zusammenwirken dieser Gruppen in seinem engsten Umfeld ist für ihn ein wichtiger Aspekt, um in der Ankunftsphase sichere Bindungen aufzubauen, und ein erwiesener Schutzfaktor bei der Verarbeitung von Traumaerfahrungen.

Aufgrund ihrer starken Bildungsorientierung schätzen die Befragten insbesondere Unterstützung im schulischen Bereich und zusätzliche Lernhilfen. Nuri und Zoran stellen dabei ausdrücklich einen Zusammenhang zwischen ihren Lernerfolgen und dem Spaß am Lernen her, der wiederum von einer angenehmen, lockeren Lernatmosphäre und einer guten Beziehung zur Lehrkraft (Praktikant, Lehrerin) abhänge.

Darüber hinaus berichten die Interviewten von weiteren *Stabilisierungsfaktoren unabhängig von der Jugendhilfeeinrichtung*, die individuell unterschiedlich sind. Für Ramin zählt dazu das Leben in einer Kleinstadt, da sie ihm mit ihrer Überschaubarkeit und der geringeren Einwohnerzahl weniger Stress und mehr Ruhe vermittle. Nuri, Tarik und Asim schildern in beeindruckender Weise, wie sie durch intensives Nachdenken und Selbstreflexion partielle Lösungen im Umgang mit ihren Belastungen finden. Nuri erzählt, dass es ihm hilft, wenn er sich selbst gut zuspricht, sich anspornt und ermutigt, indem er sich Sätze sagt wie »Nein, jetzt schaffst du das. Also mach.« (Interview Nuri, 50) oder ganz im Sinne eines systemischen Blickwinkels »Ja, wenn du deine Probleme hast, dann du kannst auch irgendwie eine Lösung finden« (ebd., 154). Zugleich achtet er darauf, dass er sich nicht noch mehr unter Druck setzt, indem er sich eine Lösung überlegt, die die Probleme zumindest nicht vergrößert (vgl. ebd., 156) – eine entlastende Herangehensweise, falls ein Lösungsversuch misslingen sollte. Tarik nennt die Fokussierung auf ein festes Ziel als wichtige Strategie für sich. »Wenn man ein Ziel hat, hat man so ein Tunnelblick.« (Interview

Tarik, 120) Dabei habe er sich gesagt: »Es ist mir egal, wie die Umstände sind.« (Ebd.) Asim fand den Weg, therapeutische Hilfe zu suchen, indem er sein Leiden in dem von anderen Jugendlichen wiedererkannte. Deren Lösungsversuche in Form von Selbstverletzungshandlungen und Klinikaufenthalten empfand er als sehr abschreckend: »Und von solche Leute habe ich was gelernt. Ja, habe ich gesagt, ja, du bist das.« (Ebd., 244) Dies ließ ihn erkennen, dass es der einzige Weg für ihn sei, sich seiner Betreuerin zu öffnen und seine Probleme mitzuteilen. Auch intensive sportliche Aktivitäten entdeckte er als ein gutes Hilfsmittel für sich. Durch das Boxtraining könne er Aggressionen abbauen und das, was ihn innerlich bewegt, nach außen bringen. Er richte dabei seine Aufmerksamkeit völlig auf das Gegenwärtige: »Dann sag, ja, das ist/ dieser Sandsack ist alles für dich. Mach den.« (Interview Asim, 250) Dadurch fände er Ruhe, werde müde und könne besser schlafen. Das Boxtraining kann auch als konkreter Ausdruck seines nicht nachlassenden Kampfgeistes interpretiert werden, den er selbst als sehr positiv in seinem Leben anerkennen kann. Auch seine Fähigkeit, von ursprünglichen beruflichen Zielen Abstand zu nehmen, weil sie mit seinen derzeitigen sprachlichen Fähigkeiten und seiner psychischen Verfassung momentan nicht erreichbar sind, und sich neue, positive und realistische Ziele zu setzen, ist als Ressource zu betrachten. Er hält sich dabei die für ihn abschreckenden Beispiele von jenen MigrantInnen vor Augen, die seit 20 Jahren hier sind und aufgrund mangelnder Ausbildung schlecht bezahlte Arbeiten, meist unter ausbeuterischen Bedingungen, verrichten müssen.

Auch außerhalb der Wohngruppe stellen Freunde eine wichtige Ressource zur Bewältigung ihrer Lebenssituation dar. Ramin erzählt mit Freude von der Möglichkeit, in der Kleinstadt Freunde deutscher und anderer Herkunft kennen zu lernen. Asim schildert, wie gerne er in seiner Freizeit mit seinen Freunden Zeit verbringt und wie sie versuchen, eine gute Balance zwischen dem gegenseitigen Sichanvertrauen von Problemen und belastenden Gefühlen und dem gemeinsamen Spaß haben, indem sie Witze erzählen, spielen, fernsehen, ins Kino gehen usw., zu finden.

Kritik

Die Befragten äußern in vielfältiger Hinsicht Kritik an den stationären Jugendhilfeleistungen, die zum Teil bereits in die vorhergehenden Ausführungen eingeflossen ist und hier noch einmal zusammenfassend wiedergegeben werden soll.

Bei der *Aufnahme* in die Jugendhilfeeinrichtung wird die intensive Befragung in den ersten Tagen kritisiert. Statt Entlastung und Beruhigung zu erfahren, setzen die BetreuerInnen durch den Druck, dem Jugendamt innerhalb von drei Tagen einen ersten Clearingbericht zu liefern, die Neuankommenden einer erneuten Stresssituation aus. Auch liegt die Vermutung nahe, dass durch diese Vorgehensweise Vorsicht und Misstrauen bei den Jugendlichen erhöht werden, da sie die Rolle der Sozialpädagoginnen und die Aufgabe der Jugendhilfe noch nicht einschätzen können und der Unterschied zu dem Interview beim Bundesamt für sie schwer nachvollziehbar ist.

Die meisten Kritikpunkte in den Interviews beziehen sich auf die *Fachkräfte*, v. a. die *BetreuerInnen*. Von einigen wird mangelndes Vertrauen bzw. Misstrauen der Fachkräfte gegenüber den Jugendlichen kritisiert. Zoran wehrt sich gegen das Vorurteil, ein Lügner zu sein und ist davon genervt. Tarik fühlt sich vor den misstrauischen Nachforschungen der BetreuerInnen im Rahmen des Clearingprozesses regelrecht auf der Flucht. Er spricht den SozialpädagogInnen aufgrund ihrer Art der Ausbildung die Kompetenz ab, eine Alterseinschätzung vornehmen zu können. Diese Erfahrung hat nachhaltige negative Auswirkungen auch auf sein Verhältnis zu weiteren Betreuerinnen in den Nachfolgeeinrichtungen, zu denen er jahrelang kein Vertrauen aufbauen kann.

Auch das Engagement und die Arbeitshaltung mancher BetreuerInnen stehen in der Kritik. Tarik bemängelt Gleichgültigkeit, zu geringes Einfühlungsvermögen, persönliches Engagement und Interesse gegenüber dem Schicksal der UMF und der Verbesserung ihrer Zukunftschancen und meint fast zynisch, die Fachkräfte könnten sich doch mal fünf Minuten Zeit nehmen, um sich mit den Jugendlichen über ihre Schwierigkeiten zu unterhalten. Vielleicht hat er erlebt, dass die SozialpädagogInnen sich im großen Umfang mit Verwaltungsarbeit beschäftigten oder keine Motivation (mehr?) hatten, um sich mit den Belastungen der UMF zu konfrontieren, was an das Thema Burnout denken lässt, ein in der Fachliteratur zur Arbeit mit traumatisierten Menschen regelmäßig als drohende Gefahr beschriebenes Konzept. Milad kritisiert, dass nach anfänglich reichhaltigem Freizeitangebot dieses im Laufe der Zeit immer mehr abgenommen habe. Damit wird den Jugendlichen die von ihnen so geschätzte Möglichkeit der Zerstreuung, Lebensfreude zu erleben und die Kultur der Aufnahmegesellschaft kennen zu lernen, minimiert.

Bezüglich des Kommunikationsverhaltens werden neben der geringen zeitlichen Kapazitäten mangelndes Interesse, zu geringes nachdrückliches Nachfragen, mangelnde Aufmerksamkeit und Wahrnehmung des einzelnen Jugendlichen kritisiert. Nuri wiederum beanstandet, dass sein Schweigen und Nicht-reden-Wollen nicht respektiert wurden. Wenn er geredet habe, seien außerdem seine Aussagen falsch interpretiert worden. Da er zugleich betont, wie wichtig die Ermutigung der Jugendlichen, das Sprechen mit ihnen und das Nachhaken sei, kann es sein, dass er damit auch einen zu sehr problemorientierten Beratungsstil ablehnt und auch unterschiedliche kulturelle Kommunikationsstile (direkt/indirekt) eine große Rolle spielen und mehr beachtet werden sollten. Anhand von Milads Aussagen ist zu erkennen, dass er Bevormundung im Kontakt mit den BetreuerInnen ablehnt, wenn er auf einen partnerschaftlichen Gesprächsstil hinweist.

Tarik, der aufgrund seiner jahrelangen Therapieerfahrungen und des Lesens einschlägiger Literatur über ein relativ großes psychologisches Grundwissen verfügt, kritisiert die Betreuungsqualität und die Fachlichkeit der SozialpädagogInnen am deutlichsten. Neben der erwähnten Nichtzuständigkeit bei der Altersfestsetzung wirft er den BetreuerInnen gravierende Versäumnisse hinsichtlich der Einleitung von psychotherapeutischen Maßnahmen vor, was er auf fehlendes psychologisches Verständnis und Fachwissen und ungenügende Aus- und Fortbildung zurückführt. Dies habe gravierende Folgen für den Ausprägungsgrad und die Chronifizierung seiner Depression gehabt.

Viele Kritikpunkte werden auch hinsichtlich des Umgangs mit Regeln geäußert. Ein wiederkehrendes Thema ist dabei ein zu restriktiver Umgang mit dem bestehenden Regelwerk. Die BetreuerInnen seien zu streng und es gäbe zu viele Regeln. Es werde einem vorgeschrieben, wann man schlafen und wann man aufstehen müsse. Die Regeln würden zu eng ausgelegt und es werde wenig Nachsicht geübt, etwa bei fünfminütiger Verspätung bezüglich Ausgeh- oder Essenszeiten. Die Sanktionen werden als rigoros beschrieben (kein Essen, Polizei rufen), wiederholtes Zur-Rede-gestellt-Werden als ungerecht empfunden. Bei den Fachkräften wird wenig Bewusstsein für das Ausmaß des Anpassungs- und Umstellungsprozesses wahrgenommen, den es bedeutet, von einer Lebensphase wie der Flucht, die schnelles und situationsangepasstes Verhalten erfordert, in einen sehr durchstrukturierten Heimalltag mit den geltenden Kinderschutzregelungen, festen Schulanfangszeiten etc., zu wechseln. Zoran und Ramin beanstanden ein Zuviel an Kontrolle, bei Tarik führten die Ausgehregelungen, die er nicht akzeptiert und durch die er sich wie ein Kind behandelt fühlt, sogar zur Entlassung. Auch restriktive Besuchsregelungen werden als sehr einschränkend betrachtet und widersprechen gänzlich der Vorstellung von Gastfreundschaft der afghanischen Kultur. Ebenso wird die Regelung, dass keine Gäste übernachten dürfen, bemängelt und in der Praxis häufig kritisiert. Auf dem Hintergrund, dass viele UMF in der Nacht von Ängsten und Alpträumen geplagt werden und daher ab und an gerne mit Freunden zusammen in einem Zimmer schlafen, ist dies verständlich. Jene, die in der Wohngruppe keine Freunde finden, leiden besonders unter dieser Vorschrift.

Besonders auffällig in den Interviews ist die von den Befragten mehrfach heftig kritisierte Verwendung des Wortes »müssen« seitens der BetreuerInnen, was eine heftig ablehnende Reaktion hervorruft und auf ein sprachlich-kulturelles Missverständnis hinweist. Die Interviewpartner äußern diese Kritik in Zusammenhang mit den Regeln. Vor allem Zoran und Nuri, aber auch Milad beklagen dies. Nuri verweist auf die große Bedeutung dieses Wortes und schlägt vor, stattdessen lieber den Ausdruck »sollte« zu verwenden und höflich zu sprechen, während Zoran als Alternative »es ist deine Aufgabe. Kannst du das machen?« einbringt. Milad würde als Chef einer Jugendhilfeeinrichtung nicht »müssen wir« im Gespräch mit Jugendlichen verwenden, sondern mit ihnen wie mit Partnern reden. Der Ausdruck »du musst«, der in der deutschen Umgangssprache häufig im Sinne von »es ist deine Pflicht, deine Aufgabe« oder »du sollst« verwendet wird und einen Aufforderungscharakter hat, scheint in der afghanischen Sprache sehr viel stärker mit der Bedeutung von Zwang, Unausweichlichkeit, Fremdbestimmung durch eine unhinterfragbare Autorität und Hierarchie verknüpft zu sein. Die Verwendung im profanen Alltag wird als Unhöflichkeit oder unhöfliche Anmaßung empfunden.

Weitere Kritikpunkte hinsichtlich *kultureller Unterschiede* und des Umgangs mit diesen sind zum einen die aufgezwungene Esskultur durch die von der Einrichtung zubereiteten Mahlzeiten, zum anderen die fehlende Möglichkeit, eigene religiöse Feste zu feiern und v. a. den Ramadan in ausführlicher Weise zu begehen. Zugleich werde dem Bedürfnis, die Kultur im Aufnahmeland durch entsprechende Freizeitunternehmungen besser kennen zu lernen, zu wenig Rechnung getragen. Auch werde zu wenig auf die religiöse und kulturelle Zusammensetzung von Jugendlichen und Fachkräften geachtet und es komme daher zu Konflikten.

Eine weitere Kategorie bildet die Kritik an der *Vorenthaltung bzw. Verletzung von Rechten*, wie sie in der KRK festgeschrieben sind. In den Interviews finden sich folgende Vorwürfe: Rassismus (Diskriminierungsverbot), mangelnde Mitbestimmung bei der Verlegung in eine andere Stadt und bei der Gestaltung der Mahlzeiten (Partizipationsrechte), das unangekündigte Betreten des eigenen Zimmers und die fehlende Möglichkeit eines über 16-Jährigen, sein Zimmer abzusperren (Recht auf Privatsphäre), das Vorenthalten therapeutischer Versorgungsleistungen (Recht auf Gesundheitsvorsorge und -fürsorge).

Bezüglich der *Ausstattung und Belegung* der Wohngruppen werden folgende Aspekte beanstandet: Zu große Wohngruppen, was zu enormer Lärmbelästigung, Unruhe und Konflikten bei der Erledigung der Aufgaben im Haushalt führe; andererseits kleine Wohngruppen, in denen man sich oft in einer extremen Minderheitenposition unter lauter deutschen Jugendlichen befinde und die Ausstattung schlechter sei; auch die Belegung mit zu vielen UMF einer Nationalität wird kritisiert, da man dadurch die deutsche Sprache nicht lerne; fehlender Zugang zu Computer und Internet und damit mangelnde Möglichkeiten, mit der Familie im Herkunftsland zu kommunizieren.

Bezüglich der *Bildungsmöglichkeiten* kritisieren die Befragten allgemein die inadäquaten Schulangebote, die Vermittlung in eine Regelklasse ohne vorbereitende Deutschkurse und das zu geringe Angebot von Nachhilfe im Rahmen der Jugendhilfe.

Auch die Qualität der *DolmetscherInnen* und ihre fehlende Unparteilichkeit werden als Kritikpunkt benannt.

Veränderungswünsche und Verbesserungsvorschläge
Die Befragten machen in den Interviews, angeregt durch die Fiktionsfrage, aber auch im Verlaufe der Gespräche, 96 Aussagen darüber, welche Veränderungen sie in der stationären Jugendhilfe aus ihrer Perspektive empfehlen würden. Diese kamen zum Teil bereits in den einzelnen Interviewbeschreibungen (vgl. Kap. 7.1.2) zur Sprache, sollen aber im Folgenden nochmals zusammengefasst dargestellt werden. Fünf Hinweise sind Aussagen darüber, was die Interviewpartner abschaffen und 91 sind Anregungen, was sie einführen würden oder wichtig fänden. Von letzteren beziehen sich über 50 % (n=48) auf die Fachkräfte, v. a. die BetreuerInnen.

Als *Richtschnur* beschreibt Zoran, er würde als Verantwortlicher einer Jugendhilfeeinrichtung den UMF ein normales Leben ermöglichen, ein in der Praxis häufig zu hörender Wunsch dieser Jugendlichen. Er äußert, ohne dies näher zu konkretisieren, dass er darauf achten würde, dass die MigrantInnen wie andere Kinder wohnen und lernen können. Dies kann als Abkehr von der traditionellen Heimunterbringung und als Ermöglichung eines regulären Bildungserwerbs mit den dafür nötigen Unterstützungsleistungen interpretiert werden. Als Ziel nennt er:

»Dann die Jungs oder die Mädels wollte ich ganz froh und so, ganz Frieden und Ruhe etwas, keine Stress so viel.« (Interview Zoran, 160)

Dabei spiele Geld eine große Rolle, um in die Einrichtung und in die Angebote investieren zu können. Bezüglich der *Ausstattung der Wohngruppen* werden folgende weitere Vorschläge von den Interviewpersonen geäußert: Die Zimmer sollten für die Jugendlichen absperrbar sein, um eine gewisse Privatsphäre zu gewährleisten, Internetzugang ist zur Verfügung zu stellen, um über moderne Kommunikationswege den Kontakt zur Familie im Herkunftsland zu ermöglichen, die Zimmer sollten mit einer eigenen Kochgelegenheit ausgestattet sein, im Stile von Appartements, um die Konflikte hinsichtlich der Küchennutzung und der Putzdienste und damit die Alltagsbelastungen zu reduzieren.

Als weitere mögliche Form einer veränderten *Unterbringung* werden Zweier-WGs oder kleine Wohngruppen gewünscht. Wenn die Jugendlichen volljährig werden, sollte eine selbstständigere Wohnform mit loserer Betreuung gewählt werden, ein Verweis auf eine sozialpädagogisch betreute Wohnform, in der Jugendliche und junge Erwachsene in normalen Mietwohnungen leben und Betreuung erhalten. Diese Jugendhilfeleistung wird in der Praxis jedoch sehr zurückhaltend und in der Mehrzahl nur jenen Heranwachsenden gewährt, die bereits in Ausbildung sind. Somit ist sie für einen großen Teil der UMF schwer erhältlich.

Hinsichtlich der Belegung der Wohngruppen sei auf Ausgewogenheit und Balance der Nationalitäten und Ethnien zu achten. Es wird darauf hingewiesen, dass anfänglich eine Wohngruppe ausschließlich für UMF von Vorteil sein kann, damit diese Zeit haben, die neuen gesellschaftlichen und kulturellen Normen und Regeln kennen zu lernen, ohne deswegen gleich in Konflikte mit anderen MitbewohnerInnen zu geraten, jedoch sei nach einer Anpassungsphase von etwa einem halben Jahr eine integrierte Unterbringung wünschenswert, um von den einheimischen Jugendlichen zu lernen.

Auch die *Angebote* innerhalb der Jugendhilfeeinrichtungen könnten mehr ausgebaut werden. Genannt werden mehr sportliche Aktivitäten und Entspannungsprogramme, damit die ankommenden Jugendlichen lernen, sich abzureagieren und zu beruhigen, und das Erteilen von Nachhilfe.

Hinsichtlich der *Bildungsperspektive* nennen die Befragten mehrfach die Aufeinanderfolge von Sprachkurs → Schule + Nachhilfe → Ausbildung – eine Chance, die aufgrund von ungenügenden Beschulungsangeboten bislang nur ein Bruchteil der UMF erhält. Auch die Integration in Regelklassen im Anschluss an entsprechend qualifizierte Sprachkurse wird gewünscht.

Die Notwendigkeit eines sensibleren Umgangs mit *kulturellen Unterschieden* wurde in den vorangehenden Ausführungen bereits deutlich. Neben einer größeren Achtsamkeit auf kulturell bedingte Verständnisunterschiede (z. B.

»müssen«) wünschen sich einige Interviewpersonen die Beachtung und Respektierung der jeweiligen religiösen Feiertage und der eigenen Esskultur der Jugendlichen sowie Rücksichtnahme auf die ethnische Zugehörigkeit bei der Auswahl der DolmetscherInnen.[17]

Neben der Kritik an der ungenügenden Verwirklichung des *Rechtes auf Partizipation* äußern die Befragten, dass die Beschwerden der BewohnerInnen ernster genommen (Beschwerderecht) und ihnen mehr Freiheiten zugestanden werden sollten.

Sind im beruflichen Alltag vorwiegend Veränderungswünsche und Äußerungen bezüglich der finanziellen, räumlichen und strukturellen Bedingungen der Jugendlichen vorherrschend, so gilt dies in den geführten Interviews nicht. Dies hängt sicher auch mit den nachdrücklichen Fragen hinsichtlich der Betreuungsqualität zusammen, lässt sich aber nicht allein daraus ableiten. Eine Rolle mag auch spielen, dass es im direkten Kontakt mit den zuständigen *BetreuerInnen* und den übrigen Fachkräften in den Einrichtungen leichter fällt, Wünsche und Korrekturvorschläge für äußere Bedingungen zu artikulieren, als für jene, die die Beziehung zur Fachkraft und ihre Arbeit betreffen.

Bezüglich der Fachkompetenz der MitarbeiterInnen wird die Ausbildung von mehr Verständnis und Einfühlungsvermögen für die komplexe Lebenssituation von UMF gefordert. Dies betreffe sowohl die Schwierigkeit, die es bedeute, ohne Familie leben zu müssen, als auch sich an neue Regeln und kulturelle Gepflogenheiten anzupassen und eine neue Sprache lernen zu müssen. Dieser Anpassungsprozess benötige Zeit, die den Jugendlichen zugestanden werden müsse und bei dem sie verständnisvolle Unterstützung benötigen. Darüber hinaus sollten die Fachkräfte in den Wohngruppen stärker die traumatisierenden Erfahrungen wie Krieg und Gewalt und deren Auswirkungen auf die Betroffenen berücksichtigen. Dies wird direkt formuliert, kommt aber auch indirekt durch die wiederholte eindringliche Betonung, dass afghanische Jugendliche allgemein große Probleme haben und hatten und ihnen unbedingt nachgegangen werden soll, zum Ausdruck. Um die notwendige Kompetenz im Umgang mit psychisch schwer belasteten Jugendlichen zu erreichen, ist ent-

---

[17] So ist zu bedenken, dass es z. B. für einen Angehörigen der Ethnie der Hazara schwierig sein kann, sich in Anwesenheit eines paschtunischen Dolmetschers zu öffnen, weil in Afghanistan Hazara-Angehörige von Paschtunen verfolgt worden sind. Bei einem afghanischen Jugendlichen, der schwere Diskriminierungen im Iran erlebt hat, kann sich das Hinzuziehen einer iranischen Dolmetscherin als nachteilig erweisen.

weder in jeder Einrichtung eine psychologische Fachkraft einzustellen oder die Sozialpädagoginnen sollten über psychologisches Fachwissen verfügen und entsprechende Fortbildungen erhalten.

Die Kooperation zwischen BetreuerInnen und Jugendlichen sollte laut den Interviews gleichberechtigter geschehen. Dies wird deutlich, wenn die Befragten fordern, wie Erwachsene oder Partner behandelt zu werden und mehr Partizipations- und Mitspracherechte bei der Gestaltung des Gruppenalltags zu erhalten. Es wird erwartet, dass die Fachkräfte den Jugendlichen etwas mehr entgegenkommen und Kompromisse schließen, anstatt starr an ihren Vorstellungen und Regelungen festzuhalten. Besonders Asim präferiert eine Entscheidungsfindung nach dem Konsensprinzip. Er betont mehrfach, dass beide Seiten (Jugendliche und BetreuerInnen) sich zusammensetzen und gehört werden sollen und die Zufriedenheit aller ein wichtiges Ziel ist. Bei Konflikten sieht er es als Aufgabe der Leitung, zu intervenieren und zu vermitteln, und sich nicht automatisch auf die Seite der MitarbeiterInnen zu stellen. Ramins Aussage, die Betreuer sollten ihn in Ruhe lassen, kann als Indiz einer gewissen Frustration über eine schlechte Zusammenarbeit gewertet werden, aber auch als Hinweis darauf, dass die Kontrollfunktion der BetreuerInnen maßvoll ausgeübt werden sollte, da gerade in der Adoleszenz Abgrenzungs- und Autonomiebestrebungen einen wichtigen Teil der Entwicklung darstellen. Auch wird auf den Zeitaspekt Bezug genommen und der Wunsch geäußert, dass die Fachkräfte zeitnah auf Anliegen der Jugendlichen reagieren und sich grundsätzlich einfach mehr Zeit für sie nehmen sollten.

Die Befragten fordern bezüglich der Kommunikation, dass die BetreuerInnen mit den UMF sehr viel mehr im Gespräch bleiben und sich nicht durch eine vordergründig abweisende Haltung beirren lassen sollen, dass sie hartnäckig nachfragen müssen, was den einzelnen bedrücke oder traurig mache, da die Gespräche über ihre Probleme tendenziell als entlastend erlebt werden. Sie müssen versuchen, das Vertrauen der UMF zu erwerben und bei Konflikten und störendem Verhalten nach den Gründen des jeweiligen Benehmens zu forschen, nach dem Was, Wieso, Warum zu fragen. Wichtig sei dabei ein ressourcenorientiertes Vorgehen, indem die Jugendlichen immer wieder für Erfolge und Fortschritte gelobt und weiter ermutigt werden. Die Interviewpartner fordern einen Dialog auf Augenhöhe, bei dem auf eine höfliche Kommunikation geachtet werde, die Einschätzung sowohl der MitarbeiterInnen als auch der BewohnerInnen gehört werde und auch die Leitung das Gespräch mit den Jugendlichen suche. Für diese müsse es auch die Möglichkeit geben, sich angstfrei in einem geschützten Rahmen zu äußern, ohne sofort Konsequenzen zu befürchten.

Die Interviewpartner äußern, dass sie sich Beziehungen in den Wohngruppen und zu den BetreuerInnen familiär wünschen, dass letztere in der Rolle einer Familie oder Mutter für sie seien und dies auch in der Erlaubnis, sie mit »du« anzusprechen, zum Ausdruck komme. Es wird der Appell geäußert, den Jugendlichen von Anfang an Vertrauen zu schenken, dies wiederum würde auch das Vertrauen der Jugendlichen in die BetreuerInnen fördern. Auch sollten die Fachkräfte aktiv den Kontakt zu ihnen suchen und halten.

Ein weiteres, in unterschiedlicher Form vorgebrachtes Thema ist der Aspekt der Fürsorge. Es wird eine fürsorgliche Haltung der MitarbeiterInnen gefordert, etwa bei Krankheit, v. a. aber gegenüber jüngeren UMF, deren Hilfsbedürftigkeit aufgrund der Trennung von oder des Verlustes der Eltern betont wird. Die BetreuerInnen sollten mehr auf diese Gruppe aufpassen, ihnen nachgehen, ihrer Aufsichtspflicht stärker nachkommen, damit diese nicht auf die schiefe Bahn geraten. Das Bedürfnis nach einer Elternfigur solle aufgegriffen und ihnen Schutz gegeben werden.

Die Aufforderung an die Fachkräfte zu mehr Engagement wird ebenfalls mehrfach geäußert. Diese müssten »gerne helfen«, »wirklich helfen« und stünden in der beruflichen Verpflichtung, etwas für die Jugendlichen zu tun. Es wird eine größere innere Beteiligung erwartet. Konkret wird verlangt, dass die Altersfestsetzung schneller erfolgen sollte, um nicht so lange in Ungewissheit über den zukünftigen Verbleib leben zu müssen.

Hinsichtlich der beruflichen Rolle der SozialpädagogInnen in diesem Arbeitsfeld sollte die Altersfestsetzung aus ihrem Aufgabengebiet herausgenommen werden und allein den Ärzten vorbehalten sein. Enorm wichtig wäre, dass die SozialpädagogInnen, analog zu anderen Berufsgruppen wie z. B. ÄrztInnen und PsychologInnen, ebenfalls der Schweigepflicht unterliegen und einen Eid darauf schwören müssen, da es dadurch für UMF sehr viel leichter sei, Vertrauen zu fassen, sich zu öffnen und sich über persönliche Angelegenheiten mitzuteilen.

Auf die Frage, was die Interviewpartner *abschaffen* würden, äußerten sie nur wenige Aspekte, die sich mehrheitlich auf den Umgang mit Regeln bezogen. Dies waren die Aufhebung der gemeinsamen Essensversorgung und Mahlzeiten, des Übernachtungsverbotes und der Anweisung, bei Verspätungen sofort eine Vermisstenanzeige bei der Polizei zu erstatten. Die Jugendlichen sollten generell weniger kontrolliert werden und es solle versucht werden, ihren Stress zu minimieren.

7.2 Befragung von ExpertInnen der stationären Jugendhilfe

Ergänzend zu den Gesprächen mit ehemaligen UMF über ihre Erfahrungen in der stationären Jugendhilfe wurden Interviews mit drei ExpertInnen geführt, die direkt in der Betreuung von UMF in verschiedenen Jugendhilfeeinrichtungen tätig sind. Die Ergebnisse werden im Folgenden zusammenfassend dargestellt.

7.2.1 Vorstellung der ExpertInnen

Die Expertin A arbeitet in einer kleinen teilbetreuten Jugendhilfeeinrichtung (weniger als zehn Plätze) für Jugendliche und Heranwachsende jeder Herkunft ab 16 Jahren. Die Interviewpartnerin ist von Beruf Sozialpädagogin und deutscher Herkunft. Sie hat eine Zusatzausbildung zur Traumaberaterin absolviert und arbeitet seit fast vier Jahren als Betreuerin mit UMF in der stationären Jugendhilfe. Das Interesse an diesem Arbeitsfeld wurde bei ihr durch ein Praktikum beim Bayerischen Flüchtlingsrat, durch engagierte Dozenten und ein halbjähriges Praktikum in einer Wohngruppe mit UMF geweckt.

Die Expertin B arbeitet in einer großen Jugendhilfeeinrichtung mit unterschiedlichen stationären Wohnformen, deren Räumlichkeiten in unmittelbarer Nähe liegen und deren etwa 30 männliche, unbegleitete Flüchtlinge von einem einzigen Team betreut werden. Es handelt sich um eine Clearinggruppe für Jugendliche ab 14 Jahren, eine Wohngruppe für ab 16-Jährige und Einzelbetreutes Wohnen für Volljährige. Die Sozialpädagogin ist deutscher Herkunft und arbeitet seit knapp vier Jahren als Bezugsbetreuerin in den unterschiedlichen Wohnformen. Sie wählte in ihrem Studium den Schwerpunkt »Arbeit mit MigrantInnen«, absolvierte ein Praktikum in einer Flüchtlingsunterkunft, arbeitet generell gerne mit Jugendlichen und findet den Bereich »Flüchtlingsarbeit« wichtig.

Der Experte C ist Pädagoge und arbeitet seit dreieinhalb Jahren als Bezugsbetreuer in einer Clearinggruppe für männliche UMF. Er interessiert sich sehr für dieses Arbeitsfeld, da er die Problematik von UMF aus eigener Erfahrung kennt und sein Wissen und seine Erfahrungen einbringen möchte.

7.2.2 Ergebnisse der ExpertInnenbefragung

Die Auswertung der ExpertInneninterviews stand unter folgenden Gesichtspunkten: Zum einen interessierte, wie die BetreuerInnen die Lebenssituation von UMF wahrnehmen, zum anderen, welche Anforderungen, Besonderheiten und Aufgaben sich daraus für sie als Fachkräfte ergeben und welche Optimierungsmöglichkeiten sie für das Angebot der stationären Jugendhilfe für UMF sehen.

Belastungen der UMF aus Sicht der ExpertInnen
Die befragten ExpertInnen führen folgende Belastungsmotive an, die sie bei UMF wahrnehmen: Als *generelle Risiko- und Belastungsfaktoren* nennt die Expertin A die Kombination von Minderjährigkeit, dem Unbegleitetsein, der schwierigen Flucht, familiären Problemen, der Konfrontation mit einer fremden Kultur und einer völlig neuen Sprache, Traumatisierung und der Phase der Adoleszenz (vgl. Expertin A, 26).

Alle drei Befragten gehen allgemein von *Traumatisierungen* bei UMF aus (vgl. Expertin A, 26; Expertin B, 102; Experte C, 35). Die Expertin A beobachtet, dass das Selbstwertgefühl und das Selbstbewusstsein der Jugendlichen aufgrund dieser Verletzungen beschädigt sind und großes Misstrauen die Folge ist (vgl. Expertin A, 74). Der Interviewpartner C konstatiert, dass UMF mit sehr vielen Traumatisierungen ankommen (vgl. Experte C, 17) und durch die Unterbringung in der Erstaufnahmeeinrichtung noch weiter traumatisiert werden (vgl. ebd., 19). Die Expertin B äußert in diesem Zusammenhang, dass eine Bearbeitung dieser Erfahrungen im Rahmen einer Therapie zu einem frühen Zeitpunkt nicht sinnvoll sei (vgl. Expertin B, 102).

Erschwerend kämen die wiederholten *erzwungenen Trennungen* im Leben der Jugendlichen hinzu. Die verschiedenen Beziehungsabbrüche, zunächst in Bezug auf Familie, dann durch den in der Regel mehrmaligen Wechsel der Jugendhilfeeinrichtungen, wirkten sich negativ auf den Aufbau einer vertrauensvollen Beziehung aus (vgl. Expertin A, 66ff).

Als weiterer Belastungsfaktor wird das *Asylverfahren* benannt, das v. a. von der Expertin A als große Bürde für UMF beschrieben wird, da es mit großer Angst einhergehe (vgl. Expertin A, 102) und als zusätzliche Belastung zu den übrigen Problemen hinzukäme (vgl. ebd., 34). Die Jugendlichen stellten diesbezüglich sehr viele drängende Fragen. Da sie das Verfahren nicht überblicken könnten, bohrten sie ständig nach, warum dieses bei ihnen so lange dauere und sie keinen Gerichtstermin bekämen usw. Dies habe zur Folge, dass man sich in der Betreuung zum Teil wenig um andere Bereiche kümmern könne, da das Thema so dominant sei und so viel Raum einnehme. Manchmal würden Jugendliche dabei auch den Mut und die Motivation für ihre übrigen Angelegenheiten verlieren und resignieren (ebd., 104). Es komme gerade bei schwer traumatisierten Jugendlichen vor, dass sie mit dem Erhalt der Ablehnung des

Asylantrages regelrecht zusammenbrechen (vgl. ebd., 102). Darüber hinaus hätten die Jugendlichen aufgrund der Vorgaben des Asylrechtes Hemmungen, sich frei mitzuteilen (vgl. ebd., 66) und müssten bestimmte Erzählungen über ihre Geschichte präsentieren, um eine Aufenthaltserlaubnis zu erhalten (vgl. Experte C, 29).

Die *Ungewissheit über ihre Zukunft* löse starke Gefühle der Unsicherheit und Angst aus und halte die Jugendlichen in einem fortdauernden Schwebezustand (vgl. Expertin A, 102), der ihre Bemühungen, sich zu integrieren, erschwere:

> »[…], weil, wenn man jetzt wüsste: Ok, ich kann mir jetzt hier mein Leben aufbauen, würde ich es vielleicht noch mit viel mehr Engagement tun, oder, oder könnte mich dann auch psychisch viel mehr beruhigen, weil ich einfach mal sicher bin jetzt […], […] gerad' für Leute, die halt traumatisiert sind, ist das ja wieder sehr viel Unsicherheit einfach, und dann schwebt das ja wie so ein Schwert über einem irgendwie.« (Ebd., 102)

Auch der Experte C schildert eindringlich den Zwiespalt, in dem sich diese jungen MigrantInnen aufgrund der ungeklärten Frage, ob sie in Deutschland bleiben können, befinden. Diese Perspektivlosigkeit wirke sich lähmend und entmutigend auf die Betroffenen aus. Sie würden sich ständig die Frage stellen, ob sich die Anstrengungen für einen Neubeginn lohnen oder nicht (vgl. Experte C, 27; 57). Dies habe enorme Konsequenzen für ihre Motivation, ihr Sinnerleben und ihre Entwicklungsfähigkeit:

> »Und dann manche bleiben auch dort, wo sie vor einem Jahr angefangen haben und kommen ehrlich gesagt nicht weiter. Sie gesagt haben: ›ich habe das einmal versucht und wenn ich nochmal das versuche und an diesem Punkt wieder ankomme, und dann werde ich abgelehnt, dann hat das keinen Sinn‹.« (Ebd., 57)

Die Jugendlichen hätten auch mit großen *Enttäuschungen* zu kämpfen. Mancher käme mit völlig anderen Vorstellungen nach Deutschland:

> »[…] dass er erstens sicher ist, dass er Arbeit findet, dass er hier in die Schule gehen kann oder arbeiten kann. Und die Familie, die zu Hause geblieben ist, unterstützen kann. Aber das […] wie ein Kartenhaus […] zusammenbricht und dann ist jetzt nichts mehr da. Und die Hoffnung ist weg.« (Experte C, 21)

> »Vielen wird gesagt, wenn du nach Deutschland kommst, findest du das Geld auf der Straße. Das hören wir immer wieder.« (Experte C, 23)

Wenn sie dann eine Ablehnung ihres Asylantrages und damit eine Duldung erhalten, werde ihre Frustration noch größer. Auch die Tatsache, dass ihre in der Vergangenheit erworbene Berufserfahrung in Deutschland nicht anerkannt wird, führe zu Enttäuschungen. (Ebd., 25)

Als Probleme hinsichtlich der erforderlichen *Anpassungsprozesse* werden zum einen die bereits erwähnte Desillusionierung nach der Ankunft in Deutschland und die Perspektivlosigkeit genannt, zum anderen Schwierigkeiten, sich in die Jugendhilfeeinrichtung einzuleben. Dies betreffe die Abläufe in den Wohngruppen wie z. B. Gruppentreffen, Wochenablauf, Mittagessen und Ausflüge, die Regeln, die finanziellen Angelegenheiten, die Selbstversorgung und grundsätzlich die Bedeutung von Jugendhilfe sowie die Funktion der BetreuerInnen (vgl. Expertin B, 40; 42; 52).

»[Die Jugendlichen] wissen nicht recht, was ist das jetzt hier, gerade wenn's einer ist, der jetzt hier kein Sprachbrüder hat, sozusagen, weiß jetzt nicht, was wollen wir, wie funktioniert das, was muss man, was muss man nicht unbedingt, was darf man fragen, was darf man fordern […].« (Expertin B, 40).

»Ja, also sie kriegen ja das Geld erklärt und ich glaub', das überfordert sie total am Anfang mit dem ›was sind jetzt Nebenkosten und Taschengeld‹ und was davon, und für das eine muss ich Quittungen bringen, für das andere nicht […].« (Ebd., 52)

Nach Einschätzung der Expertin B dauere es ungefähr ein halbes Jahr, bis die UMF einigermaßen angekommen sind (vgl. ebd., 102) und im Durchschnitt drei Jahre, bis sie mit Schule und Ausbildungsbeginn Fuß gefasst haben, das System verstehen und einigermaßen alleine zurechtkommen (vgl. ebd., 64).

Anforderungen an die BetreuerInnen

Den Erfahrungen der interviewten BetreuerInnen nach gibt es bestimmte Herausforderungen und Anforderungen an die Fachkräfte in der stationären Jugendhilfe mit UMF, die eine gelingende Hilfeerbringung bedingen. Auch wenn die im Folgenden genannten Aspekte ebenso für andere sozialpädagogische Arbeitsbereiche von Bedeutung sind, so beschreiben die ExpertInnen damit in der Kombination doch ein spezifisches Profil für ihr Arbeitsfeld mit UMF.

Die Interviewpersonen schildern verschiedene *Haltungen*, die sie in der Betreuung von UMF *als wichtige Ressourcen* betrachten: Dem Experten C ist es wichtig, zu den ankommenden Jugendlichen zu allererst menschlich zu sein bzw. zu reagieren (vgl. Experte C, 9). Er plädiert für eine sympathisierende und wertschätzende Grundhaltung, für gegenseitigen Respekt und ein

Bewusstsein des Voneinander-Lernens. Die Expertin B betont, dass es bei allem Engagement für UMF wichtig sei, einen Mittelweg zu finden. Man müsse sich die Kraft in dem anstrengenden beruflichen Alltag einteilen, damit sie über einen längeren Zeitraum hin reiche, und etwas Abstand von den eigenen Perfektionsansprüchen gewinnen. Gerade BerufsanfängerInnen würden sich mit voller Energie einsetzen. Allerdings ließe sich diese hohe Intensität nicht durchhalten und es bestehe die Gefahr, dadurch krank zu werden (vgl. Expertin B, 8; 86). Als weitere hilfreiche Ressource für die Arbeit in diesem Bereich betrachtet sie Humor, Geduld, Gelassenheit und die Fähigkeit zur Abgrenzung. Dies helfe, um Erschöpfung vorzubeugen und zuhause von der Arbeit leichter abzuschalten (vgl. ebd., 82).

»[…] also diese Abgrenzung, dass man echt sagt: ›Okay, ich kann nur das machen, was ich hier in der Zeit machen kann‹, also so ein bisschen auch Beamtenmentalität […]. Man macht's ja trotzdem oft so im Tagesablauf, da kommt noch was dazu und noch was und das drückt noch rein und das noch, dann machst keine Pause, dann, das rächt sich alles irgendwann. Es haben ein paar aufgehört hier, es sind ein paar krank geworden.« (Ebd.)

Die Interviewten A und C betonen, dass jeder Jugendliche einzigartig ist. Trotz der gemeinsamen Erfahrungen von Flucht ist ein ernsthaftes Interesse an jedem Einzelnen sowie eine individuelle Förderung notwendig und es ist wichtig, die Individualität der Jugendlichen zu achten (vgl. Experte C, 7; Expertin A, 20).

Die Expertin A findet eine Haltung der Offenheit und Neutralität (»wertfrei in Gespräche reingehen«) gerade in der transkulturellen Kommunikation wichtig (vgl. ebd., 38). Zugleich sollte man gegenüber Unrecht und Gewalt sowohl innerhalb der Einrichtung als auch außerhalb eindeutig Stellung beziehen (vgl. ebd., 76). Sie spricht sich für eine parteiliche Haltung aus, wenn sie sagt:

»[I]ch find' schon, wenn man in der Arbeit ist, also zumindest bei mir ist es so, dass ich schon zeige: ›ich bin auf deiner Seite und das ist falsch und das ist nicht in Ordnung‹.« (Ebd., 78)

Ein weiterer Aspekt in den Interviews ist die *Beziehungsgestaltung* zwischen BetreuerInnen und UMF. Der Befragte C achtet darauf, dass die Beziehung nicht wie zwischen Lehrer und Schüler hierarchisch ist, sondern dass sie partnerschaftlich und auf Augenhöhe angelegt ist (vgl. Experte C, 61; 69). Die Expertinnen A und B stellen die Wichtigkeit heraus, als AnsprechpartnerInnen einfach da zu sein (vgl. Expertin A, 34), den Jugendlichen zuzuhören und Zeit zu haben (vgl. Expertin B, 111). Es ist wichtig, sich nach ihren Bedürfnissen zu erkundigen (ebd.) und sich vorrangig um ihre Versorgung zu kümmern, anstatt die neu aufgenommenen Jugendlichen gleich mit dem gesamten Regelwerk zu konfrontieren und damit zu überfordern (ebd., 52; vgl. Experte C, 8).

Dabei erschweren Traumatisierungserfahrungen und v. a. das Asylsystem deutlich den Aufbau von Vertrauen, so dass die Jugendlichen zunächst nicht viel von sich und oft unterschiedliche Versionen ihrer Vergangenheit erzählen. Auch können die Jugendlichen zunächst nicht einschätzen, welche Funktion die Jugendhilfe und die BetreuerInnen haben, was ebenfalls zu Zurückhaltung führt (vgl. Expertin A, 60; 66; Expertin B, 102; Experte A, 29ff).

Der Experte C weist auf die Notwendigkeit hin, die richtige Balance zwischen Nähe und Distanz zu finden. Die BetreuerInnen sollten die UMF nicht zu sehr an sich binden oder festhalten, sondern auf einen Wechsel der Einrichtung vorbereiten und hinarbeiten (vgl. Experte C, 71; 75). Wird die Beziehung zu symbiotisch, kämen die Jugendlichen mit einer Veränderung nicht zurecht.

> »Dass man sagt, es ist schön, wenn ich mit dem Jugendlichen, der Jugendliche mit mir irgendwas Schönes erreicht, aber das darf nicht in Abhängigkeit landen. Dass ich versuche, den Jugendlichen da zu unterstützen, wo er Unterstützung braucht, aber darauf auch vorbereite, dass er sich auf andere Menschen einstellen muss.« (Experte C, 69)

> »Man muss loslassen können und sie, ohne die Betreuung, ohne das Zwischenmenschliche zu vernachlässigen, darauf vorbereiten, dass sie nicht hier ewig bleiben können: ›Du hast jetzt fast alles mitgenommen oder du kannst jetzt vieles mitnehmen für deine Zukunft, für deinen zweiten oder nächsten Schritt.‹« (Ebd., 71)

Die Beziehung sollte von Stärke, Präsenz und Empathie, nicht von Mitleid seitens der Fachkräfte geprägt sein (vgl. ebd., 61ff). Der Interviewpartner spielt auf beobachtete emotionale Verstrickungen an, wenn er darauf hinweist, dass eigene Bedürfnisse nach Zuwendung und Bestätigung in der Beziehung zu den UMF nicht das Leitmotiv in der Gestaltung des Kontaktes sein dürfen, da sich dies katastrophal auf die Beziehung auswirke und man sonst Enttäuschungen über das Verhalten der Jugendlichen persönlich nähme. (Ebd., 59–67)

Die Kompetenz *transkultureller Kommunikation*, also die Fähigkeit, sich über kulturelle Unterschiede hinweg verständigen zu können, wird mehrfach betont. Dabei werden in den Aussagen sowohl landeskulturelle, ethnische und soziale Unterschiede als auch unterschiedliche Hintergründe hinsichtlich Bildung, Macht und Geschlecht thematisiert. Um mit den UMF gut ins Gespräch kommen zu können, müsse man laut der Expertin B die kulturelle Sozialisation und den Altersaspekt berücksichtigen. Man brauche

»Verständnis für andere Länder, andere Sitten, andere Körperhaltungen, also inter-kulturelles Verständnis halt einfach. Mit Jugendlichen muss man halt umgehen kön-nen, auch natürlich einfach. Auch zu wissen, dass der halt auch mal keinen Bock hat und halt auch mal 'nen Termin versemmelt [...].« (Expertin B, 111)

Des Weiteren weist sie auf Unterschiede hinsichtlich der Esskultur (vgl. ebd., 115) und der Vorstellungen von Pünktlichkeit, Verbindlichkeit von Regeln und Wortbedeutungen hin (vgl. ebd., 113).

»Also als Erstes fällt mir ein, manche Jugendliche wollen's gar nicht, wenn man sagt: ›Du musst‹. Also man muss verstehen, dass manche Wörter in der Übersetzung nicht nur dieses Wort sind, sondern noch viel mehr oder vielleicht auch weniger, also dieses ›muss‹, das, also das finden manche als Zwang, ganz schlimm. Am bes-ten nicht sagen, also das waren die Afghanen jetzt zum Beispiel. Da wär' dann ›du sollst‹ oder ›könntest du‹, wär' halt besser, dieses ›du musst‹ ging irgendwie gar nicht, so zum Beispiel.« (Expertin B, 113)

Dabei sei in der Kooperation und Kommunikation sehr viel Toleranz hilfreich, was für sie selbstverständlich sei, auch weil sie sich durch ihre persönliche Erfahrung einer bikulturellen Partnerschaft viel damit auseinandergesetzt habe (vgl. ebd., 117). Die Expertin A bewertet ebenfalls ihre eigenen, durch einen Auslandsaufenthalt gewonnenen Erfahrungen, sich in einer unbekannten Kul-tur und Sprache zu bewegen und über den eigenen Tellerrand zu blicken, als förderlich, um die Situation von UMF besser nachvollziehen zu können, auch wenn dies mit einer Flucht nicht zu vergleichen sei (vgl. Expertin A, 40ff). Dabei sei ihr z. B. bewusst geworden, wie wichtig es ist, im Ankunftsland viele Informationen zu erhalten (ebd., 44). Bei beiden Expertinnen wird die Infrage-stellung der eigenen Grundannahmen als wichtiges Element der Entwicklung interkultureller Kompetenz erkennbar (vgl. Expertin B, 115; Expertin A, 38). Unterschiedliche soziale Herkunft und Bildungsbiographie können ebenfalls zu Verständnisschwierigkeiten und Konflikten führen, was sich bei den Ju-gendlichen zum Teil in der Gruppendynamik abzeichne und im unterschiedli-chen Umgang mit Geld abbilde (vgl. Expertin B, 119). Die Befragte B erzählt von Konflikten, die sie immer wieder hinsichtlich der Auszahlung des finanzi-ellen Budgets mit Jugendlichen habe. Das seien Situationen, in denen sie sich unsicher sei, ob das Verhandeln kulturelle Wurzeln habe oder aufgrund der Machtdifferenz bezüglich der Verfügungsgewalt über finanzielle Ressourcen erfolge (vgl. Expertin A, 46). Auch fühle sie sich hinsichtlich der Geschlech-terrollen und des Alters gefordert:

»Ja, dann ist schon interessant so die Rolle auch von Mann und Frau also, oder auch vom Alter, also ich bin jetzt selber 29, dann bin ich weibliche Betreuerin, dann haben wir doch viele Männer, die, ja, 16 bis 21 sind, wo es dann auch manchmal darum geht, ›muss ich mir von der jetzt überhaupt was sagen lassen‹, muss man dann auch gucken, wie man das manchmal managt.« (Ebd.)

Sie lege daher Wert auf seriöses Auftreten und professionellen Umgang (vgl. ebd., 48). Sie könne sich vorstellen, dass es männliche Betreuer bei männlichen UMF, die ja den überwiegenden Anteil der Klientel bilden, manchmal leichter haben, aber von den Jugendlichen höre sie, dass diese auch gerne Betreuerinnen haben, da diese eher mit mütterlicher Fürsorge assoziiert werden. Abgesehen davon gehe sie davon aus, dass die Jugendlichen es aus ihrem Herkunftsland ebenfalls kennen, dass Frauen, auch wenn sie mehr im Haus agieren, Einfluss haben und Vorgaben machen (ebd., 50). Generell habe sie die Überzeugung,

»dass das nicht daran liegt, woher jemand kommt, sondern einfach wie jemand aufwächst und welche Möglichkeiten er hat, wie man sich entwickelt [...].« (Ebd., 40)

Der Experte C, der selbst über Migrationserfahrung verfügt, äußert sich hinsichtlich kultureller Unterschiede im Team und stellt aufgrund dessen unterschiedliche Betreuungsprioritäten und Vorgehensweisen fest (vgl. Experte C, 11). Darüber hinaus betont er, dass er große Mühe darauf aufwendet, den Jugendlichen die Anpassung an ein neues Gesellschaftssystem zu ermöglichen, indem er ihnen Informationen und Erklärungen über Zusammenhänge gibt, Hilfestellung bei der Verarbeitung der traumatischen Aufnahmesituation in den Erstaufnahmeeinrichtungen und der enttäuschten Zukunftsvorstellungen bezüglich Deutschland leistet und bei der Neudefinition von Zielen hilft (vgl. Experte C, 21ff).

In den Gesprächen mit den ExpertInnen lassen sich einige *Grundsätze* in der Betreuung von UMF erkennen. Dazu zählt die Orientierung auf die Ressourcen der Jugendlichen (vgl. Expertin A, 58; 82; Experte C, 57; 75) und die Bedürfnisorientierung (vgl. Experte C, 9). Ihre Stabilisierung wird als vorrangig betrachtet (vgl. Experte C, 29; Expertin A, 82). Dies geschieht zum einen, indem ihnen Orientierungshilfen darüber gegeben werden, wie das System in Deutschland funktioniert und welche Normen und Regeln hier gelten (vgl. Expertin A, 34; Experte C, 9; 23), zum anderen durch die zügige Etablierung einer Alltagsstruktur, die Orientierung auf Erfolgserlebnisse und die Ermöglichung von positiven Erlebnissen in der Gegenwart, z. B. durch Freizeitaktionen. Das

Aufzeigen einer realistischen Zukunftsperspektive und die Erarbeitung von in absehbarer Zeit erreichbaren Zielen werden als wichtige Betreuungsaufgabe benannt (vgl. Expertin B, 60ff; Experte C, 23). Hinsichtlich der Abklärung des Hilfebedarfs wird deutlich, dass die BetreuerInnen unterschiedliche Prioritäten setzen. Während die Expertin B auf die Überprüfung der Fähigkeit zur Selbstversorgung und gesunden Ernährung wert legt (vgl. Expertin B, 46), äußern die Befragten A und C die Notwendigkeit, die Jugendlichen medizinisch untersuchen zu lassen (vgl. Expertin A, 84; Experte C, 9). Übereinstimmend betonen alle drei Interviewpersonen die große Bedeutung dessen, einen Schulplatz, der an den jeweiligen Bildungsstand der Jugendlichen anschließt, zu finden, was in der Praxis meist nicht möglich sei.

Im *Umgang mit Traumatisierungen* von UMF zeigen die interviewten Personen Unterschiede. Während die Expertin A aktiv und direkt nachfragt, um den Jugendlichen dadurch die Möglichkeit zu geben, über ihre schweren Erfahrungen zu sprechen und sich zu entlasten (vgl. Expertin A, 60), wartet die Befragte B eher ab, da ein zu frühes Besprechen der extremen Erfahrungen vor und während der Flucht destabilisierend wirke (vgl. Expertin B, 102ff). Der Interviewte C ist davon abgekommen, sich nach der Geschichte der UMF zu erkundigen, da ihm immer wieder die gleichen Erzählungen präsentiert werden und diese ihm konstruiert vorkommen oder ein und derselbe Jugendliche verschiedene Versionen bei unterschiedlichen KollegInnen vorbringt (vgl. Experte C, 29). Vielmehr versuche er, den Jugendlichen im Hier und Jetzt zu stabilisieren; und wenn der Jugendliche immer wieder auf seine Geschichte zurückgreife, müsse man gemeinsam erforschen, was da so gravierend schlecht gelaufen sei, aber ihn dann wieder auf die Gegenwart reorientieren (vgl. ebd.), damit er nicht in der Vergangenheit hängen bleibe (vgl. ebd., 35). Er berichtet auch, dass in dieser Hinsicht keine Einigkeit im Team bestehe und kritisiert, dass zum Teil sehr großer Wert auf das Besprechen der Traumatisierungserfahrungen gelegt werde (vgl. ebd.). Gemeinsam ist allen drei BetreuerInnen eine hohe Aufmerksamkeit bezüglich einer sensiblen Gesprächshaltung gegenüber Jugendlichen mit traumatisierenden Erfahrungen, die sowohl eine potentielle Offenheit für Erzählungen als auch einen Schutz vor Überflutung mit Erinnerungen und vor Retraumatisierung beinhaltet. Zugleich wird das Bestreben deutlich, die Betroffenen nicht zu viktimisieren. Weitere traumaspezifische Kompetenzen sind in der bereits geschilderten ressourcenorientierten Perspektive, einer transparenten Arbeitsweise, dem Fokus auf Stabilisierung und in der Herstellung eines Sinn und Halt vermittelnden Alltags erkennbar. Die Wohngruppe soll als Schutzraum und sicherer Ort etabliert werden, der den UMF Sicherheit vermittelt, so dass sie sich beruhigen können (vgl. Expertin A, 74ff; Experte C, 9; 15). Durch die angesprochene Installierung von Partizipationskonzepten (vgl. Expertin A, 112; Expertin B, 147) kann der damit verbundene größere Einfluss der Jugendlichen auf den Wohngruppenalltag eine wertvolle korrigierende Erfahrung zu dem mit einer Traumatisierung einhergehenden Erleben von Ohnmacht werden. Die Weckung der Bereitschaft bei UMF, eine Psychotherapie zu machen, und die Vermittlung in Therapie werden ebenfalls als wichtige Aufgaben in diesem Zusammenhang genannt (vgl. Expertin A, 84; Expertin B, 102ff). Dabei wird von der Befragten B die strikte Trennung von pädagogischer Beratung und Psychotherapie in Frage gestellt, es seien verschiedene Level an Therapie nötig (vgl. Expertin B, 104). Auch sollte erst mit einer Psychotherapie begonnen werden, wenn die Jugendlichen einigermaßen angekommen und schon etwas in der Gegenwart verankert seien (vgl. ebd., 102). Eine weitere bedeutende Ressource im Umgang mit Menschen mit Traumatisierungserfahrungen ist das Bewusstsein für die Notwendigkeit und die Fähigkeit der MitarbeiterInnen zur Abgrenzung und Selbstfürsorge, wie sie von dem Befragten C und v. a. der Expertin B gefordert wird (vgl. Experte C, 69ff; Expertin B, 8).

Um eine kompetente Arbeit in der Betreuung von UMF in der stationären Jugendhilfe leisten zu können, ist nach den Erfahrungen der Interviewpersonen ein komplexes *Wissen* notwendig.

>>Man muss auch sehr viel Wissen mitbringen. Aber nicht, um den Jugendlichen zu sagen, ich kann alles und du nichts, sondern dieses Wissen dafür verwenden, dass der Jugendliche weiterkommt.<< (Experte C, 61)

In den Gesprächen wird erkennbar, dass dies sowohl Fachwissen als auch Handlungswissen umfasst (vgl. z. B. Expertin A, 38; Expertin B, 3; Experte C, 61ff): Beratungswissen, Wissen über Traumata und ihre Folgen für die Betroffenen, kulturelles und sozialpolitisches Wissen über die Herkunftsländer der Jugendlichen, Wissen über bürokratische Abläufe und Zusammenhänge über verschiedene Behörden hinweg (Jugendamt, Ausländerbehörde, Bundes-, Gesundheits-, Schulamt), Wissen über transkulturelle Kommunikation, über Case Management und Netzwerkarbeit.

Schwierigkeiten und Herausforderungen im Betreuungsalltag
Die InterviewpartnerInnen berichten, dass die *Kooperation mit verschiedenen Institutionen und Professionen* ein wesentlicher und wichtiger Bestandteil ihrer Arbeit ist; nicht nur, um notwendige Versorgungsleistungen zu organisieren und den UMF zu ihren Rechten zu verhelfen, sondern auch um die Jugendli-

chen zu stabilisieren, Schwierigkeiten früher zu erkennen und bestehende Vorurteile, z. B. in Betrieben, überwinden zu helfen (vgl. Expertin A, 92ff; Experte C, 53ff). Zu diesen professionellen Netzwerken gehören das Jugendamt, die Schule, Vormünder, PsychotherapeutInnen, das Bundesamt für Migration und Flüchtlinge, die Ausländerbehörde, Rechtsanwälte, Betriebe und andere Jugendhilfeeinrichtungen. Diese Kooperationen können die sozialpädagogische Betreuung von UMF erleichtern, aber auch erschweren. Die Befragten erzählen von unterschiedlichen Erfahrungen.

Die Expertin A berichtet von positiven Erfahrungen mit einzelnen Lehrkräften, TherapeutInnen, RechtsanwältInnen, Ausbildungsbetrieben und Vereinen (vgl. Expertin A, 88; 90). Bezüglich der Kontakte zu den Vormündern, die als gesetzliche VertreterInnen für UMF von zentraler Bedeutung sind, gibt es unterschiedliche Erfahrungswerte. Der Experte C unterscheidet zwischen den Vormundschaften, die beim Jugendamt angesiedelt sind und zum Teil 120 Mündel pro Fachkraft zu betreuen hätten und den Vormundschaftsvereinen mit geringeren Fallzahlen. Er schildert, dass sich eine gute und enge Zusammenarbeit, wie er sie mit einem Vereinsvormund erlebt habe, sehr positiv auf die Entwicklung und das Wohlbefinden des Jugendlichen auswirke. Im Vergleich dazu kritisiert er heftig die Reduktion der Kontakte der Amtsvormünder zu ihren Mündeln auf die Vervollständigung der Unterlagen und das Nötigste, was jedoch ihrer Arbeitsüberlastung geschuldet sei. Wenn ein Jugendlicher bereits 16 Jahre alt ist, fühlten sie sich nicht mehr für seinen Asylantrag zuständig, selbst wenn er kein Wort Deutsch spreche (vgl. Experte C, 49).

> »Wie willst du jetzt dem Jugendlichen, der zu dir kommt, klar machen: ›Schaue her, du hast einen Vormund, sozusagen als Ersatz für deine Eltern. Der ist immer für dich da. Wenn du irgendwelche Probleme hast, kannst du auch zu ihm gehen.‹ Wenn dieser Jugendliche das in Anspruch nehmen will, ist der Vormund nicht da. Dann fühlt sich der Jugendliche auch total im Stich gelassen. Manche Sachen versucht der Betreuer zu bewältigen, alleine zu bewältigen, aber ohne die Zusammenarbeit, eine gute Zusammenarbeit mit dem Vormund, klappt es nicht.« (Ebd., 49)

Diese unterschiedliche Qualität in der Ausübung der Vormundschaften wird von der Befragten A bestätigt und auf deren hohe Fallzahlen, nicht auf mangelndes Interesse zurückgeführt (vgl. Expertin A, 90).

> »[M]it Vormündern erleb' ich es unterschiedlich, was glaube ich für die Jugendlichen tatsächlich schwierig ist, dass die einfach wenig Zeit haben, also die haben einfach hohe Fallzahlen […] man sieht ihn ja quasi so gut wie nie, also oder kümmern sich halt hauptsächlich, wenn da jetzt wirklich mal eine Krise ist […]. Also gerade

ein Jugendlicher, der war da wirklich irgendwie sehr traurig einfach und gesagt hat: ›Ja, kommt die? Die interessiert sich gar nicht.‹« (Ebd., 90)

Auch die Art der Kooperation mit den zuständigen Fachkräften des Jugendamtes erschwert laut der Erfahrungen der interviewten Personen zum Teil die Arbeit vor Ort. Es wird eine gewisse Intransparenz hinsichtlich der Entscheidungen über die Gewährung von stationärer Jugendhilfe geäußert, da UMF aufgrund ihrer Minderjährigkeit und dem Unbegleitetsein nach dem Kinder- und Jugendhilfeschutzgesetz bereits einen Hilfebedarf hätten (vgl. Expertin A, 26ff). Die Qualität der Zusammenarbeit und die Entscheidung über gestellte Hilfeanträge hingen sehr von den einzelnen pädagogischen Fachkräften im Jugendamt ab und davon, wie diese ihre Spielräume nutzten (vgl. Expertin B, 12; Experte C, 37). Der Befragte C berichtet desillusioniert:

»Die Erfahrung, die ich gemacht habe, mit dem Jugendamt, war, dass sie alle eigentlich froh waren, dass die Jungs irgendwo untergebracht sind. Was wir mit den Jugendlichen hier anstellen […], das interessiert sie nicht so unbedingt. Hauptsache ein Fall ist erledigt.« (Experte C, 15)

»Wie es dem Jugendlichen geht, ist nicht so die höchste Priorität. […] Aber das sind nur Fälle, keine Menschen. Es gibt natürlich Ausnahmen.« (Ebd., 37)

In Krisensituation sei man auf sich alleine gestellt und könne keine Unterstützung vom Jugendamt erwarten (vgl. ebd., 41). Die Interviewpartnerin B betont, dass man sich davon nicht abschrecken lassen dürfe, den Verhandlungsspielraum nutzen solle und die oft nicht unerhebliche Druckausübung seitens des Jugendamtes parieren müsse (vgl. Expertin B, 12). Die Vorgaben, in der Clearingphase innerhalb von drei Tagen die gesundheitliche Verfassung medizinisch abklären zu lassen und einen ersten Clearingbericht mit Angaben zum physischen und psychischen Gesundheitszustand, zur Familiensituation im Herkunftsland, zu den Fluchtgründen, zu Bildungslaufbahn und Zielvorstellungen für die Zukunft zu erstellen, scheitere bereits an bürokratischen Hürden wie der Ermangelung von Krankenscheinen (vgl. ebd., 98) und gehe an den Bedürfnissen der Neuaufgenommenen vorbei (vgl. Experte C, 9). Manchmal dauere die Beantwortung der Anträge sehr lange, wie z. B. bei Zahnersatz bis zu einem Jahr (vgl. Expertin B, 16) oder die Gewährung von Dolmetscher- oder Nachhilfekosten werde wegen enger Auslegung von Fristen abgelehnt, was die Arbeit erschwere (vgl. ebd., 14).

Die unklaren und sich immer wieder verändernden Verwaltungsregelungen bezüglich der AsylbewerberInnen sind für die BetreuerInnen nicht überschaubar und die ungenügenden Kooperationen z. B. zwischen dem Bundesamt für Migration und Flüchtlinge und dem Kreisverwaltungsreferat (gemeint ist hier die Ausländerbehörde) wirke sich negativ bis auf die Ebene der Wohngruppen aus (vgl. ebd., 71; 74). Bezüglich der Versorgung mit Therapieplätzen für UMF fehle es an einer Vernetzungsstruktur und -kultur, um leichter PsychotherapeutInnen zu finden, die mit UMF und ihrer spezifischen Problematik qualifiziert arbeiten können (vgl. Expertin A, 86; Expertin B, 106ff).

Die Zusammenarbeit mit Schulen und die Versorgung mit Schulplätzen wird unterschiedlich erlebt. So berichtet die Expertin A von einer überaus positiven Erfahrung mit einer Mittelschule und deren Lehrerin der Übergangsklasse, einer extra für Flüchtlinge geschaffenen Klasse, die den Übergang zur Regelschule erleichtern soll (vgl. Expertin A, 90). Wichtig finde sie, dass man selbst die Initiative ergreife und die Kontakte zu den Lehrkräften, PsychotherapeutInnen oder RechtsanwältInnen pflege, dann wären die Reaktionen oft positiv (vgl. ebd.). Nach den Erfahrungen der Befragten B lasse sich für etwa 10–20 % der Jugendlichen nicht das passende Schulangebot finden, manche müssten drei Monate auf einen Platz warten. Das Schulamt verweigere UMF ab 16 Jahren den Schulbesuch, was den Jugendlichen sehr schwer zu vermitteln sei. Für Jugendliche, die in der Regelschule aufgrund mangelnder Sprachkenntnisse über längere Zeit hinweg überfordert seien, gäbe es zu wenig Deutschkurse und die Schule und das Jugendamt schöben sich gegenseitig die Verantwortung zu (vgl. Expertin B, 54). Insgesamt werden die Notwendigkeit und der Wunsch nach einer verbesserten Zusammenarbeit aller beteiligten Akteure in den Interviews deutlich erkennbar.

Als herausfordernd und langwierig wird die Herausbildung der nötigen *Fachkompetenz* für dieses komplexe Arbeitsfeld beschrieben. Laut Experte C benötige man eine lange Zeit der Orientierung, um als Mitarbeiter Ansatzpunkte und die richtigen Prioritäten in der Betreuung von UMF zu finden (vgl. Experte C, 5; 73), gerade auch hinsichtlich möglicher Traumatisierungen der Jugendlichen. Die Befragte B benötigte als Teilzeitkraft etwa drei Jahre, bis sie die nötigen Vorgänge verstand, ausreichend Routine bekam und die Handlungsspielräume einzuschätzen wusste (vgl. Expertin B, 6ff). Vor allem hinsichtlich des für das Leben der UMF so bestimmenden Asylrechts äußern die interviewten Personen große Unsicherheit. Kein Teammitglied kenne sich richtig im Asylverfahren aus (vgl. Experte C, 73), die Themen »Zuweisungen« oder »Verlängerung von Duldungen« werden als Beispiele für Wissensdefizite und Handlungsunsicherheiten genannt (vgl. Expertin B, 70).

Die *Auswirkungen der asylrechtlichen Regelungen* auf die Lebenssituation von UMF bringen die BetreuerInnen, die in einer Einrichtung nach den Erfordernissen des SGB VIII arbeiten, in ein berufsethisches Dilemma gegenüber den von ihnen zu betreuenden Jugendlichen und sorgen für Empörung und deutliche Kritik (vgl. Experte C, 27; Expertin A, 106). Sie geraten in einen Rechtfertigungsdruck und in Erklärungsnot gegenüber den Jugendlichen:

»Man versucht mit diesem Dilemma irgendwie umzugehen, indem man immer wieder erklärt, dass das geändert werden muss, dass viele daran arbeiten, aber bis was anderes sich ergibt, müssen wir mit dem System irgendwie zurecht kommen und weitermachen.« (Experte C, 27)

Die Beziehung zwischen den BetreuerInnen und den UMF wird dadurch von Anfang an belastet, der Aufbau einer vertrauensvollen Beziehung, die als Grundlage jeder wirksamen pädagogischen Arbeit gilt, wird für beide Seiten erschwert.

»[N]och dazu hat man ja auch, ja sein Asylverfahren, wo dann auch Hemmungen da sind, was kann ich der jetzt erzählen, legt die mir das negativ aus, also ich denk', dass man schon immer um ein Vertrauen ringen muss, doch.« (Expertin A, 66)

»Am Anfang war ich stark irritiert, weil der Jugendliche nicht nur mit mir spricht, sondern mit anderen Betreuern. Erstens hört man immer wieder was anderes. Zweitens hört man fast dieselbe Geschichte von anderen Jugendlichen und da weiß man nicht, haben sie alle das Gleiche durchmachen müssen, oder haben sie das einfach auswendig gelernt, dass sie wissen, dass sie vorbereitet sein müssen, wenn sie nach Deutschland kommen, eine Geschichte haben zu müssen. […] Es ist schwierig. […] Und seit langem interessiert mich ehrlich gesagt nicht unbedingt, […] mit welcher Geschichte ich arbeiten muss.« (Experte C, 29)

Die Expertin B spricht von einem Spagat zwischen den Ämtern und dem Asylrecht (vgl. Expertin B, 10). Die Expertin A äußert Wut über die Politik (vgl. Expertin A, 106) und weist mit einer gewissen Ratlosigkeit auf die schwierige Situation hin, die Jugendlichen trotz großer Perspektivlosigkeit zu ermutigen und ihnen Hoffnung zu geben:

»[E]s ist und bleibt schwierig, weil man kann es ja nicht ändern, sondern man muss irgendwie gucken, wie man, ja wie man denen quasi ja sagt: ›Du schaffst es‹, also es ist ganz viel Ermutigung, die man dann ja, aber schwierig, ich weiß gar nicht.« (Expertin A, 108)

Als problematisch werden die *Herstellung von Kontakten zu deutschen Jugendlichen* und die *Integrationsmöglichkeiten* in die Mehrheitsgesellschaft empfunden. Von Seiten der Jugendhilfeeinrichtungen gebe es keine entsprechenden Konzepte. In den Wohngruppen selbst könnten aufgrund der häufig ausschließlichen Belegung mit UMF kaum Beziehungen zu deutschen Gleichaltrigen geknüpft werden. Die Jugendlichen seien zunächst auch eher auf ihre Landsleute bezogen, um ein wenig das Gefühl von Geborgenheit und Sicherheit sowie Hilfestellung von ihnen zu bekommen, wünschten sich jedoch eine gemischte Belegung und beklagten sich, wenn sie z. B. zu viele MitschülerInnen ihrer eigenen Sprachkultur hätten. Wichtig wäre der Zugang zu Regelklassen, da sich im Bereich Schule durch den täglichen Kontakt am ehesten Freundschaften bilden würden (vgl. Expertin A, 98ff). Über Vereine, v. a. Fußballvereine, fänden einige UMF noch am ehesten Kontakte zu deutschen Jugendlichen (vgl. ebd., 98; Expertin B, 151).

Die Interviewpersonen äußern weitere Faktoren, die die Alltagspraxis zum Teil erheblich erschweren. Dazu zählt eine hohe *Dringlichkeit vieler Aufgaben* wie z. B. Ad-hoc-Neuaufnahmen, Organisation eines Schulplatzes, Krankenversorgung, Asylanträge, die durch die Bürokratie der Verwaltungen (z. B. keine Krankenversicherungskarte für UMF) konterkariert werden und Druck erzeugen (vgl. Expertin B, 10; 38; 98). Auch Probleme hinsichtlich der *finanziellen Ausstattung* werden in den Interviews angesprochen. So schildert die Interviewpartnerin B, wie so einfach klingende Dinge wie die Versorgung der Jugendlichen mit Fahrkarten durch bürokratische Hürden und begrenzte finanzielle Mittel zu nerven- und zeitraubenden Angelegenheiten werden können (vgl. Expertin B, 18ff). Die finanziellen Pauschalen für einen Dolmetschereinsatz seien so knapp, dass sie nach sechs Gesprächen aufgebraucht seien, was sich auf die Eingewöhnung der Jugendlichen negativ auswirke, und wodurch notgedrungen auch andere Mitbewohner mit Übersetzungsdiensten belastet werden müssten (vgl. ebd., 38). Während sie jedoch grundsätzlich das Budget für den einzelnen Jugendlichen – Essensgeld, Taschengeld und die sogenannte Nebenkostenpauschale in Höhe von ca. 760 Euro jährlich – im Vergleich mit der niedrigeren Grundsicherungsleistung nach dem SGB II (Hartz IV Regelsatz) für ausreichend hält und den Fokus mehr darauf legt, dass die Jugendlichen mit ihrem Geld haushalten lernen (vgl. ebd., 22ff), beurteilt die Expertin A dies konträr:

»[W]as ich mir schon denk', dass ist einfach ja nach wie vor tatsächlich wenig Geld da ist, ich find', ich find, dass die eigentlich mehr Zugang auch haben sollten, zu dem, was auch andere Jugendliche auch machen, [...] Sportverein ist oft einfach schwierig, ist einfach teuer, kostet Geld, Kinogehen kostet Geld, habe ich aber nur mein Essensgeld und mein Taschengeld, also können ja auch gar nicht so mit den deutschen Jugendlichen mitgehen, weil was die machen, kann ich mir vielleicht überhaupt nicht leisten, [...], also ich find' das ja ganz wichtig, dass man einfach ja auch etwas tut hier und nicht nur in seinem Zimmer sitzt und jetzt lernt und hat eh nur alle Probleme im Kopf.« (Expertin A, 112)

Auch die *personelle Ausstattung* in den Jugendhilfeeinrichtungen löst Kritik aus. Zum einen wird die Personalnot bei Krankheit und Urlaub angesprochen – ein Umstand, der die Arbeit mit dem angesprochenen Dringlichkeitsfaktor weiter intensiviert und noch belastender macht. Zum anderen können die erwähnte wiederkehrende Erschöpfung von MitarbeiterInnen und der Wunsch nach einer die Selbstfürsorge des Teams fördernden Fachkraft wie etwa die Leitung oder Psychologin u. a. auch auf zu knapp kalkulierte personelle Ressourcen und zu geringe Investitionen in Supervision und Fortbildungen interpretiert werden (vgl. Expertin B, 82; 88).

Forderungen und Verbesserungsvorschläge
Die InterviewpartnerInnen legen im Gespräch unterschiedliche Schwerpunkte hinsichtlich der Veränderungsbedarfe. Der Experte C äußert v. a. Forderungen an die *Politik.* Wichtig sei,

> »dass die Jungs nicht lügen müssen, wenn sie nach Deutschland kommen. Das heißt, politisch muss was sich ändern. Zweitens, dass sie nicht wie Verbrecher behandelt werden, dass keine Zwischenhalt stattfindet. Dass sie gleich wissen, okay, es gibt genug Einrichtungen, die diese Jugendlichen aufnehmen können. Wenn die Jungs sich sicher fühlen, dann muss sich auch ändern, dass sie diese Gewissheit haben, ich bin jetzt angekommen, wo ich ein besseres Leben führen kann. Und nicht die ganze Zeit warten, wann ist meine Asylanhörung? Werde ich gehört und dann bekomme ich meine Aufenthaltserlaubnis? Oder sagen sie da und da hast du gelogen? Und dann geht es von vorne los.« (Experte C, 57)

> »Dass sie diese Gewissheit haben, okay, wenn ich da was anfange, dann komme ich weiter und dann erreiche ich meine Ziele, die ich mitgebracht habe. Und viele wollen das.« (Ebd., 27)

Es müsse sich die Sichtweise auf die Flüchtlinge ändern:

> »Dass sie, wie ich vorhin erwähnt habe, als Menschen mit Problemen gesehen werden, die nicht als Verbrecher nach Deutschland kommen, sondern Menschen wie du und ich. Nicht irgendwo, wenn sie in Deutschland ankommen, zuerst in so eine Art Gefängnis gehalten werden, und erst dann/ wo sie noch traumatisierter werden. Je nachdem wie lange sie dort untergebracht sind.« (Ebd., 19)

Die Expertin B erhebt v. a. Forderungen, die den *konkreten Betreuungsalltag* betreffen und erleichtern sollen. Dazu zählen mehr finanzielle Mittel für den Einsatz von DolmetscherInnen, so dass in der Anfangsphase der Aufnahme mehrmals wöchentlich Gespräche mit den Jugendlichen möglich sind (vgl. Expertin B, 34ff). Die Aufnahme würde sie analog zu dem Experten C dahin gehend verändern wollen, dass die Jugendlichen schrittweise Erklärungen bekommen, damit sie nicht überfordert werden (vgl. ebd., 52). Die Finanzierung der Fahrkarten für UMF müsse geklärt und großzügig gehandhabt werden. Auch die Ausstellung einer Krankenversicherungskarte würde sehr viel Arbeit und Zeit ersparen. Das Asylrecht sollte vereinfacht werden, unter anderem auch die Ausstellung der Ausweisdokumente (vgl. ebd., 155). Verbesserungen wünscht sie sich auch bei den Verwaltungsvorgängen, z. B. unbürokratischere Handhabung von Anträgen beim Jugendamt, eine bessere Abstimmung und Kommunikation zwischen den verschiedenen Behörden (vgl. ebd., 74). Hinsichtlich der Komplexität des notwendigen Wissens in diesem Arbeitsbereich macht sie folgenden Vorschlag:

»[E]s bräuchte Bücher, [...], also 'ne Schritt-für-Schritt-Anleitung, vielleicht tatsächlich so, so für Dummies. ›Wenn das, dann das‹, [...].« (Ebd., 70)

Hinsichtlich der Arbeitsbelastung wünscht sie sich mehr Fürsorge für das Team:

»Also irgendjemand, der schaut, es kann jemand aus dem Team sein oder die Leitung oder Psychologin oder so, die einfach auch mal sagt: ›Hey, wie geht's dir?‹ und ›Hast heut' schon Pause gemacht?‹ und ›Du machst jetzt aber diese Woche viele Überstunden, nimm dir auch wieder frei!‹ [...].« (Ebd., 88)

Die Expertin A fordert eine größere Offenheit der *Einwanderungspolitik*:

»[W]enn dann Leute schon mal da sind und eh klar ist, dass die da bleiben, warum gebe ich ihnen nicht die Chance und gebe ihnen das Gefühl: ›Ihr seid willkommen und ihr dürft euch hier entwickeln‹, also dann habe ich ja danach einfach auch wieder Leute, die ja auch wieder Steuerzahler sind und eh hier dann integriert sind und sich gut entwickeln, wie dass ich immer ihnen immer das Gefühl gebe: ›Ihr seid eigentlich unerwünscht hier‹, also, also mich ärgert es einfach, weil ich mir auch denk', ja, jetzt ist der schon so lange da, macht seine Ausbildung, hat Deutsch gelernt, was soll es denn eigentlich jetzt?« (Expertin A, 106)

Auch sollten die *Entscheidungen über die Asylanträge* zügig gefällt und abgelehnte AsylbewerberInnen nicht mit Kettenduldungen hingehalten werden, sondern eine Chance bekommen. Bezüglich einer Optimierung in der Zusammenarbeit mit PsychotherapeutInnen wünscht sie sich eine Liste mit entsprechend qualifizierten Fachkräften oder einen Arbeitskreis, um ein gutes Netzwerk auszubauen (vgl. ebd., 86).

Die bereits angesprochene geringe *finanzielle Ausstattung* der Jugendlichen müsse verbessert werden, um ihnen die Integration und ihr Recht auf Teilhabe am gesellschaftlichen Leben zu ermöglichen. Das vom B-UMF in ausgewählten Jugendhilfeeinrichtungen durchgeführte Projekt zum Thema »Partizipation junger Flüchtlinge in der stationären Kinder- und Jugendhilfe« (vgl. B-UMF 2013d) ist für die Befragte ein richtiger Weg, um das Mitspracherecht und die Gestaltungsmöglichkeiten der Jugendlichen zu vergrößern, gerade weil über sie sehr viel bestimmt und verfügt werde (vgl. Expertin A, 112).

8. Diskussion der Ergebnisse auf dem Hintergrund des Modells der sequentiellen Traumatisierung

Die vorliegende Untersuchung befasst sich mit der stationären Jugendhilfe als Unterstützungsangebot für UMF aus der Perspektive der Adressaten und dort tätigen ExpertInnen. Sowohl die Darstellungen der Prämigrationsphase, der Migrations- und der Postmigrationsphase aus den Forschungsergebnissen der Literaturrecherche als auch die Aussagen der beiden Interviewgruppen der vorliegenden Erhebung lassen eine Einordnung in das Konzept der sequentiellen Traumatisierung (vgl. Kap. 2.4) zu, auch wenn die individuellen Erlebnisse und Vorgeschichten im Herkunftsland und auf der Flucht nicht explizit untersucht wurden. In Anlehnung an Ilka Lennertz, die das nachfolgende Schema in ihrer Studie über bosnische Flüchtlingskinder anwandte (vgl. Lennertz, 2011, 383ff), soll im Folgenden eine Zuordnung der von den Heranwachsenden genannten und weiterer sehr wahrscheinlich anzunehmender Belastungen und traumatische Situationen ihres Lebens in das Modell der sequentiellen Traumatisierung erfolgen. Hinsichtlich der entlastenden oder unterstützenden Faktoren habe ich einige der von den befragten Heranwachsenden genannten Aspekte angeführt, um die Übertragung des Modells auf UMF zu verdeutlichen.

Phase	Besondere Belastungen	Potentiell entlastende oder unterstützende Faktoren
Vor der Verfolgung	Transgenerationale Weitergabe der Traumatisierung der Eltern; kein Schulbesuch; schlechte medizinische Versorgung; extrem harte Kinderarbeit	Verantwortungsvolle Rolle in der Familie; religiöse Orientierung; familiäre Unterstützung und Zusammenhalt
Beginn der Verfolgung bis zur Flucht	Durch erneutes Erstarken der Taliban und Machtwillkür der Stammesführer Gewalt und Verfolgung, traumatische Erlebnisse wie z. B. Kampfhandlungen, Verschleppung eines Elternteils, eigene Lebensbedrohung, gravierende Rechtlosigkeit im Iran	

Auf der Flucht	Gefängnis; Lebensgefahr aufgrund von Verfolgung durch Grenzbehörden; illegale Fluchtwege; Ausgeliefertsein und Abhängigkeit von Fluchthelfern	
Übergang 1: Ankunft in Deutschland	Stress und Gewalt in der EAE; Orientierungslosigkeit; Altersfestsetzung; Interview; Residenzpflicht; lange kein Vormund; bedrohliche Polizeieinsätze	Nette Einzelpersonen; schöne Stadt; sofortige Jugendhilfe
Chronifizierung der Vorläufigkeit	Ungewissheit der Aufenthaltschancen; Angst vor Rückführung und Abschiebung; Misstrauen der BetreuerInnen; kein oder inadäquates Schulangebot; Diskriminierung und Marginalisierung	Unterstützung durch BetreuerInnen; Freunde; ruhige Wohngruppe; Schule und Nachhilfe; Urlaub und Freizeitaktivitäten; Sport; Psychotherapie; Zielfokusierung
Ende der Verfolgung	?	

Tab. 9: Einordnung der extremen Belastungen der befragten ehemaligen UMF in ein Modell der sequentiellen Traumatisierung nach Keilson und Becker/Weyermann

Die Durchsicht der Forschungserkenntnisse zu unbegleitet flüchtenden Kindern und Jugendlichen (siehe Kap. 5) verweist auf eine sich durchziehende Belastungssituation von der Prämigrationsphase über die Migrations- bis zur Postmigrationsphase. Die extremen Belastungen beginnen mit Traumaerlebnissen und äußerst schweren Lebensbedingungen vor der Flucht. Oft werden UMF Opfer direkter Gewalt oder sind Zeugen dieser und erleben die Trennung von wichtigen Bezugspersonen bereits vor der Migration, indem z. B. ein Elternteil verschleppt oder getötet wird. In Ländern wie z. B. Afghanistan, aber auch Irak oder Somalia, wo große Bevölkerungsgruppen über mehrere Generationen hinweg aufgrund jahrzehntelanger oder wiederholter kriegerischer Auseinandersetzungen militärische Gewalt, gravierende Menschenrechtsverletzungen und massive Armut erleben müssen, ist eine Beeinträchtigung der Kinder bereits durch den Einfluss von Traumatisierungserfahrungen der Elterngeneration in Form von transgenerationalen Traumata wie auch durch eigene Traumatisierungserfahrungen anzunehmen (vgl. Schick et al., 2013).

Untersuchungen beschreiben die vielfältigen Traumaerlebnisse und deren Auswirkungen, denen UMF auch auf der Flucht nach Europa ausgesetzt sind, da es für sie keine legalen Fluchtkorridore gibt. Sie müssen vielfältige lebensbedrohliche Situationen ohne elterlichen Schutz überstehen, was mit einem erhöhten Risiko physischer und sexueller Ausbeutung und Abhängigkeitsverhältnissen einhergeht. Sie erleben signifikant mehr Traumaereignisse als begleitete Flüchtlingskinder und -jugendliche.

Die Auswirkungen der Aufnahmebedingungen in der Postmigrationsphase auf separated children standen bislang nicht im Mittelpunkt der Forschung, jedoch belegen bisher veröffentlichte Studien deren negativen Effekt auf die psychische Verfassung und die Entwicklung der Kinder und Jugendlichen. Es wurden in diesem Zusammenhang erhöhte PTBS-Werte, erhöhte Internalisierungswerte, Depression und Verhaltensauffälligkeiten festgestellt. Unbegleitetsein und geringe soziale Unterstützung, gerade in der Phase der Adoleszenz, wurden als Risikofaktoren nachgewiesen. Sie gehen mit erhöhten Messwerten posttraumatischer Stresssymptome bei UMF einher. Als protektiver Faktor für separated children wird eine Unterbringung mit intensiver psychosozialer Betreuung herausgearbeitet. Ein unsicherer Aufenthaltsstatus wird von den befragten Jugendlichen in den vorhandenen Studien neben der Sorge um Familienmitglieder als wichtigster Stressor geäußert und bewirkt eine Aufrechterhaltung von psychiatrischen Symptomen.

Wenn Trauma als Prozess verstanden und gedacht wird, dann ist dieser auf die gesellschaftlichen Verhältnisse rückzubeziehen, unter denen er entsteht und bearbeitet werden muss. Angewandt auf die Situation von UMF erfordert dies eine Analyse nicht nur der vergangenen, sondern auch der aktuellen Situation und der Herausforderungen, denen UMF sich stellen müssen. Dadurch werden die Schwierigkeiten in der Traumabearbeitung jenseits einer Individualisierung sichtbar und die Aspekte innerhalb der stationären Jugendhilfe, die den Prozess aufrechterhalten oder unterbrechen, können erkannt werden.

Die Traumamodelle von Keilson und Becker/Weyermann besagen, dass

1. die Annahme, dass die Traumatisierungen allein im Herkunftsland der geflohenen Menschen stattgefunden haben und das Exil als sicherer Hafen zu betrachten ist, falsch ist,
2. die Bedingungen bei der Wiedereingliederung im Ankunftsland entscheidend für den weiteren Verlauf sind und
3. Traumatisierungsprozesse nur kontextbezogen verstanden und bearbeitet werden können.

Was bedeuten diese Erkenntnisse für eine verbesserte Gestaltung der stationären Jugendhilfe und die sozialpädagogische Arbeit mit UMF? Im Folgenden soll dies näher beleuchtet werden.

Schlussfolgerung 1:
Die verschiedenen Traumatisierungssequenzen bei UMF
machen präventive Maßnahmen auf unterschiedlichen Ebenen nötig.

Betrachtet man die vorliegende Erhebung, so reihen sich die Befunde aus den Kurzfragebögen der interviewten Migranten über potentiell traumatisierende Erlebnisse in die Ergebnisse der beschriebenen Forschungsliteratur ein. Die interviewten Personen weisen eine alarmierend hohe Anzahl von Traumaerlebnissen im Herkunftsland auf und laut ihrer Berichte im Verlauf des Interviews ist von weiteren Traumaerfahrungen auf der Flucht auszugehen. Dies lässt auf eine hohe psychische Belastung im Kontext der prämigratorischen Sequenz und der Fluchtsequenz schließen – auch einzelne Befragte formulieren dies deutlich – was wiederum zu einer hohen Prävalenzrate bezüglich psychiatrischer Symptome führt. Auch die Angaben über die Notwendigkeit, eine Psychotherapie zu machen (n=6) bzw. über eine bereits erfolgte psychotherapeutische Behandlung (n=5) können als Indiz für eine alarmierend hohe psychische Belastung interpretiert werden. Allein diese Befunde, die Aufnahmesituation im Exil noch außen vor gelassen, sprechen für die dringende Notwendigkeit, in der psychosozialen Arbeit mit UMF präventive Maßnahmen zur Verhütung von Krankheiten und Folgeschäden regelhaft zu installieren. Dazu gehören primäre, sekundäre und tertiäre Präventionsmaßnahmen und eine sogenannte Verhältnisprävention, die die Rahmenbedingungen der Menschen mit einbezieht (vgl. Leppin, 2007, 31ff).

Zur Primärprävention zählen in erster Linie gesundheitsfördernde Maßnahmen, die insbesondere zu einer Reduzierung sozial bedingter Benachteiligung hinsichtlich der Gesundheitschancen beitragen (*SGB VIII*, § 20 Abs. 1 S. 2). Betrachtet man die dargestellten Aufnahmebedingungen für separated children in Deutschland, so bedeutet dies zunächst einmal, auf der strukturellen Ebene günstige Rahmenbedingungen zu gestalten. Den UMF ist der Zugang zu allen Leistungen der gesetzlichen Krankenversicherung, der Jugendhilfe und der Bildung zu gewährleisten, sie sind in einer Umgebung unterzubringen, die ihre Gesundheit und Resilienz fördert oder sie zumindest nicht schädigt, die rechtliche Diskriminierung ist aufzuheben und einer Marginalisierung aktiv entgegenzuwirken.

Die Sekundärprävention umfasst Verfahren zur Früherkennung einer gesundheitlichen Beeinträchtigung oder Erkrankung, um eine möglichst frühe Gegensteuerung erfolgen zu lassen. Das Clearing, das ausschließlich innerhalb einer Jugendhilfeeinrichtung erfolgen sollte, kann im Sinne einer Sekundärprävention verstanden werden. Neben dem sofortigen Gesundheitscheck bei der Ankunft durch das Gesundheitsamt stellt die Anamnese zur psychosozialen Situation des Kindes in den ersten Wochen der Aufnahme eine Maßnahme zur Früherkennung von gesundheitlichen Risiken und Beeinträchtigungen dar. Dabei ist verstärkt auf das Vermeiden einer Abfrageatmosphäre zu achten, eine sensible Kontaktaufnahme zu bevorzugen und zunächst dem Aufbau einer vertrauensvollen Beziehung Vorrang zu geben. Die pädagogischen und psychologischen Fachkräfte benötigen Sensibilität und Aufmerksamkeit für die kulturelle Bedingtheit von psychischen Problemen und Ausdrucksformen sowie Kompetenzen für die Arbeit mit DolmetscherInnen.

Unter Tertiärprävention ist die Vorbeugung einer Ausweitung oder Verschlimmerung einer bereits bestehenden Erkrankung zu verstehen. Sie umfasst Maßnahmen zur Rückfallprophylaxe und zur Verhinderung von Folgestörungen bereits bestehender Erkrankungen (vgl. Walter et al., 2001, 22f). In diesem Zusammenhang ist v. a. die psychotherapeutische Versorgung von UMF zu verbessern. In der Praxis unterliegen UMF härteren Kriterien, um eine Behandlung zu erhalten, und die Bereitstellung von qualifizierten DolmetscherInnen wird in diesem Zusammenhang nicht regelhaft als notwendige Leistung für MigrantInnen von der Krankenversicherung übernommen. Die psychiatrischen Kliniken, FachärztInnen und PsychotherapeutInnen müssen ihre Fachlichkeit hinsichtlich der Behandlung von UMF und ihre interkulturellen Kompetenzen ausbauen. Dies sollte in die Ausbildungsmanuale mit aufgenommen werden.

Die Verhältnisprävention zielt auf die Verbesserung der Lebensbedingungen und der Umwelt der betroffenen Menschen und nimmt damit insbesondere die politischen Entscheidungsträger in die Verantwortung. Betrachtet man die herausragende Rolle von Kriegen und anderen gewalttätigen Auseinandersetzungen bei der Traumatisierung von Flüchtlingen, so kommt man nicht umhin, die gesellschaftliche und politische Dimension auf transnationaler Ebene miteinzubeziehen und präventiv anzusetzen. So plakativ es auch klingt, ohne eine Ausrichtung der Politik und ihrer nationalen und globalen Strukturen an sozialer Gerechtigkeit und der Verwirklichung der Menschen- und Kinderrechte, ist Prävention in diesem Bereich nicht zu denken. Nur so lässt sich langfristig eine grundsätzliche Verbesserung der Lebenssituation von UMF bewirken.

Der Europäische Flüchtlingsrat (ECRE), ein Netzwerk von Nichtregierungsorganisationen in Europa zum Wohl von Flüchtlingen, hat in einem Aktionsprogramm für Veränderung mit dem Namen *The Way Forward. Europe's role in the global refugee protection system* (European Council on Refugees and Exiles, 2005) Maßnahmen vorgeschlagen, die den Schutz und die Integration von Flüchtlingen in Europa voranbringen sollen. Dazu zählen Stärkung des Schutzes in den Herkunftsländern, Einrichtung legaler Fluchtkorridore nach Europa, Schaffung humanitärer Aufnahmeprogramme, Recht auf Familienzusammenführung, Aufbau einer Willkommensgesellschaft (vgl. ebd.).

Für die innerdeutsche Politik heißt es, die internationalen Verpflichtungen bezüglich der Umsetzung und Einhaltung der Menschen- und Kinderrechte zu erfüllen und vollständig in nationale gesetzliche Regelungen umzusetzen. Die ankommenden Kinder und Jugendlichen sind rechtlich mit deutschen StaatsbürgerInnen gleichzustellen, die Bestimmungen des *Kinder- und Jugendhilfegesetzes* zum Wohl des Kindes müssen dem Asylrecht übergeordnet sein, ihnen muss bereits beim Grenzübertritt Geltung verschafft werden. Ab dem ersten Tag ihrer Ankunft müssen UMF in Jugendhilfeeinrichtungen oder Pflegefamilien aufgenommen werden. Ihnen müssen durch entsprechende Maßnahmen die gleichen Chancen auf Bildung und Entwicklung wie einheimischen Kindern geboten, ausreichend juristische Unterstützung für ihr Asylverfahren und qualifizierte Dolmetscherdienste zur Verfügung gestellt werden. Der Staat muss ihnen ermöglichen, die deutsche Sprache fließend lesen und schreiben zu lernen, er muss ihrer Benachteiligung auf dem Arbeitsmarkt aktiv entgegenwirken und gewährleisten, dass die Bedürfnisse hinsichtlich ihrer Gesundheit erfüllt werden. Zur Familienzusammenführung sollte der Nachzug von Eltern und Geschwistern zügig erlaubt werden.

Aus der berufsethischen Verpflichtung von SozialarbeiterInnen, die Menschenrechte und Menschenwürde zu wahren und zu verteidigen und soziale Gerechtigkeit zu fördern, ist es Aufgabe der in diesem Arbeitsfeld Tätigen, sowohl verstärkt Aufklärung und Öffentlichkeitsarbeit hinsichtlich der Lebenssituation von UMF und den Auswirkungen der ausgrenzenden Asylpolitik zu betreiben als auch sich offensiv, z. B. auf kommunaler Ebene, einzumischen, um die Beachtung des Kindeswohls von separated children durchzusetzen (vgl. DBSH, 1997, 2).

Schlussfolgerung 2:
Die Gestaltung der asylrechtlich dominierten Aufnahme-
und Lebensbedingungen für UMF in Deutschland hat die Wirkungsweise
einer weiteren traumatischen Sequenz in ihrem Leben.

Nach Keilson ist die Ankunfts- und Wiedereingliederungszeit der entscheidende Faktor für die nachfolgende Entwicklung der jungen Menschen. Das bedeutet, dass sich schlechte Aufnahmebedingungen für UMF katastrophaler auswirken können als das Ausmaß und die Stärke vorhergehender Traumatisierungserfahrungen. Ähnlich den von Keilson untersuchten jüdischen Waisenkindern stellt diese Phase für UMF »eine Rückkehr aus der Rechtlosigkeit in rechtlich gesicherte und bürokratisch geordnete Zustände« (Keilson, 2005, 58) dar, gekoppelt mit Maßnahmen bezüglich der neuen Unterbringung und der Vormundschaftsübertragung, welche neue Eingriffe in ihr Leben darstellen (vgl. ebd.) und häufig ein Gefühl des Ausgeliefertseins an die über ihr Wohl bestimmenden Behörden bewirken (vgl. ebd., 76f).

Als enorme Belastungsfaktoren mit traumatischer Qualität werden auch in der vorliegenden Erhebung die Ankunftsphase, der Kampf um den Erhalt eines Bleiberechts und die chronifizierte Unsicherheit über den Verbleib geschildert. Als besonders stressauslösend nennen die interviewten Personen die mit dem geltenden Asylrecht einhergehenden Befragungsprozeduren, die Altersfestsetzung, einen unsicheren Aufenthalt und die Einschränkungen durch die Unterbringung in einer Erstaufnahmeeinrichtung, durch den unzureichenden Zugang zu Sprach- und Bildungserwerb und durch die Residenzpflicht. Zusammen mit negativen Erfahrungen durch angstauslösende Polizeieinsätze in der EAE und der Furcht vor Rückführungen in einen anderen Dublin-Staat oder einer Abschiebung in das Herkunftsland wird die Aufnahmephase, die kontinuierlich die Kinderrechte verletzt, als weitere Verfolgungssequenz im Erleben der interviewten Personen erkennbar. Der systematische Ausschluss von politischer, gesellschaftlicher und soziokultureller Teilhabe ist konstitutiver Bestandteil der Postmigrationsphase und des Verfolgungsgeschehens von UMF. Dies verschränkt sich mit Belastungen aufgrund hoher Anpassungsanforderungen hinsichtlich einer fremden Sprache und großer kultureller Differenz, der damit einhergehenden Orientierungslosigkeit und des schmerzlichen Verlustes der Familie, der aufgrund der erneuten angstauslösenden Bedrohungssituation nicht betrauert werden kann. Die Sprachbarriere wirkt sich bei längerem Ausschluss von Spracherwerbsmöglichkeiten negativ auf die Resilienz der UMF aus, denn nicht in der Lage zu sein, mit den Mitmenschen zu kommunizieren, verhindert den Zugang zur Aufnahmegesellschaft und verstärkt den Ausschluss aus dem alltäglichen Leben. Die Befragten berichten, analog zur dargestellten Forschungslage, u. a. von erheblichen psychischen Folgen in Form von Depressionen, Suizidversuchen, großen Stressreaktionen, Ängsten, Selbstverletzungen, Konzentrations- und Schlafstörungen, wiederkehrenden Alpträumen und Lernschwierigkeiten.

Insgesamt sind die asylgesetzlichen Regelungen als strukturell fortschreitende Traumatisierung zu betrachten, so dass von einer *post*traumatischen Situation nicht die Rede sein kann. Sie wirken einer günstigen Entwicklung und Wiedergenesung der UMF entgegen und lösen in vielen Fällen weitere physische und psychische Schädigungen aus. Somit bilden sie den Gegensatz zur Vermittlung von Sicherheit in der von Keilson als entscheidend charakterisierten dritten Sequenz und stehen konträr zu einem positiven Entwicklungsverlauf (vgl. Loch & Schulze, 2012, 96f).

Schlussfolgerung 3:
Die stationäre Jugendhilfe ist unter den gegebenen Bedingungen
innerhalb des Traumatisierungsprozesses verortet. Einige Faktoren
im Wohngruppenalltag werden von UMF als verstärkender Aspekt
dieser traumatischen Sequenz erfahren.

In der vorliegenden Arbeit konnte aufgezeigt werden, dass die asylrechtlichen Regelungen das Kinder- und Jugendhilferecht faktisch dominieren. Dadurch sind die Leistungen der stationären Jugendhilfe innerhalb dieses traumatisierenden Rahmens angesiedelt und die mit UMF befassten Fachkräfte agieren folglich nicht außerhalb dessen, sondern sind immer Teil der traumatischen Situation (vgl. Becker, 2004, 5). In dieser Untersuchung, in der versucht wurde, die Perspektive der Hilfeadressaten in den Mittelpunkt zu rücken, werden von den Heranwachsenden divergierende Wirkungsweisen der stationären Jugendhilfe berichtet. Inadäquate Hilfe kann einen weiteren Stressfaktor im Leben von separated children darstellen. Die Auswertung lässt Faktoren erkennen, die sich im Rahmen der stationären Jugendhilfe einzeln und kumulativ als erhebliche zusätzliche Belastungen erweisen.

Einer der Aspekte, die genannt werden, ist die Größe der Wohngruppe, die durch zunehmende Belegungszahl mit erhöhter Unruhe, höherem Lärmpegel, zahlreichen zusätzlichen Konfliktsituationen und zu geringen Rückzugsmöglichkeiten einhergeht und einen zusätzlichen Risikofaktor darstellen kann.

Die Nichtbeachtung der individuellen und kulturellen Essgewohnheiten wird als Missachtung individueller Bedürfnisse und unterschiedlicher kultureller Traditionen empfunden sowie als Dominanzausübung, die Anpassungsdruck zur Folge hat. Dies ist eine Erfahrung, die viele der Jugendlichen z. B. aufgrund ihrer Zugehörigkeit zu einer unterdrückten Minderheit in ihrem Herkunftsland bereits in intensiver Form erlebt haben, und die dadurch reaktiviert werden kann. Zugleich kann die geforderte Unterordnung unter deutsche Esstraditionen die genussvolle Befriedigung eines grundlegenden Bedürfnisses blockieren und Menschen mit Traumatisierungserfahrungen einer einfach zugänglichen Beruhigungs- und Entspannungsmöglichkeit berauben.

Die Konfrontation mit zu vielen Informationen und Regeln bei der Aufnahme und eine intensive Befragungen gleich zu Beginn der Clearingphase verhindern es, die Wohngruppe als Zufluchtsort einzuordnen. Da UMF die Bedeutung der Jugendhilfe zu diesem Zeitpunkt in der Regel nicht einschätzen können, wirkt das Erfragen biographischer Daten bedrohlich auf sie. Die Rolle der SozialpädagogInnen innerhalb des Altersfestlegungsprozesses verstärkt das Gefühl von Unsicherheit, Verfolgung und Bedrohung und kann ein durch gegenseitiges Misstrauen geprägtes Verhältnis zu den Fachkräften etablieren.

Erschwerend wirkt sich eine unflexible Handhabung der geltenden Regeln aus, die besonders bei einer großen Wohngruppe zu wenig an individuelle Bedürfnisse angepasst werden (können). Starre Gruppenregeln sind besonders ungünstig, da sie Kinder und Jugendliche mit Traumatisierungserfahrungen oft überfordern und sie Regeln häufig in Verbindung mit Willkür und nicht zur Regelung des Zusammenlebens erlebt haben.

Aus der Perspektive der Traumapädagogik spricht daher vieles dafür, eher wenig institutionalisierte Regeln zu haben und möglichst viele individuelle Absprachen im persönlichen Kontakt der Teammitglieder mit den Kindern zu treffen. (Schmid & Lang, 2013, 289)

Eine vorzeitige unfreiwillige Verlegung in eine andere Wohngruppe kann von einzelnen als erneuter Bruch bzw. Verlust erlebt werden und traumatischen Charakter haben. Ebenso kann jedoch ein zu langes Festhalten der Jugendlichen in einer Einrichtung aus einer überfürsorglichen Haltung der BetreuerInnen heraus, vielleicht durch den Wunsch bedingt, vergangenes Leid von separated children zu kompensieren oder eigenen Trennungsschmerz zu vermeiden, das Selbstwirksamkeitsempfinden der Jugendlichen schwächen. Es ist wichtig, dies individuell und fallspezifisch abzuklären, denn jede gescheiterte Weitervermittlung stellt einen weiteren Bruch im Leben von UMF dar und verschärft ihre Problematik (vgl. Wiesinger et al., 2009, 100). Auch ein Rauswurf bzw. eine erzwungene Entlassung eines UMF aus der Jugendhilfeeinrichtung aufgrund von eskalierenden Konflikten kann dazu führen, die Verlust- und Verfolgungserfahrung neu aufleben zu lassen und Flashbacks und Alpträume provozieren. Jene unter ihnen, die kurz vor oder nach Erreichung der Volljährigkeit sind, werden anschließend nicht selten vom Jugendamt in einer Gemeinschaftsunterkunft untergebracht. Der erzwungene Abbruch und der häufig mit einer Unterbringung an einem neuen Ort in isolierter Lage einhergehende Ausschluss von weiteren Bildungsmöglichkeiten und Entwicklungsperspektiven tragen entscheidend zur Fortsetzung des Traumatisierungsprozesses bei. Auf die in der Wohngruppe verbleibenden UMF wirkt eine aufgrund einer Eskalation erfolgte Entlassung stets verunsichernd und versetzt sie innerlich in Alarmbereitschaft, was wiederum ihre Erholung verunmöglicht.

Die Befragten nennen als Belastungsfaktoren mangelnde Fähigkeiten der BetreuerInnen, sich in die psychische Verfasstheit von UMF hineinzuversetzen und adäquate Hilfestellung zu geben oder zu organisieren sowie Beziehungsstörungen zwischen Jugendlichen und Fachkräften aufgrund von nicht ausreichend ausgebildeter transkultureller Kommunikationskompetenz. Diese Faktoren können zu erheblichen Stressreaktionen und zu einer Wiederbelebung von mit früheren Traumatisierungserfahrungen einhergehenden Gefühlen der Ohnmacht und Hilflosigkeit führen und als Aggression interpretiert werden.

Die Ergebnisse der ExpertInnenbefragung akzentuieren als Belastungsfaktor den dominanten Einfluss und die negativen Auswirkungen des Asylrechts auf die Möglichkeit, adäquate Unterstützung leisten und sich um die verschiedenen anderen Lebensbereiche der Jugendlichen angemessen kümmern zu können. Die bedrohliche unsichere Aufenthaltssituation und die damit einhergehenden Zugangsbarrieren (z. B. zu Schule, medizinischer Versorgung) bewirken eine große Dringlichkeit vieler Aufgaben, hohe Anforderungen an die Fachkräfte und eine hohe Arbeitsintensität, die sich negativ auf die Atmosphäre der Wohngruppe auswirkt. Dies konterkariert den Anspruch, die Einrichtung als sicheren Ort für die belasteten Jugendlichen zu etablieren. Es besteht eine Kluft zwischen den Anforderungen und Aufgaben der sozialpädagogischen Betreuung von UMF und der in der Praxis erfüllbaren Arbeit. Das Spannungsfeld unterschiedlicher, sich widersprechender Zielsetzungen von Pädagogik und Asylrecht wirkt sich sowohl strukturell negativ auf die Arbeit als auch belastend auf die Beziehung zu den Jugendlichen aus.

Ein Beispiel dafür ist die Wechselwirkung in der Kommunikation über die Leidenserfahrungen von UMF zwischen den BetreuerInnen und den Betroffenen, die sowohl in der Literatur (vgl. Chase, 2010; Kohli, 2006) als auch in der vorliegenden Untersuchung als schwierig charakterisiert wird. Dabei ist folgendes Phänomen beobachtbar:

Auf Seiten der befragten ehemaligen UMF gibt es eine Diskrepanz zwischen ihrem Schweigen und dem gleichzeitigen Apell an die BetreuerInnen, den Jugendlichen mehr nachzugehen, um sie zum Reden über ihre Nöte zu bringen, und sich dem Tabu des Verschweigens nicht zu unterwerfen. Auf Seiten der Fachkräfte ist die Tendenz zu beobachten, die Traumatisierungen v. a. im Herkunftsland und in der Fluchtphase zu verorten und eine defensive Haltung hinsichtlich des Sprechens mit UMF über ihre Traumaerlebnisse einzunehmen. Zugleich fühlen sich die BetreuerInnen unter ständigem Druck, Notfallmanagement und Krisenintervention in der Organisation des alltäglichen Lebens der Jugendlichen zu betreiben, häufig ohne dies mit dem fortschreitenden Traumatisierungsprozess der separated children in Verbindung zu bringen. Damit erhalten sie das Tabu des Traumas aufrecht, geraten selbst in

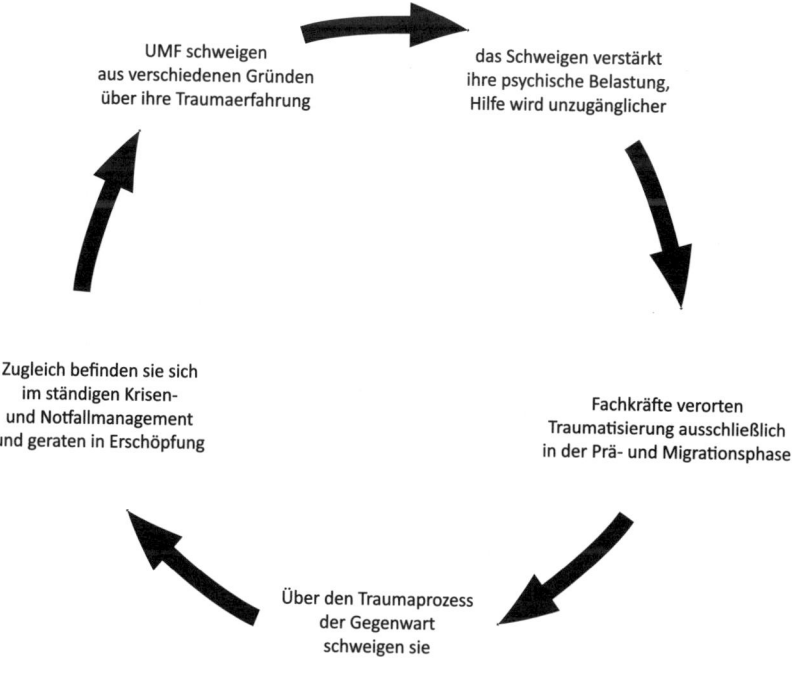

Abb. 5: Ein den Traumaprozess
verstärkendes Kommunikations- und Interaktionsmuster

Erschöpfung und es besteht die Gefahr, statt den sequentiellen Traumaprozess zu unterbrechen, immer mehr in diesen verwickelt zu werden. (vgl. Abb. 5) Ihr Dilemma, in Widersprüchen zwischen den pädagogischen Ansprüchen des *KJHG* und den Restriktionen des Asylrechts agieren zu müssen, zwischen der Aufgabe, Zukunfts- und Entwicklungsmöglichkeiten mit den UMF entwickeln zu müssen und der faktischen Perspektivlosigkeit im Alltag der Jugendlichen, ist ein Ausdruck und eine Auswirkung des andauernden Traumatisierungsprozesses, der auch für die Fachkräfte eine hohe Belastung darstellt.

> Aufgabe Sozialer Arbeit bei der Flüchtlingsarbeit im Kontext von Kinder- und Jugendhilfe ist es, den aktuellen institutionellen Kontext als entscheidende Phase im Traumatisierungsprozess anzuerkennen [...]. (Loch & Schulze, 2012, 96)

Die den UMF in Deutschland zugemuteten Lebensbedingungen lassen keine moralische Neutralität zu, ein Ignorieren wird von den Betroffenen als Verrat empfunden. Gefordert ist das Einnehmen einer solidarischen Haltung und eine klare Stellungnahme (vgl. Fischer &Riedesser, 2009, 208ff), ohne jedoch die berufsethisch erforderliche abstinente Haltung gegenüber den Betreuten aufzugeben (vgl. DBSH, 1997) – eine sehr herausfordernde Aufgabe, die in der alltäglichen Praxis ständiger Korrektur und Ausbalancierung bedarf.

Darüber hinaus sendet das Schweigen der Jugendlichen gegenüber den SozialpädagogInnen noch weitere Botschaften, die jeweils im Einzelfall zu überprüfen sind. Es kann Ausdruck dafür sein, dass die Beziehung zwischen BetreuerIn und Jugendlichem nicht sicher ist, dass Traumatisierungen das Sprechen verhindern oder dass die Jugendlichen die Fachkräfte als Autoritätspersonen betrachten, so dass sie nur zögerlich über das sprechen, was sie bewegt, und Angst haben, die Offenlegung könnte zur Ausweisung führen. Die Angst und Unsicherheit bezüglich ihrer Zukunft und die aktuellen Lebensbedingungen verhindern, dass die Jugendlichen so weit in der Gegenwart verwurzelt sind, dass sie ihre Vergangenheit reflektieren können. Auch eine übertriebene Ressourcenorientierung kann zur Ausblendung der erlittenen Traumaerfahrungen führen und das Sich-Mitteilen erschweren. Es kann aber auch bedeuten, dass die Jugendlichen eventuell die SozialpädagogInnen schonen wollen. Denn Betroffene haben ein feines Gespür dafür, ob das Gegenüber fähig ist, ihre Erfahrungen mitzutragen, ohne – um sich zu distanzieren – in Mitleid zu verfallen oder sie auf das Opfersein zu reduzieren. Widersprüchliche Erzählungen, wie sie in den ExpertInneninterviews thematisiert wurden, können nicht nur den Erfordernissen, das Asylverfahren erfolgreich zu durchlaufen, oder der erlebten Traumatisierung und deren ungenügender Verarbeitung geschuldet sein, sondern ebenso mit Tabuisierungen in der konkreten Gesprächssituation zusammenhängen (vgl. Loch & Schulze, 2012, 92).

Treten in der Jugendhilfeeinrichtung ernsthafte Konflikte zwischen Jugendlichen oder zwischen BetreuerInnen und Jugendlichen auf, die nicht gelöst werden können oder sogar eskalieren, kann dies auf die belasteten Jugendlichen kumulativ bis zum psychischen Zusammenbruch oder zu explosiven Aggressionsausbrüchen und damit einhergehender Gewaltanwendung führen. Werden UMF durch die neuen Anpassungsanforderungen in der Wohngruppe, der Schule und dem weiteren gesellschaftlichen Umfeld überfordert, ist es möglich, dass bisherige kompensatorisch wirkende Mechanismen der Traumabewältigung versagen und die Jugendlichen in eine schwere psychische Krise geraten.

Rassismus und Diskriminierung wird in der Literatur als ein weiteres Hindernis bei der Wiederherstellung von Teilhabe und psychischer Resilienz genannt und kann traumatisierenden Charakter annehmen (vgl. Prassad, 2009). Dabei ist zu bedenken, dass dieses Phänomen nicht vor der Eingangstür der Jugendhilfeeinrichtung halt macht, wie die Expertin B bezeugt. Eine gewisse Ausbildung und Position schützt nicht vor diskriminierenden Praktiken, gerade dann, wenn unterschiedliche Werte und Glaubenssysteme aufeinander treffen. Es ist eine kontinuierliche Reflexion der eigenen Annahmen, Ideale, Werte und Glaubenssysteme und der Gewaltstrukturen, auf denen sie gründen, erforderlich. Dazu gehört auch, die eigene Rolle gerade in dem Spannungsfeld zwischen diskriminierendem Asylrecht und dem Kinder- und Jugendschutz zu reflektieren und sich zu positionieren.

Schlussfolgerung 4:
Die stationäre Jugendhilfe kann als ein den Traumatisierungsprozess unterbrechendes Milieu wirken – ein Potential, das ausgebaut werden sollte.

Die Untersuchung weist wichtige Elemente aus, welche in ihrer kumulativen Wirkungsweise die stationäre Jugendhilfe als einen Ort erfahren lassen, der den Traumatisierungsprozess stoppt.

Laut Untersuchungsergebnis zählt dazu, dass die Wohngruppe als Ort erlebt werden kann, der Sicherheit bietet. Die Wiederherstellung von Sicherheit gilt in der Psychotraumatologie als erster und wichtigster Schritt nach Traumatisierungserfahrungen (vgl. Flatten et al., 2011, 205; Herman, 2010, 215). Dies kann für UMF durch die Jugendhilfe nur eingeschränkt erreicht werden, solange sie nicht von Beginn an automatisch ein Bleiberecht aufgrund ihrer besonderen Schutzbedürftigkeit erhalten. Allerdings kann die Wohngruppe, wie von der Expertin A formuliert, als gewaltfreier Raum konstituiert werden, als ein Raum größtmöglicher Sicherheit, indem konzeptionell und strukturell Rahmenbedingungen erarbeitet werden, die die Wahrscheinlichkeit des Erlebens von Sicherheit erhöhen. Dazu gehören z. B.:

– Aufbau einer sicheren Bindung zwischen BetreuerInnen und UMF
– Gewaltfreie Kommunikation
– Abschließbarkeit der Zimmer für die Kinder und Jugendlichen
– Kooperationsverträge mit RechtsanwältInnen, die auf Asylrecht spezialisiert sind, um eine enge und zeitnahe Zusammenarbeit zu ermöglichen und die BetreuerInnen in Basiswissen des Asylrechts zu schulen.
– Besondere Regeln im Kontakt mit der Polizei (Anruf bei Zuspätkommen nötig? Zutritt zu den Räumen etc.)
– Umsetzung des Handlungskonzepts Partizipation in der stationären Kinder- und Jugendhilfe (B-UMF, 2013c)
– Entwicklung eines Krisenmanagements usw.

Als protektive Faktoren für UMF hinsichtlich einer erfolgreichen Anpassung an die Herausforderungen im Aufnahmeland erweisen sich nach Durchsicht der vorliegenden Studien insbesondere Bildung und schulische Erfolge. Eine zügige Integration in einen Sprachkurs durch die Vermittlung der BetreuerInnen und die Bereitstellung adäquater, durchlässiger Schulangebote macht UMF Hoffnung auf eine positive Zukunftsperspektive und trägt zur schrittweisen Gewinnung von Orientierung und Handlungsfähigkeit in der Aufnahmegesellschaft bei. Sie vermittelt das Gefühl, im Ansatz bereits Teil der Gesellschaft zu sein, sowie eine sinnvolle, haltgebende Strukturierung des Tages und der Woche. In Kombination mit Freizeitaktionen, die das Erleben neuer positiver Erfahrungsmuster, Entspannung, Zerstreuung, Spaß und Lebensfreude ermöglichen, können UMF sich langsam von ihren leidvollen Erfahrungen erholen und kommen in die Lage, diese schrittweise zu verarbeiten.

Die befragten UF betonen, dass sie in der Jugendhilfeeinrichtung Ruhe finden möchten und dies in einer kleinen Wohngruppe eher können. Laut ihren Aussagen wird dies zunächst äußerlich dadurch unterstützt, dass die Größe, Aufteilung und räumliche Ausstattung der Einrichtung dergestalt sind, dass die Jugendlichen ruhig schlafen können, Rückzugsmöglichkeiten finden und Konflikte minimiert werden. Dazu gehören auch großzügige räumliche Ressourcen für Freizeitgestaltung, für Einzelgespräche sowie Arbeits- und Besprechungszimmer für das Team.

Eine innere Beruhigung des, aus neurobiologischer Perspektive betrachtet, aktivierten noradrenergen Systems, das eine Stressreaktion in Form von erhöhter Reizbarkeit, Aufmerksamkeit und ängstlicher Wachsamkeit bewirkt, kann bei psychischem Dauerstress nicht durch erhöhte Cortisolausschüttung gestoppt werden. Dies gilt als Ursache für Symptome des Hyperarousals, der Angst sowie von Schlaf- und Konzentrationsstörungen (vgl. Flatten, 2011, 269f). Weitere Erkenntnisse der Neurobiologie besagen, dass positive Emotionen das meso-limbische System aktivieren und eine Hemmung der Angstaktivierung bewirken, was v. a. durch die Herstellung einer stabilen Bindung erreicht wird (vgl. ebd., 271). Eine sichere Bindung zu mindestens einer Bezugsperson fungiert laut Erkenntnissen der Traumaforschung und der Entwicklungspsychologie als wichtiger individueller Schutzfaktor bei der Bewältigung kritischer Belastungssituationen (vgl. Lennertz, 2011, 151ff). Daher kommt dem Aufbau einer verlässlichen, tragfähigen und vertrauensvollen Beziehung in der Betreuung von UMF besondere Bedeutung zu, wie in den Interviews sowohl der Heranwachsenden als auch der ExpertInnen betont wird, so dass dem große Aufmerksamkeit gewidmet werden muss. Wenn man akzeptiert, dass im Umgang mit Traumata nicht der psychologische Blickwinkel immer der zentrale sein muss, so ist v. a. eine respektvolle Haltung im Umgang mit Menschen mit Traumaerfahrungen entscheidend (vgl. Becker, 2006, 200). Das bedeutet für BetreuerInnen, vor den Fähigkeiten der UMF zu überleben und ihr Leben fortzuführen Respekt zu haben, wie es der Experte C anschaulich beschreibt, sich für ihre Geschichte zu interessieren, ihre Widersprüchlichkeiten zu akzeptieren und nicht zu meinen, man wisse bereits alles besser.

Eine weitere Beruhigung und Stabilisierung kann auch durch das Erlernen und Üben von aktiven und passiven Entspannungstechniken, wie von Interviewteilnehmer Tarik gefordert, und von Imaginationsübungen erreicht werden, welche die Ausbildung positiver neuronaler Netzwerke im Gehirn auslösen und dabei helfen, die Fähigkeiten der Selbstregulation auszubauen und Kontrolle über Traumasymptome zu erlangen (vgl. Flatten, 2011, 272ff). Sie helfen, die durch Traumatisierungserfahrungen ausgelösten Gefühle der Ohnmacht und des Kontrollverlustes zu überwinden. Das Erkennen der Triggerreize, die zur Traumareaktivierung z. B. in Form von Flashbacks führen, sowie das Erlernen von Techniken, mit denen sich Dissoziationen stoppen lassen, dienen ebenfalls der Wiedergewinnung von Selbststeuerung und Selbstkontrolle (ebd., 274). Diese Hilfen können von ausgebildeten TraumapädagogInnen z. B. in Form von Stabilisierungsgruppen in den Wohngruppen angeboten werden.

Zugleich sind größte Anstrengungen zu unternehmen, um den rechtlichen Aufenthaltsstatus der Kinder und Jugendlichen zu sichern, ansonsten wirken diese »Psychotechniken« wie reiner Zynismus. Dies erfordert, dass die MitarbeiterInnen über Basiswissen hinsichtlich asylrechtlicher Abläufe verfügen, eng mit den Vormündern zusammenarbeiten, und dass, spätestens zum Ende der Vormundschaft mit Eintritt der Volljährigkeit, die Vertretung im Asylverfahren einer kompetenten Anwaltskanzlei übertragen wird. Dazu ist die Bereitstellung entsprechender finanzieller Mittel nötig.[18]

Die Interviews belegen außerdem, dass eine familiäre, haltgebende Atmosphäre und Beziehungsgestaltung seitens der BetreuerInnen den Jugendlichen mit Traumatisierungserfahrungen hilft, sich zu beruhigen und ihre Verluste und Trennungen zu betrauern. Aufgrund von Traumatisierungserfahrungen und häufig großer kultureller Unterschiede bezüglich der Normen und Regeln im Aufnahmeland geraten UMF zunächst häufig in einen Zustand der Desorientierung, welcher Gefühle der Angst und Hilflosigkeit hervorruft bzw. verstärkt. Daher sind Orientierungshilfen in der neuen Gesellschaft durch Information, Erklärungen und entlastende Begleitungen ein wichtiger Bestandteil der Betreuung von UMF, um die Wiedergewinnung von Kontrolle und Handlungsfähigkeit zu fördern und weitere Belastungen aufgrund des Akkulturationsstresses zu minimieren.

Eine besondere Rolle spielen laut Aussagen der befragten Heranwachsenden gute Erfahrungen in der Peer-Gruppe und das Bilden von Freundschaften. Eine gute Einbindung in die Gruppe der Jugendhilfeeinrichtung und die Förderung des Aufbaus von Freundschaften auch außerhalb der Wohngruppe trägt ebenfalls zur Unterbrechung des Traumaprozesses bei, da sie der Isolation und Exklusion entgegenwirken. Diese Wirkung könnte verstärkt werden, wenn die Fachkräfte eine Ausweitung der Beziehungen der UMF zum regionalen Umfeld aktiv fördern, indem sie den Kontakt zu Jugendgruppen, Jugendzentren, Sportvereinen und anderen Gruppierungen im Stadtteil oder der Kommune suchen und aufbauen. Dies würde Möglichkeiten des gegenseitigen Kennenlernens schaffen, Vorbehalte abbauen helfen, die soziale Integration erleichtern und der verordneten Marginalisierung entgegenwirken.

---

[18] Bislang werden die Kosten einer anwaltlichen Vertretung nicht vom Jugendamt übernommen, da es sich für den Lebensbereich Aufenthaltssicherung der Kinder und Jugendlichen für nicht zuständig erklärt. In Anbetracht der zentralen Rolle, die das Asylverfahren im Leben von UMF hinsichtlich ihrer gegenwärtigen Lebenssituation, ihrer Zukunftsperspektive und Entwicklungsmöglichkeiten einnimmt, widerspricht diese Haltung dem Schutzauftrag, den die Jugendhilfe laut § 1 und § 8a SGB VIII hat.

Die bislang aus den Interviews gefilterten entwicklungsfördernden Aspekte verweisen auf die in der dargestellten Forschungsübersicht als erfolgreich erkannten Faktoren: eine Orientierung der Jugendlichen auf Kollektivität, Verdrängung und Zerstreuung, Sinngebung, Etablierung eines hoffnungsvollen Zustandes und Ausblicks sowie Aufrechterhaltung von Kontinuität bei gleichzeitiger Anpassung durch Lernen und Verändern. Abb. 6 soll die in der Untersuchung als potentiell traumaunterbrechend identifizierten und kumulativ zusammenwirkenden Elemente innerhalb der stationären Jugendhilfe für UMF nochmals übersichtlich darstellen.

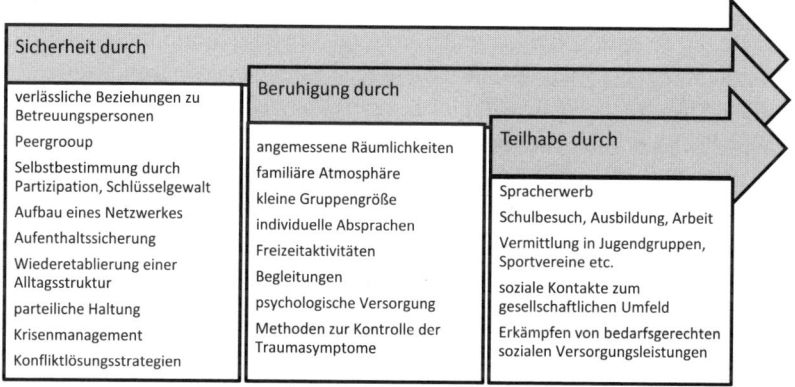

Abb. 6: Faktoren in der stationären Jugendhilfe, die kumulativ zur Unterbrechung des Traumatisierungsprozesses beitragen können

Um das Streben von UMF nach einem »normalen« Leben so weit wie möglich zu verwirklichen und den Zugang zu Basisleistungen als Voraussetzung für eine gute Entwicklung zu schaffen, ist laut den Ergebnissen der ExpertInneninterviews eine interdisziplinäre Vernetzung und Zusammenarbeit unabdinglich. Eine enge Zusammenarbeit der BetreuerInnen mit den Lehrkräften und SchulsozialarbeiterInnen der Schulen wirkt sich auf die Stabilität und Leistungsfähigkeit der Jugendlichen sehr positiv aus, wie die Expertin A beispielhaft schildert. Durch Informationsaustausch über Verhaltensbeobachtungen und in gemeinsamen Gesprächen mit den Jugendlichen kann auftretenden Problemen frühzeitig begegnet und ein größeres Verständnis der Lehrkraft für Verhaltensauffälligkeiten der SchülerInnen durch Hintergrundinformationen erwirkt werden. Gemeinsam können Überlegungen hinsichtlich Verbesserungsmöglichkeiten und zusätzlicher nötiger Hilfen angestellt und einer Eskalation vorgebeugt werden. Auch eine gute und enge Kooperation mit dem Vormund und der zuständigen Fachkraft im Jugendamt stellt laut Interviewergebnissen eine sehr wichtige Komponente für die Entwicklung von UMF dar, um zeitnah und bestmöglich auf äußere oder innere Schwierigkeiten der Jugendlichen reagieren zu können und zusammen mit dem Betroffenen gemeinsame Ziele zu formulieren und Absprachen für das weitere Vorgehen zu treffen. Wünschenswert im Interesse der UMF ist ebenfalls eine gute Vernetzung mit psychiatrischen und psychologischen Diensten. Leider sind die psychiatrischen Abteilungen in den Kliniken, die niedergelassenen PsychiaterInnen und PsychotherapeutInnen bislang noch nicht genügend für die Behandlung von UMF geschult und vorbereitet, so dass von einer guten Versorgung von UMF in dieser Hinsicht nicht die Rede sein kann. Da die psychischen Belastungen jedoch bei den Betroffenen besonders hoch sind, gleicht die Terminbeschaffung bei einem passenden Facharzt oder einer erfahrenen Psychotherapeutin oft einem Roulette. Die Wartezeiten bei REFUGIO sind aufgrund des Angebotmangels extrem lang, so dass die Kinder und Jugendlichen nicht versorgt sind und die Einrichtungen mit oft mehreren Krisenfällen gleichzeitig allein gelassen und überfordert sind. Umso wichtiger ist es, sowohl die bereits bestehenden Kontakte zu pflegen und auszuweiten, als auch die von Expertin A vorgeschlagene interdisziplinäre Vernetzung mit psychologischen und psychiatrischen Fachkräften voranzubringen, um durch Schaffung von Problembewusstsein und Austausch von Fachwissen die Versorgungslage für UMF zu verbessern. Günstig wäre, für die betroffenen Kinder und Jugendlichen und deren BetreuerInnen regelmäßige Sprechstunden bei möglichst der gleichen kinder- und jugendpsychiatrischen Facharztpraxis oder Ambulanz einzurichten. Zugleich braucht es für die EinrichtungsmitarbeiterInnen neben der Teamsupervision regelmäßige Fallsupervisionen mit einer traumaerfahrenen und mit dem Flüchtlingsbereich vertrauten Fachkraft.

Die interdisziplinäre Zusammenarbeit und Vernetzung stellt in der stationären Jugendhilfe für UMF eine besondere Herausforderung dar. Analog zu den Anforderungen der transkulturellen Kommunikation ist die Fähigkeit grundlegend, über Unterschiede hinweg kommunizieren zu können, da unterschiedliche Berufsgruppen und Institutionen unterschiedliche Interessen, Blickwinkel, Aufträge und Herangehensweisen in Bezug auf UMF haben, wie am Beispiel der Einwanderungsbehörden bereits exemplarisch aufgezeigt wurde (vgl. Kap. 5.3.1). Hinzu kommt, dass bei einer möglichst großen Beteiligung der UMF selbst die Sprachbarriere die Zusammenarbeit stark beeinträchtigt, da das Budget für den Dolmetschereinsatz zu gering ist und die zeitlichen Ressourcen von FachärztInnen und RechtsanwältInnen meist so knapp bemessen werden, dass die UMF kaum Gelegenheit bekommen, sich angemessen zu äußern.

In Abb. 7 werden die wichtigsten Institutionen und KooperationspartnerInnen im Rahmen der stationären Betreuung von UMF dargestellt.

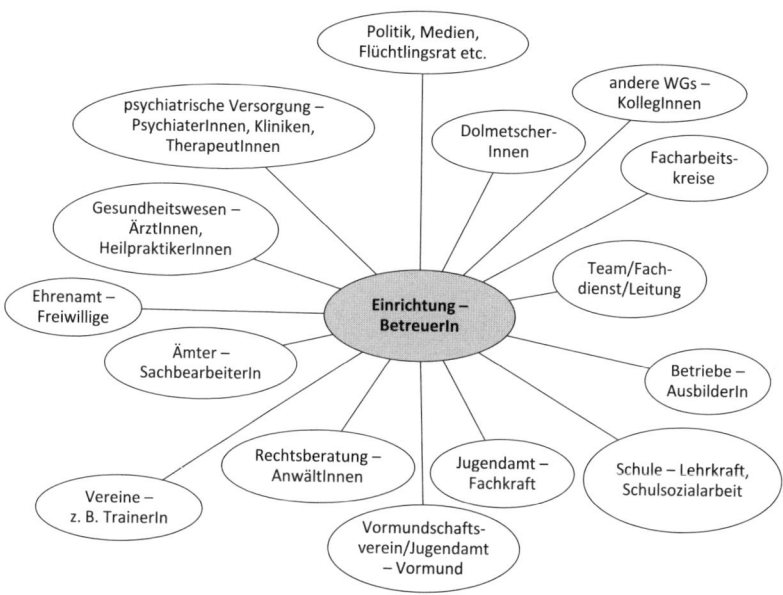

Abb. 7: Interdisziplinäre Vernetzung und Kooperationen

Festzuhalten ist, dass eine gelungene Kooperation der Helfersysteme und der verschiedenen beteiligten Institutionen unabdingbare Voraussetzung für einen erfolgreichen Hilfeprozess im Sinne der Kinder und Jugendlichen ist und eine puffernde Wirkung in Krisensituationen ausübt. Dabei kann oft über ideologische Gräben hinweg, trotz vieler bestehender Restriktionen, eine Lösung für den Einzelfall ausgehandelt werden, so dass sich der UMF in einem Netzwerk gesichert und gehalten fühlt und eine Wiederherstellung seiner Kinder- und Teilhaberechte vorangetrieben werden kann.

9. Schlussbemerkung

Das Konzept der sequentiellen Traumatisierung wird zwar vereinzelt im Zusammenhang mit UMF und anderen Flüchtlingsgruppen verwendet, jedoch werden die beteiligten Hilfesysteme im Aufnahmeland als Teil dieses Prozesses in der Betrachtung meist ausgeklammert. Keilsons Ansatz macht Trauma nicht als Symptomkatalog an einem Individuum fest, sondern begreift es als einen sequentiellen Prozess, der individuelles Leid nur in Bezug auf die gesellschaftlichen Prozesse verstehbar macht. Er bestimmt keine Pathologie, sondern einen Rahmen, mit dessen Hilfe sich in verschiedenen Kontexten ein pathologischer Prozess erkennen lässt (vgl. Becker, 2006, 21). Er nimmt alle Beteiligten in die Verantwortung, da das Wechselspiel des äußeren Kontextes mit dem inneren Erleben im Aufmerksamkeitsfokus steht. Sein Konzept ist daher in besonderer Weise geeignet, die jeweilige eigene Praxis in der Betreuung von UMF im Kontext von Flucht, Asyl und Menschen- und Kinderrechtsverletzungen zu reflektieren.

Die in dieser Arbeit vorgenommenen Ausführungen haben Möglichkeiten und Grenzen pädagogischer Handlungsspielräume in der stationären Jugendhilfe für UMF deutlich gemacht. Neben den vergangenen schwerwiegenden Ausgangsbedingungen und Fluchtverhältnissen der UMF sind ihnen v. a. durch die widrigen, oft jahrelang anhaltenden Lebensbedingungen in Deutschland Grenzen gesetzt. Die unbegleiteten, aber auch begleiteten migrierten Kinder werden dadurch schwerstens in ihrer Entwicklung behindert und in ihren unveräußerlichen Kinderrechten verletzt. Eine gelingende sozialpädagogische Betreuung von UMF in der stationären Jugendhilfe beinhaltet infolgedessen notwendigerweise eine Verknüpfung pädagogischer, psychologischer und sozialpolitischer Dimensionen. Das stellt die Einrichtungsträger und die Fachkräfte in den Wohngruppen vor eine große Herausforderung. Um UMF beim Wiederaufbau eines normalen, sprich eines Entwicklung und Teilhabe ermöglichenden, Lebens bestmöglich unterstützen zu können, braucht es eine Veränderung der staatlichen und institutionellen Rahmenbedingungen, den Abbau institutioneller Hürden (z. B. hinsichtlich der Schule und der psychologischen und psychiatrischen Versorgung) und eine Anpassung auf der strukturellen und konzeptionellen Ebene der Einrichtungen. Defizite der Fachkräfte in klinischem Hintergrundwissen, transkulturellen und traumapädagogischen Kompetenzen und asylrechtlichem Basiswissen sollten abgebaut werden.

Hoffnung macht es, den Blick auf positive, wenn auch kleine Ansätze zu richten und eine Bewegung auch auf der politischen Ebene zu registrieren. Dazu zählt die Rücknahme des Vorbehaltes zur *UN-Kinderrechtskonvention*, deren Umsetzung und Anwendung in den nächsten Jahren auch auf der Ebene der Gesetze weiter erkämpft werden muss. Ein weiterer Türöffner für Verbesserungen auf der politischen Ebene ist das Inkrafttreten des Fakultativprotokolls zur *UN-Kinderrechtskonvention* ab dem 14. April 2014, das die Möglichkeit für Kinder eröffnet, eine Verletzung ihrer Rechte aus der *UN-Kinderrechtskonvention* vor einem internationalen Gremium wie z. B. dem UN-Menschenrechtsausschuss geltend zu machen, wenn dies vorher auf dem nationalen Rechtsweg nicht möglich war (vgl. Deutsches Institut für Menschenrechte, 2014). Zwar wird eingewendet, dass Kinder diese Verfahren nicht selbst einleiten könnten, jedoch kann dieses Prozedere im Namen der Kinder ausgeführt werden und von generellem Interesse sein. Lothar Krappmann, deutsches Mitglied im UN-Ausschuss für die Rechte des Kindes, sieht die Wirkung des Individualbeschwerdeverfahrens für Kinder in einer stärkeren Berücksichtigung der *UN-Kinderrechtskonvention* in nationalen Gerichten, da diese um die Weiterleitung der Fälle an den UN-Ausschuss wüssten (vgl. Deutsches Institut für Menschenrechte, 2009).

Für die stationären Jugendhilfeeinrichtungen und deren soziale Träger gilt es, sich in die politischen Diskussionen einzumischen, die Rechte und Anliegen von UMF in der öffentlichen Diskussion zu vertreten und klar Stellung zu beziehen.

Die einzelnen Einrichtungen sollten auf der Basis des Konzeptes der sequentiellen Traumatisierung ihre Hilfeleistungen sowohl auf der Ebene der Strukturen, der Konzepte und des konkreten Umgangs reflektieren und überprüfen. Hilfreiche Fragen könnten u. a. sein:

- Wie können wir die Bedürfnisse von separated children nach Bildung, nach Familie, nach einem sozialen Netz und einer guten Gesundheitsversorgung erfüllen?
- Welches Wissen benötigen wir im asyl- und sozialrechtlichen und politischen Bereich?
- Welches feldspezifische Fachwissen über Traumatisierung benötigen wir?
- Welche Methodenkenntnisse in der Gesprächsführung und Kommunikation mit UMF brauchen wir?

- Wie können wir etwas über das Leben von UMF vor der Trennung von den Eltern lernen?
- Welche Kompetenzen und Voraussetzungen sind bei der Gestaltung von tragfähigen Beziehungen nötig?
- Wie sollen wir mit dem Schweigen von UMF umgehen?
- Wie können wir Begegnungen mit den Kindern und Jugendlichen so gestalten, dass sie keine Abfragepraxis reproduzieren, sondern dass wir sensibel in Kontakt treten und eine vertrauensvolle Beziehung aufbauen?
- Welche räumlichen Voraussetzungen sollten in der Wohngruppe geschaffen und welche Gesprächsformen etabliert werden, um Raum für Erzählungen zu schaffen?
- Welche kollegiale und institutionelle Unterstützung ist für die Fachkräfte nötig, um diese auch emotional herausfordernde Arbeit gut leisten zu können (Supervisionen, Fortbildungen, Personal- und Raumressourcen etc.)?
- Welche Kooperationen müssen ausgebaut und verbessert werden, um die Umsetzung der Grundrechte und Kinderrechte von UMF voran zu bringen?
- Wie muss die Zusammenarbeit mit dem Jugendamt gestaltet werden, um dem Kindeswohl von UMF mehr Geltung zu verschaffen?
- Wo könnten Jugendhilfeeinrichtungen in der Kooperation mit Ämtern trägerübergreifend mehr zusammenarbeiten, wo müssen sie Grenzen ziehen und sich verweigern, um das Kindeswohl von UMF zu schützen und den Traumatisierungsprozess zu unterbrechen?

Diese Verbesserungsanregungen sind bewusst allgemein gehalten, da, wenn man das Konzept der sequentiellen Traumatisierung ernst nimmt, in jedem konkreten sozialen Kontext die Definition von Trauma und damit auch die traumaunterbrechenden Interventionen neu erarbeitet werden müssen (vgl. Becker, 2006, 197) und die Diskussion darüber in den stationären Jugendhilfewohngruppe erst beginnt.

Forschung, die die Lebenswirklichkeit von Flüchtlingen in den Mittelpunkt stellt, sprengt die Kategorien einzelner wissenschaftlicher Disziplinen. Häufig scheint sie zwar der Psychologie oder der Anthropologie zugeordnet zu sein, aber im Grunde ist eine interdisziplinäre Vorgehensweise und Zusammenschau aufgrund der Bandbreite der Problemlagen notwendig. Weitere Wissenschaftszweige wie die Soziologie, Rechtswissenschaften, Ethnologie, Kulturwissenschaften, Medizin, Geschichte und Politikwissenschaft berühren sich in diesem Thema (vgl. Stein, 1986b, 5). Dies zu beachten wurde hier zwar im Ansatz versucht, jedoch wurden wichtige Bereiche wie etwa interkulturelles Arbeiten, Genderfragen, das Thema Bindung und Trauma, therapeutische und traumapädagogische Ansätze, berufsbedingte Belastungen und Psychohygiene nur angedeutet und nicht bearbeitet. Die Anzahl von sechs Interviews mit ehemaligen UMF und drei Interviews mit ExpertInnen in dieser Pilotstudie ist zu gering, um einen Anspruch auf Repräsentativität der Ergebnisse erheben zu können. Allerdings wurden Faktoren innerhalb der stationären Jugendhilfe entdeckt, die die Entwicklung von UMF in ihrem spezifischen Kontext behindern bzw. fördern. Weitere Forschung könnte sowohl trägerinterne Untersuchungen als auch eine größer angelegte trägerübergreifende Befragung der Kinder und Jugendlichen und der Fachkräfte vornehmen, um die Wirkungsweise der stationären Jugendhilfe für UMF zu evaluieren. Um die in den Interviews mit der Gruppe der unbegleiteten Flüchtlinge besonders markant sichtbar gewordene Unzufriedenheit mit der Betreuungsbeziehung tiefer auszuleuchten, wäre eine paarweise Befragung von UMF und deren jeweiligen, konkreten BezugsbetreuerInnen eine eigene Evaluation wert. Auch eine vergleichende Studie über die Entwicklung von UMF, die Jugendhilfeleistungen erhalten, und von jenen, die keine bekommen, mag Auskunft über weitere Wirkfaktoren geben.

Literaturverzeichnis

Able, S. (2012). *Das Tripelmandat: Ein auf den Menschenrechten basierendes Arbeitskonzept für den Vormundschaftsbereich im ausländerrechtlichen Verfahren für unbegleitete Minderjährige.* Unveröffentlichte Masterarbeit, Evangelische Hochschule Berlin.

Ahearn, F., Loughry, M. & Ager, A. (1999). The experience of refugee children. In A. Ager (Hrsg.), *Refugees: Perspectives on the Experience of Forced Migration* (215–236). London: Pinter.

Ajdukovic, M. (1998). Displaced adolescents in Croatia: Sources of stress and posttraumatic stress reaction. *Adolescence, 33* (129), 209–217.

Ajdukovic, M. & Ajdukovic, D. (1998). Impact of displacement on the psychological well-being of refugee children. *International Review of Psychiatry, 10* (3), 186–195.

Akbasoglu, S., El-Mafaalani, A., Heufers, P., Karaoglu, S. & Wirtz, S. (2012). *Unbegleitete minderjährige Flüchtlinge im Clearinghaus: Abschlussbericht der wissenschaftlichen Begleitung.* Dortmund: ISF-Ruhr.

Ayotte, W. (2000). *Separated Children Coming to Western Europe: Why They Travel and How They Arrive.* London: Save the Children.

Ayotte, W. (2002). *Separated Children, Exile and Home-Country Links: The Example of Somali Children in the Nordic Countries: A Report commissioned by Save the Children for the Separated Children in Europe Programme.* Stand 1. September 2013, http://www.childmigration.net/files/somali-revII.pdf

Bade, K. J. (Hrsg.) (2004). *Studien zur historischen Migrationsforschung: Vol. 13. Sozialhistorische Migrationsforschung* (1. Aufl). Göttingen: V & R Unipress.

Barrie, L. & Mendes, P. (2011). The experiences of unaccompanied asylum-seeking children in and leaving the out-of-home care system in the UK and Australia: A critical review of the literature. *International Social Work, 54* (4), 485–503.

BAMF Bundesamt für Migration und Flüchtlinge (2011a). *Das Bundesamt in Zahlen 2010: Asyl, Migration, ausländische Bevölkerung und Integration.* Stand 30. Mai 013, http://www.bamf.de/SharedDocs/Anlagen/DE/Publikationen/Broschueren/bundesamt-in-zahlen-2010.pdf?__blob=publicationFile

BAMF Bundesamt für Migration und Flüchtlinge (2011b). *Besondere Verfahren.* Stand 14. April 2013, http://www.bamf.de/DE/Migration/AsylFluechtlinge/Asylverfahren/BesondereVerfahren/besondereverfahren.html

BAMF Bundesamt für Migration und Flüchtlinge (2011c). *Asylkompromiss garantiert Schutz für politisch Verfolgte: Grundgesetzänderung soll Missbrauch des Asylrechts verhindern.* Stand 14. April 2013, http://www.bamf.de/DE/Migration/AsylFluecht

linge/Asylverfahren/EntwicklungAsylrecht/Asylkompromiss/asylkompromiss-no
de.html

BAMF Bundesamt für Migration und Flüchtlinge (2012). *Das Bundesamt in Zahlen 2011. Asyl, Migration, ausländische Bevölkerung und Integration*. Paderborn: Bonifatius.

BAMF Bundesamt für Migration und Flüchtlinge (2013a). *Das Bundesamt in Zahlen 2012: Asyl, Migration und Integration*, Stand 30. Mai 2013, http://www.bamf.de/ SharedDocs/Anlagen/DE/Publikationen/Broschueren/bundesamt-in-zahlen-2012. pdf?__blob=publicationFile

BAMF Bundesamt für Migration und Flüchtlinge (2013b). *Aktuelle Zahlen zu Asyl: Ausgabe: November 2013*. Stand 5. Januar 2014, http://www.bamf.de/SharedDocs/ Anlagen/DE/Downloads/Infothek/Statistik/statistik-anlage-teil-4-aktuelle-zahlen- zu-asyl.pdf?__blob=publicationFile

Barth, S. & Meneses, V. G. (2012). *Zugang jugendlicher Asylsuchender zu formellen Bildungssystemen in Deutschland: Zwischen Kompetenzen und strukturellen Problemlagen*. Stand 19. Juli 2013, http://www.isis-sozialforschung.de/download/Bildu ngszug%C3%A4ngef%C3%BCrAsylsuchende.pdf

Bean, T. M., Derluyn, I., Eurelings-Bontekoe, E., Broekaert, E. & Spinhoven, P. (2007). Comparing psychological distress, traumatic stress reactions, and experiences of unaccompanied refugee minors with experiences of adolescents accompanied by parents. *The Journal of nervous and mental disease, 195* (4), 288–297, http://www. ncbi.nlm.nih.gov/pubmed/17435478?dopt=Abstract

Bean, T. M., Eurelings-Bontekoe, E. & Spinhoven, P. (2007). Course and predictors of mental health of unaccompanied refugee minors in the Netherlands: One year follow-up. *Social Science & Medicine, 64* (6), 1204–1215.

Becker, D. (2002). *Flüchtlinge und Trauma*. Stand 29. September 2013, http://userpa ge.fu-berlin.de/wolfseif/verwaltet-entrechtet-abgestempelt/texte/becker_trauma.pdf

Becker, D. (2004). *Dealing with the Consequences of Organised Violence in Trauma Work*. Stand 6. November 2013, http://www.berghof-handbook.net/documents/pu blications/becker_handbook.pdf

Becker, D. (2006). *Die Erfindung des Traumas – verflochtene Geschichten*. Berlin: Edition Freitag.

Becker, D., & Weyermann, B. (2006). *Toolkit: Gender, Conflict Transformation and the Psychosocial Approach*. Bern: Swiss Development Co-operation.

Bendel, P. & Haase, M. (2008). *Wann war das? Geschichte der europäischen Migrationspolitik bis heute*. Stand 2. April 2013, http://www.bpb.de/themen/OQUHFC,0,0, Wann_war_das.html

Bender, D. & Bethke, M. (2012). *Zehn Jahre Dublin – Kein Grund zum Feiern: »National Report« zur Umsetzung der Dublin II-Verordnung in Deutschland*. Stand

23. März 2013, http://www.dublin-project.eu/dublin/content/download/6218/75674/ version/3/file/National_Report_Germany_final_dt%5B1%5D.pdf

Bengel, J., Meinders-Lücking, F. & Rottmann, N. (2009a). *Schutzfaktoren bei Kindern und Jugendlichen: Stand der Forschung zu psychosozialen Schutzfaktoren für Gesundheit (Forschung und Praxis der Gesundheitsförderung).* Köln: Bundeszentrale für Gesundheitliche Aufklärung BZgA.

Bengel, J., Strittmatter, R. & Willmann, H. (2009b). *Was erhält Menschen gesund? Antonovskys Modell der Salutogenese – Diskussionsstand und Stellenwert; eine Expertise (Forschung und Praxis der Gesundheitsförderung).* Köln: Bundeszentrale für gesundheitliche Aufklärung.

Berman, H. (2001). Children and War: Current Understandings and Future Directions. *Public Health Nursing, 18* (4), 243–252.

Berry, J. W. (1991). Refugee Adaption in Settlement Countries: An Overview with an Emphasis on Primary Prevention. In F. L. Ahearn & J. L. Athey (Hrsg.), *Refugee children: Theory, research, and services. The Johns Hopkins series in contemporary medicine and public health* (20–38). Baltimore: Johns Hopkins University Press.

Berry, J. W. (1997). Immigration, Acculturation, and Adaptation. *Applied Psychology, 46* (1), 5–68.

Berry, J. W., Kim, U., Minde, T. & Mok, D. (1987). Comparative Studies of Acculturative Stress. *International Migration Review, 21* (3), 491–511.

Berry, J. W., Phinney, J. S., Sam, D. L. & Vedder, P. (2006). Immigrant Youth: Acculturation, Identity, and Adaptation. *Applied Psychology, 55* (3), 303–332.

Berthold, T., Espenhorst, N. & Rieger, U. (2011). Eine erste Bestandsaufnahme der Inobhutnahme und Versorgung von unbegleiteten Minderjährigen in Deutschland (Teil 1). *Dialog Erziehungshilfe, 2011* (3), 23–30.

Berthold, T. (2013). *Stellungnahme zum Entwurf eines Gesetzes zur Verbesserung der Situation Minderjähriger im Aufenthalts- und Asylverfahrensrecht, BT-Drs.: 17/9187 für die Anhörung des Innenausschuss des Deutschen Bundestags am 15. April 2013.* Stand 10. September 2013, http://www.b-umf.de/images/stellungnahme _bumf_innenausschuss_dbt_2013.pdf

Betancourt, T. S. & Khan, K. T. (2008). The mental health of children affected by armed conflict: Protective processes and pathways to resilience. *International Review of Psychiatry, 20* (3), 317–328.

Bhabha, J. (2001). Minors or Aliens? Inconsistent State Intervention and Separated Child Asylum-Seekers. *European Journal of Migration and Law, 3* (3/4), 283–314.

Birck, A. (2004). Symptomatik bei kriegs- und folterüberlebenden Flüchtlingen, mit und ohne Psychotherapie. *Zeitschrift für Klinische Psychologie und Psychotherapie, 33* (2), 101–109.

Bitoulas, A. (2013). *Asylum applicants and first instance decisions on asylum applications: 2012: Data in focus 5/2013.* Stand 20. Mai 2013, http://epp.eurostat. ec.europa.eu/cache/ITY_OFFPUB/KS-QA-13-005/EN/KS-QA-13-005-EN.PDF

BMJ Bundesministerium der Justiz (2010). *Bundesjustizministerin: Großer Tag für die Kinderrechte.* Stand 29. März 2013, http://www.pressrelations.de/new/standard/ result_main.cfm?aktion=jour_pm&r=409344

Borchers, K. (2008). *Die Datenlage im Bereich der internationalen Migration: Europa und seine Nachbarregionen. Working Paper 18 der Forschungsgruppe des Bundesamtes.* Nürnberg: Bundesamt für Migration und Flüchtlinge, Referat 220.

bordermonitoring.eu e. V. *ITALIEN: VAI VIA!: Zur Situation der Flüchtlinge in Italien. Ergebnisse einer einjährigen Recherche.* Stand 7. September 2013, http://content. bordermonitoring.eu/bm.eu--italien.2012.pdf.

Bortz, J. (2005). Qualitative Methoden. In J. Bortz & N. Döring (Hrsg.), *Forschungsmethoden und Evaluation: Für Human- und Sozialwissenschaftler* (3. Aufl.) (295–354). Heidelberg: Springer.

Bortz, J. (2006). Qualitative Methoden. In J. Bortz & N. Döring (Hrsg.), *Forschungsmethoden und Evaluation: Für Human- und Sozialwissenschaftler; mit 87 Tabellen* (4. Aufl.) (295–350). Heidelberg: Springer.

Breithecker, R. & Freesemann, O. (2009). *Unbegleitete minderjährige Flüchtlinge – eine Herausforderung für die Jugendhilfe: Abschlussbericht der wissenschaftlichen Begleitung der Aufnahmegruppe für junge Migranten (AJUMI) und der Aufnahmegruppe für Kinder und Jugendliche (AKJ) des Kinder- und Jugendhilfezentrums der Heimstiftung Karlsruhe.* Stand 27. Juni 2013, http://heimstiftung.karlsruhe.de/ downloads/HF_sections/content/ZZk2PRTDCEKjEv

Bronstein, I. & Montgomery, P. (2011). Psychological Distress in Refugee Children: A Systematic Review. *Clinical Child and Family Psychology Review, 14* (1), 44–56.

Bronstein, I., Montgomery, P. & Dobrowolski, S. (2012). PTSD in Asylum-Seeking Male Adolescents from Afghanistan. *Journal of Traumatic Stress, 25* (5), 551–557. Stand 18. Juli 2013, http://onlinelibrary.wiley.com/doi/10.1002/jts.2012.25.issue-5/issue toc

Brunner, J. (2004). Politik der Traumatisierung: Zur Geschichte des verletzbaren Individuums. *WestEnd. Neue Zeitschrift für Sozialforschung, 1* (1), 7–24.

B-UMF Bundesfachverband Unbegleitete Minderjährige Flüchtlinge e. V. (2005). *Allgemeine Bemerkung Nr. 6 (2005). Behandlung unbegleiteter und von ihren Eltern getrennter Kinder außerhalb ihres Herkunftslandes*: Vorläufige nicht edierte Übersetzung von Susanne Kuhlmann-Krieg. Stand 12. Januar 2013, http://www. vonloeper.de/fluechtlingskinder/download/Fluechtlingskinder/sonstigeMaterialien/ Leitf%e4den-Kommentare-Infos/generalcommentsdeutsch-nr6.pdf

B-UMF Bundesfachverband Unbegleitete Minderjährige Flüchtlinge e. V. (2009). *Altersfestsetzung in den Ländern.* Stand 25. September 2013, http://www.b-umf.de/images/stories/dokumente/altersfestsetzung-groe-anfrage-2009.pdf

B-UMF Bundesfachverband Unbegleitete Minderjährige Flüchtlinge e. V. (2012a). *Asylerstanträge von unbegleiteten Minderjährigen steigen auch 2011 leicht an.* Stand 30. Mai 2013, http://www.b-umf.de/images/asylerstantrge-2011-b-umf.pdf

B-UMF Bundesfachverband Unbegleitete Minderjährige Flüchtlinge e. V. (2012b). *Im Jahr 2011 erreichten über 3.700 UMF das Bundesgebiet: Eine Auswertung des bundesweiten Zugangs von unbegleiteten minderjährigen Flüchtlingen.* Stand 4. Januar 2014, http://www.b-umf.de/images/inobhutnahmen-2012-b-umf.pdf

B-UMF Bundesfachverband Unbegleitete Minderjährige Flüchtlinge e. V. (2013a). *Im Jahr 2012 wurden über 4.300 unbegleitete minderjährige Flüchtlinge von Jugendämtern in Obhut genommen.* Stand 4. Januar 2014, http://www.b-umf.de/images/inobhutnahmen-2012-b-umf.pdf

B-UMF Bundesfachverband Unbegleitete Minderjährige Flüchtlinge e. V. (2013b). *Rechtsprechungen | Material | Bundesfachverband unbegleitete minderjährige Flüchtlinge e. V.* Stand 16. März 2013, http://www.b-umf.de/index.php?/Datenbanken-und-Material/rechtsprechungen.html

B-UMF Bundesfachverband Unbegleitete Minderjährige Flüchtlinge e. V. (2013c). *Partizipation in der Kinder- und Jugendhilfe.* Stand 15. Dezember 2013, http://www.b-umf.de/Projekte/partizipation-in-der-stationaeren-kinder-und-jugendhilfe.html

B-UMF Bundesfachverband Unbegleitete Minderjährige Flüchtlinge e. V. (2013d). *Handlungskonzept Partizipation in der stationären Kinder- und Jugendhilfe: Ergebnisse aus dem Projekt des Bundesfachverbands Unbegleitete Minderjährige Flüchtlinge e. V.* Stand 22. Januar 2014, http://www.b-umf.de/images/handlungskonzept_partizipation_zweite-fassungb5_2013_web.pdf

Bundesministerium des Innern (2014). *Entwurf eines Gesetzes zur Neubestimmung des Bleiberechts und der Aufenthaltsbeendigung: Referentenentwurf.* Stand 24. Mai 2014, http://www.harald-thome.de/media/files/140407_Ref.-G.z.-n.-Bleiberecht_Aufenthaltsbeendigung.pdf

Bundesministerium für Familie, Senioren, Frauen und Jugend (2006). *Nationaler Aktionsplan: Für ein kindergerechtes Deutschland 2005-2010.* Stand 8. Mai 2013, http://www.national-coalition.de/pdf/NAP_Fuer_ein_kindergerechtes_Deutschland.pdf

Bundesverfassungsgericht (2012). *1 BvL 10/10 vom 18.7.2012, Absatz-Nr. (1 – 140).* Stand 4. April 2013, http://www.bverfg.de/entscheidungen/ls20120718_1bvl001010.html

Carlson, B. E., Cacciatore, J. & Klimek, B. (2012*)*. A Risk and Resilience Perspective on Unaccompanied Refugee Minors. *Social Work, 57* (3), 259–269.

Carter, R. T. (2007). Racism and Psychological and Emotional Injury: Recognizing and Assessing Race-Based Traumatic Stress. *The Counseling Psychologist, 35* (1), 13–105.

Catani, C., Schauer, E., Elbert, T., Missmahl, I., Bette, J.-P. & Neuner, F. (2009). War trauma, child labor, and family violence: Life adversities and PTSD in a sample of school children in Kabul. *Journal of Traumatic Stress, 22* (3), 163–171.

Central Intelligence Agency (CIA) (2013). *The World Factbook.* Stand 15. November 2013, https://www.cia.gov/library/publications/the-world-factbook/geos/af.html

Chase, E. (2010*)*. Agency and Silence: Young People Seeking Asylum Alone in the UK. *British Journal of Social Work, 40* (7), 2050–2068.

Chase, E., Knight, A. & Statham, J. (2008). *The emotional well-being of unaccompanied young people seeking asylum in the UK.* British Association for Adoption and Fostering (BAAF).

Chiari, B. (2009). *Afghanistan: Wegweiser zur Geschichte.* Paderborn: Schöningh, Militärgeschichtliches Forschungsamt (MGFA), Stand 16. November 2013, http://www.mgfa-potsdam.de/html/einsatzunterstuetzung/downloads/wwafghanistan3.aufl.pdf

Clark, C. R. (2007). Understanding Vulnerability: Categories to Experiences of Young Congolese People in Uganda. *Children & Society, 21* (4), 284–296.

Classen, G. (2013). *Sozialleistungen für MigrantInnen nach SGB II, SGB XII und AsylbLG.* Stand 21. April 2013, http://www.fluechtlingsinfo-berlin.de/fr/pdf/Classen_SGB_II_XII_AsylbLG.pdf

Cremer, H. (2011*)*. *Abschiebungshaft und Menschenrechte: Zur Dauer der Haft und zur Inhaftierung von unbegleiteten Minderjährigen in Deutschland* (Policy paper). Berlin: Deutsches Institut für Menschenrechte.

Cremer, H. (2013). *Schriftliche Stellungnahme des Deutschen Instituts für Menschenrechte: Zur öffentlichen Anhörung zum Gesetzentwurf der Abgeordneten Rüdiger Veit, Gabriele Fograscher, Wolfgang Gunkel, weiterer Abgeordneter und der Fraktion der SPD. Entwurf eines Gesetzes zur Verbesserung der Situation Minderjähriger im Aufenthalts- und Asylverfahrensrecht am 15.04.2013.* BT-Drucksache 17/9187. Stand 7. Juli 2013, http://www.institut-fuer-menschenrechte.de/

Crisp (2003). *A new asylum paradigm? Globalization, migration and the uncertain future of the international refugee regime: Working Paper No. 100.* Stand 23. März 2013, http://www.unhcr.org/3fe16d835.pdf

Curio, C. (2008). Unbegleitete minderjährige Flüchtlinge 1938/39 und heute: Das Kindeswohl an erster Stelle? In W. Benz, C. Curio, & H. Kauffmann (Hrsg.), *Von Evian nach Brüssel. Menschenrechte und Flüchtlingsschutz 70 Jahre nach der Konferenz von Evian* (1. Aufl.) (117–133). Karlsruhe: von Loeper.

DBSH Deutscher Berufsverband für Soziale Arbeit e. V. (1997). *Grundlagen für die Arbeit des DBSH e. V.: Ethik in der Sozialen Arbeit. Beschluss der Bundesmitgliederversammlung des DBSH vom 21.-23. November 1997 in Göttingen.* Stand 16. Januar 2014, http://www.dbsh.de/fileadmin/downloads/Ethik.Vorstellung-klein.pdf

Der Hohe Flüchtlingskommissar der Vereinten Nationen. Vertretung in Deutschland (2002). *Die Genfer Konvention von 1951 über die Rechtsstellung der Flüchtlinge: Ihre Bedeutung in der heutigen Zeit.* Stand 15. März 2013, http://www.unhcr.de/fileadmin/user_upload/dokumente/03_profil_begriffe/genfer_fluechtlingskonventi on/Die_Genfer_Konvention_von_1951_ueber_die_Rechtsstellung1.pdf

Derluyn, I. & Broekaert, E. (2007). Different perspectives on emotional and behavioural problems in unaccompanied refugee children and adolescents. *Ethnicity and Health, 12* (2), 141–162.

Derluyn, I. & Broekaert, E. (2008). Unaccompanied refugee children and adolescents: The glaring contrast between a legal and a psychological perspective. *International Journal of Law and Psychiatry, 31* (4), 319–330.

Derluyn, I., Mels, C. & Broekaert, E. (2009). Mental Health Problems in Separated Refugee Adolescents. *Journal of Adolescent Health, 44* (3), 291–297.

Deutscher Bundestag (2010). *Verhandlungen des Bundestages. Plenarprotokoll 17/39: Stenographischer Bericht. 39. Sitzung vom 5. Mai 2010.* Stand 18. Dezember 2013, http://dip21.bundestag.de/dip21/btp/17/17039.pdf

Deutscher Bundestag (2013b). *Antwort der Bundesregierung auf die Kleine Anfrage der Abgeordneten Ulla Jelpke, Jan Korte, Agnes Alpers, weiterer Abgeordneter und der Fraktion DIE LINKE.* Drucksache 17/13287. Ergänzende Informationen zur Asylstatistik für das erste Quartal 2013.

Deutsches Institut für Jugendhilfe und Familienrecht e. V. (DIJuF) (2010). Pflichten und Aufgaben der Träger der Kinder- und Jugendhilfe gegenüber ausländischen jungen Menschen mit unklarem Aufenthaltsstatus; Inobhutnahme nach § 42 Abs. 1 Nr 3 SGB VIII, Leistungen für junge ausländische Volljährige nach § 41 SGB VIII; Vereinbarkeit der Leistungen der Kinder- und Jugendhilfe mit aufenthaltsrechtlichen Bestimmungen: § 6 Abs. 2, §§ 41, 42 Abs. 1 Nr 3 SGB VIII DIJuF-Rechtsgutachten 09.11.2010, J 4.300 Sch. *DAS JUGENDAMT, 83* (12), 547–552.

Deutsches Institut für Menschenrechte (2009). *Protokoll zum Fachgespräch: Ein Individualbeschwerdeverfahren für das UN-Übereinkommen über die Rechte des Kindes!?* Stand 25. Januar 2014, http://www.institut-fuer-menschenrechte.de/fileadmin/user_upload/PDF-Dateien/Pakte_Konventionen/CRC/crc__individualbeschwerde _dimr2009_de.pdf

Deutsches Institut für Menschenrechte (2014). *Fakultativprotokoll zur UN-Kinderrechtskonvention: Weg frei für das Inkrafttreten: News.* Stand 21. Januar 2014, http://www.institut-fuer-menschenrechte.de/aktuell/news/meldung/archive/2014/january/article/fakultativprotokoll-zur-un-kinderrechtskonvention-weg-frei-fuer-das-inkrafttreten.html?tx_ttnews%5Bday%5D=15&cHash=c3efc1673b73d6809ec48d856b8b241a

Development Research Centre on Migration, Globalisation and Poverty (2008). *Child Migration Research Network.* Stand 20. Oktober 2013, University of Sussex, http://www.childmigration.net

Dilling, H., Mombour, W. & Schmidt, M. H. (Hrsg.) (2011). *Internationale Klassifikation psychischer Störungen: ICD-10 Kapitel V (F); Klinisch-diagnostische Leitlinien* (8. Aufl.). Bern: Hans Huber.

Düvell, F. (2006). *Europäische und internationale Migration: Einführung in historische, soziologische und politische Analysen.* Hamburg: LIT.

Ehntholt, K. A. & Yule, W. (2006). Practitioner Review: Assessment and treatment of refugee children and adolescents who have experienced war-related trauma. *Journal of Child Psychology and Psychiatry, 47* (12), 1197–1210.

Ellis, B. H., Kia-Keating, M., Yusuf, S. A., Lincoln, A. & Nur, A. (2007). Ethical Research in Refugee Communities and the Use of Community Participatory Methods. *Transcultural Psychiatry, 44* (3), 459–481.

Enenajor, A. (2006). *Rethinking Vulnerability: European Asylum Policy Harmonization and Unaccompanied Asylum Seeking Minors.* Stand 21. Juli 2013, http://www.childhoodstoday.org/article.php?id=17

Espenhorst, N. (2013). *Kinder zweiter Klasse: Bericht zur Lebenssituation junger Flüchtlinge in Deutschland an die Vereinten Nationen zum Übereinkommen über die Rechte des Kindes,* Stand 11. Mai 2013, http://www.b-umf.de/images/parallelbericht-bumf-2013-web.pdf

Europäisches Migrationsnetzwerk (EMN) (2012). *EMN Inform: EU-Entwicklungen: Internationaler Schutz und Asyl 2011.* Stand 30. Mai 2013, http://www.bamf.de/SharedDocs/Anlagen/DE/Publikationen/EMN/SyntheseberichteEMN-Inform/emn-inform-internationaler-schutz-und-asyl.pdf?__blob=publicationFile

European Commission – Eurostat (2012a). *File: Asylum applications (non-EU-27) in the EU-27 Member States, 2000-2010 (1) (1 000)-de.png – Statistics Explained.* Stand 20. Mai 2013, http://epp.eurostat.ec.europa.eu/statistics_explained/index.php?title=File:Asylum_applications_(non-EU-27)_in_the_EU-27_Member_States,_2000-2010_(1)_(1_000)-de.png&filetimestamp=20120704131619

European Commission – Eurostat (2012b). *Asylum statistics.* Stand 4. Januar 2014, http://epp.eurostat.ec.europa.eu/statistics_explained/index.php/Asylum_statistics

European Commission – Eurostat (2012c). *File: Number of (non-EU-27) asylum applicants in the EU and EFTA Member States and their age distribution, 2010-de. png - Statistics Explained.* Stand 20. Mai 2013, http://epp.eurostat.ec.europa.eu/ statistics_explained/index.php?title=File:Number_of_(non-EU-27)_asylum_appli cants_in_the_EU_and_EFTA_Member_States_and_their_age_distribution,_2010-de.png&filetimestamp=20120713080639

European Council on Refugees and Exiles (2005). *The Way Forward: Europe's Role in the Global Refugee Protection System: Towards Fair and Efficient Asylum Systems in Europe.* Stand 13. Januar 2014, http://www.refworld.org/docid/4356034c4.html

European Migration Network (2010). *Policies on Reception, Return and Integration arrangements for, and numbers of, Unaccompanied Minors – an EU comparative study.* Stand 21. Juli 2013, http://emn.intrasoft-intl.com/Downloads/prepareShow Files.do?directoryID=115

Eurostat (2012). *Asyl in der EU27: Die Anzahl der registrierten Asylbewerber in der EU27 stieg auf 301 000 im Jahr 2011.* 46/2012. Stand 4. Januar 2014, http://epp.euro stat.ec.europa.eu/cache/ITY_PUBLIC/3-23032012-AP/DE/3-23032012-AP-DE.PDF

Fazel, M., Reed, R. V., Panter-Brick, C. & Stein, A. (2012). Mental health of displaced and refugee children resettled in high-income countries: risk and protective factors. *The Lancet, 379* (9812), 266–282.

Fazel, M. & Stein, A. (2002). The mental health of refugee children. *Archives of Disease in Childhood, 87* (5), 366–370.

Fazel, M., Wheeler, J. & Danesh, J. (2005). Prevalence of serious mental disorder in 7000 refugees resettled in western countries: a systematic review. *Lancet, 365* (9467), 1309–1314.

Feller, E. (2006). Asylum, Migration and Refugee Protection: Realities, Myths and the Promise of Things to Come. *International Journal of Refugee Law, 18* (3-4), 509–536.

Fischer, G. & Riedesser, P. (2009). *Lehrbuch der Psychotraumatologie* (4., akt. und erw. Aufl.). München, Basel: Ernst Reinhardt.

Flatten, G. (2011). Neuropsychotherapie der Posttraumatischen Belastungsstörung. *Trauma & Gewalt, 5* (3), 264–275.

Flatten, G., Gast, U., Hofmann, A., Knaevelsrud, C., Lampe, A., Liebermann, P., et al. (2011). S3 – Leitlinie Posttraumatische Belastungsstörung ICD-10: F43.1. *Trauma & Gewalt, 5* (3), 202–210.

Flick, U. (2005). Design und Prozess qualitativer Forschung. In U. Flick, E. v. Kardorff & I. Steinke (Hrsg.), *Qualitative Forschung. Ein Handbuch* (10. Aufl.) (252–265). Reinbek: Rowohlt.

Flick, U. (2012). *Qualitative Sozialforschung: Eine Einführung* (Orig.-Ausg., vollst. überarb. und erw. Neuausg., 5. Aufl.). Reinbek bei Hamburg: Rowohlt.

Flüchtlingsrat Berlin (2012). *Regelbedarfsstufen 1 bis 6 ab 01.01.2013 für das Asylbe-werberleistungsgesetz.* Stand 21. April 2013, http://www.fluechtlingsinfo-berlin.de/fr/asylblg/Tabelle_AsylbLG_BVerfG_2013.pdf

Foltz, F. (2013). *Übersichten zu den gesetzlichen Neuerungen ab 1. Dezember 2013: Änderungen durch das Gesetz zur Umsetzung der Richtlinie 2011/95.* Berlin: Infor-mationsverbund Asyl und Migration.

Frater-Mathieson, K. (2004). Refugee trauma, loss and grief: Implications for interven-tion. In R. Hamilton & D. Moore (Hrsg.), *Educational Interventions for Refugee Childre:. Theoretical perspectives and implementing best practice* (12–34). London, New York: RoutledgeFalmer.

Fronek, H. (1998). *Die Situation von unbegleiteten minderjährigen Flüchtlingen in Österreich: Studie aus dem Projekt: Entwicklung und Initierung von Maßnahmen zur Unterstützung von unbegleiteten minderjährigen Flüchtlingen: ein Beitrag zum UNO-Menschenrechtsjahr 1998: Eine Studie der Asylkoordination Österreich ge-meinsam mit Österreichisches Komitee für UNICEF.* Wien: Asylkoordination Ös-terreich.

FRONTEX: European Agency for the Management of Operational Cooperation at the External Borders of the Member States of the European Union (2010). *Unaccompa-nied Minors in the Migration Process.* Stand 21. April 2013, http://frontex.europa.eu/assets/Publications/Risk_Analysis/Unaccompanied_Minors_in_Migration_Process.pdf

Gäbel, U., Ruf, M., Schauer, M., Odenwald, M. & Neuner, F. (2006). Prävalenz der Posttraumatischen Belastungsstörung (PTSD) und Möglichkeiten der Ermittlung in der Asylverfahrenspraxis. *Zeitschrift für Klinische Psychologie und Psychotherapie, 35* (1), 12–20.

Gavranidou, M., Niemiec, B., Magg, B. & Rosner, R. (2008). Traumatische Erfahrun-gen, aktuelle Lebensbedingungen im Exil und psychische Belastung junger Flücht-linge. *Kindheit und Entwicklung, 17* (4), 224–231.

Geiser, A. (2013). *Afghanistan: Bacha Bazi: Auskunft der SFH-Länderanalyse.* Stand 15. November 2013, http://www.refworld.org/pdfid/524fd8004.pdf

Geltman, P. L., Grant-Knight, W., Mehta, S. D., Lloyd-Travaglini, C., Lustig, S., Land-graf, J. M. & Wise, P. H. (2005). The »lost boys of Sudan«: functional and behavio-ral health of unaccompanied refugee minors re-settled in the United States. *Archives of pediatrics & adolescent medicine, 159* (6), 585–591.

Gerhard, D. (2008). *»Mama Deutschland«: Erfahrungen mit berufsmäßig geführten Vormundschaften für unbegleitete minderjährige Flüchtlinge.* Stand 15. Okto-ber 2013, http://www.dagmargerhard.online.de/images/mama_deutschland.pdf

Goodman, J. H. (2004). Coping With Trauma and Hardship Among Unaccompanied Refugee Youths Sudan. *Qualitative Health Research, 14* (9), 1177–1196.

Groark, C., Sclare, I. & Raval, H. (2011). Understanding the experiences and emotional needs of unaccompanied asylum-seeking adolescents in the UK. *Clinical Child Psychology and Psychiatry, 16* (3), 421–442.

Groninger, K. (2006*). Flüchtlinge und Traumabearbeitung: im Spannungsfeld ausländerrechtlicher Weisung und psychotherapeutischer Hilfe.* Stand 6. Januar 2014, http://opsiconsult.com/wp-content/uploads/groninger-trn_german.pdf

Haversiek-Vogelsang, S. (2006). Traumatisierte Flüchtlingskinder. Therapeutische Behandlung im Spannungsfeld von individueller Bewältigung und kinderrechtlichem Notstand. *Zeitschrift für Politische Psychologie, 14* (1+2), 191–204.

Hegemann, T. (2010). Transkulturelle Kommunikation und Beratung. Die Kompetenz, über kulturelle Grenzen hinweg Kooperation herzustellen. In T. Hegemann & R. Salman (Hrsg.), *Handbuch Transkulturelle Psychiatrie* (124–141). Bonn: Psychiatrie Verlag.

Heidelberger Institut für Internationale Konfliktforschung e. V. (1992). *Konfliktbarometer Welt 1992: Jährliche Konfliktanalyse.* Stand 26. Mai 2013, http://www.hiik.de/de/konfliktbarometer/pdf/Konfliktbarometer_1992.pdf

Heinhold, H. (1998). *Asylrecht in Deutschland und Menschenrechte.* Stand 27. März 2013, http://www.proasyl.de/lit/leitfad/menschr.htm#82

Heinhold, H. (2003). *Leitfaden durch das Asyl- und Ausländerrecht.* Stand 27. März 2013, http://www.proasyl.de/lit/leitfaden2/leitfaden2a.htm

Heinhold, H. (2012). *Alle Kinder haben Rechte: Arbeitshilfe für die Beratung von Kindern und Jugendlichen mit Migrationshintergrund.* Freiburg im Breisgau: Lambertus.

Heinhold, H. (2014). Das Ausländerrecht. Eine Einführung. In *AusländerRecht 2014.* Mit einer Einführung von Hubert Heinhold (5., überarb. Aufl.) (7–20). Karlsruhe: von Loeper.

Heptinstall, E., Sethna, V. & Taylor, E. (2004). PTSD and depression in refugee children: Associations with pre-migration trauma and post-migration stress. *European Child & Adolescent Psychiatry, 13* (6), 373–380.

Herman, J. L. (2010). *Die Narben der Gewalt: Traumatische Erfahrungen verstehen und überwinden* (3. Aufl.). Paderborn: Junfermann.

Hieronymi, O. (2009). Refugee Children and their Future. *Refugee Survey Quarterly, 27* (4), 6–25.

Hodes, M. (2000). Psychologically Distressed Refugee Children in the United Kingdom. *Child and Adolescent Mental Health, 5* (2), 57–68.

Hodes, M. (2005*).* Severely Impaired Young Refugees. *Clinical Child Psychology and Psychiatry, 10* (2), 251–261.

Hodes, M., Jagdev, D., Chandra, N. & Cunniff, A. (2008). Risk and resilience for psychological distress amongst unaccompanied asylum seeking adolescents. *The Journal of Child Psychology and Psychiatry, 49* (7), 723–732.

Hohlfeld, T. (2013). *IST-Zahlen in Deutschland lebender Flüchtlinge: Antworten der Bundesregierung auf Kleine Anfrage von Ulla Jelpke u. a.* DIE LINKE: Bundestagsdrucksachen 16/8321, 16/12029, 17/642, 17/4791, 17/8547, 17/12457. Stand 26. Mai 2013, http://www.proasyl.de/fileadmin/proasyl/fm_redakteure/Newsletter_Anhaenge/180/Vermerk_IST-Zahlen_2011.pdf

Hollins, K., Heydari, H., Grayson, K. & Leavey, G. (2007). *The mental health and social circumstances of Kosovan Albanian and Albanian unaccompanied refugee adolescents living in London. Diversity in Health and Social Care, 4* (4), 277–285.

Hopkins, P. E. & Hill, M. (2008). Pre-flight experiences and migration stories: the accounts of unaccompanied asylum-seeking children. *Children's Geographies, 6* (3), 257–268.

Hopkins, P. E. & Hill, M. (2010). The needs and strengths of unaccompanied asylum-seeking children and young people in Scotland. *Child & Family Social Work, 15* (4), 399–408.

Huemer, J., Karnik, N. S., Voelkl-Kernstock, S., Granditsch, E., Dervic, K., Friedrich, M. H. & Steiner, H. (2009). Mental health issues in unaccompanied refugee minors. *Child and Adolescent Psychiatry and Mental Health, 3* (1), 3-13.

Hunkeler, B. & Müller, E. (2004). *Aufenthaltsstatus und Gesundheit: Eine ressourcenorientierte qualitative Untersuchung zur Unsicherheit des Aufenthaltsstatus im Zusammenhang mit der psychosozialen Gesundheit bei Migrantinnen in der Stadt Zürich.* Lizentiatsarbeit Verfügung Nr. 03.001058, Universität Zürich. Stand 21. Juli 2013, http://www.google.de/url?sa=t&rct=j&q=&esrc=s&source=web&cd=2&ved=0CCYQFjAB&url=http%3A%2F%2Fwww.bag.admin.ch%2Fthemen%2Fgesundheitspolitik%2F07685%2F07696%2F%3Flang%3Dde%26download%3DNHzLpZig7t%2Clnp6I0NTU042l2Z6ln1acy4Zn4Z2qZpnO2Yuq2Z6gpJCDdYJ2fWym162dpYbUzd%2CGpd6emK2Oz9aGodetmqaN19XI2IdvoaCUZ%2Cs-&ei=GibFU5S-BYSl4gTju4DAAg&usg=AFQjCNG63PveoaYw3knohTp9jZS_djDqrA

Igel, U., Brähler, E. & Grande, G. (2010). *Der Einfluss von Diskriminierungserfahrungen auf die Gesundheit von MigrantInnen.* Stuttgart, New York: Georg Thieme. Stand 29. September 2013, https://www.thieme-connect.com/ejournals/abstract/10.1055/s-0029-1223508

ICRC International Commitee of the Red Cross (2004). *Inter-agency Guiding Principles on Unaccompanied and Separated Children.* Stand 12. November 2013, www.icrc.org

IOM International Organization for Migration (2011). *World Migration Report 2011: Communicating Effectivly about Migration.* Stand 26. Mai 2013, www.iom.int

IPPNW Deutsche Sektion der Internationalen Ärzte für die Verhütung des Atomkrieges/Ärzte in sozialer Verantwortung e. V. (2013). *Besuch der Erstaufnahmeeinrichtung für Unbegleitete Minderjährige Flüchtlinge in der Bayernkaserne München am 20. Juni 2013*. Stand 28. September 2013, http://www.ippnw.de/commonFiles/pdfs/Soziale_Verantwortung/Besuch_der_Erstaufnahmeeinrichtung_fuer_Unbegleitete_Minderjaehrige_Fluechtlinge.pdf

Jakobsen, M., Thoresen, S. & Johansen, L. E. E. (2011). The Validity of Screening for Post-traumatic Stress Disorder and Other Mental Health Problems among Asylum Seekers from Different Countries. *Journal of Refugee Studies, 24* (1), 171–186, http://jrs.oxfordjournals.org/content/24/1/171.short

Jockenhövel-Schieke, H. (2002). Flüchtlingskinder und ihre Rechte: Internationale Konventionen, innerstaatliche Gesetze und das Kindeswohl in der Praxis. In K.-H. Rosen (Hrsg.), *Jahrbuch der Deutschen Stiftung für UNO-Flüchtlingshilfe: 2002/03. Flucht: Kinder – Die Schwächsten unter den Flüchtlingen* (29–52). Berlin: Ost-West-Verlag.

Jordan, S. (2000*). Fluchtkinder: Allein in Deutschland* (1. Aufl.). Karlsruhe: von Loeper.

JFMK Jugend- und Familienkonferenz (2012). *Beschlüsse 31.05./01.06.2012 – Jugend- und Familienkonferenz der Länder: TOP 5.4 Unbegleitete minderjährige Flüchtlinge*. Stand 4. Januar 2014, http://jfmk.de/index.cfm?uuid=6805F2CDA7E47BDC35A8D1977252B2A8

Keilson, H. (2002). Sequentielle Traumatisierung bei Kindern durch man-made disaster. In M. Endres & G. Biermann (Hrsg.), *Traumatisierung in Kindheit und Jugend* (2. Aufl.) (44–58). s.l: Ernst Reinhardt.

Keilson, H. (2005). *Sequentielle Traumatisierung bei Kindern: Untersuchung zum Schicksal jüdischer Kriegswaisen*. Univ., Acad. Proefschr. Amsterdam, 1979 (unveränderter Nachdruck der Ausgabe von 1979). Gießen: Psychosozial-Verlag.

Klingelhöfer, S. & Rieker, P. (2003). *Junge Flüchtlinge in Deutschland: Expertise zu vorliegenden Informationen, zum Forschungsstand und zum Forschungsbedarf*. Stand 15. Januar 2013, http://www.dji.de/bibs/188_2138.pdf

Kohli, R. K. S. (2006). The Sound Of Silence: Listening to What Unaccompanied Asylum-seeking Children Say and Do Not Say. *British Journal of Social Work, 36* (5), 707–721.

Krüsmann, M. (2011). *Prävention von Traumafolgesstörungen*. Unveröffentlichtes Lehrscript MMH, Modul 11.

Landeshauptstadt München. Sozialreferat (2012).*Unterbringung minderjähriger unbegleiteter Flüchtlinge in München*. D-HA II/V1 1641-3-0006. Stand 15. Mai 2013, http://www.ris-muenchen.de/RII2/RII/DOK/ANTRAG/2640870.pdf

Lanfranchi, A. (2006a). Resilienzförderung von Kindern bei Migration und Flucht. In R. Welter-Enderlin & B. Hildenbrand (Hrsg.), *Paar- und Familientherapie. Resilienz – Gedeihen trotz widriger Umstände* (119–138). Heidelberg: Carl-Auer.

254

Lanfranchi, A. (2006b). Kinder aus Kriegsgebieten in europäischen Einwanderungsländern: Trauma, Flucht, Schule und Therapie. Systeme. *Interdisziplinäre Zeitschrift für systemtheoretisch orientierte Forschung und Praxis in den Humanwissenschaften, 20* (1), 82–102.

Lennertz, I. (2011). *Trauma und Bindung bei Flüchtlingskindern: Erfahrungsverarbeitung bosnischer Flüchtlingskinder in Deutschland.* Göttingen: Vandenhoeck & Ruprecht.

Leppin, A. (2007). Konzepte und Strategien der Krankheitsprävention. In K. Hurrelmann & J. Haisch (Hrsg.), *Lehrbuch Prävention und Gesundheitsförderung* (2. Aufl.) (31–40). Bern: Hogrefe.

Levitt, E., Kostermans, K., Laviolette, L. & Mbuya, N. (2011). *Malnutrition in Afghanistan: Scale, Scope, Causes, and Potential Response (Directions in development).* Washington, DC: The World Bank.

Liebel, M., Hungerland, B., Liesecke, A., Lohrenscheit, C. & Recknagel, A. (2007). *Wozu Kinderrechte: Grundlagen und Perspektiven.* Weinheim: Juventa.

Liebold, R. & Trinczek, R. (2009). Experteninterview. In S. Kühl, P. Strodtholz, & A. Taffertshofer (Hrsg.), *Handbuch Methoden der Organisationsforschung. Quantitative und Qualitative Methoden* (1. Aufl.) (32–56). Wiesbaden: VS Verlag für Sozialwissenschaften.

Lindert, J., Brähler, E., Wittig, U., Mielck, A. & Priebe, S. (2008). Depressivität, Angst und posttraumatische Belastungsstörung bei Arbeitsmigranten, Asylbewerbern und Flüchtlingen. *Psychotherapie Psychosomatik Medizinische Psychologie, 58* (03/04), 109–122.

Loch, U. & Schulze, H. (2012). Aufmerksamkeitslinien in der traumaintegrierenden Sozialen Arbeit. In H. Schulze, U. Loch, & S. B. Gahleitner (Hrsg.), *Soziale Arbeit mit traumatisierten Menschen: Plädoyer für eine psychosoziale Traumatologie* (59–114). Baltmannsweiler: Schneider Hohengehren.

Luster, T., Qin, D., Bates, L., Rana, M. & Jung, A. L. (2010*).* Successful adaptation among Sudanese unaccompanied minors: Perspectives of youth and foster parents. *Childhood, 17* (2), 197–211.

Lustig, S. L., Kia-Keating, M., Knight, W. G., Geltman, P., Ellis, H., Kinzie, J. D., Keane, T. Saxe, G. N. (2004). Review of Child and Adolescent Refugee Mental Health. *Journal of the American Academy of Child & Adolescent Psychiatry, 43* (1), 24–36.

Maercker, A. (2009). Symptomatik, Klassifikation und Epidemiologie. In A. Maercker (Hrsg.), *Posttraumatische Belastungsstörungen* (3. Aufl.) (13–32). Heidelberg: Springer.

Mayring, P. (2002). *Einführung in die qualitative Sozialforschung: Eine Anleitung zu qualitativem Denken* (5., überarb. und neu ausgestattete Aufl). Weinheim: Beltz.

Meißner, A. (2003). Zur besonderen Situation unbegleiteter junger Flüchtlinge. In H. v. Balluseck (Hrsg.), *Minderjährige Flüchtlinge: Sozialisationsbedingungen, Akkulturationsstrategien und Unterstützungssysteme* (144–147). Opladen: Leske + Budrich.

Melter, C. (2013). *Rassismuserfahrungen in der Jugendhilfe.* Münster, Oldenburg: Waxmann.

Meuser, M. & Nagel, U. (1991). ExpertInneninterviews – vielfach erprobt, wenig bedacht: Ein Beitrag zur qualitativen Methodendiskussion. In D. Garz & K. Kraimer (Hrsg.), *Qualitativ-empirische Sozialforschung: Konzepte, Methoden, Analysen* (441–471). Wiesbaden: VS Verlag für Sozialwissenschaften.

Michelson, D. & Sclare, I. (2009). *Psychological Needs, Service Utilization and Provision of Care in a Specialist Mental Health Clinic for Young Refugees: A Comparative Study. Clinical Child Psychology and Psychiatry, 14* (2), 273–296.

Möller, B. & Adam, H. (2009). Jenseits des Traumas: die Bedeutung von (schulischer) Bildung aus psychologischer und psychotherapeutischer Perspektive. In L. Krappmann, A. Lob-Hüdepohl, A. Bohmeyer, & S. Kurzke-Maasmeier (Hrsg.), *Bildung für junge Flüchtlinge – ein Menschenrecht: Erfahrungen, Grundlagen und Perspektiven* (1. Aufl.) (83–98). Bielefeld: W. Bertelsmann.

Monsutti, A. (2006). *Afghan Transnational Networks: Looking Beyond Repatriation.* Stand 15. November 2013, http://dspace.cigilibrary.org/jspui/bitstream/123456789/9554/1/Afghan%20Transnational%20Networks%20Looking%20Beyond%20Repatriation%202006.pdf?1

Monsutti, A. (2008). Afghan Migratory Strategies and the Three Solutions to the Refugee Problem. *Refugee Survey Quarterly, 27* (1), 58–73.

Mougne, C. (2010). *Trees only move in the wind: A study of unaccompanied Afghan children in Europe.* Stand 18. Juli 2013, http://www.unhcr.org/4c1229669.html

Muecke, M. A. (1992). New paradigms for refugee health problems. *Social Science & Medicine, 35* (4), 515–523.

Neidlein, H.-C. & Keller, U. (2009). *Bericht über die menschliche Entwicklung 2009: Barrieren überwinden: Migration und menschliche Entwicklung.* Bonn: UNO-Verlag.

Neuner, F., Schauer, M., Karunakara, U., Klaschik, C., Robert, C. & Elbert, T. (2004). Psychological trauma and evidence for enhanced vulnerability for posttraumatic stress disorder through previous trauma among West Nile refugees. *BMC Psychiatry, 4* (1), 34.

Ngalikpima, M. & Hennessy, M. (2013). *The Dublin II Regulation: Lives on Hold: European Comparative Report.* Stand 4. April 2013, http://www.ecre.org/component/downloads/downloads/701.html

Ní Raghallaigh, M. & Gilligan, R. (2010). Active survival in the lives of unaccompanied minors: coping strategies, resilience, and the relevance of religion. *Child & Family Social Work, 15* (2), 226–237.

Noske, B. (2011). Zum unbegleiteten minderjährigen Flüchtling werden. *Sozial Extra, 35* (9/10), 23–26.

Nuscheler, F. (2004). *Internationale Migration: Flucht und Asyl* (2. Aufl.). Wiesbaden: VS Verlag für Sozialwissenschaften.

Office of the United Nations High Commissioner for Human Rights (1989). *Convention on the Rights of the Child*. Stand 25. Januar 2014, http://www.ohchr.org/en/profes sionalinterest/pages/crc.aspx

Office of the High Commissioner for Human Rights (2004). *General Recommendation No. 30: Discrimination Against Non Citizens: 01.10.2004.: Gen. Rec. No. 30. (General Comments)*. Stand 25. Januar 2014, http://www.unhchr.ch/tbs/doc.nsf/(Symbol) /e3980a673769e229c1256f8d0057cd3d?Opendocument

Oxfam International (2009). *The Cost Of War: Afghan Experiences of Conflict, 1978–2009*. Stand 15. November 2013, http://www.oxfam.org/en/policy/cost-war-afgha nistan-experiences

Parusel, B. (2009). *Unbegleitete minderjährige Migranten in Deutschland – Aufnahme, Rückkehr und Integration: Studie II/2008 im Rahmen des Europäischen Migrations- netzwerks (EMN)* (Working Paper der Forschungsgruppe des Bundesamtes). Nürnberg.

Peez, G. (2002). *Erhebung und Auswertung autobiographisch-narrativer Interviews*. Stand 5. November 2013, http://www.georgpeez.de/texte/aunarr.htm#3

Perkonigg, A., Kessler, R. C., Storz, S. & Wittchen, H.-U. (2000). Traumatic events and post-traumatic stress disorder in the community: prevalence, risk factors and comorbidity. *Acta Psychiatrica Scandinavica, 101* (1), 46–59.

Pierard, A. & Roublin, C. (2012). *Right to asylum for unaccompanied minors in the European Union: Comparative study in the 27 EU countries*. Stand 5. Januar 2014, http://www.france-terre-asile.org/component/flexicontent/items/item/7567-le-droit- a-demander-lasile-des-mineurs-isoles-etrangers-dans-lunion-europeenne

Pine, D. S., Costello, J. & Masten, A. (2005). Trauma, Proximity, and Developmental Psychopathology: The Effects of War and Terrorism on Children. *Neuropsychophar- macology, 30* (10), 1781–1792.

Pinto Wiese, E. B. & Burhorst, I. (2007). The Mental Health of Asylum-seeking and Refugee Children and Adolescents Attending a Clinic in the Netherlands.*Transcul- tural Psychiatry, 44* (4), 596–613.

Podelech, K. (2006). *Unbegleitete Minderjähige Flüchtlinge mit traumatischen Erfah- rungen: Eine Herausforderung für die Soziale Arbeit*. Stand 28. März 2013, http:// www.themenpool-migration.eu/dtraum05.htm

Porter, M. & Haslam, N. (2005). Predisplacement and Postdisplacement Factors Associated With Mental Health of Refugees and Internally Displaced Persons: A Meta-analysis. *JAMA, 294* (5), 602.

Prassad, N. (2009). Gewalt und Rassismus als Risikofaktoren für die Gesundheit von MigrantInnen. In Heinrich-Böll-Stiftung (Hrsg.), *Migration & Gesundheit. Dossier* (7–13).

Pries, L. (2010). Soziologie der Migration. In Kneer, G. & Schroer, M. (Hrsg.), *Handbuch Spezielle Soziologien* (475–490). Wiesbaden: VS Verlag für Sozialwissenschaften.

PRO ASYL (2013a). *Unbegleitete minderjährige Flüchtlinge: Asylanträge und Entscheidungen.* Stand 1. Juni 2013, http://www.proasyl.de/de/themen/zahlen-und-fakten/unbegleitete-minderjaehrige/

PRO ASYL (2013b). *Memorandum Flüchtlingsaufnahme in der Europäischen Union: Für ein gerechtes und solidarisches System der Verantwortlichkeit.* Frankfurt a. M.: K + E Druck.

PRO ASYL (2013c). *Sterben auf der Flucht.* Stand 25. September 2013, http://www.proasyl.de/de/themen/basics/basiswissen/asyl-in-europa/

Rafailovic, K. (2005). *Problemfeld Begutachtung »traumatisierter« Flüchtlinge: Eine empirische Studie zur Praxisreflexion.* Schkeuditz: Schkeuditzer Buchverlag/GNN.

Rafailovic, K., Gierlichs, H. W. & Bittenbinder, E. (2006). Möglichkeiten und Probleme in der Begutachtung von Flüchtlingen. *Zeitschrift für Politische Psychologie, 14* (1+2), 255–271.

REFUGIO München (2010). *Früherkennung posttraumatischer »Belastungsstörungen (PTBS) bei unbegleiteten minderjährigen Flüchtlingen (UMF)« bei REFUGIO München.* Stand 29. Juni 2013, http://www.refugio-muenchen.de/pdf/frueherkennung-posttraumatischer-belastungsstoerungen-bei-unbegleiteten-minderjaehrigen-fluechtlingen.pdf

Riedelsheimer, A. (2012). Institutioneller Rassismus in der deutschen Flüchtlingspolitik. In M. Jäger & H. Kauffmann (Hrsg.), *Skandal und doch normal. Impulse für eine antirassistische Praxis* (27–35). Münster: Unrast Verlag.

Riedelsheimer, A. & Wiesinger, I. (Hrsg.) (2004). *Der erste Augenblick entscheidet: Clearingverfahren für unbegleitete minderjährige Flüchtlinge in Deutschland: Standards und Leitlinien für die Praxis* (1. Aufl.). Karlsruhe: von Loeper.

Robinson, V. & Segrott, J. (2002). *Understanding the decision-making of asylum seekers* (Home Office research study). London: Home Office.

Ruf, M., Schauer, M. & Elbert, T. (2010). Prävalenz von traumatischen Stresserfahrungen und seelischen Erkrankungen bei in Deutschland lebenden Kindern von Asylbewerbern. *Zeitschrift für Klinische Psychologie und Psychotherapie, 39* (3), 151–160.

Rutter, M. (1999). Resilience concepts and findings: Implications for family therapy. *Journal of Family Therapy, 21* (2), 119–144.

Ryan, D., Dooley, B. & Benson, C. (2008). Theoretical Perspectives on Post-Migration Adaptation and Psychological Well-Being among Refugees: Towards a Resource-Based Model. *Journal of Refugee Studies, 21* (1), 1–18.

Rzehak, L. (2011). *Doing Pashto: Pashtunwali as the ideal of honourable behaviour and tribal life among the Pashtuns.* Stand 16. November 2013, http://www.afgha nistan-analysts.org/wp-content/uploads/downloads/2012/10/20110321LR-Pashtun wali-FINAL.pdf

Sachsse, U. (2011). Selbstverletzendes Verhalten. In U. Sachsse (Hrsg.), *Traumazentrierte Psychotherapie: Theorie, Klinik und Praxis* (3. Aufl.) (80–91). Stuttgart: Schattauer.

Sam, D. L. & Berry, J. W. (2006). *The Cambridge handbook of acculturation psychology.* Cambridge: Cambridge University Press.

Schick, M., Morina, N., Klaghofer, R., Schnyder, U. & Müller, J. (2013). Trauma, mental health, and intergenerational associations in Kosovar Families 11 years after the war. *European Journal of Psychotraumatology, 4* (0), http://ejpt.net/index.php/ejpt/ article/view/21060

Schmid, M. & Lang, B. (2013). Überlegungen zum traumapädagogischen Umgang mit Regeln. In B. Lang, C. Schirmer, T. Lang, I. A. de Hair, T. Wahle, J. Bausum, W. Weiß, M. Schmid (Hrsg.), *Traumapädagogische Standards in der stationären Kinder- und Jugendhilfe: Eine Praxis- und Orientierungshilfe der BAG Traumapädagogik* (280–308). Weinheim: Beltz Juventa.

Schneider, J. (2012). *Maßnahmen zur Verhinderung und Reduzierung irregulärer Migration: Studie der deutschen nationalen Kontaktstelle für das Europäische Migrationsnetzwerk (EMN). Working Paper 41 der Nationalen Kontaktstelle des EMN und der Forschungsgruppe des Bundesamtes.* Stand 24. März 2013, http://www.bamf.de/ SharedDocs/Anlagen/EN/Publikationen/EMN/Nationale-Studien-WorkingPaper/ emn-wp41-irregular-migration-en.pdf?__blob=publicationFile

Schone, R. (2004). Das System Jugendhilfe im Überblick. In J. M. Fegert & C. Schrapper (Hrsg.), *Handbuch Jugendhilfe – Jugendpsychiatrie. Interdisziplinäre Kooperation* (29–34). Weinheim: Juventa.

Schreiber, V., Iskenius, E.-L., Bittenbinder, E., Brünner, G. & Regner, F. (2006*).* »In meiner Heimat haben sie mich mit Stöcken geschlagen, hier schlagen sie mich mit Watte«: Exil in Deutschland als traumatische Sequenz. *Zeitschrift für Politische Psychologie, 14* (1+2), 273–293.

SCEP Separated Children in Europe Programme (2011). *Review of current laws, policies and practices relating to age assessment in sixteen European Countries.* Stand

25. September 2013, http://www.b-umf.de/images/_report_-_review_of_current_policies_and_practice_in_europe_scep_mai2011_pdf.pdf

SCEP/B-UMF Separated Children in Europe Programme/Bundesfachverband Unbegleitete Minderjährige Flüchtlinge e. V. (Hrsg.) (2006). *»statement of good practice«: Standards für den Umgang mit unbegleiteten Minderjährigen.* Karlsruhe: von Loeper.

Siegert, V. (2013). *Bayerns Ignoranz bei der Unterbringung unbegleiteter minderjähriger Flüchtlinge provoziert geradezu weitere Eskalationen!* Pressemitteilung. Stand 28. September 2013, http://www.fluechtlingsrat-bayern.de/beitrag/items/bayerns-ignoranz-bei-der-unterbringung-unbegleiteter-minderjaehriger-fluechtlinge-provoziert-geradezu-weitere-eskalationen.html

Siegrist, U. (2010). *Der Resilienzprozess: Ein Modell zur Bewältigung von Krankheitsfolgen im Arbeitsleben* (1. Aufl). Wiesbaden: VS Verlag für Sozialwissenschaften.

Silove, D. (1999). The psychosocial effects of torture, mass human rights violations, and refugee trauma: toward an integrated conceptual framework. *The Journal of Nervous and Mental Disease, 187* (4), 200–207.

Sourander, A. (1998). Behavior Problems and Traumatic Events of Unaccompanied Refugee Minors. *Child Abuse and Neglect, 22* (7), 719–727.

Sozialreferat. Stadtjugendamt S-II-E/E (2013). *Alle jugendlichen Flüchtlinge bis 18 Jahren raus aus den Gemeinschaftsunterkünften! Der Jugendhilfe nach SGB VIII Vorrang vor dem Asylverfahrensgesetz einräumen! Beschluss des Kinder- und Jugendhilfeausschusses vom 03.12.2013 (VB).* Stand 23. Januar 2014, http://www.ris-muenchen.de/RII2/RII/DOK/SITZUNGSVORLAGE/3148524.pdf

Stauf, E. (2012). *Unbegleitete minderjährige Flüchtlinge in der Jugendhilfe: Bestandsaufnahme und Entwicklungsperspektiven in Rheinland-Pfalz.* Mainz: Institut für Sozialpädagogische Forschung Mainz e. V.

Steel, Z., Silove, D., Brooks, R., Momartin, S., Alzuhairi, B., & Susjik, I. (2006). Impact of immigration detention and temporary protection on the mental health of refugees. *The British Journal of Psychiatry, 188* (1), 58–64.

Stein, B. N. (1986). The Experience of Being a Refugee: Insights from the Research Literature. In C. L. Williams & J. Westermeyer (Hrsg.), *The series in clinical and community psychology. Refugee Mental Health in Resettlement Countries* (5–25). Washington: Hemisphere.

Streeck-Fischer, A. (2009). *Trauma und Entwicklung: Frühe Traumatisierungen und ihre Folgen in der Adoleszenz: mit 43 Tabellen* (1., unveränd. Nachdr.). Stuttgart: Schattauer.

Sulaiman-Hill, C. M. R. & Thompson, S. C. (2012). »Thinking Too Much«: Psychological distress, sources of stress and coping strategies of resettled Afghan and Kurdish refugees. *Journal of Muslim Mental Health, 6* (2), 63–86.

Thabet, A. A. M., Abed, Y. & Vostanis, P. (2004). Comorbidity of PTSD and depression among refugee children during war conflict. *Journal of Child Psychology and Psychiatry, 45* (3), 533–542.

The Afghanistan Justice Project (2005). *Casting Shadows: War Crimes and Crimes against Humanity: 1978-2001: Documentation and analysis of major patterns of abuse in the war in Afghanistan.* Stand 15. November 2013, http://afghanistanjustice project.org/warcrimesandcrimesagainsthumanity19782001.pdf

Thielen, M. (2009). Freies Erzählen im totalen Raum? – Machtprozeduren des Asylverfahrens in ihrer Bedeutung für biografische Interviews mit Flüchtlingen. *Forum: Qualitative Sozialforschung, 10* (1, Art. 39). Stand 23. Juli 2013, http://www.qualita tive-research.net/index.php/fqs/article/view/1223/2663

Thomas, S., Nafees, B. & Bhugra, D. (2004). »I was running away from death« – the pre-flight experiences of unaccompanied asylum seeking children in the UK. *Child: Care, Health and Development, 30* (2), 113–122.

Thomas, S. & Byford S. (2003). Research with unaccompanied children seeking asylum. *BMJ, 327* (7428), 1400–1402.

Troller, S. (2008). *Left to survive: Systematic failure to protect unaccompanied migrant children in Greece.* New York: Human Rights Watch.

UNHCR United Nations High Commissioner for Refugees (1994). *Refugee Children: Guidelines on Protection and Care.* Stand 30. März 2013, http://www.unhcr.org/refworld/docid/3ae6b3470.html

UNHCR United Nations High Commissioner for Refugees (2009). *Richtlinien zum Internationalen Schutz: Asylanträge von Kindern im Zusammenhang mit Artikel 1 (A) 2 und 1 (F) des Abkommens von 1951 bzw. des Protokolls von 1967 über die Rechtsstellung der Flüchtlinge.* Stand 12. Januar 2013, http://www.refworld.org/publisher,UNHCR,,,4bf1459f2,0.html

UNHCR United Nations High Commissioner for Refugees (2011). *Safe At Last? Law and practise in selected EU member states with respect to asylum-seekers fleeing indiscriminate violence: A UNHCR Research Project.* Stand 4. Januar 2013, http://www.unhcr.org/refworld/pdfid/4e2ee0022.pdf

UNHCR United Nations High Commissioner for Refugees (2012). *UNHCR Global Trends 2011: A Year of crises.* Stand 4. Januar 2013, http://www.unhcr.org/4fd6f87 f9.html

UNHCR United Nations High Commissioner for Refugees (2013a). *UNHCR Eligibility Guidelines for Assessing the International Protection Needs of Asylum-Seekers from Afghanistan: 6 August 2013. HCR/EG/AFG/13/01.* Stand 14. November 2013, http://www.refworld.org/docid/51ffdca34.html

UNHCR United Nations High Commissioner for Refugees (2013b). *Unaccompanied minors and separated children: All the more vulnerable.* Stand 31. Juli 2013, http://www.unhcr-centraleurope.org/en/what-we-do/caring-for-vulnerable-groups/unaccompanied-minors-and-separated-children.html

UNICEF United Nations International Children's Emergency Fund (2003). *Afghanistan: Background.* Stand 15. November 2013, http://www.unicef.org/infobycountry/afghanistan_background.html

UN-OCHA United Nations Office for the Coordination of Humanitarian Affairs (2012*). Afghanistan Common Humanitarian Action Plan 2013.* Stand 15. November 2013, http://www.refworld.org/docid/5118bc382.html

United Nations (1998). *Recommendations on Statistics of International Migration: Revision 1. Statistical Papers Series M, No. 58, Rev. 1.* New York, Department of Economic and Social Affairs. Statistics Division.

United Nations (2011). *International Migration Report 2009: A Global Assessment (No. ST/ESA/SER.A/316).* New York, Department of Economic and Social Affairs. Population Division.

United Nations (2013). *United Nations Cartographic Section: Department of Field Support.* Stand 14. November 2013, http://www.un.org/depts/Cartographic/english/htmain.htm

Urban, U. (2005). *Gesetz zur Weiterentwicklung der Kinder- und Jugendhilfe (Kinder- und Jugendhilfeweiterentwicklungsgesetz – KICK).* Stand 8. Mai 2013, http://www.stuetzrad.de/uploads/media/KICK_-_Kommentar__Urban_.pdf

Van der Kolk, B. A., Weisaeth, L. & Van der Hart, O. (2000). Die Geschichte des Traumas in der Psychiatrie. In B. A. Van der Kolk, A. C. McFarlane & L. Weisaeth (Hrsg.), *Traumatic stress. Grundlagen und Behandlungsansätze: Theorie, Praxis und Forschungen zu posttraumatischem Streß sowie Traumatherapie* (71–93). Paderborn: Junfermann.

Von Cranach, M. (2005). Kultursensibles Handeln in der Psychiatrie und Psychotherapie. Persönlichkeitsstörungen, *Theorie und Therapie, 9* (4), 184–189.

Wade, J., Mitchell, F. & Baylis, G. (2005). *Unaccompanied Asylum Seeking Children: The Response of Social Work Services: Summary of main findings.* Stand 19. Juli 2013, http://www.ncb.org.uk/media/963525/arc_1_7socialworkservices.pdf

Wallin, A.-M. M. & Ahlström, G. I. (2005). Unaccompanied Young Adult Refugees in Sweden, Experiences of their Life Situation and Well-being: A Qualitative Follow-up Study. *Ethnicity & Health, 10* (2), 129–144.

Walsh, F. (2006). Ein Modell familialer Resilienz und seine klinische Bedeutung. In R. Welter-Enderlin & B. Hildenbrand (Hrsg.), *Paar- und Familientherapie. Resilienz – Gedeihen trotz widriger Umstände* (43-79). Heidelberg: Carl-Auer.

Walter, U. Schwartz, F. & Hoepner-Stamos, F. (2001). Zielorientiertes Qualitätsmanagement und aktuelle Entwicklung in Gesundheitsförderung und Prävention. In Bundeszentrale für Gesundheitliche Aufklärung (Hrsg.), *Qualitätsmanagement in Gesundheitsförderung und Prävention* (18–37). Köln.

Wenzl, A. (2013). Die Dublin-III-Verordnung: Informations-Schnelldienst. Entscheiderbrief, 20 (9), 2–4. In Bundesamt für Migration und Flüchtlinge (Hrsg.), *Entscheiderbrief, 20 (9), 2–4*. Stand 1. Januar 2014, http://www.bamf.de/SharedDocs/Anlagen/DE/Publikationen/Entscheiderbrief/2013/entscheiderbrief-09-2013.pdf?__blob=publicationFile

Wiechers, M. (2012). *Auswirkungen des Haager Kinderschutzübereinkommens auf die Landeshauptstadt München: Antrag Nr. 08-14 / A 02158 von Frau StRin Beatrix Zurek, Herrn StR Christian Müller, Herrn StR Constantinos Gianacacos, Frau StRin Verena Dietl vom 21.01.2011. Sitzungsvorlage Nr. 08-14 / V 09124*. Stand 14. April 2013, http://www.ris-muenchen.de/RII2/RII/DOK/SITZUNGSVORLAGE/2647637.pdf

Wiesinger, D., Lang, B., Jaszkovic, K. & Schmid, M. (2009). Das traumapädagogische Konzept der Wohngruppe »Greccio«: Strukturelle Voraussetzungen, Rahmenbedingungen, Personalentwicklung und Leitungskultur. *Trauma & Gewalt, 3* (2), 98–1004.

Witzel, A. (2000). Das problemzentrierte Interview. *Forum: Qualitative Sozialforschung, 1* (1, Art. 22). Stand 27. Juni 2013, http://www.qualitative-research.net/index.php/fqs/article/view/1132/2519

Wustmann, C. (2004). *Resilienz: Widerstandsfähigkeit von Kindern in Tageseinrichtungen fördern. Beiträge zur Bildungsqualität*. Weinheim, Basel: Beltz.

Yoshimura, D. (2011). Sicherheitslage in Afghanistan und humanitäre Lage in Kabul: Eine Übersicht ausgewählter internationaler Quellen. *ASYLMAGAZIN, 2011* (12), 406–411.

Zimmermann, D. (2012). *Migration und Trauma: Pädagogisches Verstehen und Handeln in der Arbeit mit jungen Flüchtlingen*. Gießen: Psychosozial-Verlag.

Gesetze, Richtlinien und Verordnungen

Internationale Konventionen

EMRK (1950). *Europäische Menschenrechtskonvention (Konvention zum Schutze der Menschenrechte und Grundfreiheiten) vom 04.11.1950*. Stand 10. Juli 2014, http://dejure.org/gesetze/MRK

GFK (2011 [1951/1967]). *Abkommen über die Rechtsstellung der Flüchtlinge vom 28. Juli 1951. Protokoll über die Rechtsstellung der Flüchtlinge vom 31. Januar 1967.* Stand 27. März 2013, http://www.unhcr.de/fileadmin/rechtsinfos/fluechtlingsrecht/1_international/1_1_voelkerrecht/1_1_1/FR_int_vr_GFK-GFKundProt_GFR.pdf

GRC (2012). *Charta der Grundrechte der Europäischen Union.* Stand 7. Juli 2014, http://eur-lex.europa.eu/legal-content/DE/TXT/PDF/?uri=CELEX:12012P/TXT&from=DE

KRK (1989). *Übereinkommen über die Rechte des Kindes.* Stand 11. April 2012, http://www.bmfsfj.de/RedaktionBMFSFJ/Broschuerenstelle/Pdf-Anlagen/_C3_9Cbereinkommen-_C3_BCber-die-Rechte-des-Kindes,property=pdf,bereich=b mfsfj,sprache=de,rwb=true.pdf

KSÜ (1996). *Übereinkommen über die Zuständigkeit, das anzuwendende Recht, die Anerkennung, Vollstreckung und Zusammenarbeit auf dem Gebiet der elterlichen Verantwortung und der Maßnahmen zum Schutz von Kindern.* Bundesgesetzblatt Teil II, (21). 603 ff.

MSA (1961). *VII. Übereinkommen über die Zuständigkeit der Behörden und das anzuwendende Recht auf dem Gebiet des Schutzes von Minderjährigen vom 5.10.1961 – Haager Minderjährigenschutzabkommen (MSA).* Stand 28. März 2013 http://www.hcch.net/upload/conventions/txt10de.pdf

EU-Dokumente

Das Europäische Parlament und der Rat der Europäischen Union (2013a). *Verordnung (EU) Nr. 604/2013 des europäischen Parlaments und des Rates vom 26. Juni 2013 zur Festlegung der Kriterien und Verfahren zur Bestimmung des Mitgliedstaats, der für die Prüfung eines von einem Drittstaatsangehörigen oder Staatenlosen in einem Mitgliedstaat gestellten Antrags auf internationalen Schutz zuständig ist (Neufassung).* Amtsblatt der Europäischen Union, (L 180/31). (*Dublin III-Verordnung*)

Das Europäische Parlament und der Rat der Europäischen Union (2013b). *Richtlinie 2013/33/EU des europäischen Parlaments und des Rates vom 26. Juni 2013 zur Festlegung von Normen für die Aufnahme von Personen, die internationalen Schutz beantragen (Neufassung): Aufnahmerichtlinie.* Amtsblatt der Europäischen Union, (L 180/96). (*Aufnahmerichtlinie*)

Das Europäische Parlament und der Rat der Europäischen Union (2013c). *Richtlinie 2013/32/EU des Europäischen Parlaments und des Rates vom 26. Juni 2013 zu gemeinsamen Verfahren für die Zuerkennung und Aberkennung des internationalen Schutzes (Neufassung).* Stand 12. Januar 2014, http://www.bmi.gv.at/cms/BMI_Asylwesen/rechtsgrundlage/files/2014/Richtlinie_2013_32_EU.pdf (*Asylverfahrensrichtlinie*)

Der Rat der Europäischen Union (1997). *Entschließung des Rates vom 26. Juni 1997 betreffend unbegleitete minderjährige Staatsangehörige dritter Länder:* (97/C 221/03). Amtsblatt der Europäischen Gemeinschaften. (*Entschließung des Rates vom 26. Juni 1997*)

Der Rat der Europäischen Union (1998). *Verordnung (EG) Nr. 2866/98 des Rates vom 31. Dezember 1998 über die Umrechnungskurse zwischen dem Euro und den Währungen der Mitgliedstaaten, die den Euro einführen.* Amtsblatt der Europäischen Gemeinschaften, (L 359/1).

Der Rat der Europäischen Union (2003a). *Richtlinie 2003/9 EG des Rates vom 27. Januar 2003 zur Festlegung von Mindestnormen für die Aufnahme von Asylbewerbern in den Mitgliedstaaten.* Amtsblatt der Europäischen Union, (L 31/18). (*Aufnahmerichtlinie*, alt)

Der Rat der Europäischen Union (2003b). *Verordnung (EG) Nr. 343/2003 des Rates vom 18. Februar 2003 zur Festlegung der Kriterien und Verfahren zur Bestimmung des Mitgliedstaats, der für die Prüfung eines von einem Drittstaatsangehörigen in einem Mitgliedstaat gestellten Asylantrags zuständig ist Abl. L50/1 vom 25.2.2003: Dublin II-Verordnung.* Stand 4. April 2014, http://www.asyl.net/uploads/media/dublin_vo.prn.pdf (*Dublin II-Verordnung*)

Der Rat der Europäischen Union (2004). *Richtlinie 2004/83/EG des Rates vom 29. April 2004 über Mindestnormen für die Anerkennung und den Status von Drittstaatsangehörigen als Flüchtlinge oder als Personen, die anderweitig internationalen Schutz benötigen, und über den Inhalt des zu gewährenden Schutzes.* Amtsblatt der Europäischen Union, (L 304/12). (*Qualifikationsrichtlinie*)

Der Rat der Europäischen Union (2005). *Richtlinie 2005/85/EG des Rates vom 1. Dezember 2005 über Mindestnormen für Verfahren in den Mitgliedstaaten zur Zuerkennung und Aberkennung der Flüchtlingseigenschaft.* Amtsblatt der Europäischen Union, (L 326/13). (*Asylverfahrensrichtlinie*, alt)

Inlandsgesetze

AusländerRecht 2014: Mit einer Einführung von Hubert Heinhold (5., überarb. Aufl.). Karlsruhe: von Loeper.

BGB Bürgerliches Gesetzbuch. Stand 5. Dezember 2013, http://www.gesetze-im-internet.de

Deutscher Bundestag (1992). *Asylverfahrensgesetz: AsylVfG.* Asylverfahrensgesetz in der Fassung der Bekanntmachung vom 2. September 2008 (BGBl. I S. 1798), das zuletzt durch Artikel 4 des Gesetzes vom 22. November 2011 (BGBl. I S. 2258) geändert worden ist. Bundesgesetzblatt I.

Deutscher Bundestag (2004). *Gesetz zur Steuerung und Begrenzung der Zuwanderung und zur Regelung des Aufenthalts und der Integration von Unionsbürgern und Ausländern: Zuwanderungsgesetz.* Bundesgesetzblatt I, (41).

Deutscher Bundestag (2011). *Asylbewerberleistungsgesetz: AsylbLG.* Asylbewerberleistungsgesetz in der Fassung der Bekanntmachung vom 5. August 1997 (BGBl. I S. 2022), das zuletzt durch Artikel 3 des Gesetzes vom 22. November 2011 (BGBl. I S. 2258) geändert worden ist. Stand 21. April 2013, http://www.gesetze-im-internet. de/asylblg/BJNR107410993.html

Deutscher Bundestag (2013a). *Gesetzentwurf der Bundesregierung. Entwurf eines Gesetzes zur Umsetzung der Richtlinie 2011/95/EU*: Drucksache 17/2013.

GG Grundgesetz für die Bundesrepublik Deutschland. http://www.gesetze-im-internet.de.

SGB V. Sozialgesetzbuch (SGB) Fünftes Buch (V) – Gesetzliche Krankenversicherung. Stand 10. Juli 2014, http://www.gesetze-im-internet.de/sgb_5/index.html

SGB VIII. Sozialgesetzbuch (SGB) Achtes Buch (VIII) Kinder- und Jugendhilfe. Stand 10. Juli 2014, http://www.gesetze-im-internet.de/sgb_8/index.html

Abbildungsverzeichnis

Tabellenverzeichnis

Abkürzungsverzeichnis

AsylbLG	*Asylbewerberleistungsgesetz*
AsylVfG	*Asylverfahrensgesetz*
AufenthG	*Gesetz über den Aufenthalt, die Erwerbstätigkeit und die Integration von Ausländern im Bundesgebiet*
AuslG	*Ausländergesetz*
BAB	Berufsausbildungsbeihilfe
BAföG	*Bundesausbildungsförderungsgesetz*
BAMF	Bundesamt für Migration und Flüchtlinge
BGB	*Bürgerliches Gesetzbuch*
BIP	Bruttoinlandsprodukt
BMF	Begleitete minderjährige Flüchtlinge
B-UMF	Bundesfachverband Unbegleitete Minderjährige Flüchtlinge e. V.
CERD	Committee on the Elimination of Racial Discrimination
DBSH	Deutscher Berufsverband für Soziale Arbeit e. V.
DSM	*Diagnostic and Statistical Manual of Mental Disorders*
EAE	Erstaufnahmeeinrichtung
ECRE	European Council on Refugees and Exiles
EMN	European Migration Network
EMRK	*Europäische Menschenrechtskonvention*
EU	Europäische Union
EURODAC	Europäische Datenbank für Daktyloskopievergleich
Eurostat	Statistisches Amt der Europäischen Union
FRONTEX	Frontières extérieures for »external borders« (Europäische Agentur für die operative Zusammenarbeit an den Außengrenzen der Europäischen Union)
GFK	*Genfer Flüchtlingskonvention*

GG	*Grundgesetz*
GRC	*Grundrechte-Charta*
ICD	*International Statistical Classification of Diseases and Related Health Problems*
ICRC	International Committee of the Red Cross
IOM	International Organisation for Migration
IPPNW	International Physicians for the Prevention of Nuclear War
ISAF	International Security Assistance Force
JA	Jugendamt
JFMK	Jugend- und Familienkonferenz
JH	Jugendhilfe
KICK	*Gesetz zur Weiterentwicklung der Kinder- und Jugendhilfe*
KJHG	*Kinder- und Jugendhilfegesetz*
KRK	*UN-Kinderrechtskonvention*
KSÜ	*(Haager) Kinderschutzübereinkommen*
MSA	*(Haager) Minderjährigenschutzabkommen*
NGO	Non-governmental organization
PTBS	Posttraumatische Belastungsstörung
PZI	Problemzentriertes Interview
SCEP	Separated Children in Europe Programme
SGB VIII	*Sozialgesetzbuch (SGB) – Achtes Buch (VIII) – Kinder- und Jugendhilfe*
UF	Unbegleitete Flüchtlinge
UMF	Unbegleitete minderjährige Flüchtlinge
UN	United Nations
UN-OCHA	United Nations Office for the Coordination of Humanitarian Affairs
UNHCR	United Nations High Commissioner for Refugees
UNICEF	United Nations International Children's Emergency Fund
USA	United States of America